dÉCOUVERTE
ET CRÉATiON

découverte et création
les bases du français moderne

SECOND EDITION

Gérard Jian & **Ralph Hester**
University of California
at Berkeley
Stanford University

 RAND McNALLY COLLEGE PUBLISHING COMPANY / CHICAGO

Cover art by Phil Renaud

Art Credits

Pages 50, 51, 82, 83, 91, 127, 363, 471, Arless Day
Pages 100, 154, 220, 476, Jerry Warshaw

Black and White Photo Credits

Abbreviations: R-PR (Rapho-Photo Researchers)
Stock (Stock, Boston)

1 Joseph Nettis/FPG; 21 Cary Wolensky/Stock; 28 Serge de Sazo/ R-PR; 29 courtesy of Levi Strauss & Co.; 33 S. Duroy/R-PR; 49 Owen Franken/Stock; 63 Niépce/R-PR; 81 S. Fournier/R-PR; 99 Doisneau/ R-PR; 106—7 Bernard Chelet; 112 Bernard Chelet; 119 Goursat/R-PR; 135 Louis Henri/R-PR; 153 Owen Franken/Stock: 166 courtesy of François Benoist, Chez les Anges; 169 Mark Artman/Stock; 180—81 © Blondel la Rougery, 1959-Paris, Reproduction interdite; 185 Seraillier/ R-PR; 197 Marcel Rioux, *Les Québécois* © 1974 Éditions du Seuil. By permission of Georges Borchardt, Inc.; 201 French Government Tourist Office; 217 Bois-Prevost/Viva-Woodfin Camp; 235 Doisneau/ R-PR; 247 Phelps/R-PR; 259 top left © Jacques Minassian/Viva; 259 top right J. Pavlovsky/R-PR; 259 bottom F. Puyplat/R-PR; 260 top Sabine Weiss/R-PR; 260 bottom J. Pavlovsky/R-PR; 265 Niépce/R-PR; 283 Bernard Chelet (J.J. Loup © *Le Nouvel Observateur* 1970); 301 Kay Lawson/R-PR; 312 Bernard Wolff/R-PR; 315 Ciccione/R-PR; 333 J. Pavlovsky/R-PR; 349 Niépce/R-PR; 355 Bernard Chelet; 377 Bibliothèque Nationale, Musée Condé; 391 Bernard Chelet; 407 Bernard Chelet; 425 Villeneuve/R-PR; 443 S. Duroy/R-PR; 463 Dorka Raynor/R-PR; 483 Bernard Chelet.

Color Photo Credits (in order of appearance)

Guy Le Querrec/Magnum; J. Pavlovsky/R-PR; Owen Franken/Stock; Charles Harbutt/Magnum; Ciccione/R-PR; Gabor Demjen/Stock; David Margolin/Black Star; Tikhomirof/R-PR; Bruno Barbey/Magnum; Niépce/R-PR; Bernard Chelet; Guis/R-PR; Owen Franken/Stock; Tikhomirof/R-PR; Doisneau/R-PR; D. Czap/R-PR; Joseph Carter; Dussart/R-PR; Owen Franken/Stock; Paolo Koch/R-PR; Alpha; J. F. Bauret/R-PR; J. Pavlovsky/R-PR; J. Pavlovsky/R-PR; Owen Franken/Stock.

78 79 10 9 8 7 6 5 4 3

Table des Matières

Acknowledgments

We thank Yvone Lenard for the contributions her teaching and writing have made to this book.

During the year 1960—61, at the University of California, Los Angeles, Oreste F. Pucciani began elaborating a methodology to update, adapt, and expand to modern, college-level teaching the Cleveland Plan of Emile B. de Sauzé. This timely rehabilitation of an already well-proven rationalist direct method of foreign language teaching resulted not only in Professor Pucciani's and Jacqueline Hamel's texts and program for first-year French but in a number of books for the teaching of several other foreign languages in addition to French. For nearly a decade and a half, an even greater number of foreign language textbooks have reflected, at least partially, the validity of the UCLA experiment, to which we also owe a considerable share of our own procedures.

All our colleagues in the teaching of French, our graduate assistants, our students, past and present, have, in some way—directly or indirectly—participated in the formation of our outlook on language teaching.

As with the first edition, we remain no less indebted to Claudie Hester, for her master teacher's perception in amending the first version of the manuscript and for her diligence in correcting the proofs, and to Walter Lichtenstein, for his preparation of the exercises.

For this second edition of *Découverte et Création,* we are particularly grateful to Gail Wade. Her competence, perseverance, and enthusiasm have been constant guides in revising our materials from their general organization to the smallest detail of the textbook, the laboratory program, and the instructor's manual.

The original criticism and assistance of Marthe Lavallée-Williams, Christian Phillippon, Jean-Pierre Cauvin, and others are still reflected in the present edition.

We could not have accomplished our task without the invaluable insights provided by the many first edition users who communicated to us their innumerable suggestions. This group of devoted colleagues includes John Barson, Christian van den Berghe, David Orlando, Anne Jourlait, Jacqueline Rosay, Ron Ingalls, Rita Biggins, Margret Andersen, John Klee, Georges Brachfeld, David King, Susan St. Onge, Joseph Murphy, Faythe Dyrud Thureen, Lubbe Levin, Thomas Watson, Sara Hart, Robert Emory, Frank Wood, Victor Wortley, Wesley Goddard, Yvonne Labreque, James Monroe, Edith White, Robert Brock, Dorothy Markle, Jeannette Bragger, Clayton Alcorn, and Bernice Melvin.

Our sincere thanks go to Carlyle Carter, for her keen eye and unfailing efficiency in the arduous task of editing, and to Charles H. Heinle, for his resolute support in the whole project.

Claire Clouzot, once again, has provided the outstanding choice of movie stills and film commentaries. Diane Johnson was responsible for the cover design and for updating the internal design. Holly Heim saw the book through all stages of production. Julie Lundquist was the photo editor.

The regional representatives of the publisher have helped us in countless ways to have an excellent relationship with the contributors and other users of *Découverte et Création.* Once again our thanks to Michael Kitz-Miller, who introduced us to Rand McNally in the first place.

Preface

To the student

Individual reasons for studying French   You may indisputably attain a level of proficiency in French proportionate to your objectives. For the English-speaking student, French (unlike the countless hundreds of languages spoken by the earth's inhabitants) is a relatively simple affair. This is an objective linguistic fact. To what extent you take advantage of it is an individual matter. You should not only be cognizant of your personal reasons for studying French, but you should also be aware of why the others around you are studying it. Your aims and theirs are probably quite compatible, and, in all likelihood, your goals will expand somewhat and even merge with others as you achieve increasing proficiency.

If you are studying French because you are required to, then you should reap every benefit possible from the obligation. It is in the very nature of your mind that you should. Psycholinguists are just beginning to provide experimental support for what linguists have suspected for a long time: the person who possesses two languages has a more extensively utilized cerebral range and a wider intellectual ability than the monolingual. This does not mean that your total intelligence will necessarily increase because you learn a second language, since intelligence is a term signifying a great number of factors. Nevertheless, you will come out with more than you expected, especially if you intended only to "get through the course." Most students, naturally, do aim higher.

Even a half-serious interest in a foreign language will produce serious results. Those of you who are taking French out of a vague curiosity have an advantage over the really indifferent novice. Some of you may be studying French because you plan to travel abroad or because you are preparing for a career in international business or diplomacy. Perhaps you are interested in learning French because you have French-speaking acquaintances or correspondents. A few fortunate students hope to go to school in France, Switzerland, Belgium, or some other French-speaking country. Some of you are learning French specifically for the purpose of reading great works of literature in the original or technical material unavailable in English translation. Finally, there are those of you who are studying French "just for the fun of it" (and certainly learning a foreign language can be "fun" and still entirely academic). In any case, it is up to you to know why you are studying a foreign language. Your being clearly aware of your objectives has much to do with your success in achieving them.

The English-speaking learner of foreign languages   Some students approach learning a foreign language with a predetermined attitude of defeat. They think that one must begin as a child to learn a foreign language and that anything after that is unauthentic. If you have such a prejudiced notion, we suggest that you discard it immediately. A young adult can acquire another tongue with infinitely greater efficiency than a small child. Most people who know two languages learned their second language in school. If you believe that English-speaking people, and Americans in particular, are poor language learners, please dispose of this myth. It is true that in many foreign countries pupils may begin studying a foreign language earlier than their American counterparts. This does not mean, however, that the young foreigners are necessarily learning language well. In fact, they may not be learning it at all. A teen-ager or a young adult under the guidance of a competent teacher using an efficient method may quickly surpass the performance of someone who has stumbled through years of meaningless exposure.

Because English is such a widely studied language and because so many foreigners have a headstart in it, Americans often assume that they are outdone before they begin. Nothing could be less true. Since World War II, few countries have been as actively concerned as the United States with the teaching of foreign languages. Americans—students and teachers, amateurs and specialists, local and national governments—have illustrated how an entire nation can concentrate on a single educational problem on a scale of considerable magnitude. American linguists and language students are among the world's most highly reputed.

Language is a social phenomenon   Language is an intellectual and psychophysiological phenomenon unique to human beings. Language is an individual ability, but it exists only in a social context. The few cases in history of solitary wildmen captured by society show that such creatures were unable to talk. You can neither speak to yourself alone nor write for yourself alone without society's having first transmitted to you the tool of language that it has forged. You cannot participate in the dynamism of language without other people.

It is the immediate social framework of reference that triggers the back-and-forth, give-and-take of meaningful communication. Don't be duped into supposing that you can learn a language by simply listening to a tape or a record. You cannot communicate with a machine; you can only communicate with someone else. Not being certain beforehand of what someone else will communicate to you or *how* he or she will communicate it is a fundamental and marvelous contingency of language. You can practice pronunciation and memorize rules and forms, which are indeed an indispensable part of language learning, but you cannot mimic meaningful communication. When you really communicate, you must constantly invent what you are saying, and if the perfect way of saying it does not occur to you immediately, then you must find an alternative route. The necessity of creating a manner of communication amidst much trial and error is manifest in one's own native tongue as well as in the foreign language one is learning.

Creative expression   The process of communication is not, therefore, a series of reciprocal reflexes that mechanically establish human dialogue. Considerable automatic response, of course, goes into the makeup of your language ability, because language itself is a coded system of spoken and written signals. Once you know the basic signals, you may begin to code and decode messages to some extent as a function of your own individuality. One cannot, of course, "create" a new language according to whimsy and still hope to be understood. Creativity basically implies that everyone has something a little different to say even about the most ordinary things. Your comments may differ from your classmates' simply because you have *more* to say: you tend to give more details, you use more modifiers. You may begin your comment with some aspect not necessarily perceived by others and end it with the very detail your neighbor might put first. This means that since you may perceive things differently, you will also probably say them differently, and yet you will still be creating your own original meaning within the rules. Just as there is an infinite number of chess games to be played within the rules of chess, so there is an infinite number of ways to express yourself within the rules of language. You must come to know the basic building blocks recognizable to all those speaking or writing a particular language but never lose sight of your personal construction privileges.

Everyone has the right to play around with words. The way in which you play with them in a foreign language may be different from the way in which you play with them in your native tongue. In fact, some writers have discovered that they actually prefer writing in a foreign language; somehow they feel freer to create meaning with a language code not imposed upon them at birth, but which they have come to discover and prefer for themselves through their own particular individual experiences. This is strikingly true for French, which has been chosen as a medium of literary expression by some of the world's most prominent writers, including Nobel laureates.

Language and civilization   In spite of obvious differences, all languages have some characteristics in common. Some share so many of the same characteristics that even the novice is able to recognize that they sound or look somewhat alike. In the study of any foreign language, there are certain linguistic principles universally applicable. Languages differ, however, not only with respect to syntax, grammar, vocabulary, and phonetics, but also with respect to their historical or social significance. French is not merely a collection of sounds and signs to be imitated with perfect objectivity. French also encompasses the civilizations that have used or are still using it as their native or second language. We do not believe, at this point, that you should plunge into a systematic study of French, Swiss, Belgian, Canadian, or French-speaking African civilizations. We do believe, however, that you should gradually open your field of observation to the broadest meaning of language. Look not for Eiffel Towers and Gothic cathedrals, but for the more subtle signs of language that reveal traits of an entire civilization. When you politely step aside to let a Frenchman enter a door before you, he will answer *Pardon,* not *Merci.* If you ever pay a Frenchwoman a compliment, she will probably not answer *Merci* either but will respond with a phrase that seems to lessen the force of your compliment. In what frame of mind must you put yourself, then, to understand that the French are neither suffering from a guilt complex nor insensitive to your own politeness or admiration? Here, we believe, lies a profound lesson in civilization through language, a lesson much more significant and lasting than a tourist's quick look at the Palace of Versailles.

English and French vocabulary   By the preceding example, we do not mean to imply that French presents bizarre obstacles to the English-speaking learner. On the contrary, French shares enough common characteristics with English for you to recognize immediately a fairly large expanse of language territory. Nearly half of our English vocabulary comes by way of French. Though pronunciation and spelling may differ, the similarity remains striking enough for you to accustom yourself quickly to the cognate words. The *Vocabulaire* section at the end of each lesson lists all new words, with cognates *(un mot français analogue à un mot anglais)* given in *italics.* You will observe that from a third to a half—and sometimes more—of the French words listed resemble closely their English equivalents in both meaning and spelling. This should reduce considerably the time you spend in acquiring vocabulary. Only the most obvious cognates are indicated. Some words that look alike are not listed as cognates because their meanings differ between the two languages. On the other hand, certain similar words not designated as cognates are indeed alike in meaning to their English counterparts, but their spelling may differ sufficiently for you not to recognize them. As soon as you are accustomed to French spelling, you will probably recognize, for example, that *enfance* means "childhood" and that *prospère* means "prosperous," even though they are not listed as cognates. Finally, the *Vocabulaire* section includes a smaller list of words designated as *passif,* containing terms that occur in the lesson but that are not necessarily intended to be acquired for active use.

The total number of words in the French language is actually smaller than in English. To see this, you need only compare the proportion devoted to English of a complete English-French /French-English dictionary. Do not think, however, that learning a language consists primarily of acquiring a large vocabulary. In the beginning, learning a language consists of manipulating a limited vocabulary. Having constant recourse to a bilingual dictionary is almost certain to impede your thinking in French. We strongly advise you against dictionary use in first-year French.

French generally follows the same principle as English in its over-all word order—subject-verb-object. French grammatical terminology is essentially the same as in English. That is why, with a little effort, you will understand the spoken or written explanations in French (*nom, pronom, verbe, adverbe, adjectif,* etc.) used throughout this text.

Meaningful practice and communication in French   Understanding spoken French, methodically used by your teacher with carefully graduated levels of difficulty, is easily within the grasp of every English-speaking student with normal organs of speech and hearing. Responding actively, of course, requires considerable cooperation or, rather, considerable willingness to communicate only in French. This conscious willingness need only last a few days; after that, your collaboration should become like participation in a team game. The rule of the game is that no English is ever used for meaningful communication. This game of the French class has a clear, long-lasting objective—your mastery of French. You may think, at times, that you can achieve your objective more quickly by resorting to English. Indeed this would be faster. However, permanence, not speed, should be your goal. As you will soon discover, meaning acquired through observation and participation in the foreign language enables you to acquire more efficiently the habit of thinking in that language.

Thinking in a foreign language, of course, does not erase thinking in your native language. After having understood, assimilated, and acquired the meaning of a word or phrase in French, often the English equivalent will occur to you as well. This is entirely normal. The point is that you did not learn *by means of* English. Translation is a marginal benefit of language learning; it is not the means by which you should begin to learn.

The spirit of invention   You must listen actively to your teacher and to the other members of the class as well. Remember that language lives on the social necessity of communication. Your class is the community in which meaningful exchanges in French are to take place. Do not hesitate to make your contribution. Try to develop a feeling for experimenting in expression *within the limits of your knowledge.* Do not forget that it only takes a few elements of the language code to begin putting together the meaning that *you* want to communicate. When you experiment with a new game in creative coding, you naturally make a few mistakes. If you remain silent for fear that you will mispronounce something or say something that is grammatically incorrect, you risk never saying anything at all. As a matter of fact, you have to go through some trial and error in order to learn. During the first three or four years of learning their native language, children generally make countless errors in pronunciation and grammar before they finally speak correctly. They have the advantage, however, of not being self-conscious. This is one childlike aspect of language learning you will do well to strive for.

Pronunciation   French, compared to many other languages, is easy to pronounce. Some of you, nevertheless, will find some French sounds difficult to imitate, especially when you notice that certain students obviously imitate foreign sounds more effortlessly than others. Do not be discouraged. Pronunciation is not the principal criterion by which to judge your language ability. Some of the world's most intelligent people speak several languages with noticeable accents. Above all, do not be like the student who said, "I'm not very good at French because I pronounce so poorly." It is important to communicate, not to "pronounce." Naturally, you must pronounce within the range of a certain norm in order to make yourself understood; therefore, try to approximate the new sounds as closely as you can. Yet in the end, what counts is your ability to get across what you have to say, not the impeccable pronunciation with which you convey it. A perfect pronunciation in a foreign language is, in fact, a fairly rare phenomenon. Finally, there are students who pronounce extraordinarily well, but who are incapable of saying anything meaningful. Speaking is definitely preferable to articulating.

Spelling   French spelling may give you quite a challenge, but, compared to English, it is reasonably consistent, even if it does not appear logical. In any case, after a little practice, you may even spell better in French than in English. French and English both use the same alphabet (unlike Russian, Greek, or Hebrew, for example). Always be conscious of the fact, however, that what may appear familiar in printed form does not designate a similarity in pronunciation. Learn to depend more on your ear than on your eye. The temptation to reproduce French sounds according to your English-reading reflexes is probably the most troublesome problem confronting you in the beginning. Listen to your teacher carefully, but be extremely attentive to the relationship between what you are hearing and what you see in printed form.

Composition   Some people think that language is only a spoken phenomenon and that reading and writing are really unimportant. There are commercial language schools that distribute this kind of publicity, and what they claim is partially true, particularly for little children. But for young adults accustomed to learning through reading and writing, it would be futile to disregard their most valuable tools. Our hearing is undertrained, yet even when acutely sharpened, it does not have the scope of our visual sense. Once you have overcome the usually short-lived confusion between English spelling and French pronunciation, reading and writing should rapidly reinforce what you acquire through listening and speaking. You will begin early to write original compositions in French. This is a useful and pleasant extension of the creative practice in which you engage during the classroom hour. By writing original compositions in French, you will exploit to the maximum your limited resources, but you should never go beyond them—especially not to the dictionary!

Reading   Poetry is a form of writing that allows for considerable personal experimentation. That is why we have chosen short poems and songs as the chief literary examples of French. We think many of you may eventually want to try composing short poems in French. Above all, we believe that the one who experiments with creating his or her own expression will be the one who is ultimately the most sensitive to the creation of another.

A whole world of French literature awaits you, if that is what interests you. But it is a world you should enter only after you have lived through the fundamental game of discovering the primary code blocks and have played a while at inventing your version of the code. In the meantime, if you can't wait to read great works of French literature in the original, you will have to rely on the dictionary and the tedious process of translation. We counsel a year of patience and believe that the *Lectures* of this text are the most efficient way to begin reading. You will already have used most of the vocabulary in class practice before you read the *Lectures.* The good reader *recognizes* what has already become familiar and does not use a dictionary to look up what is unfamiliar.

Other than an occasional word, this message is the last communication to the student in English. From here on, it is up to you, the other members of your class, and your teacher to create an atmosphere in which meaningful practice and conversation will take place only in French.

To the teacher

The second edition of *Découverte et Création* contains many changes from the first edition. We recommend that both teachers who used the first edition as well as teachers using this method for the first time refer to the separately bound ancillary book, *Instructor's Manual for Découverte et Création, Second Edition.* This new and complete teacher's guide includes a general presentation of the rationalist direct method, daily lesson plans with a detailed description of procedures and techniques, answers to all exercises, sample tests, and the tape script.

Previous users of *Découverte et Création* will find—among other changes—that the general order has been emended considerably so as to present with greater equity the amount of new material occurring in each lesson. The second edition provides for an earlier introduction of regular and irregular verbs, both present and past indicative. Certain items, such as interrogative and relative pronouns, formerly concentrated in one lesson, are now spaced out into different chapters. The more strictly literary materials *(passé simple, passé antérieur, imparfait* and *plus-que-parfait du subjonctif)* are all now to be found in one final lesson (30), allowing the teacher to treat them as optional.

The *Lectures* have been revised accordingly and now include several entirely new subjects, e.g., *La Femme en France* and *Le Québec ou la révolution tranquille.* The *Présentations* and *Exercices* have been enriched with new and varied examples. There are now exercises based on the movie stills, many of which have also been changed from the first edition. The *Vocabulaire*—as explained in the preceding Preface to the Student—is now divided into *actif* and *passif,* with all cognate words *italicized.*

The soundness of the method has been demonstrated by the hundreds of schools and colleges that have continued to use *Découverte et Création* since its first publication three years ago. Many of the above-mentioned changes (and countless others) in the second edition have been implemented in response to the suggestions we have received from our colleagues throughout the United States and Canada. It is our sincere hope that they will find here once again the same successful procedures now greatly enhanced by the fruits of their and our experiences in teaching with this book.

G.J. & R.H.

dÉCOUVERTE
ET CRÉATION

1 Première Leçon

Paris: la statue de Jeanne d'Arc, place des Pyramides

Présentation

Professeur: Bonjour, Monsieur!

Étudiant: Bonjour, Monsieur.

Professeur: Comment allez-vous?

Étudiant: Très bien, merci, et vous?

Professeur: Très bien, merci. Je m'appelle Monsieur Moray, Monsieur Paul Moray. Comment vous appelez-vous?

Étudiant: Je m'appelle Monsieur Smith.

Professeur: Et vous, Mademoiselle, comment vous appelez-vous?

Étudiante: Je m'appelle Mademoiselle Taylor.

Professeur: Et vous, Mademoiselle, comment vous appelez-vous?

Étudiante: Je m'appelle Madame Tucker.

Professeur: Oh! Pardon... Madame! Maintenant[1] l'appel.[2] Monsieur Brown?

Étudiant: Présent.

Professeur: Mademoiselle Canfield?

Étudiante: Présente.

Professeur: Monsieur Kelly?

(silence)

Professeur: Absent! Madame Tucker?

Étudiante: Présente.

Professeur: Très bien. Maintenant, répétez, tout le monde.[3] Un, deux, trois.

Tout le monde: Un, deux, trois.

Professeur: Quatre, cinq, six.

Tout le monde: Quatre, cinq, six.

Professeur: Sept, huit, neuf, dix.

Tout le monde: Sept, huit, neuf, dix.

Professeur: Très bien. Voilà un livre. Qu'est-ce que c'est?

Étudiant: Je ne sais pas.[4]

Professeur: C'est un livre. Qu'est-ce que c'est?

Étudiant: C'est un livre.

---

1. *Maintenant,* adverbe qui signifie «le moment présent».
2. *Appel* = vérification de présence.
3. *Tout le monde* = la classe entière.
4. *Je ne sais pas* est une expression d'ignorance; c'est une expression très pratique pour un étudiant débutant.

YOYO, Pierre Étaix, 1964; sur la photo: Pierre Étaix.

Yoyo est un clown de cirque. Il désire la richesse. Il obtient un grand château. Mais Yoyo est insatisfait avec la richesse matérielle. Un jour, un éléphant arrive au château. L'éléphant détruit la propriété. Yoyo retourne au cirque. Maintenant il est content.

Bonjour, Monsieur. Comment vous appelez-vous?

Professeur: Voilà une serviette. Qu'est-ce que c'est, Monsieur Smith?

Étudiant: C'est une serviette.

Professeur: Excellent! Voilà un mur. Qu'est-ce que c'est, tout le monde?

Tout le monde: C'est un mur.

Professeur: Bien. Voilà une porte. Qu'est-ce que c'est?

Étudiante: C'est une porte.

Professeur: Voilà un bureau. Qu'est-ce que c'est, tout le monde?

Tout le monde: C'est un bureau.

Professeur: Voilà une fenêtre. Qu'est-ce que c'est?

Tout le monde: C'est une fenêtre.

Professeur: Voilà un stylo. Qu'est-ce que c'est?

Tout le monde: C'est un stylo.

Professeur: Très bien. Voilà une lampe. Qu'est-ce que c'est?

Tout le monde: C'est une lampe.

Professeur: Voilà un tableau. Qu'est-ce que c'est?

Tout le monde: C'est un tableau.

Professeur: Montrez-moi un autre tableau. Qu'est-ce que c'est?

Tout le monde: Voilà un autre tableau.

Professeur: Bien. Voilà une chaise. Qu'est-ce que c'est?

Tout le monde: C'est une chaise.

Professeur: Montrez-moi une autre chaise.

Tout le monde: Voilà une autre chaise.

Professeur: Et voilà un étudiant. Maintenant, montrez-moi un autre étudiant.

Tout le monde: Voilà un autre étudiant.

Professeur: Voilà une étudiante. Montrez-moi une autre étudiante.

Tout le monde: Voilà une autre étudiante.

Professeur: Maintenant répétez: A...B...C...D...E... C'est un alphabet. Qu'est-ce que c'est?

Tout le monde: A...B...C... D...E... C'est un alphabet.

Professeur: A...E...I...O...U. C'est un groupe de cinq voyelles. Qu'est-ce que c'est?

Tout le monde: A...E...I...O... U. C'est un groupe de cinq voyelles.

Professeur: Remarquez que **Y** est aussi[5] une voyelle possible. Maintenant, épelez **MUR. DE. STYLO.**

Tout le monde: **M, U, R. D, E. S, T, Y, L, O.**

Professeur: Épelez **PRÉSENT. TRÈS. FENÊTRE.**

Tout le monde: **P, R, E accent aigu, S, E, N, T. T, R, E accent grave, S. F, E, N, E accent circonflexe, T, R, E.**

Professeur: Épelez **GARÇON.**

G, A, R, C cédille, O, N.

Professeur: Excellent! Parfait![6] Formidable! C'est une classe extraordinaire! La classe est finie. Au revoir, tout le monde. À demain.[7]

Tout le monde: Au revoir, Monsieur. À demain.

---

5. *Aussi* = en plus; d'une manière similaire.

6. *Parfait*, adjectif qui signifie «la perfection».

7. *À demain* = «until tomorrow».

Explications

1 Alphabet:

A. Répétez après le professeur:

A [ɑ][8]	**J** [ʒi]	**S** [ɛs]
B [be]	**K** [kɑ]	**T** [te]
C [se]	**L** [ɛl]	**U** [y]
D [de]	**M** [ɛm]	**V** [ve]
E [ə]	**N** [ɛn]	**W** [dubləve]
F [ɛf]	**O** [o]	**X** [iks]
G [ʒe]	**P** [pe]	**Y** [igRɛk]
H [aʃ]	**Q** [ky]	**Z** [zɛd]
I [i]	**R** [ɛR]	

Remarquez: **G** [ʒe] mais **J** [ʒi]

ç cédille

B. Répétez les voyelles après le professeur:

A, E, I, O, U

Remarquez: **Y** est une voyelle possible.

Maintenant répétez:

TA, TE, TI, TO, TU, TY
LA, LE, LI, LO, LU, LY
NA, NE, NI, NO, NU, NY

C. Accents:

´ accent aigu: pré**s**ent
` accent grave: tr**è**s, voil**à**
^ accent circonflexe: fen**ê**tre, h**ô**tel, ch**â**teau

2 Prononciation:

A. Articulation: Prononcez après le professeur:

bonjour	un tableau	un	six
monsieur	une porte	deux	sept
madame	et	trois	huit
mademoiselle	très bien	quatre	neuf
au revoir	répétez	cinq	dix

B. Syllabation: Prononcez après le professeur:

a / m i   b u / r e a u
m e r / c i   d o g / m a / t i q u e
s t y / l o   f i / n i

---

8. C'est la prononciation du nom de la lettre.

C. Accentuation: Prononcez après le professeur:
       Bon**JOUR.**
       Bonjour, Ma**DAME.**
       C'est un profes**SEUR.**
       C'est un professeur extraordi**NAIRE.**

D. Intonation:
  1. Déclaration:

   Je m'appelle Monsieur Brown.   C'est une serviette.

  2. Question:

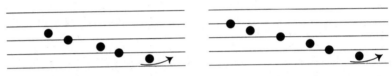

    Comment allez-vous?   Comment vous appelez-vous?

3 Salutations = formules de politesse:
      Bonjour, Monsieur.
      Bonjour, Mademoiselle.
      Bonjour, Madame.
      Comment allez-vous?
      Très bien, merci, et vous?
      Très bien, merci.
      Au revoir, Monsieur, Madame, Mademoiselle.
      À demain.

4 Présentations:
     Comment vous appelez-vous?
     Je m'appelle Paul Moray, et vous?
     Je m'appelle Robert Brown.

5 Genre = masculin et féminin:
        ♂   ♀
     C'est un livre. C'est une porte.
     C'est un mur.   C'est une serviette.
     C'est un bureau. C'est une fenêtre.
     C'est un stylo.   C'est une chaise.

Un nom est masculin ♂ ou féminin ♀ . Un nom est généralement précédé par un article masculin ou féminin. Si le nom est masculin, l'article indéfini est **un**. Si le nom est féminin, l'article indéfini est **une**.

6 Un adjectif est aussi masculin ou féminin.

$$♂ = m. \qquad ♀ = f.$$

présent   présente
absent   absente

Exemples: C'est un étudiant absent.
C'est une étudiante absente.

Remarquez: Un adjectif en -**e** est invariable; le masculin est identique au féminin:

dogmatiqu**e**, formidabl**e**, extraordinair**e**
un étudiant extraordinair**e**   une étudiante extraordinair**e**

7 **Qu'est-ce que c'est?** est une question qui demande l'identification d'un objet. La réponse est **C'est un...** ou **C'est une...**

Exemple: **Qu'est-ce que c'est? C'est un** tableau.

8 **Voilà** = Regardez + objet *ou* regardez + personne:

Exemples: Ordre: Montrez-moi (= indiquez-moi) une serviette!
Réponse: **Voilà** une serviette.

Ordre: Montrez-moi Mademoiselle Canfield!
Réponse: **Voilà** Mademoiselle Canfield!

Exercices oraux (à faire en classe)

A.   Comptez de 1 à 10.

B.   Épelez (et écrivez au tableau): (§1)[9]

1. mur   4. décision   7. tableau
2. stylo   5. très   8. de
3. livre   6. fenêtre   9. ou

---

9.   §1 = Consultez la section numéro 1 de la partie grammaticale
(«Explications»), page 5.

C. Montrez-moi une photo! (page 3)

1. Montrez-moi un éléphant!
2. Montrez-moi un lion!
3. Montrez-moi un chapeau!
4. Montrez-moi un homme!

D. Demandez à un autre étudiant ou à une autre étudiante:
(§3, 4, 6, 7)

1. Comment allez-vous?
2. Comment vous appelez-vous?
3. Qu'est-ce que c'est? (un livre, une serviette, un tableau, une fenêtre, un étudiant, une étudiante, une autre étudiante, un mur, une porte)
4. Indiquez le féminin[10] de **présent**.
5. Indiquez le féminin de **absent**.

Exercices écrits (à faire à la maison)

A. Remplacez le tiret par **un** ou **une** (écrivez toute la phrase): (§5)

Exemple: *C'est _____ mur.*
C'est un mur.

1. C'est _____ mur.
2. Montrez-moi _____ porte.
3. Voilà _____ livre.
4. C'est _____ tableau.
5. Voilà _____ fenêtre.
6. Montrez-moi _____ stylo.
7. C'est _____ serviette.
8. Montrez-moi _____ autre serviette.
9. Voilà _____ étudiant.
10. Voilà _____ étudiante.

B. Comptez de 1 à 10 et écrivez en toutes lettres.

---

10. *Le féminin* = le genre féminin.

UN SINGE EN HIVER, Henri Verneuil, 1962; sur la photo: Jean-Paul Belmondo et Jean Gabin.

Voilà deux hommes avec des rêveries fantastiques. Gabin désire voyager. Belmondo désire être toréador en Espagne. C'est l'histoire d'une amitié virile.

Voilà. La classe est finie! Au revoir. À demain.

Lecture

Masculin et féminin

Professeur *(dogmatique):* En anglais, «garçon» ou «homme» est masculin. «Jeune fille» est un mot féminin; «femme» est un autre mot féminin. Mais un objet ou une chose est neutre. En français, «garçon» est un mot masculin et «jeune fille» est un mot féminin. Par exemple: *un* garçon, *une* jeune fille, *un* homme, *une* femme. Et un objet est masculin ou féminin aussi. Par exemple: *un* mur, *une* serviette, *un* livre, *une* porte.

Étudiante *(perplexe):* Monsieur, la différence entre un garçon et une jeune fille est très claire pour moi, mais entre un objet et un autre objet, c'est une décision difficile pour une pauvre étudiante. Pourquoi[11] *un* stylo? Pourquoi *une* serviette? Pourquoi *un* livre? Pourquoi *une* fenêtre?

Professeur *(embarrassé):* Parce que… euh… parce que… le français est une langue poétique. Le français est une langue latine. Le français est une langue philosophique, et l'univers est complètement polarisé entre le masculin et le féminin. Voilà. La classe est finie!

---

11. *Pourquoi* est une expression interrogative pour demander la raison d'une chose ou d'une action; la réponse est *parce que.*

Vocabulaire actif

Un mot français analogue à un mot anglais est indiqué en *italique*, par exemple, *extraordinaire* = «extraordinary».

noms

MASCULIN	FÉMININ
ami	amie
étudiant	étudiante
garçon	jeune fille
homme	femme
objet	chose
anglais	chaise
bureau	*classe*
chapeau	*décision*
français	*différence*
livre	fenêtre
mot	*lampe*
mur	langue
professeur	*madame*
stylo	mademoiselle
tableau	*photo*
monsieur	porte
	serviette

adjectifs

absent(-e)
autre
clair(-e)
difficile
excellent(-e)
extraordinaire
féminin(-e)
fini(-e)
formidable
masculin(-e)
parfait(-e)
pauvre
philosophique
poétique
présent(-e)

pronoms

je
moi
vous

adverbes

aussi
complètement
maintenant
pourquoi

prépositions

à
après
de
en
entre
pour

conjonctions

et
mais
ou
parce que

autres expressions

à demain
au revoir
bonjour
Comment allez-vous?
Comment vous appelez-vous?
comptez
Je m'appelle...
je ne sais pas
merci
Montrez-moi...
pardon
Qu'est-ce que c'est?
répétez
tout le monde
très bien
voilà

Vocabulaire passif

noms

appel m.
éléphant m.
lion m.
silence m.
univers m.

adjectifs

dogmatique
embarrassé(-e)
latin(-e)
neutre
perplexe
polarisé(-e)
possible

2 Deuxième Leçon

Articles définis et indéfinis: *le, la, l', un, une*

C'est le (la) + nom + *de* + nom propre

C'est le (la) + nom + *du (de la, de l')* + nom

Qui est-ce?

Est-ce?

Genre

Quel(-le) + nom!

Prononciation (suite)

Liaison

Lecture: *L'Affaire de la photo*

Une ancienne carte d'amour

Le langage des fleurs

Présentation

Le professeur: Qu'est-ce que c'est?

Un étudiant: C'est un livre.

Le professeur: Oui. Est-ce un livre ordinaire?

Un étudiant: Non, Monsieur, **c'est le livre de Mademoiselle Taylor.**

Le professeur: Parfait. Et ça,[1] qu'est-ce que c'est?

Une étudiante: C'est une classe.

Le professeur: Oui. Est-ce une classe ordinaire?

Une étudiante: Non, Monsieur, **c'est la classe de Monsieur Moray.** Monsieur Moray est le professeur de la classe de français.

Le professeur: Bien. Et ça, qu'est-ce que c'est?

Un étudiant: C'est une porte. **C'est la porte de la classe de français.**

Le professeur: Et ça, qu'est-ce que c'est?

Une étudiante: **C'est la fenêtre de la classe de français.**

Le professeur: Voilà un peigne. **Est-ce le peigne de Jack?**

Un étudiant: Non, Monsieur, **c'est le peigne du professeur.**

Le professeur: Très bien. Et ça, **est-ce le livre de l'étudiante?**

Un étudiant: Oui, Monsieur, **c'est le livre de l'étudiante.**

Le professeur: Voilà une clé. **Est-ce la clé de l'auto de l'étudiante?**

Une étudiante: Non, Monsieur, **c'est la clé de l'auto du professeur.**

Le professeur: Bien. Voilà un nez. Est-ce un nez ordinaire?

Une étudiante: Non, Monsieur, **c'est le nez du professeur.**

Le professeur: Et ça, est-ce une main ordinaire?

Un étudiant: Non, Monsieur, **c'est la main du professeur.**

Le professeur: Voilà une chemise. **Est-ce la chemise du garçon,** tout le monde?

La classe: Oui, Monsieur, **c'est la chemise du garçon.**

Le professeur: Et ça, **est-ce l'oreille du garçon?**

La classe: Oui, Monsieur, **c'est l'oreille du garçon.**

Le professeur: Et ça, Monsieur?

Un étudiant: **C'est l'autre oreille du garçon.**

---

1. *Ça,* pronom qui signifie «un objet non identifié».

L'ENFANT SAUVAGE, François Truffaut, 1969; sur la photo: Jean-Paul Cargol.

C'est l'histoire authentique d'un enfant sauvage capturé dans la forêt. Un docteur accepte la charge du garçon. L'enfant est complètement sauvage; il ignore la civilisation. Le docteur explique la différence entre une clé, un marteau, un peigne et une paire de ciseaux.

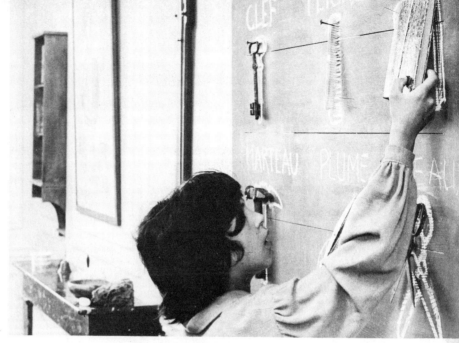

—Qu'est-ce que c'est?
—C'est un livre.

Le professeur: Et ça, Mademoiselle, est-ce une bouche ordinaire?

Une étudiante: Non, Monsieur, **c'est la bouche du garçon.**

Le professeur: **Qui est-ce?**

Un étudiant: C'est une étudiante, c'est Mademoiselle Taylor.

Le professeur: Oui. Et ça, **est-ce la blouse de Mademoiselle Taylor?**

Un étudiant: Oui, Monsieur, **c'est la blouse de Mademoiselle Taylor.**

Explications

1 Identification:

C'est **un** livre.
C'est **une** serviette. } définition générique

C'est **le** livre de français.
C'est **le** livre de Mademoiselle Taylor. } définition spécifique
C'est **la** serviette de Monsieur Brown.

Un est un article indéfini masculin.
Une est un article indéfini féminin.

Le est un article défini masculin.
La est un article défini féminin.

2 Élision:

$$\left.\begin{array}{l}\textbf{le}\\\textbf{la}\end{array}\right\} + \text{voyelle} \rightarrow \textbf{l'}$$

Exemples: C'est **l'**étudiant de Monsieur Moray.
C'est **l'**oreille de **l'**étudiant.

3 Possession:

C'est le livre **de l'**étudiant.
C'est la serviette **du** professeur.
C'est la clé **de l'**auto **du** professeur.
C'est la porte **de la** classe.
C'est le livre **de** Suzanne.

Remarquez: **de + le** → **du** (C'est une contraction obligatoire.)

Remarquez: Devant un nom propre, l'article est éliminé.

4 **Qui est-ce?** est une question qui demande l'identification d'une personne.

Exemple: **Qui est-ce?**   C'est Georges.   C'est Mademoiselle Taylor.
C'est Suzanne.   C'est une étudiante.
C'est le professeur.

5 Déclaration et inversion:

c'est...
est-ce...? (l'inversion de **c'est** pour former une question)

Exemples: **Est-ce** un nez? Oui, **c'est** un nez.
Est-ce le nez du professeur? Oui, **c'est** le nez du professeur.

6 Genre:

A.   **Professeur** est invariablement masculin.

Exemple: **Le professeur** de français, c'est **Monsieur** Moray.
Le professeur d'anglais, c'est **Mademoiselle** Smith.

B.   Les noms terminés par **-tion** sont féminins.

Exemples: la révolution   la situation
la composition   la nation
la définition   l'inscription

la répétition   l'aliénation
la suggestion   la pollution
la signification   la question

Remarquez: En anglais et en français, les mots en **-tion** sont similaires.

C.   Les noms abstraits terminés par **-té** sont généralement féminins.

       Exemples: la réalité   la fatalité
                       la beauté   la médiocrité
                       l'éventualité   la vérité
                       la curiosité   la liberté
                       la difficulté   la mentalité

Remarquez: En français et en anglais, les mots en **-té** et *-ty* sont fréquemment similaires, p. ex., menta**lité** = menta*lity*.

7 **Quel(-le)** + nom + ! = interjection!

       Exemples: *masculin*   *féminin*

                   Quel mystère!   **Quelle** coïncidence![2]
                   Quel professeur!   **Quelle** beauté!
                   Quel nez!   **Quelle** classe!

8 Prononciation:

A.   Une consonne finale (ou un groupe de consonnes finales) est généralement muette.[3]

             C'est...   français
             objet   étudiant

     Exceptions: **c, r, l**
             sac   mur   animal

B.   Liaison: Dans certaines circonstances (intimité grammaticale) une consonne finale—normalement muette—est prononcée devant une voyelle (ou un **h** muet).

                  C'est un étudiant.
       Mais: C'est le livre de l'étudiant.

                  C'est un homme.
       Mais: C'est l'homme de Cro-Magnon.

                  Voilà un livre très intéressant.[4]
       Mais: Voilà un livre très difficile.

---

2. Le signe ¨ (coïncidence) est un *tréma.*

3. *Muet(-te)* = silencieux(-euse).

4. **S** en liaison → [z]. Le symbole phonétique est généralement utilisé par le dictionnaire.

Exercices oraux

A. Demandez à un autre étudiant ou à une autre étudiante:
    «Qu'est-ce que c'est?» ou «Qui est-ce?» (§4)

    Exemples: *livre*   *Carole*
                Qu'est-ce que c'est?   *Qui est-ce?*
                C'est un livre.   *C'est Carole.*

    1. tableau   6. chemise
    2. auto   7. étudiant
    3. Carole   8. stylo
    4. mur   9. bureau
    5. professeur de français   10. Monsieur Moray

B. Demandez à un autre étudiant ou à une autre étudiante:
    «Qu'est-ce que c'est?» ou «Qui est-ce?» (§1, 2, 3, 4)

    Exemples: *livre...Carole*   *étudiant...Monsieur*
                Qu'est-ce que c'est?   *Moray*
                C'est le livre de Carole.   *Qui est-ce?*
                                              C'est l'étudiant de
                                               Monsieur Moray.

    1. professeur...classe de   7. étudiante...classe d'anglais
       français   8. ami...Georges
    2. auto...Pierre   9. amie...étudiante
    3. blouse...jeune fille   10. oreille...professeur
    4. nez...étudiant   11. main...professeur
    5. bouche...garçon   12. chemise...Jacques
    6. clé...auto...Paul

C. Montrez-moi la photo de la page 13.

    1. Qui est-ce? (Femme? Garçon? Napoléon?)
    2. Le premier objet est pour la porte. Qu'est-ce que c'est?
       Ordinaire? Non. C'est _____ spéciale. C'est _____ du
       garçon.
    3. Le deuxième objet est très utile pour la coiffure. Qu'est-ce
       que c'est? Ordinaire? Non. C'est _____ spécial. C'est
       _____ du garçon.
    4. Le troisième objet est pour la classe (de français
       probablement). Qu'est-ce que c'est? Ordinaire? Non. C'est
       _____ spécial. C'est _____ du garçon.
    5. Le quatrième objet est utile pour la construction. Qu'est-ce
       que c'est? Ordinaire? Non, C'est _____ spécial. C'est
       _____ du garçon.

Exercices écrits

A. Remplacez le tiret par **un, une, le, la** ou **l'** (écrivez toute la phrase): (§1, 2, 3)

Exemples: *C'est _____ livre.   C'est _____ livre de*
C'est un livre.   Mademoiselle Taylor.
C'est le livre de
Mademoiselle Taylor.

1. C'est _____ livre.
   C'est _____ livre de Mademoiselle Taylor.
2. C'est _____ serviette.
   C'est _____ serviette de Suzanne.
3. C'est _____ auto.
   C'est _____ auto de la jeune fille.
4. C'est _____ oreille.
   C'est _____ oreille du garçon.
   C'est _____ autre oreille du garçon.
5. C'est _____ porte.
   C'est _____ porte de la classe de français.
   C'est _____ autre porte de la classe de français.
6. C'est _____ stylo.
   C'est _____ stylo du professeur.
7. C'est _____ clé.
   C'est _____ clé de l'auto du professeur.
8. C'est _____ nez.
   C'est _____ nez de Robert.
9. C'est _____ chemise.
   C'est _____ chemise du garçon.
10. C'est _____ blouse.
    C'est _____ blouse de la jeune fille.
11. C'est _____ situation.
12. C'est _____ composition de l'étudiant.
13. C'est _____ définition.
14. C'est _____ professeur.
15. C'est _____ garçon de la photo.

B. Remplacez le tiret par **de la, de l', du** ou **de** (écrivez toute la phrase): (§3)

Exemple: *C'est le livre _____ jeune fille.*
C'est le livre de la jeune fille.

1. C'est le livre _____ jeune fille.
2. Voilà la fenêtre _____ classe _____ français.
3. C'est l'ami _____ Suzanne.
4. Voilà le nez _____ étudiant.

5. C'est la clé _____ auto _____ professeur.
6. Voilà la serviette _____ garçon.
7. C'est la blouse _____ Monique.
8. Voilà la chaise _____ garçon _____ classe _____ français.
9. C'est le bureau _____ professeur.
10. Voilà Jean-Claude et voilà l'auto _____ Jean-Claude.
11. C'est la bouche _____ amie _____ garçon _____ classe _____ Monsieur Moray.
12. Voilà l'oreille _____ garçon.
13. C'est le nez _____ autre garçon.
14. Voilà la chemise _____ Monsieur Brown.
15. C'est le peigne _____ étudiante.

C. Inventez cinq réponses à la question: «Qu'est-ce que c'est?» (§4)

Exemples: *C'est la chemise de Jean-Claude.*
C'est le livre du professeur.
C'est la clé de l'auto du professeur.
C'est une table.

Inventez cinq réponses à la question: «Qui est-ce?»

Exemples: *C'est Georges.*
C'est l'étudiant de la classe.
C'est le professeur d'anglais.

Lecture

L'Affaire de la photo

Voilà une classe. *Est-ce* une classe ordinaire? Mais non! C'est une classe spéciale. Pourquoi? Parce que *c'est la classe de français de Suzanne et de David.*

Voilà une jeune fille. *Qui est-ce?* C'est Suzanne.
Voilà un garçon. *Qui est-ce?* C'est David.
Et ça, qu'est-ce que c'est? C'est le sac de Suzanne.
Et ça, qu'est-ce que c'est? *C'est le portefeuille de David.*

Professeur: Montrez-moi un portefeuille!

David: Voilà un portefeuille. *(C'est le portefeuille de David.)*

Oh! Un petit accident (dû à un mouvement brusque de la main de David peut-être)![5] La section des photos est complètement détachée. Voilà une photo exposée à la vue de tout le monde! *Qui est-ce? C'est la photo de Suzanne!* David est gêné.[6] Mais Suzanne est contente. Pourquoi? Parce que la photo de David est dans[7] le sac de Suzanne. Quelle coïncidence!

Le professeur observe Suzanne (très contente) et David (très gêné). Grand silence dans la classe. Mais, finalement, David observe Suzanne très contente... et maintenant David est content aussi. Tout le monde est content. La conclusion est naturellement simple: Suzanne est l'amie de David, et David est l'ami de Suzanne.

MÉLODRAME, Jean-Louis Jorge, 1976; sur la photo: Vicente Criado et Martine Simonet.

Voilà un faux Rudolph Valentino. Il s'appelle Antonio Romano. Il est avec une fausse Pola Negri. Elle s'appelle Nora Legri. C'est une vamp du cinéma muet et Antonio est l'idole du public. C'est l'influence du cinéma muet américain: richesse, diamants, rubis, amours, regards, champagne, revolvers.

C'est très simple: Suzanne est l'amie de David, et David est l'ami de Suzanne.

Questions sur la lecture

1. Est-ce une classe spéciale? Pourquoi?
2. Qui est Suzanne?
3. Qui est David?
4. Qu'est-ce que c'est (dans le portefeuille de David)?
5. Qu'est-ce que c'est (dans le sac de Suzanne)?

---

5. *Peut-être,* adverbe qui signifie «la possibilité».

6. *Gêné* = embarrassé.

7. *Dans* = à l'intérieur de.

Vocabulaire actif

noms

affaire f.
auto f.
blouse f.
bouche f.
chemise f.
clé f.[8]
composition f.
conclusion f.
définition f.
main f.
nez m.
oreille f.
papier m.
partie f.
peigne m.
portefeuille m.
sac m.
situation f.
vue f.

adjectifs

content(-e)
gêné(-e)
grand(-e)
ordinaire
petit(-e)
quel(-le)
simple
spécial(-e)
utile

prépositions

dans
par

adverbes

finalement
naturellement
peut-être
probablement

autres expressions

non
oui
Qui est-ce?

Vocabulaire passif

noms

accident m.
coiffure f.
coïncidence f.
construction f.
fabrication f.
intérieur m.
marteau m.
mouvement m.
paire (f.) de ciseaux
   (m. pl.)
vêtement m.

adjectifs

brusque
détaché(-e)
dû(-e)
exposé(-e)
invisible

pronom

ça

verbe

observe

nombres ordinaux

1er	premier / première
2e	deuxième
3e	troisième
4e	quatrième
5e	cinquième
6e	sixième
7e	septième
8e	huitième
9e	neuvième
10e	dixième

---

8. Une autre orthographe possible est *clef* (mais la prononciation est identique à *clé*).

3 Troisième Leçon

Comptez de 1 à 1.000.000.000

La date: *Aujourd'hui, c'est mercredi 15 décembre. C'est le 15 décembre.*

La semaine: *lundi, mardi,* etc.

L'année: *janvier, février,* etc.

Signes de ponctuation

La prononciation (suite)

La syllabation (suite)

Quel(-le) (adjectif interrogatif)

Lecture: *L'Importance de la date*

Le 14 juillet, c'est la fête nationale: un bal populaire.

Présentation

Comptez de **un** à **dix**.	**Un, deux, trois, quatre, cinq, six, sept, huit, neuf, dix.**
Continuez.	**Onze, douze, treize, quatorze, quinze, seize,**
Continuez.	**dix-sept, dix-huit, dix-neuf, vingt,**
Continuez.	**vingt et un, vingt-deux, vingt-trois, vingt-quatre, vingt-cinq, vingt-six, vingt-sept, vingt-huit, vingt-neuf, trente,**
Continuez.	**trente et un, trente-deux, trente-trois,... trente-neuf.**
Quel est votre[1] numéro de téléphone?	C'est **quatre cent vingt-cinq...trente-deux...quinze.**
Quelle est votre adresse?	C'est **cent quarante-huit** Boulevard Harmon.
Quelle est la date aujourd'hui?	**Aujourd'hui, c'est le 15 septembre. C'est mercredi 15 septembre.**
Et demain?	**Demain, c'est le 16 septembre. C'est jeudi 16 septembre.**
Quelle est la date de la fête nationale américaine?	**C'est le 4 juillet.**
Quelle est la date de la fête nationale française?	**C'est le 14 juillet.**
Et la date de Noël?	**C'est le 25 décembre.**
Quelle est la date du premier jour de **l'année?**	**C'est le 1er** (le premier) **janvier.**
Et la date du dernier jour de **l'année?**	**C'est le 31 décembre.**

---

1. *Votre*, adjectif possessif, m./f. = de vous.

Quelle est la date de votre anniversaire?	**C'est le 16 août.**
Indiquez chaque[2] jour de **la semaine.**	Voilà chaque jour: **lundi, mardi, mercredi, jeudi, vendredi, samedi, dimanche.**
Indiquez chaque mois de **l'année.**	Voilà chaque mois: **janvier, février, mars, avril, mai, juin, juillet, août, septembre, octobre, novembre, décembre.**
Quel jour est-ce aujourd'hui?	**Aujourd'hui, c'est mercredi.**
Le dimanche, est-ce un jour ordinaire?	Non, **le dimanche** est un jour de repos. C'est le dernier jour du week-end.

Explications

1 Comptez de 1 à 1.000.000.000:[3]

1	un	11	onze
2	deux	12	douze
3	trois	13	treize
4	quatre	14	quatorze
5	cinq	15	quinze
6	six	16	seize
7	sept	17	dix-sept
8	huit	18	dix-huit
9	neuf	19	dix-neuf
10	dix		

20	vingt	30	trente
21	vingt et un	31	trente et un
22	vingt-deux	32	trente-deux
23	vingt-trois, etc.	33	trente-trois, etc.

40	quarante	50	cinquante
41	quarante et un	51	cinquante et un
42	quarante-deux	52	cinquante-deux
43	quarante-trois, etc.	53	cinquante-trois, etc.

---

2. *Chaque,* adjectif, m./f. = «each».

3. Remarquez l'usage du point et de la virgule avec les nombres:
$2\frac{1}{2} = 2,5 =$ «deux-virgule-cinq».

60	soixante	70	soixante-dix
61	soixante et un	71	soixante et onze
62	soixante-deux	72	soixante-douze
63	soixante-trois	73	soixante-treize
64	soixante-quatre	74	soixante-quatorze
65	soixante-cinq	75	soixante-quinze
66	soixante-six	76	soixante-seize
67	soixante-sept	77	soixante-dix-sept
68	soixante-huit	78	soixante-dix-huit
69	soixante-neuf	79	soixante-dix-neuf
80	quatre-vingts	90	quatre-vingt-dix
81	quatre-vingt-un	91	quatre-vingt-onze
82	quatre-vingt-deux	92	quatre-vingt-douze
83	quatre-vingt-trois	93	quatre-vingt-treize
84	quatre-vingt-quatre	94	quatre-vingt-quatorze
85	quatre-vingt-cinq	95	quatre-vingt-quinze
86	quatre-vingt-six	96	quatre-vingt-seize
87	quatre-vingt-sept	97	quatre-vingt-dix-sept
88	quatre-vingt-huit	98	quatre-vingt-dix-huit
89	quatre-vingt-neuf	99	quatre-vingt-dix-neuf

100	cent	200	deux cents	300	trois cents
101	cent un	201	deux cent un	301	trois cent un
102	cent deux	202	deux cent deux	302	trois cent deux

1.000	mille	2.000	deux mille	1.000.000	un million
1.001	mille un	2.001	deux mille un	1.000.000.000	un milliard

2 La date:

A. Question et réponse:

Question: «Quelle est la date aujourd'hui?»

Réponse: «Aujourd'hui, c'est mercredi 15 septembre.»

ou

«Aujourd'hui, c'est le 15 septembre.»

Écrivez: mercredi 15 septembre

ou

le 15 septembre

Remarquez: le 2 (deux), le 3 (trois), le 4 (quatre), *mais* le 1er (premier)

B. Voilà deux variantes pour certains nombres (1100—1999):

Exemples: 1914 mille neuf cent quatorze

ou

dix-neuf cent quatorze

1984 mille neuf cent quatre-vingt-quatre
ou
dix-neuf cent quatre-vingt-quatre

C. La date abrégée:
15/9/77 = le 15 septembre 1977

3 La différence entre **lundi** et **le lundi, mardi** et **le mardi,** etc.:

Exemples: Aujourd'hui, c'est **lundi.** Demain, c'est **mardi. Le lundi** est un jour de classe ordinaire. **Le dimanche** est un jour de repos.

Le devant le nom du jour signifie «en général». **Le lundi** = chaque lundi.

4 Signes de ponctuation:

. = un point		**,** = une virgule	
! = un point d'exlamation		**;** = un point-virgule	
? = un point d'interrogation		**'** = une apostrophe	

5 Prononciation (suite):

A. Variation de la prononciation de **e:**

e comme **le** [ə]
é comme **étudiant** [e]
ê = **è** comme **fête, très** [ɛ]

B. La prononciation de certaines combinaisons de lettres:

1. Voyelle(-s) + **n** *ou* voyelle(-s) + **m:**

in = ain = ein = im = aim [ɛ̃] **in**discret, dem**ain,** p**ein**ture, **im**possible, f**aim**

en = an = am = em [ã] **en**fant, vendr**e**di, janvier, l**am**pe, **em**barrassé

on = om [ɔ̃] b**on,** n**om,** n**on**
un = um [œ̃] **un,** parf**um**

Remarquez: La prononciation de **-on** dans *monsieur* est complètement différente. C'est comme **eu** (porte**feu**ille) ou **e** (**le**).

2. Voyelle + voyelle:

au = eau (o) [o] **aut**(o), table**au**
ai (è = ê) [ɛ] m**ai**s (très)
eu [œ] porte**feu**ille
ou [u] j**ou**r, p**ou**r
oi [wa] m**oi**s, mademoi**sel**le

C. La prononciation spéciale de certaines consonnes:

	ll = l [ɛl]		Annabelle, quel
Mais:	ill [ij]		fille, famille
	gn [ɲ]		montagne, campagne
	s initial = ss [s]		silence, classe, impossible
	s entre deux voyelles [z]		chaise, composition
	th [t]		théologie, théâtre, Nathalie
	ch [ʃ]		champagne, chaise
	qu [k]		question, quel

6 Syllabation (suite): Prononcez après le professeur:

le / gou / ver / ne / **ment**   la / ci / vi / li / sa / **tion**

l'or / ga / ni / sa / **tion**   C'es / tun / gar / **çon.**

une / com / po / si / **tion**

Remarquez: Toutes les syllabes sont équivalentes, mais la dernière syllabe est plus importante dans l'accentuation.

7 **Quel(-le)** est aussi un adjectif interrogatif:

masculin   *féminin*

Quel est le numéro de téléphone   **Quelle** est la date?
de Georges?

Exercices oraux

A. Comptez de 1 à 39, de 40 à 79, de 80 à 100. (§1)

B. Épelez et écrivez au tableau:

1. c'est	6. un peigne	11. mercredi
2. très	7. un vase	12. mois
3. aussi	8. le professeur	13. au revoir
4. Robert	9. vendredi	14. demain
5. l'étudiant	10. lundi	15. la fille

C. Répondez: (§1, 2)

1. Quelle est la date de votre anniversaire?
   Réponse: C'est...
2. Quelle est votre adresse?
   Réponse: C'est...
3. Quel est votre numéro de téléphone?
   Réponse: C'est...

D. Demandez à un autre étudiant ou à une autre étudiante: (§2)

1. Quelle est la date aujourd'hui?
2. Quelle est la date demain?
3. Quelle est la date de la fête nationale américaine?
4. Quelle est la date de la fête nationale française?
5. Quelle est la date de Noël?
6. Quelle est la date de l'anniversaire de George Washington?
7. Quelle est la date du premier jour de l'année?
8. Quelle est la date du dernier jour de l'année?
9. Indiquez chaque jour de la semaine.
10. Indiquez chaque mois de l'année.

E. Dites oralement les dates suivantes: (§1, 2)

1. 1066	5. 1849
2. 1776	6. 1929
3. 1492	7. 2001
4. 1680	8. 1555

Exercices écrits

A. Écrivez: (§2)

1. chaque jour de la semaine.
2. chaque mois de l'année.
3. la date d'aujourd'hui.

B. Écrivez en toutes lettres les dates abrégées suivantes: (§2)
Exemple: *2/6/68 le deux juin mille neuf cent soixante-huit*

1. 15/8/77	6. 25/9/76
2. 14/7/78	7. 20/10/75
3. 30/3/78	8. 21/11/79
4. 7/4/73	9. 18/1/80
5. 29/5/77	10. 16/2/81

C. Écrivez en toutes lettres: (§1)

1. 3.654	5. 116.915
2. 305	6. 884
3. 99	7. 78
4. 71.832	8. 1.861

Paris: L'Arc de Triomphe, place de l'Étoile: cette sculpture de
François Rude représente le peuple en révolution en 1789.

Et la révolution continue maintenant.

Lecture

L'Importance de la date

Professeur: Quelle est la date de la fête nationale française?

Étudiant: *C'est le 14 juillet,* Monsieur.

Professeur: Très bien, et pourquoi *est-ce le 14 juillet?*

Étudiant: Je ne sais pas, Monsieur.

Professeur: Parce que le 14 juillet est l'anniversaire de l'attaque de la Bastille par le peuple de Paris. C'est «la prise de la Bastille», *le 14 juillet 1789.* Et quelle est la date de la fête nationale américaine?

Tout le monde: *C'est le 4 juillet.*

Professeur: Pourquoi?

Tout le monde: Parce que le 4 juillet est l'anniversaire de l'indépendance américaine.

Professeur: Formidable! Magnifique! C'est une classe extraordinaire. Quelle est la date de Noël?

Tout le monde: *C'est le 25 décembre.*

Professeur: Excellent! Et quelle est la date de l'examen?

Tout le monde: *(silence)*

Étudiant: L'examen est éliminé, Monsieur. C'est la décision de la majorité de la classe. C'est une démocratie, la démocratie du peuple, par le peuple et pour le peuple. Vive le peuple! Vive la classe de français! À bas[4] l'examen!

Questions sur la lecture

1. Quelle est la date de la fête nationale française? Pourquoi?
2. Quelle est la date de la fête nationale américaine? Pourquoi?
3. Est-ce une classe extraordinaire?
4. Quelle est la date de l'examen?
5. Pourquoi est-il éliminé?

---

4. *À bas* ≠ Vive...!

Vocabulaire actif

noms

accent m.
adresse f.
année f.
anniversaire m.
apostrophe f.
champagne m.
date f.
examen m.
gouvernement m.
importance f.
indépendance f.
jour m.
majorité f.
mois m.
Noël m.
nombre m.
numéro (de
   téléphone) m.
point m.
semaine f.
signe m.
téléphone m.
théâtre m.
virgule f.
week-end m.

adjectifs

américain(-e)
chaque
dernier / dernière
facile
français(-e)
magnifique
national(-e)

adverbes

aujourd'hui
demain
oralement

mois de l'année

MASCULIN
janvier
février
mars
avril
mai
juin
juillet
août
septembre
octobre
novembre
décembre

jours de la semaine

MASCULIN
lundi
mardi
mercredi
jeudi
vendredi
samedi
dimanche

Vocabulaire passif

noms

attaque f.
centre m.
démocratie f.
exclamation f.
fête f.
interrogation f.
peuple m.
prise f.
repos m.
théologie f.
zodiaque m.

adjectifs

éliminé(-e)
suivant(-e)
votre

autres expressions

à bas
continuez
épelez
Vive...!

Quatrième Leçon

Le pluriel de l'article défini: *le (la, l')* → *les*

Les pronoms *il, elle, ils* et *elles*

C'est... Il est... Ce sont...

Le verbe *être*

Tu et *vous*

La négation

La question

L'accord des adjectifs

Lecture: *Une Conversation au téléphone*

Une conversation au téléphone

Présentation

Est-ce que vous êtes content?
Êtes-vous content?

Oui, **je suis** content.
Non, **je ne suis pas** content.

Est-ce que tu es[1] content?
Es-tu content?

Oui, **je suis** content.
Non, **je ne suis pas** content.

Est-ce que je suis élégant
aujourd'hui?
Suis-je élégant aujourd'hui?

Oui, **vous êtes** élégant.
Non, **vous n'êtes pas** élégant.
Oui, **tu es** élégant.
Non, **tu n'es pas** élégant.

Est-ce que vous êtes
brillants?[2]
Êtes-vous brillants?

Oui, **nous sommes** brillants.
Non, **nous ne sommes pas**
brillants.

Est-ce que nous sommes
élégants?
Sommes-nous élégants?

Oui, **vous êtes** élégants.
Non, **vous n'êtes pas**
élégants.

Est-ce que la porte est
ouverte ou fermée?
La porte est-elle ouverte ou
fermée?
La porte est ouverte,
n'est-ce pas?

Elle est fermée.
Non, **elle n'est pas** ouverte;
elle est fermée.

Est-ce que Suzanne est
présente?
Suzanne est-elle présente?

Oui, **elle est** présente.
Non, **elle n'est pas** présente.

Est-ce que Monsieur Brown et
Monsieur Smith sont présents?
Monsieur Brown et Monsieur
Smith sont-ils présents?

Oui, **ils sont** présents.
Non, **ils ne sont pas** présents.

Est-ce que Mademoiselle
Taylor et Mademoiselle
Canfield sont présentes?
Mademoiselle Taylor et
Mademoiselle Canfield sont-
elles présentes?

Oui, **elles sont** présentes.
Non, **elles ne sont pas**
présentes.

Est-ce que tout le monde est
présent?

Oui, **tout le monde est**
présent.

---

1. *Tu es,* forme familière de *vous êtes.*
2. *Est-ce que vous êtes brillants?* est une question collective.

Tout le monde est-il présent?

Non, **tout le monde n'est pas** présent.

Est-ce que Monsieur Smith et Mademoiselle Taylor sont américains?
Monsieur Smith et Mademoiselle Taylor sont-ils américains?

Oui, **ils sont** américains.
Non, **ils ne sont pas** américains.

Est-ce que les étudiants sont intelligents?
Les étudiants sont-ils intelligents?

Oui, **ils sont** intelligents.
Non, **ils ne sont pas** intelligents.

Est-ce que les étudiantes sont intelligentes?
Les étudiantes sont-elles intelligentes?

Oui, **elles sont** intelligentes.
Non, **elles ne sont pas** intelligentes.

OUT ONE, Jacques Rivette, 1970; sur la photo: (entre autres) Bernadette Lafont, Hermine Karagheuze.
Avec un texte classique, les jeunes acteurs pratiquent le contrôle de l'expression faciale et des sons. C'est une sorte de théâtre expérimental. C'est un des multiples éléments du dernier film de Jacques Rivette inspiré d'un roman de Balzac. Le film est exceptionnellement long—treize heures.

Sommes-nous élégants?

Est-ce que c'est Monsieur Smith?	Non, ce **n'est pas** Monsieur Smith.
Est-ce Monsieur Smith? Qui est-ce?	C'est Monsieur Brown.
Est-ce qu'il est grand? **Est-il** grand?	Non, il **n'est pas** grand. Il est petit.
Est-ce que c'est un garçon? **Est-ce** un garçon?	Non, ce **n'est pas** un garçon. C'est une jeune fille.
Est-ce qu'elle est anglaise?	Non, elle **n'est pas** anglaise. Elle est chinoise.
Est-ce que ce sont les exercices **oraux** pour aujourd'hui?	Non, **ce ne sont pas** les exercices **oraux** pour aujourd'hui. **Ce sont** les exercices **oraux** pour demain.
Est-ce que c'est intéressant? **Est-ce** intéressant?	Oui, **c'est** très intéressant.

Explications

1 Le pluriel de **le, la** et **l'** est **les**.

Exemples: **le** livre   **les** livres
            la chaise   **les** chaises
            l'étudiant   **les** étudiants
            l'étudiante   **les** étudiantes

Remarquez: Le **-s** est un signe graphique du pluriel. Le **-s** pluriel n'est pas prononcé:

Exemples: la table   le$ table$
            le chien   le$ chien$

2 Les pronoms **il, elle, ils** et **elles:**

Le restaurant du campus est excellent.	**Il** est excellent.
La princesse Anne est anglaise.	**Elle** est anglaise.
Les étudiants sont attentifs.	**Ils** sont attentifs.
Les cigarettes sont dangereuses pour la santé. *(health)*	**Elles** sont dangereuses pour la santé.
Marie et Marc sont absents.	**Ils** sont absents.

Il remplace un nom masculin singulier. C'est un pronom sujet *(subject)* masculin singulier.

Elle remplace un nom féminin singulier. C'est un pronom sujet féminin singulier.

Ils remplace un nom masculin pluriel. C'est un pronom sujet masculin pluriel.

Elles remplace un nom féminin pluriel. C'est un pronom sujet féminin pluriel.

Remarquez: Avec un nom masculin et un nom féminin, le pronom est *masculin pluriel.*

Attention: La répétition est possible, mais le style de la répétition n'est pas élégant. Le pronom sujet est préférable.

Exemple: Est-ce que Jean-Claude est sportif?　　Oui, Jean-Claude est sportif. Oui, **il** est sportif. *(athletic)*

3 **C'est** + nom ou adjectif; **il est** + adjectif, préposition ou adverbe:

A. Employez **c'est** ou **ce sont** devant un *nom modifié* (par un article ou un adjectif) ou un *nom propre.*

Exemples:

C'est un livre.
C'est un livre intéressant.
C'est le chien du professeur.
C'est la petite amie[3] de Stéphane.
C'est la chaise d'Anne.

C'est Monique.
C'est Mademoiselle Canfield.
C'est Monsieur Brown.
Ce sont les étudiants de la classe de français.
Ce sont les livres d'Anne.

B. Employez **il est, elle est, ils sont** ou **elles sont** devant un *adjectif,* une *préposition* ou un *adverbe.*

Exemples:

Elle est présente.
Il est absent.
Elles sont intelligentes.
Ils sont contents.

Il est dans la classe.
Elle est debout.[4]
Ils sont ensemble.

C. Employez **c'est** + *adjectif* si l'antécédent est général, multiple ou neutre.

Exemple: Voilà la réponse au tableau.
Est-ce correct? Oui, **c'est** correct.

antécédents possibles

orthographe
accents　　　　　　　　**C'est** correct.
grammaire, etc.

---

3. *Petit(-e) ami(-e)* = un(-e) ami(-e) spécial(-e).

4. *Debout* ≠ *assis. Debout* est un adverbe (invariable), mais *assis* est un adjectif (variable): Il est assis. Elle est assise.

Exemple: Voilà l'opinion du professeur. **C'est** intéressant.

antécédents possibles

information
humour ⟵─────────── **C'est** intéressant.
morale, etc.

4 Le verbe **être**: *affirmatif*

je **suis**
nous **sommes**
tu **es**
vous **êtes**
il **est**, elle **est**, on **est** *(one)*, tout le monde **est**, c'**est**
ils **sont**, elles **sont**, ce **sont**

Note: **On** est un pronom sujet impersonnel.
Exemple: Quand **on** est présent, **on** n'est pas absent.

5 La différence entre **tu** et **vous**:
C'est une question très personnelle. Généralement entre deux amis ou entre les membres d'une famille on utilise la forme familière **tu**. Pour le reste on utilise **vous** si les rapports ne sont pas très intimes.

Comment **allez-vous?**	Bien, merci, et vous?
Comment **vas-tu?**	Ça va, et toi?
Êtes-vous en forme[5] aujourd'hui, Monsieur?	Oui, je suis en forme.
Es-tu en forme aujourd'hui, Georges?	Oui, je suis en forme.

6 La forme négative est **ne** + verbe + **pas**.

phrase affirmative	*phrase négative*
C'est un livre.	Ce **n'**est **pas** un livre.
Le gangster est sentimental.	Le gangster **n'**est **pas** sentimental.
Monsieur Brown répète la phrase.	Monsieur Brown **ne** répète **pas** la phrase.
Je suis très simple.	Je **ne** suis **pas** très simple.
Vous êtes amusante.	Vous **n'**êtes **pas** amusante.
Tout le monde est content.	Tout le monde **n'**est **pas** content.
Nous sommes curieux.	Nous **ne** sommes **pas** curieux.
Tu es raisonnable.	Tu **n'**es **pas** raisonnable.
Les fleurs sont jolies.	Les fleurs **ne** sont **pas** jolies.

---

5. *En forme* est une expression qui signifie «une condition excellente physique ou psychologique».

7 La question:

A. 1) **est-ce que** + phrase affirmative (ordre normal)
   2) l'*inversion* du sujet et du verbe

   Exemples: **Est-ce que** c'est un chien?
   Est-ce un chien?   Oui, c'est un chien.

   Est-ce que nous sommes sportifs?
   Sommes-nous sportifs?   Oui, vous êtes sportifs.

B. *Résumé:* Déclaration et interrogation:

phrase affirmative	question avec inversion	question avec **est-ce que**
C'est un étudiant.	**Est-ce** un étudiant?	**Est-ce que** c'est un étudiant?
Je suis content.	**Suis-je** content?	**Est-ce que** je suis content?
Paul est timide.	**Paul est-il** timide?	**Est-ce que** Paul est timide?

   Remarquez: Avec un nom, l'inversion est possible avec une répétition du sujet.

   Exemples: **Paul** est-**il** timide?
   La giraffe est-**elle** petite?

   Attention: Si la phrase commence par certains mots interrogatifs (**où, quel,** etc.), la répétition du sujet n'est pas nécessaire.

   Exemples: Où est **le professeur?**
   Où est **Jean-Claude?**
   Quelle est **la date?**

C. **N'est-ce pas?** est une expression interrogative invariable placée à la fin de la phrase.

   Exemples: Nous sommes sportifs, **n'est-ce pas?**
   Elle est grande, **n'est-ce pas?**
   Je ne suis pas compliqué, **n'est-ce pas?**

8 Les adjectifs:

A. L'accord («agreement»):

   1. Quand le nom (ou le pronom) est masculin singulier, l'adjectif est masculin singulier:
      Monsieur Brown est **présent.** Il n'est pas **absent.**

   2. Quand le nom (ou le pronom) est féminin singulier, l'adjectif est féminin singulier:
      Mademoiselle Taylor est **présente.** Elle n'est pas **absente.**

   3. Quand le nom (ou le pronom) est masculin pluriel, l'adjectif est masculin pluriel:
      Monsieur Brown et Monsieur Smith sont **présents.** Ils ne sont pas **absents.**

4. Quand le nom (ou le pronom) est féminin pluriel, l'adjectif est féminin pluriel:

> Mademoiselle Taylor et Mademoiselle Canfield sont **présentes**.
> Elles ne sont pas **absentes**.

Attention: Avec un nom masculin et un nom féminin, l'adjectif est *masculin pluriel.*

> Exemples: Monsieur Brown et Mademoiselle Taylor sont **présents**. Ils ne sont pas **absents**.

B. Les formes:

1. Les quatres formes normales sont:

> Il est **présent**. Elle est **présente**.
> Ils sont **présents**. Elles sont **présentes**.

2. Les adjectifs terminés par -**s** au masculin singulier sont identiques au masculin pluriel:

> Il est **français**. *Mais:* Elle est **française**.
> Ils sont **français**. *Mais:* Elles sont **françaises**.

3. Les adjectifs terminés par -**x** au masculin singulier sont identiques au masculin pluriel, mais le féminin est -**se** et -**ses**: *(furious, mad, angry)*

> Il est **furieux**. Elle est **furieuse**.
> Ils sont **furieux**. Elles sont **furieuses**.

4. Les adjectifs terminés par -**f** au masculin singulier sont terminés par -**ve** et -**ves** au féminin:

> Il est **sportif**. Elle est **sportive**.
> Ils sont **sportifs**. Elles sont **sportives**.

5. Les adjectifs terminés par -**al** au masculin singulier sont terminés par -**aux** au masculin pluriel:

> Il est **original**. *Mais:* Elle est **originale**.
> Ils sont **originaux**. *Mais:* Elles sont **originales**.

6. Les adjectifs terminés par -**e** au masculin singulier sont identiques au féminin singulier:

> Il est **sympathique**. Elle est **sympathique**.
> Ils sont **sympathiques**. Elles sont **sympathiques**.

Remarquez: -**é** est une lettre spéciale:

> Il est occup**é**. Elle est occup**ée**.

7. Les adjectifs de nationalité:

américain(-e)	**espagnol(-e)**	**français(-e)**
chinois(-e)	**africain(-e)**	**anglais(-e)**
allemand(-e)	**japonais(-e)**	**italien(-ne)**

8. Le **-e** final n'est pas prononcé, mais on prononce la *consonne* qui précède le **-e.** Prononcez:

petit	petit~~e~~
français	français~~e~~
américain	américain~~e~~
furieux	furieus~~e~~

9 Contraction: **de + les → des.**

Exemples: C'est l'ami de l'étudiante.
C'est l'ami **des** étudiantes.

Exercices oraux

A. Pour chaque phrase, protestez et changez l'adjectif: (§6, 8)
Exemple: *Le professeur est absent.*
Mais non! Il n'est pas absent, il est présent.

1. Napoléon est grand.
2. La Tour Eiffel est africaine.
3. Picasso est mexicain.
4. Alfred Newman est triste.
5. Les étudiants de la classe de français sont méchants. *(wicked)*
6. Charlotte et Emily Bronte sont italiennes.
7. Les exercices de laboratoire sont difficiles.
8. Phyllis Diller et Milton Berle sont ennuyeux.[6]
9. Albert Einstein est stupide.
10. Les livres des étudiants sont ouverts.

B. Changez au négatif: (§6)
1. Je suis assis. *(seated)*
2. Nous sommes malades.
3. Vous êtes élégant.
4. Les livres sont difficiles.
5. Je suis américain.
6. Nous sommes sentimentaux.
7. Vous êtes fatigués.
8. Ce sont les étudiants de la classe de français.
9. C'est un exercice de mathématiques.
10. Je suis anglais.

---

6. *Ennuyeux* ≠ amusant.

C. Répondez à l'affirmatif ou au négatif: (§4, 6, 8)

1. Êtes-vous grand(-e)?
2. Êtes-vous américain(-e)?
3. Est-ce que ce sont les exercices de la leçon 20?
4. Sommes-nous intelligents?
5. Êtes-vous fatigué(-e)?
6. Est-ce un exercice oral?
7. Est-ce que vous êtes occupé(-e) le dimanche?
8. Mademoiselle Taylor est-elle anglaise?
9. Est-ce que nous sommes dans une classe d'histoire?
10. Est-ce que Monique et Suzanne sont bizarres?

D. Répondez à l'affirmatif et au négatif: (§2, 4, 6)
   Exemple: Question: *Est-ce que le film est intéressant?*
             Réponse: *Oui, il est intéressant.*
                        Non, il n'est pas intéressant.

1. Est-ce que Robert et Paul sont grands?
2. Mademoiselle Lopez est-elle espagnole?
3. Est-ce que le livre du professeur est fermé?
4. Les autres livres sont-ils fermés?
5. La porte est-elle ouverte?
6. Est-ce que les fenêtres sont ouvertes?
7. Êtes-vous malade?
8. Est-ce que les étudiants sont contents?
9. Monsieur Smith et Monsieur Brown sont-ils sympathiques?
10. Sommes-nous brillants?
11. Monsieur Smith et Monsieur Brown sont-ils intelligents?
12. Est-ce que vous êtes content(-e)?
13. Est-ce que nous sommes malheureux?
14. Monique et Suzanne sont-elles absentes?
15. Êtes-vous fatigué(-e)?

E. Voilà la phrase affirmative; formez la question (deux formes): (§7)
   Exemple: Phrase affirmative: *Nous sommes furieux.*
             Question: *Est-ce que nous sommes
                                  furieux?*
                                  Sommes-nous furieux?

1. Nous sommes fatigués le vendredi.
2. Il est grand.
3. Elle est grande.
4. Ils sont anglais.
5. Elles sont anglaises.
6. Paul est sympathique.

7. Je suis remarquable.
8. Tu es impatient.
9. Je suis américain.
10. Paul et Robert sont français.
11. Les livres sont fermés.
12. Je suis timide.
13. Vous êtes sarcastique.
14. Les étudiants sont contents.
15. Vous êtes heureux.

F. Demandez à un autre étudiant ou à une autre étudiante: (§4, 5, 6, 7)
    Exemple: *Si («if») les étudiants de la classe de français sont intelligents.*
    Question: *Est-ce que les étudiants de la classe de français sont intelligents?*
    Réponse: *Oui, ils sont intelligents.*
    ou
    Non, ils ne sont pas intelligents.
    Question: *Les étudiants de la classe de français sont-ils intelligents?*
    Réponse: *Oui, ils sont intelligents.*
    ou
    Non, ils ne sont pas intelligents.

1. si les étudiants de la classe de français sont intelligents.
2. s'il[7] (si elle) est occupé(-e) le dimanche.
3. si le professeur est absent aujourd'hui.
4. s'il (si elle) est heureux (heureuse) aujourd'hui.
5. si les autres étudiants sont heureux.
6. si vous êtes grand(-e) ou petit(-e).
7. si nous sommes intelligents.
8. si les jeunes filles de la classe sont extraordinaires.
9. s'il (si elle) est américain(-e).
10. si les autres étudiants sont américains.
11. s'il (si elle) est injuste.
12. si la porte est jolie.

G. Regardez la photo à la page 35.

1. Montrez-moi une femme. Est-elle grande ou petite? Est-elle élégante?
2. Montrez-moi un homme. Est-il grand ou petit? Est-il élégant?
3. Montrez-moi les cinq acteurs de la photo. Sont-ils français ou américains? Sont-ils sérieux? Furieux? Grotesques?

---

7. Remarquez l'élision: *si + il → s'il.*

Exercices écrits

A. Écrivez les exercices oraux A, B, C, D et E.

B. Remplacez les tirets par **c'est, il est, elle est, ils sont, elles sont** ou **ce sont**: (§3)

Voilà Elizabeth et Pierre. _____ deux étudiants de la classe de français. _____ contents parce que _____ le week-end. Qui est-ce? _____ le professeur de tennis de Pierre et d'Elizabeth, Mademoiselle Leroi. _____ dynamique. _____ une femme patiente. Les leçons de tennis sont amusantes. _____ très agréables pour Elizabeth et Pierre.

C. Voilà la réponse; écrivez une question logique (utilisez l'inversion): (§7)
Exemple: Réponse: *Oui, je suis américain.*
              Question: *Êtes-vous américain?*

1. Oui, je suis triste.
2. Oui, nous sommes français.
3. Oui, il est grand.
4. Oui, elles sont françaises.
5. Oui, ils sont chinois.
6. Non, ils ne sont pas sympathiques.
7. Oui, vous êtes sympathiques.
8. Oui, je suis petite.
9. Oui, nous sommes fatigués.
10. Non, je ne suis pas français.
11. Non, ce n'est pas un problème.

D. Inventez cinq questions et répondez à l'affirmatif ou au négatif.

E. Écrivez le paragraphe suivant à la forme négative: (§6)

Aujourd'hui c'est vendredi et les étudiants sont fatigués. Robert est triste parce que son amie est furieuse. Marie est absente parce qu'elle est malade. Nous sommes désagréables aujourd'hui. Je suis nerveux et le professeur est difficile. C'est une catastrophe!

L'AVEU, Costa-Gavras, 1970; sur la photo: Yves Montand.

Film politique basé sur une histoire réelle. Yves Montand est dans une scène de tribunal sous le régime de Staline.

—Mais, pourquoi sont-ils malheureux?
—C'est très simple! Le match de tennis est terminé!

Lecture

Une Conversation au téléphone

Catherine: Allô... Allô. *C'est* toi, Debbie?

Debbie: Allô... oui. *C'est* moi... mais... qui *est-ce?*

Catherine: Devine.

Debbie: Oh. *Je suis sûre* que *vous n'êtes pas américaine.* En fait,[8] votre accent est typiquement *français.* Alors, *vous êtes* sans doute[9] *française...* Ah! *C'est* Catherine! Où *es-tu?*

Catherine: *Je suis* dans une cabine *téléphonique* avec François et Jean-Louis. *Nous sommes* à proximité de ta maison. Tout le monde *est fatigué. Les* garçons *sont tristes...* Jean-Louis *est sarcastique* comme toujours. François *est* plutôt *nerveux...*

Debbie: Mais pourquoi *sont-ils malheureux?*

Catherine: Oh! *C'est* très simple! Le match de tennis *est terminé!*

---

8. *En fait* = en réalité.

9. *Sans doute* = probablement.

Debbie: Et quel *est* le résultat?

Catherine: Gail et moi, *nous sommes victorieuses.* Alors, naturellement la *petite* vanité *des* garçons *est* un peu *affectée!...*

Debbie: Quel dommage![10] *Je suis triste* pour Jean-Louis et François mais *je suis contente* pour toi et Gail!

Catherine: Moi, *je ne suis pas triste.* En fait, *je suis* très *heureuse.*

Debbie: Pauvre François!

Catherine: Oh! Comme *tu es sentimentale,* Debbie! *Ce n'est pas une* tragédie!... Dis donc,[11] Debbie! *Est-ce que* la bibliothèque *est ouverte* aujourd'hui?

Debbie: Non, *c'est* dimanche, *elle est* probablement *fermée.* Pourquoi?

Catherine: Parce que *je ne suis pas préparée* pour l'examen de psychologie. *Je ne suis pas sérieuse* comme toi.

Debbie: Oh! Catherine, tu exagères! *C'est* parce que *je ne suis pas sportive* comme toi! Mais, écoute: *les* livres de psychologie *sont* ici. Alors si *vous n'êtes pas* trop *fatigués,* arrivez vite! Pat, Richard, Bruce et Jim *sont* ici!

Catherine: Excellente idée! Mais excuse-nous si *nous ne sommes pas élégants.* Imagine le grand Jean-Louis avec un mouchoir sur la tête et une pomme dans la main pour restaurer les vitamines *perdues.* Moi, *je suis* en *pleine* forme!

Debbie: Ah! Quelle victoire, Catherine! Félicitations et arrivez vite pour célébrer ça!

Questions sur la lecture

1. Pourquoi Debbie est-elle sûre que la personne au téléphone n'est pas américaine?
2. Qui est fatigué?
3. Pourquoi François et Jean-Louis sont-ils malheureux?
4. Quel est le résultat du match de tennis?
5. La bibliothèque est-elle ouverte? Pourquoi?
6. Debbie est-elle sérieuse? Est-elle sportive?
7. Catherine est-elle sérieuse? Est-elle sportive?
8. Êtes-vous sérieux?
9. Êtes-vous sportif?
10. Êtes-vous généralement triste après un match de tennis? Pourquoi?

---

10. *Quel dommage!* = C'est regrettable!
11. *Dis donc* = formule impérative pour demander l'attention.

Discussion/Composition

1. Donnez une description des étudiants de la classe de français. Exemple: Les étudiants de la classe de français sont très intéressants. Tout le monde n'est pas américain: _____ est chinois, _____ est anglaise et _____ est mexicain. _____ est très sympathique. Quand il est malade, les étudiants sont tristes, parce que c'est l'ami de tout le monde. _____ est petite. Elle est amusante et sarcastique. Les réponses de _____ sont quelquefois bizarres et ridicules mais elles sont toujours correctes aussi. _____ est généralement très sérieux. C'est un poète. C'est un philosophe. Quelquefois il est physiquement présent mais il est mentalement absent. Généralement les étudiants sont attentifs et en forme, mais le lundi ils sont très _____ parce que le week-end est très actif et ils sont très occupés le samedi et le dimanche.

Vocabulaire actif

noms

bibliothèque f.
campus m.
catastrophe f.
chien m.
conversation f.
description f.
exercice m.
film m.
fleur f.
histoire f.
idée f.
leçon f.
maison f.
match m.
mathématiques f. pl.
mouchoir m. *handkerchief*
philosophe m.
phrase f.
poète m.

pomme f. *apple*
problème m.
psychologie f.
réponse f.
résultat m.
tennis m.
tête f. *head*
tragédie f.

adjectifs

actif / active
agréable
amusant(-e)
assis(-e) *seated*
attentif / attentive
bizarre
brillant(-e)
compliqué(-e)
correct(-e)

curieux / curieuse
dangereux / dangereuse
désagréable
dynamique
élégant(-e)
familier / familière
fatigué(-e)
fermé(-e) *closed*
furieux / furieuse
heureux / heureuse
impatient(-e)
intelligent(-e)
intéressant(-e)
joli(-e) *pretty*
malade *sick*
malheureux / malheureuse *unhappy*
méchant(-e) *mean, bad*

nerveux / nerveuse
oral(-e)
original(-e)
patient(-e)
plein(-e) *full*
préparé(-e)
raisonnable
remarquable
ridicule
sentimental(-e)
sérieux / sérieuse
sportif / sportive
sûr(-e) *sure, certain*
sympathique
terminé(-e)
timide
triste *sad*

adjectifs de nationalité

africain(-e)
allemand(-e)
anglais(-e)
chinois(-e)
espagnol(-e)
italien(-ne)
japonais(-e)
mexicain(-e)

verbe

être

adverbes

alors
debout *standing*
ensemble
généralement
ici
où
plutôt *rather*
quand
quelquefois
sometimes

sans doute
toujours
très
trop (de) *too much / too many*
typiquement
un peu
vite *quickly*

conjonctions

comme (*as, like, how*)
si

autres expressions

à proximité de
avec *with*
ça va
Comment vas-tu? (*familiar form*)
en fait
en forme
Quel dommage!
What a shame! (pity)

Vocabulaire passif

noms

acteur m.
cabine f.
cigarette f.
gangster m.
giraffe f.
grammaire f.
humour m.
information f.
opinion f.
princesse f.
santé f.
vanité f.
victoire f.
vitamine f.

adjectifs

affecté(-e)
exotique
grotesque
injuste
perdu(-e)
sarcastique
téléphonique
victorieux /
    victorieuse

verbes

célébrer
restaurer

adverbes

mentalement
physiquement

autres expressions

allô
arrivez
devine
dis donc
écoute
tu exagères
excuse
félicitations

5 Cinquième Leçon

Les prépositions

Le pluriel de l'article indéfini *un (une)* → *des*

Les adverbes interrogatifs

La description: *Il y a un (une, des)... Il n'y a pas de...*

Le pluriel de l'adjectif interrogatif *quel / quelle (quels / quelles)*

La syllabation orthographique

La prononciation (suite et fin)

Lecture: *La Classe de français*

Paris: un amphithéâtre de la Sorbonne

Présentation

Où sommes-nous?	Nous sommes **dans** la classe.
Où est Mademoiselle Canfield?	Elle est **dans** la classe aussi.
Où est la classe?	Elle est **dans** un bâtiment.
Où est le livre du professeur?	Il est **sur** la table.

Où est Monsieur Smith (par rapport à Mademoiselle Canfield)?	Il est **derrière** Mademoiselle Canfield.
Où est Mademoiselle Canfield (par rapport à Monsieur Smith)?	Elle est **devant** Monsieur Smith.

Où êtes-vous?	Je suis **en face du**[1] tableau.
Où est la chaise?	**Elle** est **derrière** la table.
Où est la porte?	**Elle** est **à droite**.
Où est la fenêtre?	**Elle** est **à gauche**.
Où est Monsieur Brown?	**Il** est **à côté de** Mademoiselle Canfield, **à droite**, et **à côté du** mur, **à gauche**. **Il** est **entre** Mademoiselle Canfield et le mur.
Où est le professeur maintenant?	**Il** est **devant** la table, **en face de** Mademoiselle Taylor.

Dans la classe de français, **il y a** trois fenêtres, **il y a un** bureau pour le professeur, **il y a des** chaises pour les étudiants, **il y a des** étudiants et **il y a un** tableau. Sur le tableau **il y a des** mots français.

Est-ce qu'**il y a un** tableau dans la classe?	Oui, **il y a un** tableau dans la classe.
Y a-t-il un bureau pour le professeur?	Oui, **il y a un** bureau pour le professeur.
Y a-t-il des chaises?	Oui, **il y a des** chaises.
Y a-t-il des étudiants sur les chaises?	Oui, **il y a des** étudiants sur les chaises.

---

1. Remarquez la construction: en face *de* + *le* → en face *du* tableau.

Y a-t-il une jeune fille derrière vous?

Oui, **il y a une** jeune fille derrière moi.

Est-ce qu'il y a un bar sur le campus?

Non, **il n'y a pas de** bar sur le campus.

Y a-t-il une piscine sur le campus?

Oui, **il y a une** piscine sur le campus.

Y a-t-il une pomme sur le bureau du professeur?

Non, **il n'y a pas de** pomme sur le bureau du professeur.

Y a-t-il des étudiants absents dans la classe?

Non, **il n'y a pas d'**étudiants absents dans la classe, parce qu'elle est intéressante et le professeur est fascinant.

Quelle leçon est-ce?

C'est la cinquième leçon.

L'ANNÉE DU BAC, José-André Lacour, 1963; sur la photo: deux inconnus.

C'est l'histoire de jeunes étudiants à la fin de leur éducation secondaire. Ce sont aussi de jeunes amours tendres: Mick adore Evelyne et Evelyne adore Mick.

Où est Mademoiselle Canfield (par rapport à Monsieur Smith)?

Explications

1 Les prépositions:

sur ≠ **(sous)**	Le livre est **sur** la table.
sous ≠ **(sur)**	Le sac est **sous** la table.
devant ≠ **(derrière)**	Le professeur est **devant** la classe.
derrière ≠ **(devant)**	Le tableau est **derrière** le professeur.
dans	Mademoiselle Canfield est **dans** la classe.
entre	Elle est **entre** Monsieur Brown et Mademoiselle Taylor.
à côté de	Monsieur Brown est **à côté de** Mademoiselle Canfield.
en face de	Le professeur est **en face de** Mademoiselle Taylor.
	Il est aussi **en face de** la classe.
au bord de	C'est une jolie maison **au bord du** lac.
au milieu de ≠ **autour de**	La fontaine est **au milieu du** parc.
	Le parc est **autour de** la fontaine.

2 *Résumé:* **De** + article défini:

de + la = **de la**	la plume **de la** tante Marie
de + le → **du**	l'ami **du** garçon
de + l' = **de l'**	le bureau **de l'**oncle Georges
de + les → **des**	le problème **des** étudiants

3 Les adverbes interrogatifs:

A. **Où** est un adverbe de localisation.

   Exemples: **Où** est-il? Il est dans la classe.

   Où est l'auto de Pierre? Elle est devant le bâtiment, dans la rue.

B. **Quand** est un adverbe de temps.

   Exemple: **Quand** sont-ils à la maison? Ils sont à la maison le week-end.

C. **Pourquoi** est un adverbe de causalité.

   Exemple: **Pourquoi** est-il content? Il est content parce que la classe est agréable.

D. **Comment** est un adverbe de manière.

Exemple: **Comment** allez-vous? Très bien, merci.

4 Le pluriel de l'article indéfini: Le pluriel de **un (une)** est **des.**

Exemples:
un stylo	**des** stylos
un étudiant	**des** étudiants
une jeune fille	**des** jeunes filles
une classe	**des** classes
une situation	**des** situations

5 La description: **il y a:**

A. **Il y a** est une formule idiomatique qui déclare l'existence, la présence ou la situation.

B. Dans une description, on utilise beaucoup **il y a,** qui est invariable avec un singulier ou un pluriel.

Exemples: **Il y a une** chaise à côté de la table.
Il y a des chaises devant le mur.
Il y a un crayon sur le bureau.
Il y a des crayons sur le bureau.

C. Au négatif:

il y a **un**
il y a **une** } **il n'y a pas de**
il y a **des**

Exemples:
Il y a **un** stylo.	**Il n'y a pas de** stylo.
Il y a **une** explication.	**Il n'y a pas d'**explication.
Il y a **des** étudiants.	**Il n'y a pas d'**étudiants.
Il y a **des** exercices.	**Il n'y a pas d'**exercices.
Il y a **des** compositions.	**Il n'y a pas de** compositions.
Attention: Il y a **trois** fenêtres.	**Il n'y a pas trois** fenêtres.

De n'est pas dans la phrase négative, parce que **un (une, des)** n'est pas dans la phrase affirmative.

D. Voici les deux formes interrogatives:

avec l'*inversion:*   **y a-t-il?**
avec **est-ce que:**   **est-ce qu'il y a?**

n'y a-t-il pas de ___?

6 Le pluriel de **quel(-le)** est **quels (quelles).**

Quels sont les douze mois de l'année?
Quels idiots!
Quelles sont les villes principales de la France?
Quelles questions!

7 La syllabation orthographique:
Règles:

1. Il est nécessaire qu'une syllabe contienne *une voyelle* ou *un groupe de voyelles.* Une combinaison de deux ou trois voyelles est généralement indivisible.

   Exemples: ai   f r a n / ç a i s
   eu   j e u / d i
   eau c h a / p e a u
   ie   d é / m o / c r a / t i e
   oi   m a / d e / m o i / s e l / l e

2. Une syllabe commence généralement par une consonne. (Ce n'est pas possible, naturellement, si le mot commence par une voyelle.)

   Exemples: p a u / v r e
   a u / t r e

3. Séparez une consonne d'une autre consonne, mais ne séparez pas une combinaison de consonnes indivisibles (**ch, ph, th, gn,** consonne + **l,** consonne + **r).**

   Exemples: a d / j e c / t i f   g o u / v e r / n e / m e n t
   d i / m a n / c h e   a c / t u e l
   a / p o s / t r o / p h e   a c / t u e l / l e
   A / t h è / n e s   f e m / m e
   m a / g n i / f i / q u e   r è / g l e
   c o n / c l u / s i o n   m o r / c e a u

4. La combinaison **é** + voyelle est séparée dans la syllabation.

   Exemples: p o / **é** / t i / q u e   t h **é** / â / t r e
   e u / r o / p **é** / e n

5. Un tréma (¨) indique une division syllabique.

   Exemples: c o / ï n / c i / d e n / c e   N o / ë l

8 La prononciation (suite):
Règles:

1. **e** au commencement d'une syllabe et au milieu d'une syllabe: **è, ê, ei, ai:** } [ɛ] { g o u / v e̅r / n e / m e n t
e̅s / s e n / c e   l e̅t / t r e
r è̅ g l e   f e n e̅t r e
p l e̅i n e   a m é r i c a̅i n e

---

2. *Facultatif* ≠ obligatoire.

2. **e** à la fin d'une syllabe et dans un mot monosyllabique: } [ə] { gou / ver / n(e)/ ment
d(e)/ vant d(e) j(e)
c(e) qu(e)

3. **é** existe uniquement à la fin d'une syllabe: } [e] { a m(é)/ ri / cain
â / g(é)/ e

4. **e** final n'est pas prononcé: } × { t a b l(e) b l a n c h(e)

5. Une voyelle est *nasale au commencement* ou *au milieu* d'une syllabe devant **n** ou **m**.

Exemples: (a)n / g l e a / m é / r i / c(ai)n b(o)n

Attention: Une voyelle n'est pas nasale si le **n** ou le **m** est dans une autre syllabe: (a)/ m é / r i / c(ai) / **n** e.

Exception: Une voyelle + **nn** ou **mm** n'est pas nasale:
b(o)n / n e h(o)m / m e

Exercices oraux

A. Demandez à un autre étudiant ou à une autre étudiante:
(§1, 2, 3)
Exemple: Question: *Où sommes-nous?*
Réponse: *Nous sommes dans la classe.*

1. Où sommes-nous?
2. Où es-tu?
3. Où suis-je?
4. Où est le livre du professeur?
5. Où sont Monsieur _____ et Mademoiselle _____?
6. Où est la classe?
7. Où est la fenêtre?
8. Où est la porte?
9. Où est la clé de l'auto du professeur?
10. Où est le sac de l'étudiante?
11. Où est Mademoiselle _____?
12. Où est Monsieur _____?
13. Où est Madame _____?
14. Où est le portefeuille de _____?
15. Où est la chaise de _____?

B. Dites au pluriel:

Exemple: *Voilà une réponse.*   *C'est une femme.*
         Voilà des réponses.   *Ce sont des femmes.*

1. Voilà une étudiante.
2. Voilà un chien.
3. Voilà une chemise.
4. Voilà un appartement.
5. Voilà une histoire.
6. C'est un pull.[3]
7. C'est un homme.
8. C'est une oreille.
9. C'est une jupe.
10. C'est un mystère.

C. Dites au négatif: (§5)

Exemple: *Il y a une photo dans le portefeuille.*
         Il n'y a pas de photo dans le portefeuille.

1. Il y a une photo dans le portefeuille.
2. Il y a des compositions pour aujourd'hui.
3. Il y a des idiots dans la classe.
4. Il y a une explication.
5. Il y a un tigre dans le moteur de la voiture. *(car)*
6. Il y a un chapeau sur la tête de Pierre.
7. Il y a des autos dans le théâtre.
8. Il y a un mouchoir par terre. *(earth)*
9. Il y a une giraffe dans la cabine téléphonique.
10. Il y a des classes le dimanche.

D. Demandez à un autre étudiant ou à une autre étudiante: (§1, 5)

1. s'il (si elle) est au milieu de la classe.
2. si Mademoiselle _____ est à côté du mur.
3. s'il (si elle) est entre Monsieur _____ et Mademoiselle

     _____ .

4. si Monsieur _____ est devant la classe.
5. si le tableau est en face de la classe.
6. s'il y a un lac autour de la classe de français.
7. s'il y a un restaurant sur le campus.
8. s'il y a des banques à côté du campus.
9. s'il y a une télévision dans la classe de français.
10. s'il y a un monstre derrière la fenêtre.

---

3. Pull = «pull-over».

E. Regardez la photo à la page 52. Répondez:

1. Est-ce que le professeur est devant le jeune homme et la jeune fille?
2. Est-ce que le livre de français est entre le jeune homme et la jeune fille? Est-ce qu'il y a des papiers et des notes à côté du jeune homme et de la jeune fille? Est-ce une coïncidence bizarre?
3. Sont-ils dans la classe de français? Où sont-ils?

Exercices écrits

A. Écrivez les réponses aux questions des exercices oraux A et D.

B. Écrivez l'exercice oral C.

C. Voilà la réponse; écrivez une question logique (employez **où, qu'est-ce que c'est, quand, pourquoi** ou **qui est-ce**): (§3)
Exemple: Réponse: *C'est Monsieur Smith.*
Question: *Qui est-ce?*

1. C'est Brigitte Bardot.
2. Elle est dans l'auto du professeur.
3. C'est une serviette.
4. Nous sommes contents quand le professeur est en forme.
5. Je suis dans la classe.
6. Je suis fatigué parce que c'est vendredi.
7. C'est un chien.
8. Nous sommes autour d'une table.
9. Ils sont derrière la porte.
10. Elle est heureuse parce qu'elle est à côté de Jean-Claude.

D. Remplacez le tiret par **c'est, il est, elle est, ce sont, ils sont, elles sont** ou **il y a**: (§5)

1. Au bord de la mer Méditerranée _____ un petit village.
2. _____ l'ami de Charles. _____ bizarre.
3. Dans le portefeuille de Maurice, _____ cent dollars.
4. _____ des étudiantes. _____ américaines.
5. _____ un bar dans la Rolls-Royce. _____ une voiture élégante.
6. Devant la télévision _____ des enfants. _____ fatigués.
7. _____ dommage.

8. Qui est-ce? _____ le professeur. _____ furieux parce qu'aujourd'hui _____ vendredi et les étudiants sont absents!

9. _____ une pomme sur la tête de Monsieur Tell. _____ ronde.

10. Dans *Découverte et Création* _____ des exercices faciles et _____ des exercices difficiles.

E. Remplacez les tirets par **quel, quelle, quels** ou **quelles**:

1. _____ est la date de l'anniversaire de Napoléon?
2. _____ sont les activités préférées des étudiants?
3. _____ est votre numéro de téléphone?
4. _____ sont les jours de la semaine?
5. _____ catastrophe!
6. _____ grand garçon!
7. _____ robes élégantes!
8. _____ étudiants intelligents!

Facultatif

F. Exercice de syllabation et de prononciation: (§7, 8)

Instructions:

1. Divisez chaque mot en syllabes, quand c'est possible.
2. Indiquez chaque **e**, type No. 1 — ε.
3. Indiquez chaque **e**, type No. 2 — ə.
4. Indiquez chaque **é** — e.
5. Indiquez chaque **e** qui n'est pas prononcé — ⊗.
6. Indiquez chaque voyelle nasale — ~.

Exemples: mⓔ / s u / rⓧ   vⓔn / d rⓔ / d i

lⓤn / d i   mé / d i / tⓔr / r a / né / ⓔn

1. m a i n t e n a n t	9. b r u n
2. f r a n ç a i s	10. b r u n e
3. r u b a n	11. c o m m e
4. c o m m e n t	12. c o u s i n
5. j e u n e	13. c o u s i n e
6. u n	14. f e r m é e
7. u n e	15. h o n n ê t e t é
8. p e r s o n n e	16. d e b o u t

LES VALSEUSES, Bertrand Blier, 1974; sur la photo: Patrick Dewaere et Gérard Depardieu.

Ce n'est pas Robert Redford ou Dustin Hoffman. Ce sont deux nouveaux acteurs du cinéma français très à la mode: Patrick Dewaere et Gérard Depardieu. Dans LES VALSEUSES, ce sont des amis inséparables. Ils commettent de petits crimes. Ils confondent la Police. Ici, un petit interlude de repos dans la nature.

Où sont Monsieur Godot et Monsieur Bozzo aujourd'hui?

Lecture

La Classe de français

Quel jour est-ce aujourd'hui? Aujourd'hui c'est vendredi 2 octobre. Vendredi est un jour agréable parce que c'est le dernier jour de la semaine et le commencement du week-end. Voilà la classe de français. C'est une classe intéressante et amusante si le professeur est en forme. Maintenant le professeur est *dans* la classe et nous sommes présents, alors il est très content. *Il y a* toujours *des* situations amusantes *dans* la classe. Par exemple, si un étudiant ou une étudiante est absent quand *il y a un* examen ou *une* composition orale, le professeur déclare que c'est une coïncidence bizarre. Dans la classe Mademoiselle Canfield (Linda) est *à côté de* Monsieur Alvarez (David), et naturellement David est *à côté de* Linda. Leslie Dobson est *entre* Michael Johnson *à droite* et Cathie Taylor *à gauche;* elle est aussi *derrière* Linda. Sur le bureau du professeur *il y a des* papiers, *des* notes et le livre de français. Il est ouvert, mais *sur* les bureaux des étudiants, les livres sont fermés. La serviette du professeur est *à côté du* bureau; elle est *par terre. Où* sont Monsieur Godot et Monsieur Bozzo aujourd'hui? Ils sont absents et le professeur est furieux. *Pourquoi* sont-ils absents? demande le professeur. Est-ce parce qu'ils sont malades ou parce que c'est vendredi?

Aujourd'hui *il n'y a pas d'*examen, mais quelquefois le vendredi *il y a un* examen. Il est généralement facile parce que la classe est excellente, mais quelquefois il est difficile quand nous ne sommes pas préparés.

Dans la classe de français *il y a* deux tableaux: un *en face des* étudiants *sur* le mur qui est *derrière* le bureau du professeur et un autre tableau *sur* un autre mur. Les fenêtres sont *en face de* la porte, et la classe est très claire. *Dans* certaines classes *il y a une* table pour chaque étudiant. *Dans* certaines autres classes *il y a une* grande table *au milieu de* la salle, et les étudiants sont assis sur *des* chaises *autour de* la table. Le professeur est généralement debout *en face des* étudiants, mais quand *il y a une* discussion animée *sur des* sujets comme la vie universitaire, le cinéma, la classe de français, etc..., il est assis *entre* deux étudiants. Quand il est nerveux ou perplexe il marche *autour de* la classe.

Questions sur la lecture

1. Quelle est la date?
2. Est-ce que vendredi est un jour agréable? Pourquoi?
3. Si un étudiant est absent le jour de l'examen, est-ce une coïncidence bizarre?
4. Où est Linda Canfield?
5. Où est David Alvarez?
6. Qu'est-ce qu'il y a sur le bureau du professeur?
7. Qu'est-ce qu'il y a sur les bureaux des étudiants?
8. Où est la serviette du professeur?
9. Qui est absent?
10. Quand est-ce que l'examen est difficile?
11. Où sont les tableaux?
12. Qui est généralement debout?
13. Qui est généralement assis?
14. Quand est-ce que le professeur est assis?

Discussion/Composition

1. Donnez une description originale et peut-être amusante de la classe de français. Utilisez l'expression **il y a** et beaucoup de prépositions. Voilà un petit modèle: Dans la classe de français il y a... Il n'y a pas de... Généralement nous sommes... Le professeur est... Je suis... Naturellement, je ne suis pas... parce que... Monsieur _____ est...

Vocabulaire actif

noms

appartement m.
bar m.
bâtiment m.
cinéma m.
commencement m.
enfant m.
fontaine f.
jupe f. *skirt*
lac m.
lettre f.
mer f. *sea*
mystère m.

note f.
parc m.
piscine f.
pull-over m. *sweater*
restaurant m.
rue f.
salle f. *room*
sujet m.
télévision f.
vie f.
ville f. *city*
voiture f. *car*

adjectifs

artificiel(-le)
certain(-e)
européen(-ne)
préféré(-e)
principal(-e)
rond(-e)
universitaire

adverbes

à droite
à gauche
comment
par terre *on the floor (ground)*

prépositions

à côté de *next to*
au bord de
au milieu de
autour de *around*
derrière *behind*
devant *in front of*
en face de *facing*
sous *under*
sur *on*

autre expression

il y a

Vocabulaire passif

noms

activité f.
banque f.
capitale f.
dollar m.
essence f.
idiot m.
masque m.
modèle m.

monstre m.
morceau m.
moteur m.
règle f.
tête f.
tigre m.
village m.

adjectifs

actuel(-le)
animé(-e)
fascinant(-e)

verbes

déclarer
demander
marcher

Sixième Leçon

La parenté

La possession: le verbe *avoir:*
J'ai un (une, des)...   Je n'ai pas de...
J'ai mon...   Je n'ai pas mon...

Les adjectifs possessifs:
mon, ma, mes, son, sa, ses, etc.

Les adjectifs et leur place (suite)

En coton, en laine, en bois, etc.

La formation des adverbes réguliers

Lecture: *Trois situations sociales différentes: une famille américaine et deux familles françaises*

Un appartement parisien

Présentation

Est-ce **mon** livre?

Oui, c'est **votre** livre.
Oui, c'est **ton** livre.

Est-ce **ma** serviette?

Oui, c'est **votre** serviette.
Oui, c'est **ta** serviette.

Est-ce le livre de Mademoiselle Taylor?

Non, ce n'est pas **son** livre.
C'est **mon** livre.

Est-ce la serviette de Mademoiselle Taylor?

Non, ce n'est pas **sa** serviette.
C'est **ma** serviette.

Est-ce **notre** classe?

Oui, c'est **notre** classe.

Est-ce **notre** professeur?

Oui, c'est **notre** professeur.

Est-ce le professeur de Monsieur Brown et de Mademoiselle Taylor?

Oui, c'est **leur** professeur.

Est-ce la classe de Monsieur Brown et de Mademoiselle Taylor?

Oui, c'est **leur** classe.

Est-ce que ce sont **mes** livres?

Oui, ce sont **vos** livres.
Oui, ce sont **tes** livres.

Est-ce que ce sont les livres de Suzanne?

Oui, ce sont **ses** livres.

Ce sont **nos** amis, n'est-ce pas?

Oui, ce sont **nos** amis.

Ce sont les amis de Paul et de Suzanne, n'est-ce pas?

Oui, ce sont **leurs** amis.

Est-ce **ton** ami?

Oui, c'est **mon** ami.

Est-ce **ton** amie?

Oui, c'est **mon** amie.

Est-ce **ton** auto?

Oui, c'est **mon** auto.

Est-ce le fils de Monsieur Moray?

Non, ce n'est pas **son** fils.
C'est **son** étudiant.

Est-ce la fille de Monsieur Moray?

Non, ce n'est pas **sa** fille.
C'est **son** étudiante.

Avez-vous une famille?

Oui, **j'ai une** famille.

Avez-vous des enfants?

Non, **je n'ai pas d'**enfants.

La Parenté

Votre **père** est le **mari** de votre **mère**, mais votre **mère** est la **femme** de votre **père**. Vous êtes le **fils** ou la **fille** de votre **mère** et de votre **père**. Votre **mère** et votre **père** sont vos **parents**.[1] Si vous avez un **frère** ou une **sœur**, vos **parents** ont deux **enfants**. Dans une **famille**, le premier enfant, c'est l'**aîné** (l'**aînée**). Le deuxième est le **cadet** (la **cadette**).

Les **frères** et les **sœurs** de votre **père** ou de votre **mère** sont vos **oncles** et vos **tantes**, et vous êtes leur **neveu** ou leur **nièce**. Leurs enfants sont vos **cousins (cousines)**. Le **père** et la **mère** de votre **père** ou de votre **mère** sont votre **grand-père** et votre **grand-mère**. Ce sont vos **grands-parents**, et vous êtes leur **petit-fils** ou leur **petite-fille**. Si vous n'avez pas de **frère** ou de **sœur**, vous êtes **fils unique** ou **fille unique**.

LE GRAND AMOUR, Pierre Étaix, 1969.
Pierre est marié avec Florence. C'est un mariage solide. Mais, avec le temps, les disputes commencent, et maintenant, Pierre est impatient. Il est amoureux d'une jeune et jolie secrétaire. Dans ce film, qui est une comédie amusante et bizarre, Pierre Étaix joue le rôle principal.

Si vous êtes marié, le père et la mère de votre femme sont votre beau-père et votre belle-mère. Ce sont vos beaux-parents.

---

1. Le terme *parent* est utilisé aussi pour toutes les personnes qui ont un degré de parenté avec vous. Exemples: Ma famille est d'origine française; j'ai beaucoup de *parents* en France. Elle a des *parents* à Boston.

Si vous êtes marié(-e), le **père** et la **mère** de votre **femme** (ou de votre **mari**) sont votre **beau-père** et votre **belle-mère**. Ce sont vos **beaux-parents**. Si votre **sœur** est mariée, le **mari** de votre **sœur** est votre **beau-frère**. Si votre **frère** est marié, la **femme** de votre **frère** est votre **belle-sœur**.

Avons-nous un bar sur le campus?	Non, **nous n'avons pas de** bar sur le campus.
As-tu une voiture?	Non, **je n'ai pas de** voiture.
Avez-vous un pull rouge?	Non, **je n'ai pas de** pull rouge.
Avez-vous un costume gris?	Oui, **j'ai un** costume gris.
Avez-vous votre costume gris aujourd'hui?	Non, **je n'ai pas mon** costume gris aujourd'hui.
Les étudiants **ont-ils leur** livre de français?	Oui, **ils ont leur** livre de français, mais **ils n'ont pas leur** livre de sciences politiques.
Voilà mon frère Jacques. Comment est-il?	Il est **grand**, il est **brun** et il est **sympathique**. C'est un garçon **brun** et **sympathique**.
Comment sont les vêtements de Jacques?	Ils sont **simples** et **commodes**: un pantalon **bleu** et une chemise **blanche**. Sa chemise est **en coton** et son pantalon est **en coton** aussi.
Est-ce que Jacques est **stupide?**	Non, il n'est pas **stupide**. En fait, c'est un garçon très **intelligent**.
Comment est Jill?	Elle est **petite, blonde** et **sympathique**. C'est une jeune fille **blonde** et **sympathique**. Elle est **intelligente** comme Jacques. C'est sa **petite** amie.
Jill a-t-elle des robes?	Oui, elle a de **jolies** robes.
De quelle couleur est la blouse de Jill?	Elle est **rouge**.
En quoi est la jupe de Jill?	Elle est **en laine**.

LES MALHEURS D'ALFRED, Pierre Richard, 1972; sur la photo: Pierre Richard.

Alfred n'est pas heureux, il est très malheureux. Quand il est architecte, ses bâtiments instables sont immédiatement des ruines. Il prépare son suicide. Agathe prépare son suicide aussi! Résultat: Alfred renonce à son projet de suicide et Agathe renonce à son suicide aussi. Pierre Richard, avec Jacques Tati et Pierre Étaix, est un des trois grands réalisateurs-comédiens de France.

—Comment sont les vêtements de Jacques?
—Ils sont simples et commodes.

En quoi est le pantalon de Jacques?

Il est **en coton**.

Comment est le costume de Monsieur Magou?

Son pantalon est **orange**, sa chemise est **violette**, sa cravate est **rose** et **verte** et son chapeau est **en plastique**.

Est-ce que le bureau du professeur est **en bois**?

Non, il n'est pas **en bois**; il est **en métal, en fer**.

Généralement une porte est-elle en bois?

Oui, une porte est **généralement** en bois.

Explications

1 Le verbe **avoir**:

A.   À l'affirmatif:

j'ai	il (elle, on, tout le monde) a
nous avons	ils (elles) ont
vous avez	tu as

(handwritten at top)
ai   avons
as   avez
a   ont

B. Au négatif:

1. La négation de:

(handwritten left margin: ① always use de)

j'ai un (une, des)…	je n'ai pas de…
vous avez un (une, des)…	vous n'avez pas de…
il a un (une, des)…	il n'a pas de…

Exemples:

J'ai un livre.	**Je n'ai pas de** livre.
Elle a un pull bleu.	**Elle n'a pas de** pull bleu.
Nous avons des examens.	**Nous n'avons pas d'**examens.
Vous avez une robe rouge.	**Vous n'avez pas de** robe rouge.
Ils ont une voiture.	**Ils n'ont pas de** voiture.

2. La négation de **j'ai mon…** est **je n'ai pas mon…**

(handwritten left margin: ② Unless personal pronoun is used…)

Exemples:

J'ai mon livre.	**Je n'ai pas mon** livre.
Elle a son pull bleu.	**Elle n'a pas son** pull bleu.
Nous avons notre examen.	**Nous n'avons pas notre** examen.
Vous avez votre robe rouge.	**Vous n'avez pas** votre robe rouge.
Ils ont leur voiture.	**Ils n'ont pas leur** voiture.

C. À l'interrogatif:

ai-je?	ou	**est-ce que j'ai?**[2]
avons-nous?	ou	**est-ce que nous avons?**
as-tu? (familier)	ou	**est-ce que tu as?**
avez-vous?	ou	**est-ce que vous avez?**
a-t-il?	ou	**est-ce qu'il a?**
a-t-elle?	ou	**est-ce qu'elle a?**
a-t-on?	ou	**est-ce qu'on a?**
ont-ils?	ou	**est-ce qu'ils ont?**
ont-elles?	ou	**est-ce qu'elles ont?**

(handwritten margin labels: 1st P., 2nd P., 3 pers S., 3 pers. P.)

Attention: Pour des raisons euphoniques, il y a un **-t-** supplémentaire dans **a-t-il, a-t-elle, a-t-on.**

2 Les adjectifs possessifs:

J'ai un frère.	C'est **mon** frère.
J'ai une sœur.	C'est **ma** sœur.
J'ai des cousins.	Ce sont **mes** cousins.
Tu as un père.	C'est **ton** père.
Tu as une mère.	C'est **ta** mère.
Tu as des grands-parents.	Ce sont **tes** grands-parents.
Nous avons une tante.	C'est **notre** tante.
Nous avons un oncle.	C'est **notre** oncle.
Nous avons des fils.	Ce sont **nos** fils.
Vous avez un mari.	C'est **votre** mari.

---

2. Pour la première personne de tous les verbes à la forme interrogative, on utilise plus facilement la forme *est-ce que.*

Vous avez une fille.   C'est **votre** fille.
Vous avez des beaux-frères.   Ce sont **vos** beaux-frères.
Il (Elle) a un neveu.   C'est **son** neveu.
Il (Elle) a une nièce.   C'est **sa** nièce.
Il (Elle) a des sœurs.   Ce sont **ses** sœurs.
Elles (Ils) ont un père.   C'est **leur** père.
Elles (Ils) ont une mère.   C'est **leur** mère.
Elles (Ils) ont des amis.   Ce sont **leurs** amis.

masculin	*féminin*	*pluriel (m. et. f.)*	
mon	**ma**	**mes**	= *my*
ton	**ta**	**tes**	= *your*
son	**sa**	**ses**	= *his, hers, its*
notre	**notre**	**nos**	= *our*
votre	**votre**	**vos**	= *your (formal)*
leur	**leur**	**leurs**	= *their*

Remarquez: Devant un nom ou un adjectif qui commence par une voyelle, on utilise l'adjectif possessif masculin:

Tu as une auto. C'est **ton** auto.
Catherine est l'amie de David. C'est **son** amie.
Voilà une adresse. C'est **mon** adresse.

3   Les adjectifs de couleur:

un livre **rouge**	une blouse **rouge**
un livre **jaune**	une blouse **jaune**
un livre **orange**	une blouse **orange**
un livre **rose**	une blouse **rose**
un livre **beige**	une blouse **beige**
un livre **bleu**	une blouse **bleue**
un livre **noir**	une blouse **noire**
un livre **vert**	une blouse **verte**
un livre **gris**	une blouse **grise**
un livre **violet**	une blouse **violette**
un livre **blanc**	une blouse **blanche**
un livre **brun**	une blouse **brune**
un livre **marron**[3]	une blouse **marron**

4   Place de l'adjectif:

A.   Les adjectifs sont généralement placés *après* le nom.

Exemples: un livre **bleu**   un exercice **facile**
           un pull-over **beige**   un exercice **difficile**

---

3.   *Marron* est un adjectif invariable.

B. Certains adjectifs sont placés *devant* le nom.

grand	un **grand** garçon
petit.	une **petite** jeune fille
jeune	un **jeune** homme
vieux	un **vieux** chapeau — *old*
nouveau	un **nouveau** système
joli	une **jolie** robe
bon	une **bonne** classe
mauvais	une **mauvaise** note — *bad*
long	un **long** week-end
certain	une **certaine** jeune fille
autre	une **autre** jeune fille
beau	un **beau** garçon
faux[4]	un **faux** diamant

C. Un nom avec *deux* adjectifs:

C'est un livre **intéressant** et **facile**.

C'est un **beau** livre **intéressant**.

C'est une **jolie petite** maison.

D. Quand l'adjectif est placé *devant* le nom, des → de.

Exemples:	un **joli** livre	de **jolis** livres
	un **grand** arbre	de **grands** arbres
	un **bon** étudiant	de **bons** étudiants .

5 Les adjectifs irréguliers:

A. Quelques adjectifs sont irréguliers au féminin:

masculin	*féminin*
blanc	blanche
bon	bonne
vieux	vieille
beau	belle
nouveau	nouvelle
long	longue
faux	fausse

B. Les adjectifs **beau**, **vieux** et **nouveau** devant un nom masculin avec une voyelle initiale sont transformés au *singulier*:

un **beau** garçon	un **bel** animal
un **vieux** livre	un **vieil** ami
un **nouveau** film	un **nouvel** étudiant

---

4. *Faux* ≠ vrai.

Attention: Au pluriel masculin, **beau, vieux** et **nouveau** sont **beaux, vieux** et **nouveaux**:

beau M.P.

deux **beaux** acteurs

trois **vieux** amis

de **nouveaux** étudiants

Au pluriel féminin, **belle, vieille** et **nouvelle** sont **belles, vieilles** et **nouvelles**:

deux **belles** actrices

trois **vieilles** amies

de **nouvelles** étudiantes

C. **Chic** est un adjectif invariable:

Il est **chic.**   Elle est **chic.**   Ils sont **chic.**

6 **En** + nom de matière = «made of».

Exemples: **en** coton   **en** bois   **en** fer

en laine   **en** métal   **en** plastique

wool

7 Les adverbes:

A. Formation des adverbes réguliers avec le féminin de l'adjectif:

adjectif masculin	adjectif féminin	adverbe
naturel	naturelle	**naturellement**
rapide	rapide	**rapidement**
final	finale	**finalement**
heureux	heureuse	**heureusement**
malheureux	malheureuse	**malheureusement**
certain	certaine	**certainement**
probable	probable	**probablement**
général	générale	**généralement**
relatif	relative	**relativement**

B. Si l'adjectif féminin est terminé par *voyelle* + **e,** on élimine le **e** dans la formation de l'adverbe:

adjectif masculin	adjectif féminin	adverbe
vr**ai**	vr**aie**	vr**ai**ment
abso**lu**	abso**lue**	abso**lu**ment

C. En général, la place de l'adverbe est directement *après* le verbe ou *au commencement* de la phrase.

Exemples: Il est **certainement** très intelligent.

Malheureusement je ne suis pas riche.

Exercices oraux

A. Mettez à la forme interrogative (utilisez l'inversion du sujet et du verbe): (§1)

Exemple: *Nous avons des questions.*
Avons-nous des questions?

1. Nous avons des réponses.
2. Ils ont des cravates exotiques.
3. Elle a une piscine derrière sa maison.
4. J'ai mon pull-over favori aujourd'hui.
5. Tu as un cours de philosophie.
6. Vous avez une blouse en coton.
7. Les frères Marx ont des costumes bizarres.
8. Nous avons une grande famille.
9. Elles ont leur livre fermé.
10. J'ai la bonne réponse.

B. Répondez à ces questions: (*parenté,* pp. 65—66)

Exemple: *Qui est le frère de votre mère?*
C'est mon oncle.

1. Qui est le frère de votre mère?
2. Qui est la sœur de votre père?
3. Qui est le père de votre mère?
4. Qui est la mère de votre père?
5. Qui est le père de votre femme (de votre mari)?
6. Qui est la femme (le mari) de votre frère (de votre sœur)?
7. Par rapport à votre père, qui est votre mère?
8. Par rapport à vos parents, qui êtes-vous?
9. Par rapport à vos parents, qui est votre sœur?
10. Dans une famille, qui est le premier enfant?

C. Demandez à un autre étudiant ou à une autre étudiante à la forme **vous** et puis à la forme **tu**: (§1, 2, 3)

Exemple: *s'il a une belle-mère.*
Avez-vous une belle-mère?
As-tu une belle-mère?

1. s'il (si elle) a une belle-mère.
2. s'il (si elle) a des camarades de chambre.
3. s'il (si elle) a l'adresse de Madame _____.
4. s'il (si elle) a une voiture.
5. s'il (si elle) a son chien en classe aujourd'hui.
6. s'il (si elle) a sa chemise (blouse) verte aujourd'hui.
7. s'il (si elle) a le portefeuille du professeur.
8. si sa chemise est bleue.

9. si sa blouse est blanche.
10. si sa jupe est grise.
11. si son pantalon est rose.
12. si son crayon est jaune.
13. si son imagination est grande.

D. Pour chaque phrase, protestez et corrigez l'erreur de logique:
   (§3, 4)
   Exemple: *La Maison Blanche est verte.*
             Mais non! Elle n'est pas verte, elle est blanche!

1. La porte est violette.
2. Les éléphants sont jaunes.
3. Le drapeau américain est noir et blanc.
4. Brigitte Bardot est brune.
5. La mer Méditerranée est rouge.
6. Les pommes sont oranges.
7. Les oranges sont beiges.
8. Les dents sont bleues.
9. Le chapeau d'un cowboy méchant est blanc.
10. Le costume du professeur est jaune, rouge et vert.

E. Placez l'adjectif correctement dans la phrase et après, répétez
   au pluriel: (§4, 5)

1. (intelligent)   C'est un homme.
2. (jeune)   C'est une femme.
3. (vieux)   C'est un livre.
4. (vieux)   C'est un ami.
5. (bon)   C'est une classe.
6. (naïf)   C'est une question.
7. (autre)   C'est un jour.
8. (furieux)   C'est un monsieur.
9. (sportif)   C'est une dame.
10. (grand)   C'est un bâtiment.

F. Placez l'adverbe dans la phrase: (§7)
   Exemple: *(malheureusement) Il y a un examen final.*
             Il y a malheureusement un examen final.
             ou
             Malheureusement il y a un examen final.

1. (malheureusement)   Il y a un examen final.
2. (certainement)   C'est une erreur.
3. (probablement)   Vous avez une cravate.
4. (généralement)   Il y a un examen le vendredi.
5. (naturellement)   Tout le monde a une tête.

6. (sincèrement)   Je suis content.
7. (vraiment)   Nous sommes fatigués.
8. (finalement)   L'exercice est terminé.

G. Répondez aux questions suivantes:

1. Regardez la photo à la page 65.
   a. Est-ce une très grande famille?
   b. Qui est assis?
   c. Qui est debout?
   d. Comment est la grand-mère?
   e. Où est la main du jeune homme?
2. Regardez la photo à la page 67.
   a. Jacques a-t-il une cravate?
   b. De quelle couleur est sa chemise?
   c. A-t-il un pantalon?

Exercices écrits

A. Écrivez l'exercice oral A.

B. Répondez aux questions de l'exercice oral C.

C. Employez un adjectif possessif dans chaque phrase: (§2)
   Exemple: *Les livres de Jean-Claude sont par terre.*
               Ses livres sont par terre.

1. La serviette de Monsieur Smith est par terre.
2. La blouse de Suzanne est élégante.
3. Le stylo de Robert est sur le bureau.
4. Le stylo de Suzanne n'est pas sur le bureau.
5. Le chien du professeur est sympathique.
6. L'amie de Monsieur Smith est intelligente.
7. L'auto du professeur est dans la rue.
8. Les livres de Pierre sont sur le bureau.
9. Les amis de Mademoiselle Taylor sont sympathiques.
10. Les étudiants de Monsieur Moray sont brillants.
11. Les amis de Monsieur Brown et de Mademoiselle Taylor sont sympathiques.
12. Les livres de Suzanne et de Monique sont à la bibliothèque.
13. L'appartement de Suzanne et de Monique est très chic.
14. La maison de Monsieur et de Madame Scott est confortable.

D. Donnez l'adjectif possessif: (§2)

Exemple: *Je m'appelle Melinda McCarry. McCarry est _____ nom de famille.*
McCarry est mon nom de famille.

1. Je ne suis pas très brillant en sciences et _____ situation dans _____ classe de biologie est très difficile.
2. Vous êtes grand probablement parce que _____ parents sont grands.
3. Félix et moi, nous sommes amateurs de cinéma. _____ actrice favorite est Annick Blin.
4. Vous êtes content parce que _____ examen est excellent.
5. Jeanne et moi, nous sommes très amies. _____ activités sont nombreuses.

E. Mettez les adjectifs dans les phrases (faites attention à leur place et à leur forme): (§4, 5)

Exemple: *(petit, brun)   Alice est une jeune fille.*
Alice est une petite jeune fille brune.

1. (grand, sympathique)   Stéphane est un jeune homme.
2. (rouge, joli)   C'est une robe.
3. (bon, exotique)   C'est un restaurant.
4. (petit, noir)   C'est un chien.
5. (beau, jaune)   Voilà la voiture de Robert.
6. (beige, beau)   Ce sont des pantalons.
7. (ennuyeux, long)   C'est un film.
8. (vieux, sympathique)   Ce sont des dames.
9. (noir, joli)   C'est un chapeau.
10. (blanc, beau)   C'est une maison.

F. Formez l'adverbe qui correspond à ces adjectifs: (§7)

Exemple: *malheureux*
malheureusement

1. facile
2. agréable
3. vrai
4. naïf
5. heureux
6. certain
7. sûr
8. autre
9. joyeux
10. actif

Il a beaucoup d'amis qui ont des voitures.

LA DÉCHARGE, Jacques Baratier, 1970; sur la photo: Bernadette Lafont, Daniel Duval, Ivan Lagrange.
Film social. Nous observons le conflit entre deux existences différentes: une ville, symbole de l'ordre urbain, et un cimetière d'autos habité par une bande de jeunes gens un peu gangsters, symbole du désordre et de la liberté.

Lecture

Trois situations sociales différentes:
une famille américaine et deux familles françaises

La famille de Richard n'est pas très riche. *Son père* est ingénieur et *sa mère* est directrice d'un centre social. *Ils ont* donc deux salaires *suffisants* pour *avoir une jolie* maison en ville et *un petit* cottage au bord de la mer pour les vacances. *Ils ont aussi une* caravane parce que, dans la famille tout le monde adore le camping. Richard *a un frère* qui s'appelle Scott, mais *il n'a pas de sœur.* Comme Scott n'est pas marié, Richard *n'a pas de belle-sœur* non plus. Le *frère* de la *mère* de Richard est marié. Il s'appelle Paul et *sa femme* s'appelle Claire. Claire et *son mari n'ont pas d'enfants,* mais Scott et Richard *ont un autre oncle* et *une autre tante* qui *ont* trois *filles* et deux *fils*. Alors Richard et Scott *ont* trois *cousines* et deux *cousins*. Ce sont *leurs cousins*. Les *parents* du *père* de Richard sont morts, mais Richard et Scott *ont une grand-mère* qui est la *mère* de *leur mère*. Elle habite Portland. Scott *n'a pas de* voiture, mais *il* a beaucoup d'amis qui *ont des* voitures. Richard *a un* appartement près de l'université, mais Scott habite avec *ses parents*.

Les *parents* de François sont très riches. *Son père* est banquier. *Sa mère* est docteur en médecine, c'est-à-dire médecin, dans un hôpital *parisien*. Le *père* de François *a une belle* Citroën *noire* très *élégante*. *Sa mère a une jolie petite* voiture de sport *italienne blanche*. Les *parents* de François sont *toujours* très occupés. *Ils ont* trois *enfants:* François, l'aîné, qui est étudiant en sciences économiques aux États-Unis;[5] Didier, le deuxième ou le cadet, qui est élève de troisième[6] dans un lycée; et Caroline, la dernière ou la benjamine, qui est aussi dans un lycée. La famille *a un bel* appartement à Passy, un quartier *chic* de Paris, et une villa sur la Côte d'Azur.

Catherine *n'a pas de mère: sa mère* est morte. *Son père* est ouvrier dans une usine *textile,* et *son frère* Jean est mécanicien dans un garage *spécialisé* dans la réparation des camions. Jean et *sa femme* sont *nouvellement* mariés. Pour le moment *ils n'ont pas* d'appartement, parce qu'en France il y a *toujours* une crise de logement et les appartements sont très rares et très chers. Alors, ils habitent avec Catherine et *leur père* et *beau-père* dans une *petite* maison *modeste* mais assez *confortable* qui est dans la banlieue de Grenoble. Catherine est *actuellement* aux États-Unis. Elle est étudiante en littérature *américaine,* et comme sa famille n'est pas riche, elle *a une* bourse du gouvernement. Le *père* de Catherine *n'a pas de* voiture, mais Jean et *sa femme ont* une Peugeot. Pendant le week-end, le *père* de Catherine est quelquefois avec *son fils* et *sa belle-fille* dans *leur* voiture.

Questions sur la lecture

1. Où est la maison de Richard?
2. Où est la villa des parents de François?
3. Où le père de Catherine est-il ouvrier?
4. Pourquoi Catherine a-t-elle une bourse? Avez-vous une bourse?
5. La maison de vos parents est-elle en ville?
6. Combien de frères ou de sœurs avez-vous? Avez-vous des beaux-parents?
7. Combien de cousins et de cousines avez-vous? Où habitent-ils (elles)? Par rapport à vous, qui sont leurs parents?
8. Combien de grands-parents avez-vous?
9. Vos parents ont-ils des grands-parents? Si non, pourquoi?
10. Expliquez la différence entre l'aîné, le cadet et le benjamin.

---

5. *États-Unis* = «U.S.A».
6. Au lycée (à l'école secondaire) on entre à l'âge de douze ans en sixième, treize ans en cinquième, quatorze ans en quatrième, quinze ans en troisième, etc.

Discussion/Composition

1. Faites une description de votre famille. Avez-vous un père, une mère, des frères, des sœurs, des oncles, des tantes, des cousins, des cousines, des grands-parents, des beaux-parents, des neveux, des nièces?
2. Faites la description de votre frère, de votre sœur, de votre mère, de votre père ou d'un autre membre de votre famille. Comment est-il (elle)? Comment sont ses vêtements?
3. Qu'est-ce que vous avez, qu'est-ce que vous n'avez pas? Avez-vous une maison, des amis, un(-e) ami(-e) spécial(-e), une voiture, des problèmes, des examens, des complexes? Expliquez.

Vocabulaire actif

noms

aîné m. *oldest child*
aînée f. *oldest child*
animal m.
arbre m. *tree*
beau-frère m.
beau-père m.
beaux-parents m. pl.
belle-mère f.
belle-sœur f.
bois m. *wood*
cadet m. *junior or younger (child)*
cadette f. *younger (child)*
camping m.
carte f. *card; map*
cause f.
costume m.
coton m.
couleur f.
cours m. *course, class*
cousin m.
cousine f.
cravate f. *tie*
crayon m. *pencil*

crise f. *crisis*
dame f. *lady*
drapeau m. *flag*
élève m. ou f. *pupil*
erreur f.
famille f.
faute f.
fer m. *iron*
fille f. *daughter*
fils m. *son*
frère m. *brother*
garage m.
grand-mère f.
grand-père m.
grands-parents m. pl.
hôpital m.
imagination f.
journal m. *newspaper*
laine f. *wool*
littérature f.
logement m. *lodging*
mari m. *husband*
médecin m. *doctor*

mère f. *mother*
métal m.
moment m.
neveu m. *nephew*
nièce f.
nom m.
oncle m.
ouvrier m.
pantalon m.
parents m. pl.
père m.
petite-fille f. *grand-dau.*
petit-fils m. *grand-son*
plastique m.
quartier m. *neighborhood*
robe f.
science f.
sœur f. *sister*
système m.
tante f. *aunt*
université f.
usine f. *factory*
vacances f. pl. *vacation*
vêtement m. *clothing*

adjectifs

absolu(-e)
beau/bel/belle
bon(-ne)
cher/chère
chic (invariable)
commode *convenient*
confortable
économique
ennuyeux/ennuyeuse *boring, dull*
faux/fausse
favori(-te)
final(-e)
général(-e)
jeune
joyeux/joyeuse
long/longue
marié(-e)
mauvais(-e) *bad*
modeste
mort(-e) *death*
naïf/naïve
naturel(-le)
nombreux/nombreuse *numerous*

	adjectifs de couleur	**verbe**	**autres expressions**
nouveau / nouvel / nouvelle	*beige*	avoir	beaucoup *a lot*
politique	blanc / blanche		c'est-à-dire *that is (to say)*
pratique	*bleu(-e)*	**adverbes**	donc *then, therefore, so*
probable	*blond(-e)*	*absolument*	en ville *in the city*
rare	*brun(-e)*	actuellement	non plus *not either, neither*
relatif / relative	*gris(-e)*	*certainement*	
riche	jaune	combien *how much*	**prépositions**
social(-e)	marron (invariable)	heureusement	pendant *during*
stupide	*noir(-e)*	malheureusement	près de *near*
suffisant(-e)	*orange*	*rapidement*	sans *without*
old vieux / vieil / vieille	rose	*relativement*	
vrai(-e) *true, real*	rouge	*sincèrement*	
	vert(-e)	vraiment *really*	
	violet(-te)		

Vocabulaire passif

noms		**adjectifs**	**verbes**
actrice f.	*cottage* m.	*inacceptable*	*adorer*
amateur m.	*diamant* m.	*parisien(-ne)*	s'appeler
artiste m. ou f.	directrice f.	*spécialisé(-e)*	*habiter*
banlieue f. *suburb*	*docteur* m.	*textile*	travailler
banquier m.	*ingénieur* m.	*unique*	
benjamin m. *youngest child*	lycée m. *high school*		**adverbes**
benjamine f.	mécanicien m. *mechanic*		incroyablement *unbelieveably*
biologie f.	*médecine* f. *science of medicine*		nouvellement
bourse f. *scholarship*	note f.		
camarade de	*rapidité* f.		
chambre *room-mate* réparation f. *repair*			
m. ou f.	salaire m.		
camion m. *truck*	*villa* f.		
caravane f. *trailer*			
Côte d'Azur f.			

la solitude est verte

Louise de Vilmorin
1902-1969

Verte comme la pomme en sa simplicité,
Comme la grenouille, cœur glacé des vacances,
Verte comme tes yeux de désobéissance,
Verte comme l'exil où l'amour m'a jeté.

La solitude est verte.

passionnément

Je l'aime un peu, beaucoup, passionnément,
Un peu c'est rare et beaucoup tout le temps.
Passionnément est dans tout mouvement:
Il est caché sous cet: *un peu*, bien sage
Et dans: *beaucoup* il bat sous mon corsage.
Passionnément ne dort pas davantage
Que mon amour aux pieds de mon amant
Et que ma lèvre en baisant son visage.

Poèmes
© Éditions Gallimard

7 Septième Leçon

Le verbe *aller*

À + article défini: *à la, à l', au, aux*

Les prépositions avec les noms de villes et de pays

L'heure

Les verbes en *-er: parler, aimer, demander,* etc.

Récapitulation de la négation

Lecture: *La Vie d'un étudiant français*

Jean-Claude est à la terrasse d'un café

Présentation

Comment **allez-vous,** Paul?	**Je vais** bien, merci.
Et Pamela, comment **va-t-elle?**	**Elle ne va pas** bien, elle est malade. Elle a la grippe.
Est-ce qu'**elle va** chez le médecin?[1]	Non, **elle ne va pas** chez le médecin.
Allons-nous au laboratoire le lundi?	Oui, **nous allons au** laboratoire le lundi et le mercredi.
Allez-vous au restaurant universitaire après la classe?	Non, **je ne vais pas au** restaurant. **Je vais à la** piscine. *(swimming pool)*
Et vos amis, où **vont-ils?**	**Ils vont à la** bibliothèque. **Ils ne vont pas au** cinéma.
Où avez-vous des parents **aux** États-Unis?	J'ai une sœur **dans le** Massachusetts et un frère **en** Louisiane. Mon autre frère arrive **de** France aujourd'hui **à onze heures.**

À propos,[2] **quelle heure est-il?**	**Il est huit heures.**

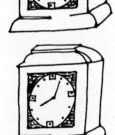

Quelle heure est-il?	**Il est huit heures cinq.**

Quelle heure est-il?	**Il est huit heures et quart.**

---

1. *Chez le médecin* = au bureau (au cabinet) du médecin.
2. *À propos* = «by the way».

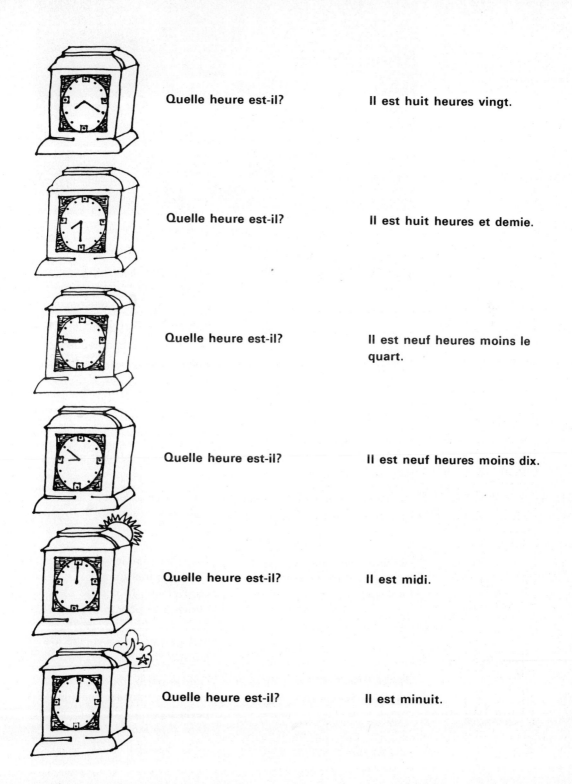

Quelle heure est-il?   Il est huit heures vingt.

Quelle heure est-il?   Il est huit heures et demie.

Quelle heure est-il?   Il est neuf heures moins le quart.

Quelle heure est-il?   Il est neuf heures moins dix.

Quelle heure est-il?   Il est midi.

Quelle heure est-il?   Il est minuit.

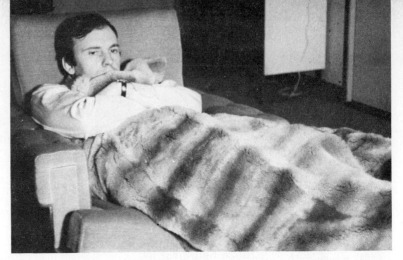

MA NUIT CHEZ MAUD, Eric Rohmer, 1969; sur la photo: Jean-Louis Trintignant.

L'univers d'Eric Rohmer est très particulier: une réflexion sur la religion, l'amour et l'idéal féminin. Trintignant, qui débute en 1956 avec Brigitte Bardot, est maintenant une grande vedette et également un réalisateur important.

—Où est-on généralement à trois heures du matin?
—On est généralement au lit.

À quelle heure êtes-vous à l'université?	Je suis **à l'université à neuf heures** quand je suis **à l'heure,** mais quelquefois je suis **en retard.**
À quelle heure allez-vous à la bibliothèque?	**Je vais à la** bibliothèque **à dix heures** ou **à dix heures et quart.**
De quelle heure à quelle heure êtes-vous **à l'université?**	Je suis **à l'université de** neuf heures du matin à trois heures de l'après-midi.
Où est-on généralement **à trois heures du matin?**	On est généralement **au** lit.
Où est-on généralement **à six heures du soir?**	On est généralement **à la** maison.
Où sont les étudiants **à midi?**	Ils sont **à l'université.**
Les étudiants **mangent-ils** à l'université? **Mangez-vous** à l'université?	Oui, généralement les étudiants **mangent** à l'université. **Je mange** à l'université pour le déjeuner, mais pour le dîner, **je ne mange pas** à l'université. **Je mange** chez moi.[3]
Parlez-vous français dans la classe de français?	Oui, **je parle** français dans la classe de français, mais **je ne parle pas** français chez moi ou dans mes autres classes.

---

3. *Chez moi* = à la maison.

Aimez-vous la musique?	Oui, **j'aime** la musique classique ou le rock, mais **je n'aime pas** la musique dissonante.
Regardez-vous le tableau?	Oui, **je regarde** le tableau généralement, mais quelquefois **je ne regarde pas** le tableau.

Explications

1 Le verbe **aller** est irrégulier:

aller	
je vais	**nous allons**
tu vas	**vous allez**
il (elle, on) va	
ils (elles) vont	

Remarquez: Un complément adverbial est obligatoire avec le verbe **aller**:
Nous allons **à Paris**.
Elle va **au supermarché**.
Ils vont **à l'opéra**.
Vous allez **bien**. (expression idiomatique)
Elle ne va pas **bien**. (expression idiomatique)

2 **À** + article défini:

à + la = **à la**	**à la** porte, **à la** classe
à + l' = **à l'**	**à l'**université, **à l'**opéra
à + le → **au**	**au** restaurant, **au** tableau
à + les → **aux**	**aux** États-Unis

3 Les prépositions avec les noms de villes et de pays («nations»):

A. Usage général:

à + nom de ville
en + nom de pays terminé par **e** muet[4]
au + les autres noms de pays ou **aux** si le nom est pluriel

---

4. *e* muet = *e* non-prononcé.

à + *noms de villes*	en + *noms de pays terminés par* **e** *muet*	au(x) + *autres noms de pays*
à Paris	**en** France	**au** Brésil
à Rome	**en** Argentine	**au** Canada
à Londres	**en** Chine	**au** Nigéria
à Chicago	**en** Colombie	**au** Liban
à Tokyo	**en** Russie	**au** Danemark
	en Allemagne	**au** Japon
	en Italie	**aux** Pays-Bas
	en Angleterre	**aux** États-Unis
	en Espagne	

Exceptions: **au** Mexique, **en** Israël, **en** Iran

B. Pour indiquer l'origine:

à → **de**
en → **de**
au → **du**
aux → **des**

Exemples: Tu vas **à** Paris.　　　　Tu arrives **de** Paris.
Je vais **en** France.　　　J'arrive **de** France.
Nous allons **au** Danemark.　Nous sommes **du** Danemark.
Mon père voyage **aux**　　Mon père téléphone **des**
　Pays-Bas.　　　　　　　Pays-Bas.

4 Pour les États-Unis, on emploie **en** avec les états féminins et **dans le (dans l')** avec les états masculins. Remarquez la forme française des états féminins: **a** → **e**.

Exemples: *états masculins*　　*états féminins*

dans le Kansas　　**en** Californie
dans le Wyoming　**en** Virginie
dans l'Illinois　　**en** Pennsylvanie
dans le Texas　　**en** Caroline du Nord

Remarquez: Si vous n'êtes pas sûr du genre de l'état américain, utilisez **dans l'état de...** pour le masculin ou le féminin.

Exemples: **dans l'état de** Michigan
dans l'état de New York
dans l'état de Rhode Island

5 L'heure:

A. **Quelle heure est-il?**
Il est trois heures.
Il est quatre heures et quart.
Il est six heures et demie.

B. **À quelle heure?**

> **À trois heures.**
> **À quatre heures et quart.**
> **À six heures et demie.**

Exemple: **À quelle heure** êtes-vous à la maison?
Je suis à la maison **à six heures du soir.**

C. **De quelle heure à quelle heure?**

> **De neuf heures du matin à cinq heures du soir.**
> **De minuit à deux heures du matin.**

Exemple: **De quelle heure à quelle heure** êtes-vous au lit?
Je suis au lit **de onze heures du soir à huit heures du matin.**

6 Quand: Question de temps générale:

Exemples: **Quand** êtes-vous fatigué?
Je suis fatigué le soir.
Je suis fatigué **avant**[5] la classe de français.
Je suis fatigué **après**[5] le week-end.
Je suis fatigué **quand** je suis dans la classe.

Remarquez: Je suis énergique **le** matin, je suis actif l'après-midi, mais je suis fatigué **le** soir.

7 Être en avance, être à l'heure, être en retard:

La classe est à une heure.

Je suis dans la classe à une heure moins le quart.	Je suis dans la classe à une heure.	Je suis dans la classe à une heure et quart.
↓	↓	↓
Je suis en avance.	Je suis à l'heure.	Je suis en retard.

8 Les verbes réguliers en -er:

A. **Parler, écouter, regarder, donner, aimer, adorer, détester, demander, manger:**

listen   *wonder*

Parlez-vous?	**Je parle.**
	Je ne parle pas.
Écoutez-vous?	**J'écoute.**
	Je n'écoute pas.
Regardez-vous?	**Je regarde.**
	Je ne regarde pas.
Aimez-vous?	**J'aime.**
	Je n'aime pas.

---

5. *Avant ≠ après.*

Détestez-vous?	Je déteste.
	Je ne déteste pas.
Mangez-vous?	Je mange.
	Je ne mange pas.

B. À l'affirmatif:

parler *speak*

je parle	nous parlons
tu parles	vous parlez
il (elle, on) parle	
ils (elles) parlent	

écouter *listen*

j'écoute	nous écoutons
tu écoutes	vous écoutez
il (elle, on) écoute	
ils (elles) écoutent	

regarder *look at, watch*

je regarde	nous regardons
tu regardes	vous regardez
il (elle, on) regarde	
ils (elles) regardent	

détester

je déteste	nous détestons
tu détestes	vous détestez
il (elle, on) déteste	
ils (elles) détestent	

aimer

j'aime	nous aimons
tu aimes	vous aimez
il (elle, on) aime	
ils (elles) aiment	

manger

je mange	nous mangeons[6]
tu manges	vous mangez
il (elle, on) mange	
ils (elles) mangent	

C. Au négatif:

ne pas parler[7]

je **ne** parle **pas**	nous **ne** parlons **pas**
tu **ne** parles **pas**	vous **ne** parlez **pas**
il (elle, on) **ne** parle **pas**	
ils (elles) **ne** parlent **pas**	

ne pas aimer

je **n'**aime **pas**	nous **n'**aimons **pas**
tu **n'**aimes **pas**	vous **n'**aimez **pas**
il (elle, on) **n'**aime **pas**	
ils (elles) **n'**aiment **pas**	

D. À l'interrogatif:

parler?

est-ce que je parle?	parlons-nous?
parles-tu?	parlez-vous?
parle-t-il? (parle-t-elle? parle-t-on?)	
parlent-ils? (parlent-elles?)	

---

6. Il y a un e supplémentaire pour des raisons phoniques.

7. *Ne pas* précède le verbe à l'infinitif négatif.

1. Une question à la première personne du singulier **(je)** est généralement formée avec **est-ce que:**

    je parle   **est-ce que** je parle?

2. Il y a un **-t-** à la troisième personne du singulier **(il, elle, on)** pour des raisons euphoniques:

    il donne   donne-**t**-il?

    elle aime   aime-**t**-elle?

    on parle   parle-**t**-on?

3. *Rappel:* Si le sujet est un *nom,* l'ordre de la phrase interrogative avec l'inversion est:

    SUJET (NOM) + VERBE + PRONOM...?

    Le tigre mange-t-**il** beaucoup?

    Maurice parle-t-**il** français?

4. **Est-ce que** est aussi utilisable à toutes les personnes dans la formation de l'interrogatif:

est-ce que je parle?	**est-ce que** nous parlons?
est-ce que tu parles?	**est-ce que** vous parlez?
est-ce qu'il (elle, on) parle?	
est-ce qu'ils (elles) parlent?	

5. Le négatif interrogatif:

    a. Avec l'inversion: (Il n'y a généralement pas d'inversion pour le pronom **je.**)

ne parles-tu pas?	**ne parlons-nous pas?**
ne parle-t-il (elle, on) pas?	**ne parlez-vous pas?**
ne parlent-ils (elles) pas?	

    b. Avec **est-ce que:**

est-ce que je **ne** parle **pas?**	**est-ce que** nous **ne** parlons **pas?**
est-ce que tu **ne** parles **pas?**	
est-ce qu'il (elle, on) **ne** parle **pas?**	**est-ce que** vous **ne** parlez **pas?**
est-ce qu'ils (elles) **ne** parlent **pas?**	

E. La prononciation:

1. Les terminaisons prononcées:

    donn**(er)** (infinitif) [e]

    nous donn**(ons)** [õ]

    vous donn**(ez)** [e]

2. Les terminaisons non-prononcées:

    je donn**(e)**

    il donn**(e)**

    ils donn**(ent)**

    tu donn**(es)**

9 Récapitulation de la négation:

A. Avec le verbe **être:**

C'est un mur.	**Ce n'est pas un** mur.
C'est une photo.	**Ce n'est pas une** photo.
Ce sont des fleurs.	**Ce ne sont pas des** fleurs.
C'est le premier avril.	**Ce n'est pas le** premier avril.
C'est la Maison Blanche.	**Ce n'est pas la** Maison Blanche.
Ce sont les États-Unis.	**Ce ne sont pas les** États-Unis.
C'est mon chien.	**Ce n'est pas mon** chien.
C'est ton livre.	**Ce n'est pas ton** livre.
C'est son..., etc.	**Ce n'est pas son...**, etc.

B. Avec l'expression idiomatique **il y a:**

Dans mon sac:

il y a un stylo.	il n'y a pas de stylo.
il y a une pomme.	il n'y a pas de pomme.
il y a des lunettes.	il n'y a pas de lunettes.
il y a le déjeuner de mon ami.	il n'y a pas le déjeuner de mon ami.
il y a la carte de crédit de mes parents.	il n'y a pas la carte de crédit de mes parents.
il y a les clés de mon appartement.	il n'y a pas les clés de mon appartement.
il y a mon portefeuille.	il n'y a pas mon portefeuille.
il y a ton numéro de téléphone.	il n'y a pas ton numéro de téléphone.
il y a son..., etc.	il n'y a pas son..., etc.

C. Avec le verbe **avoir:**

J'ai un chapeau.	**Je n'ai pas de** chapeau.
J'ai une moustache.	**Je n'ai pas de** moustache.
J'ai des cheveux.	**Je n'ai pas de** cheveux.
J'ai le pantalon de mon frère.	**Je n'ai pas le** pantalon de mon frère.
J'ai la curiosité de Pandore.	**Je n'ai pas la** curiosité de Pandore.
J'ai les chaussures de mon oncle.	**Je n'ai pas les** chaussures de mon oncle.
J'ai mon chapeau.	**Je n'ai pas mon** chapeau.
J'ai ton pull-over.	**Je n'ai pas ton** pull-over.
J'ai son..., etc.	**Je n'ai pas son...**, etc.

have direct objects

D.   Avec les verbes transitifs (**avoir, écouter, manger, regarder,** etc.):

J'écoute un disque.   **Je n'écoute pas de** disque.

J'écoute une conférence.   **Je n'écoute pas de**
                                            conférence.

J'écoute des chansons. Songs   **Je n'écoute pas de** chansons.

J'écoute le professeur.   **Je n'écoute pas le** professeur.

J'écoute la radio.   **Je n'écoute pas la** radio.

J'écoute les explications du   **Je n'écoute pas les**
   professeur.   explications du professeur.

J'écoute mon opéra préféré.   **Je n'écoute pas mon** opéra
                                            préféré.

J'écoute ton anecdote.   **Je n'écoute pas ton** anecdote.

J'écoute son..., etc.   **Je n'écoute pas son**..., etc.

Exercices oraux

A.   Quelle heure est-il? (§5)

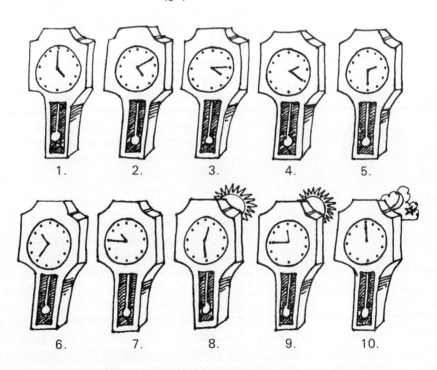

1.   2.   3.   4.   5.

6.   7.   8.   9.   10.

B. Pour chaque phrase, protestez et corrigez l'erreur de logique: (§3, 4)

Exemple: *Le Kremlin est en France.*
Mais non! Il n'est pas en France, il est en Russie.

1. Tokyo est en Italie.
2. L'Université de Chicago est à Boston.
3. Le musée du Louvre est à Moscou.
4. Il y a un festival de films à Hoboken.
5. Dallas est en Louisiane.
6. Il y a des pyramides en Angleterre.
7. Les Alpes sont au Brésil.
8. Montréal est aux États-Unis.
9. Le palais de Buckingham est aux Pays-Bas.
10. Il y a un métro à Hicksville.

C. Demandez à un autre étudiant ou à une autre étudiante: (§1, 2, 5)

1. où il (elle) va à huit heures du matin.
2. où il (elle) va à midi.
3. où il (elle) va à une heure et demie de l'après-midi.
4. où il (elle) va à sept heures moins le quart du soir.
5. où il (elle) va à minuit.
6. où il (elle) va à trois heures du matin.
7. à quelle heure il (elle) va au laboratoire.
8. à quelle heure il (elle) va à sa première classe.
9. à quelle heure il (elle) va à sa dernière classe.
10. à quelle heure il (elle) va au cinéma.
11. à quelle heure il (elle) va au restaurant.
12. quelle heure il est maintenant.
13. comment il (elle) va.
14. où il (elle) va après la classe.

D. Répondez aux questions suivantes: (§2, 5, 7)

1. Êtes-vous quelquefois en retard pour la classe de français?
2. Êtes-vous généralement à l'heure, en avance ou en retard pour votre première classe?
3. Êtes-vous généralement à l'heure, en avance ou en retard pour un film au cinéma?
4. De quelle heure à quelle heure êtes-vous dans la classe de français?
5. De quelle heure à quelle heure êtes-vous au restaurant?
6. De quelle heure à quelle heure êtes-vous généralement à la bibliothèque?
7. De quelle heure à quelle heure êtes-vous à l'université?
8. De quelle heure à quelle heure êtes-vous au lit?

E.   Demandez à un autre étudiant ou à une autre étudiante: (§8)

1. s'il (si elle) parle japonais.
2. s'il (si elle) aime la cravate du professeur.
3. s'il (si elle) déteste la vie à l'université.
4. s'il (si elle) adore les voitures de sport.
5. s'il (si elle) regarde beaucoup la télévision.
6. s'il (si elle) donne ses photos à ses ennemis.
7. s'il (si elle) écoute toujours avec attention.
8. s'il (si elle) parle quelquefois avec son professeur.
9. s'il (si elle) demande des services à ses amis.
10. s'il (si elle) déteste les questions banales.

F.   Dites au négatif: (§8, 9)
     Exemple: *Tu manges une orange.*
                Tu ne manges pas d'orange.

1. Tu manges une pomme.
2. Il donne une fleur à son père.
3. C'est mon anniversaire.
4. Je fume («smoke») des cigares.
5. Le gangster demande un autographe.
6. Vous dansez le tango.
7. Il y a l'examen final demain.
8. Les chiens parlent une langue étrangère.
9. Nous écoutons des disques.
10. Le cannibale mange des oignons.

G.   Regardez la photo à la page 84.

1. L'homme est-il assis, debout ou allongé?
2. Pourquoi n'est-il pas au lit? (Imaginez.)
3. Est-ce qu'il regarde la télé[8] ou écoute-t-il sa conscience?

Exercices écrits

A.   Écrivez les réponses aux questions de l'exercice oral D.

B.   Écrivez les questions de l'exercice oral C et inventez une réponse à chaque question.

---

8. *La télé* = la télévision.

C. Écrivez une phrase avec **à la, à l'** ou **au** et les éléments suivants: (§2)

Exemple: *maison / je suis*
Je suis à la maison.

1. restaurant / les étudiants sont
2. théâtre / Paul et Monique vont
3. bibliothèque / Suzanne va
4. opéra / mes amis sont
5. hôpital / Jean-Claude est
6. laboratoire / Monsieur Brown n'est pas
7. maison / mes parents sont
8. cinéma / votre ami va

D. Complétez ces phrases avec la forme correcte du verbe entre parenthèses: (§8)

1. (manger)   Pierre _____ souvent chez elle.
2. (parler)   On _____ espagnol au Mexique.
3. (adorer)   Ils _____ ce nouveau film.
4. (demander)   Vous _____ très souvent des faveurs.
5. (aimer)   _____-nous les traditions américaines?
6. (regarder)   Après le dîner, je _____ un peu la télévision.
7. (détester)   _____-vous les programmes de votre région?
8. (écouter)   Anne _____ avec attention.
9. (téléphoner)   Nous _____ à nos cousins canadiens.
10. (ne pas aimer)   Il _____ les absences.
11. (ne pas commencer) Le jour _____ à midi.
12. (ne pas détester) Nous _____ les films français.
13. (ne pas manger)   Pourquoi ces jeunes filles _____ avec nous?
14. (ne pas regarder) Ils _____ objectivement la situation.
15. (ne pas écouter)   Le président _____ ce sénateur.

E. Répondez à ces questions à la forme négative: (§9)

1. Est-ce une nouvelle chemise?
2. Est-ce le Mur des Lamentations?
3. Y a-t-il une bibliothèque dans votre maison?
4. Est-ce votre femme?
5. Y a-t-il un drapeau américain devant ce bâtiment?

6. Avez-vous votre chien aujourd'hui?
7. Avons-nous un examen lundi?
8. Y a-t-il des actrices françaises dans cette classe?
9. Est-ce que c'est votre disque?
10. Avons-nous des autoroutes à côté du campus?

Lecture

La Vie d'un étudiant français

La vie d'un étudiant français et la vie d'un étudiant américain sont quelquefois similaires et quelquefois différentes. Généralement, les étudiants français *apprécient* leur vie et leur emploi du temps[9] quand ils sont dans une université américaine. C'est le cas de nos amis Jean-Claude et Monique qui *étudient* maintenant *aux* États-Unis. *Ils habitent* normalement à Paris. La vie d'un étudiant parisien est peut-être romantique pour un étudiant américain, mais elle n'est certainement pas idéale, et elle est toujours pressée.

À huit heures dix du matin, Jean-Claude est généralement dans le métro: *il va à* son cours de mathématiques *à la* Faculté des Sciences. Le cours *commence à huit heures et quart* exactement, et le professeur *arrive* toujours *à l'heure,* malheureusement! Quand Jean-Claude *entre* dans la salle finalement, *il est huit heures et demie* et l'amphithéâtre est complet. C'est la vie. Alors, comme consolation, une petite promenade sur le Boulevard Saint-Michel n'est pas désagréable. Après sa promenade, *à dix heures moins le quart,* Jean-Claude *va au* laboratoire de chimie. *À midi,* les étudiants *vont au* restaurant universitaire (c'est un restaurant subventionné par le gouvernement et le prix du déjeuner est très modéré).

Après le déjeuner, entre *une heure et demie* et *deux heures de l'après-midi,* Monique *étudie à l'*appartement d'une amie et Jean-Claude est *à la* terrasse d'un café avec deux camarades. Les jeunes gens *discutent* avec animation devant un café express délicieux.

Maintenant *il est trois heures moins le quart.* Monique *quitte* l'appartement de son amie pour *aller à* son cours de littérature contemporaine *à la* Sorbonne. *Elle écoute* le professeur qui *parle* avec éloquence. *À la bibliothèque,* Jean-Claude, son stylo *à la* main

---

9. *Emploi du temps* = distribution et heures des activités du jour («schedule»).

LE JOURNAL D'UNE FEMME
DE CHAMBRE, Luis Bunuel,
1963.
    Ce film est l'histoire
curieuse d'une servante en
1936. Ici, elle regarde une
manifestation politique du parti
de droite qui marche contre le
gouvernement de gauche.

Alors, comme consolation, une petite promenade sur le
Boulevard Saint-Michel n'est pas désagréable.

et ses livres ouverts, *examine* un problème de mathématiques
impossible.

    À quatre heures moins le quart, Jean-Claude et les autres étu-
diants *vont* dans un grand bâtiment de l'université pour leur cours
de chimie. Quelquefois ils sont *en retard,* mais aujourd'hui ils sont
en avance. C'est une chance![10] Mais le cours est difficile et ennuyeux,
et nos amis sont fatigués.

    À sept heures du soir, après un petit apéritif *au* café, Jean-Claude
et Monique *rentrent à la* maison (*à l'*appartement de leur famille),
parce que c'est l'heure du dîner. *À onze heures du soir,* la journée
est finie et tout le monde *va au* lit. Mais où est notre ami Jean-Claude?
Est-il dans son lit aussi? Non! Il est probablement *au* cinéma, *au*
théâtre avec un ami ou une amie. Est-il fatigué comme dans la
classe de chimie? C'est une question intéressante.

**Questions
sur la lecture**

1. Est-ce que la vie d'un étudiant français et la vie d'un
   étudiant américain sont différentes ou similaires?
2. Est-ce que la vie d'un étudiant parisien est idéale?
3. Quelle heure est-il quand Jean-Claude est en classe?
4. Où sont les étudiants à midi généralement?
5. À quelle heure Monique va-t-elle à son cours de littérature
   contemporaine?
6. Où vont Jean-Claude et ses camarades à quatre heures
   moins le quart?
7. Est-ce que le cours de chimie est facile? Est-il amusant?
8. Où sont nos amis à sept heures du soir?
9. Est-ce que Jean-Claude est au lit à onze heures du soir?

10. *Chance* = «luck» (bonne chance = «good luck»).

10. Où est-il, probablement?
11. Où êtes-vous à onze heures du soir?
12. Est-ce que vos cours sont quelquefois ennuyeux?
13. Sont-ils quelquefois intéressants?
14. Où est la maison de Monique et de Jean-Claude?
15. Où est la maison de votre famille?
16. Votre cours de français est-il facile ou difficile?
17. Comment sont vos autres cours?

Discussion/Composition

1. Donnez une petite description de votre journée[11] et de votre emploi du temps. Utilisez les expressions et les verbes de la leçon et votre imagination. Exemple: Je m'appelle... Je suis un étudiant... Je suis très occupé. Ma première classe est à... et je suis à l'heure, mais quelquefois... et je n'arrive pas à l'heure... Après ma classe de... je vais à...
2. Donnez une description imaginative de l'emploi du temps d'une personne célèbre. C'est peut-être un acteur, une actrice, un politicien, un professeur fameux, un monstre...
3. Regardez-vous la télévision? Y a-t-il un programme que vous aimez particulièrement? Qu'est-ce qu'il y a dans ce programme? Pourquoi aimez-vous cette émission?

Vocabulaire actif

noms

anecdote f.
animation f.
apéritif m.
après-midi m.
attention f.
autoroute f.
café m.
café express m.
camarade m. ou f.
carte de crédit f.
cas m. *case*
chance f.

chaussure f. *shoe*
cheveux m. pl. *(hairs)*
chimie f. *chemistry*
conscience f.
curiosité f.
déjeuner m. *lunch*
dîner m.
disque m. *record*
éloquence f.
émission f. *program (TV or radio)*
emploi du temps m. *schedule*
ennemi m.

état m.
faveur f.
grippe f. *flu*
heure f.
jeunes gens m. pl. *young men & people*
journée f. *day, day's work*
laboratoire m.
lit m. *bed*
lunettes f. pl. *glasses*
matin m.
midi m.
minuit m.

musique f.
nuit f.
oignon m.
orange f.
pays m.
président m.
prix m. *price, prize*
programme m.
promenade f. *walk, stroll*
quart m. *quarter*
radio f.
région f.

---

11. *Journée* = «day», «daytime activities».

service m.	**adjectifs**	**verbes**	**adverbes**
soir m.	allongé(-e)	adorer	à l'heure
supermarché m.	banal(-e)	aimer	en avance
télé f. ~~(_____)~~ *TV*	canadien(-ne)	aller	en retard
temps m.	célèbre *famous*	arriver	exactement
terrasse f.	classique *classical*	commencer	particulièrement
tradition f.	complet / complète	danser	
	contemporain(-e)	demander *to wonder*	**prépositions**
noms de pays	délicieux /	détester	avant
Allemagne f.	délicieuse	discuter *to discuss*	chez
Angleterre f.	demi(-e) *half*	donner	moins
Arabie séoudite f.	énergique *energetic*	écouter	
Argentine f.	espagnol(-e)	entrer	**autres expressions**
Brésil m.	étranger / étrangère *foreign*	étudier	à propos *by the way*
Canada m.	fameux / fameuse	examiner	bonne chance
Chine f.	idéal(-e)	fumer	
Colombie f.	irrégulier /	habiter	
Danemark m.	irrégulière	imaginer	
Espagne f.	pressé(-e) *hurried*	manger	
États-Unis m. pl.	romantique	parler	
France f.	similaire	quitter *to leave*	
Iran m.		regarder *look at, consider, watch*	
Israël m.		rentrer *return (home) re-enter*	
Italie f.		téléphoner	
Japon m.		voyager *to travel*	
Liban m.			
Mexique m.			
Nigéria m.			
Pays-Bas m. pl.			
Russie f.			

Vocabulaire passif

noms		**adjectifs**	**verbe**
absence f.	consolation f.	dissonant(-e)	apprécier
amphithéâtre m.	faculté f.	modéré(-e)	
autographe m.	métro m.	subventionné(-e)	**adverbe**
cannibale m.	moustache f.		objectivement
chanson f.	rock m.		
cigare m.	sénateur m.		
conférence f.	tango m.		

Huitième Leçon

Usages idiomatiques du verbe *avoir:*
    l'âge
    la personnalité et les sensations
    le jugement et l'opinion
    les besoins de l'organisme humain
    la nécessité
    l'apparence
    les parties du corps

Les expressions météorologiques: *il fait beau,* etc.

Les quatre saisons de l'année

Les verbes: *venir, dire, écrire, lire, acheter, préférer,* etc.

Lecture: *Avons-nous les mêmes goûts?*

Leurs goûts sont simples: ils n'ont pas besoin d'argent,... ils n'ont pas besoin d'une voiture américaine, mais ils ont besoin d'amour.

Présentation

L'âge:
J'ai vingt ans.   Je n'ai pas vingt ans.

La personnalité:
J'ai bon caractère.   Je n'ai pas bon caractère.
J'ai mauvais caractère.   Je n'ai pas mauvais
                                          caractère.

Les sensations physiques et mentales:

J'ai chaud.   Je n'ai pas chaud.
J'ai froid.   Je n'ai pas froid.
J'ai mal à la tête.   Je n'ai pas mal à la tête.
J'ai peur.   Je n'ai pas peur.
J'ai honte. *embarassed*   Je n'ai pas honte.
J'ai envie de danser.   Je n'ai pas envie de danser.
J'ai hâte de manger.   Je n'ai pas hâte de manger.

Le jugement et l'opinion:
J'ai raison. *to be right*   Je n'ai pas raison.
J'ai tort. *" " wrong*   Je n'ai pas tort.

Les besoins de l'organisme humain:

J'ai faim.   Je n'ai pas faim.
J'ai bon appétit.   Je n'ai pas bon appétit.
J'ai mauvais appétit.   Je n'ai pas mauvais appétit.
J'ai soif.   Je n'ai pas soif.
J'ai sommeil.   Je n'ai pas sommeil.

La nécessité:
J'ai besoin de manger.   Je n'ai pas besoin de manger.
J'ai besoin d'eau.[1]   Je n'ai pas besoin d'eau.

L'apparence:
Il a l'air intelligent.   **Il n'a pas l'air** intelligent.
Il a l'air stupide.   **Il n'a pas l'air** stupide.
Il a les yeux bruns.   **Il n'a pas les yeux bruns.**

---
1. *L'eau* = H_2O.

Quel âge avez-vous?	**J'ai vingt ans.** Je suis né le 30 novembre 1957.
Quel âge a-t-il?	**Il a dix-neuf ans. Il n'a pas** vingt et un ans.
Quand est votre anniversaire?	C'est le 30 novembre.
Le professeur **a-t-il l'air** jeune?	Oui, **il a l'air** jeune quand il n'est pas fatigué. Quelquefois **il a l'air d'**un étudiant comme nous.
Généralement, un étudiant n'est pas riche et **il a besoin d'**argent. Mais la famille de Bill est très riche. **A-t-il besoin d'**argent?	Non, **il n'a pas besoin d'**argent.
A-t-on besoin de vêtements dans un camp de nudistes?	Non, **on n'a pas besoin de** vêtements dans un camp de nudistes.
Qui **a bon caractère?**	Pollyanna **a bon caractère.**
Qui **a mauvais caractère?**	Monsieur Scrooge **a mauvais caractère.**
Quand **avez-vous honte?**	**J'ai honte** dans un restaurant chic quand je n'ai pas mon portefeuille. Alors **j'ai hâte de** terminer mon dîner.
Avez-vous les yeux bleus?	Non, **je n'ai pas les yeux bleus** mais mon père **a les yeux bleus. Il a les cheveux blonds** aussi.
Êtes-vous malade aujourd'hui? Où **avez-vous mal?**	**J'ai mal à l'estomac, mal à la tête, mal aux dents, mal au nez, mal aux yeux** et **mal aux oreilles.** J'ai la grippe.
Quel temps fait-il aujourd'hui?	Aujourd'hui **il fait mauvais. Il ne fait pas beau.**
Est-ce qu'il pleut?	Oui, **il pleut** mais **il ne neige pas** et **il ne fait pas froid.**
Quand **neige-t-il?**	**Il neige en hiver.**

Est-ce qu'il fait chaud en automne?	Quelquefois **il fait chaud en automne** et au printemps. **En été il fait** généralement très **chaud.**
Venez-vous à l'université **en été?**	Non, **je ne viens pas** à l'université **en été.**
Quand est-ce que le² docteur Jekyll **devient** Monsieur Hyde?	**Il devient** Monsieur Hyde la nuit.
Préférez-vous le docteur Jekyll ou Monsieur Hyde?	**Je préfère** Monsieur Hyde parce que j'ai peur des médecins!
Qu'est-ce que **vous dites** quand vous entrez dans la classe?	**Je dis:** «Bonjour, tout le monde,» quand j'entre dans la classe.
Écrivez-vous des compositions et des poèmes?	Oui, **j'écris** des compositions. **Je n'écris pas** de poèmes, mais dans notre classe, d'autres étudiants **écrivent** des poèmes remarquables.
Lisez-vous des revues françaises?	Oui, quelquefois **je lis** «Paris-Match» ou «l'Express». **Je ne lis pas** «France-Soir».
Où **achète-t-on** des livres?	**On achète** des livres dans une librairie.

Explications

1 Expressions idiomatiques avec le verbe **avoir:**

A. Ces expressions sont idiomatiques. Il n'y a pas d'article.

J'ai froid.	**Je n'ai pas froid.**
J'ai chaud.	**Je n'ai pas chaud.**
Nous avons soif.	**Nous n'avons pas soif.**
Il a sommeil.	**Il n'a pas sommeil.**
Vous avez faim.	**Vous n'avez pas faim.**
Elle a raison.	**Elle n'a pas raison.**
Elle a tort.	**Elle n'a pas tort.**

---

2. *Le docteur Jekyll:* on emploie l'article défini avec le titre professionnel.

Tu as mal à la tête (aux dents, au pied, à la gorge, *throat* etc.).	Tu n'as pas mal à la tête (aux dents, au pied, à la gorge, etc.).
Ils ont bon caractère.	Ils n'ont pas bon caractère.
Ils ont mauvais caractère.	Ils n'ont pas mauvais caractère.
J'ai bon appétit.	Je n'ai pas bon appétit.
J'ai mauvais appétit.	Je n'ai pas mauvais appétit.
Il a honte.	Il n'a pas honte.

B. **Avoir l'air** exprime l'apparence.

$$\textbf{avoir l'air +} \begin{cases} \text{adjectif} \\ \textbf{de} + \text{article} + \text{nom} \\ \textbf{de} + \text{verbe} \end{cases}$$

Exemples: **Elle a l'air** furieux.

Vous avez l'air d'un toréador.

Elle a l'air d'une vedette de cinéma. *star*

Il a l'air d'avoir faim.

Remarquez: L'adjectif est toujours au masculin.

C. **Avoir besoin de** exprime la nécessité. **Avoir envie de** exprime le désir.

1. Pour une *nécessité déterminée* ou un *désir déterminé* (quantité précise):

Exemples:
Elle a besoin d'un verre d'eau.	**Elle n'a pas besoin d'un** verre d'eau.
J'ai envie d'un sandwich.	**Je n'ai pas envie d'un** sandwich.
Nous avons besoin d'une idée originale.	**Nous n'avons pas besoin d'une** idée originale.

2. Pour une *nécessité plus générale* ou un *désir plus général* (quantité indéterminée) et pour *le pluriel:*

Exemples: *singulier*
Elle a besoin d'eau.	**Elle n'a pas besoin** d'eau.
Nous avons besoin d'amour.	**Nous n'avons pas besoin d'amour.**
J'ai envie d'argent.	**Je n'ai pas envie** d'argent.

pluriel
Tout le monde a besoin de vacances.[3]	**Tout le monde n'a pas besoin de** vacances.
Vous avez besoin de vêtements.	**Vous n'avez pas besoin de** vêtements.
Tu as envie de bananes.	**Tu n'as pas envie de** bananes.

---

3. Remarquez: *Vacances* est toujours au pluriel.

3. Avec un verbe:

Exemples: **J'ai besoin d'**aller chez le dentiste.

Ils ont besoin de manger.

Tout le monde a envie de voyager.

Je n'ai pas besoin d'aller chez le dentiste.

Ils n'ont pas besoin de manger.

Tout le monde n'a pas envie de voyager.

Remarquez: La négation de **j'ai besoin d'un (une)...** est **je n'ai pas besoin d'un (une)...**

La négation de **j'ai envie d'un (une)...** est **je n'ai pas envie d'un (une)...**

D. **Avoir peur** exprime l'appréhension ou la terreur.

1. Avec un nom:

Exemples: **J'ai peur des** fantômes.

J'ai peur de la bombe atomique.

Je n'ai pas peur des fantômes.

Je n'ai pas peur de la bombe atomique.

2. Avec un verbe:

Exemples: **Il a peur de voyager** en avion.

Vous avez peur d'arriver en retard.

Il n'a pas peur de voyager en avion.

Vous n'avez pas peur d'arriver en retard.

E. Pour indiquer l'âge, utilisez **avoir** + nombre + **an(-s)**.

Exemples: **J'ai dix-huit ans.**
Elle a soixante ans.

Mais: **Je suis né** le 20 décembre.
Elle est née le 15 février.

to be in a hurry

F. **Avoir hâte de** + infinitif (= être impatient, pressé):

Exemples: **J'ai hâte de** terminer la leçon.
Il a hâte d'aller dans un petit café de Saint-Germain.
Elle a hâte de donner son opinion.

2 Pour indiquer les caractéristiques physiques d'une personne on utilise **avoir** + article défini + partie du corps + adjectif:

Exemples: **J'ai les cheveux bruns.**
Vous avez le nez bleu; avez-vous froid?

3 Les parties du corps: (voir les pages 106—7).

4 Les expressions impersonnelles suivantes indiquent les conditions de temps (climat) et de température:

> **Il fait chaud** dans le Sahara.
> **Il fait froid** en Sibérie.
> **Il fait beau** (temps) à Miami mais **il fait mauvais** à Chicago.
> **Il ne fait pas beau** aujourd'hui. Le ciel est gris.
> **Il neige** en janvier et **il pleut** en avril.
> **Il fait frais** à Vancouver.

5 Les quatre saisons de l'année sont:

> **le printemps**   (mars, avril et mai)
> **l'été**   (juin, juillet et août)
> **l'automne**   (septembre, octobre et novembre)
> **l'hiver**   (décembre, janvier et février)

> *Remarquez:* On dit **en été, en automne, en hiver**, mais **au printemps**.
> Exemples: **Au printemps** nous sommes en classe, mais **en été** nous sommes en vacances.
> **En automne** les arbres sont rouges, mais **en hiver** ils sont bruns.

6 Les verbes réguliers et les verbes irréguliers:

A.   Les verbes réguliers:

On identifie un verbe par l'infinitif: par exemple, les verbes en **-er** comme **parler, regarder, écouter**. L'infinitif est formé d'un *radical* (**parl-**) et d'une *terminaison* (**-er**). **-ER** est le signe de l'infinitif de la majorité des verbes français. Ce sont des verbes réguliers parce que presque tous ces verbes ont le même système de conjugaison. Un *verbe conjugué* = un verbe adapté à la personne (**je, vous, il,** etc.) qui gouverne le verbe. Un verbe conjugué est formé aussi d'un *radical* et d'une *terminaison*.

	RADICAL	TERMINAISON
INFINITIF:	parl	-er
VERBE CONJUGUÉ:	je parl	-e
	tu parl	-es
	il (elle, on) parl	-e
	ils (elles) parl	-ent
	nous parl	-ons
	vous parl	-ez

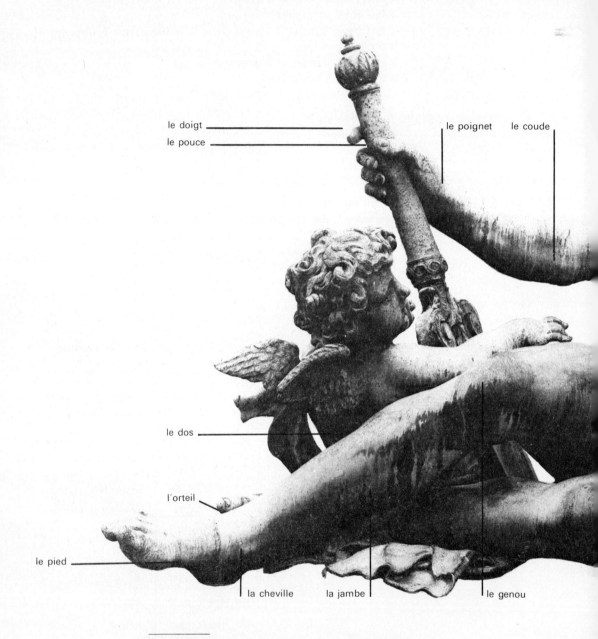

le doigt

le pouce

le poignet   le coude

le dos

l'orteil

le pied

la cheville   la jambe   le genou

4. Pour les autres parties du corps, consultez *La Grande Encyclopédie anatomique* du Docteur Alfred von Klaupstuff (Strasbourg, 1752).

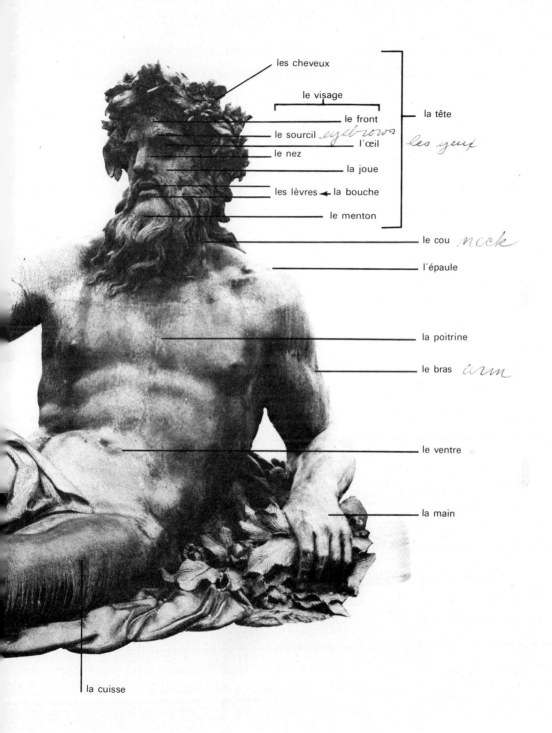

les cheveux

le visage

le front

le sourcil *eyebrows*

l'œil   *les yeux*

le nez

la joue

les lèvres ← la bouche

le menton

la tête

le cou *neck*

l'épaule

la poitrine

le bras *arm*

le ventre

la main

la cuisse

B. Les verbes irréguliers:

Un verbe est *irrégulier* quand le radical change pendant la conjugaison du verbe ou quand une terminaison est exceptionnelle.

1. Voici trois verbes irréguliers déjà présentés:

ALLER		AVOIR		ÊTRE	
je vais	nous allons	j'ai	nous avons	je suis	nous sommes
tu vas	vous allez	tu as	vous avez	tu es	vous êtes
il va		il a		il est	
ils vont		ils ont		ils sont	

2. Voici maintenant quelques autres verbes irréguliers:

venir

je viens	nous venons
tu viens	vous venez
il vient	
ils viennent	

je viens → je vais
je suis ici
je viens → je vais

Remarquez: **Venir** a un certain nombre de verbes *composés* avec la même conjugaison (**devenir, revenir, convenir, prévenir,** etc.):

devenir

je deviens	nous devenons
tu deviens	vous devenez
il devient	
ils deviennent	

dire

je dis	nous disons
tu dis	vous dites
il dit	ils disent

écrire

j'écris	nous écrivons
tu écris	vous écrivez
il écrit	ils écrivent

lire

je lis	nous lisons
tu lis	vous lisez
il lit	ils lisent

7 Les verbes réguliers en **-er** avec un changement orthographique:

A. **e** + consonne + **-er:**

a c h e t e r   *to buy*

e m m e n e r   *to lead, take away*

l e v e r, etc.   *raise, lift up*

1. La majorité de ces verbes ont un *accent grave* (ˋ) dans leur conjugaison:

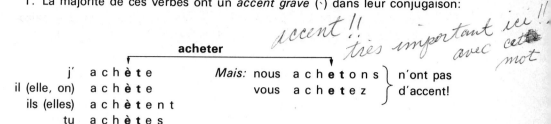

accent!!
très important ici!!
avec cet mot

acheter

j'	a c h **è** t e	*Mais:* nous a c h e t o n s	} n'ont pas
il (elle, on)	a c h **è** t e	vous a c h e t e z	d'accent!
ils (elles)	a c h **è** t e n t		
tu	a c h **è** t e s		

2. Quelques verbes n'ont pas d'accent dans leurs conjugaisons, mais ils ont une *consonne double:*

a p p **e l** e r

j **e t e** r, etc. *throw*

appeler

j'	a p p **e l l** e	*Mais:* nous a p p **e l** o n s	} ont seulement
il (elle, on)	a p p **e l l** e	vous a p p **e l** e z	*une* consonne!
ils (elles)	a p p **e l l** e n t		
tu	a p p **e l l** e s		

B. **é** + consonne + **-er:** Dans la conjugaison de ces verbes le **é** devant la consonne → **è**:

e s p **é r e r**

s u g g **é r e r**

p r é f **é r e r**, etc.

espérer

j'	e s p **è** r e	*Mais:* nous e s p **é** r o n s	} ont toujours
il (elle, on)	e s p **è** r e	vous e s p **é** r e z	l'accent aigu
ils (elles)	e s p **è** r e n t		
tu	e s p **è** r e s		

préférer

je	p r é f **è** r e	*Mais:* nous p r é f **é** r o n s	} ont toujours
il (elle, on)	p r é f **è** r e	vous p r é f **é** r e z	l'accent aigu
ils (elles)	p r é f **è** r e n t		
tu	p r é f **è** r e s		

Exercices oraux

A. Formez une phrase avec **Elle a l'air** ou **Il a l'air** + adjectif, nom ou verbe: (§1)

Exemples: *heureux*   *Il a l'air heureux.*

homme heureux   *Il a l'air d'un homme heureux.*

être heureux   *Il a l'air d'être heureux.*

1. content
2. sympathique
3. jeune
4. dire la vérité
5. américain
6. être intelligent
7. intelligent
8. étudiant intelligent
9. difficile
10. enfant difficile

B. Formez une phrase en utilisant **Nous avons besoin d'un (une)** ou **Nous avons besoin de** avec les mots suivants: (§1)

Exemples: *eau*   *Nous avons besoin d'eau.*

verre d'eau   *Nous avons besoin d'un verre d'eau.*

1. bons yeux
2. pull-over
3. solitude
4. amour
5. exercice physique
6. étudier
7. voiture de sport
8. maison
9. bourse *scholarship*
10. jeunes gens

C. Formez une phrase en utilisant **Tu as envie d'un (une)** ou **Tu as envie de** avec les mots suivants: (§1)

Exemples: *aller à Toronto*   *Tu as envie d'aller à Toronto.*

bicyclette   *Tu as envie d'une bicyclette.*

1. martini
2. être riche
3. acheter un livre
4. massage
5. champagne
6. autre voyage
7. vêtements originaux
8. nouvel appartement
9. devenir président
10. vacances

D. Demandez à un autre étudiant ou à une autre étudiante: (§1, 2, 4, 5)

1. s'il (si elle) a sommeil à midi.
2. s'il (si elle) a faim avant le dîner.
3. s'il (si elle) a mal à la tête.
4. quand il (elle) est né(-e).
5. quel âge il (elle) a.

6. s'il (si elle) a hâte d'aller à Kalamazoo.
7. quand il (elle) a honte.
8. s'il (si elle) a les cheveux gris.
9. s'il fait chaud.
10. en quelle saison il neige.

E. Finissez les phrases suivantes avec un infinitif ou un nom:
(§1)

1. J'ai hâte de...
2. Le tigre a l'air de...
3. J'ai envie de...
4. Tout le monde a peur de...
5. Mon chien a besoin de...

F. Donnez une description du monsieur sur l'image à la page 112. Utilisez **avoir** + article défini + partie du corps + adjectif: (§2, 3)
Exemples: *Il a le pied délicat, il a la bouche sensuelle,* etc.

Adjectifs suggérés:

ordinaire	idéal	blanc	romantique
simple	bizarre	majestueux	langoureux
fin	curieux	content	élégant
spécial	intéressant	autoritaire	sensuel
féminin	remarquable	masculin	voluptueux
parfait	original	classique	délicat

G. Demandez à un autre étudiant ou à une autre étudiante:
(§4, 5, 6)

1. s'il (si elle) écrit son numéro de téléphone sur les murs des cabines téléphoniques.
2. s'il (si elle) vient à l'université le dimanche.
3. s'il (si elle) lit le «National Enquirer».
4. si Pinocchio dit généralement la vérité.
5. où il (elle) lit le journal.
6. s'il (si elle) écrit des lettres au Président des États-Unis.
7. s'il (si elle) dit toujours son opinion.
8. quand il (elle) devient furieux (furieuse).
9. s'il fait beau aujourd'hui.
10. s'il fait froid en été.
11. en quelle saison il pleut, en quelle saison il neige, en quelle saison il fait chaud.
12. s'il fait frais au printemps.

J'ai l'air majestueux: j'ai le menton autoritaire et la jambe fine.

Exercices écrits

A. Répondez par écrit aux questions de l'exercice oral G.

B. Écrivez l'exercice oral E.

C. Complétez les phrases suivantes avec une forme du verbe entre parenthèses: (§6)

1. (avoir)   Nous _____ un grand problème.
2. (manger)   _____-elle son dessert?
3. (dire)   Vous _____ que la terre est ronde.
4. (venir)   _____-il de France?
5. (écrire)   Tu _____ de jolis poèmes.
6. (aller)   Mes parents _____ très bien.
7. (manger)   Nous _____ bien dans votre restaurant.
8. (devenir)   À minuit les enfants _____ fatigués.
9. (avoir)   _____-il besoin d'une bicyclette?
10. (lire)   _____-vous le journal tous les jours?

D. Complétez les phrases suivantes avec une expression avec **avoir**: (§1)

1. Au pôle Nord on a très _____.
2. Avant le dîner, on a _____.
3. Il a _____ sportif.
4. Dans le désert on a _____.
5. Quand je dis que la lune est bleue, j'ai _____.
6. Quand tu dis que tu as deux yeux, tu as _____.
7. S'il y a un tigre féroce devant vous, vous avez probablement _____.
8. Mon ami dit «Bonjour, Monsieur,» à ma tante. Quand j'explique son erreur, il a _____.
9. Pour entrer dans un théâtre on a _____ de payer.
10. Un insomniaque n'a généralement pas _____.

E. Répondez aux questions suivantes: (§7)

1. Jetez-vous des tomates à un mauvais acteur?
2. Achetez-vous des plantes exotiques?
3. Préférez-vous les chiens ou les chats?
4. Comment appelez-vous votre mère? («Maman»? «Mom»? «Ma»? Ou _____?)
5. Les jeunes Français appellent-ils leur père «Papa» ou «Dad»?

Lecture

Avons-nous les mêmes goûts?

Catherine: *Quel âge avez-vous,* Philippe?

Philippe: Devinez. *(Guess!)*

Catherine: Oh... vingt ans.

Philippe: *Vous avez raison!* Et vous, *avez-vous le même âge* que moi?

Catherine: Pas exactement.

Philippe: Voyons![5] *Vous avez l'air* jeune, très jeune. Mais quelquefois *vous avez l'air d'*une femme très sérieuse... Alors... voyons... *Vous avez* peut-être vingt-cinq *ans?*

Catherine: Ah, vous exagérez, Philippe! *J'ai l'air* sérieux, c'est un fait, mais en réalité, j'ai le même âge que vous. *Je suis née* le 25 décembre, 1957, et nous sommes en 1977. Alors, calculez![6] Et vous, quand est votre anniversaire?

Philippe: *Je suis né* le 13 mars. Alors mon anniversaire est le 13 mars. *Je suis né* à Chicago pendant un voyage de mes parents. C'est pour cette raison que je suis si fantaisiste, si instable...

Catherine: En effet, en France on dit que les gens qui *sont nés* en mars sont comme le temps du mois de mars: un peu fantasques, un peu bizarres, mais toujours originaux et intéressants!

Philippe: Ah! Je suis bien d'accord, Catherine! Je suis un être[7] exceptionnel et fascinant. Quand *l'hiver vient,* quand *il neige* et quand tout le monde *a froid,* j'ai *envie d'une* glace et d'aller au parc ou au bord du lac. Quand *il fait froid, je n'ai pas froid, j'ai chaud. Je n'ai pas faim* à midi, mais *j'ai faim* à minuit. Mes parents *disent* que *je deviens* fou, *crazy* parce que *je n'ai pas sommeil* la nuit: *j'écris* des poèmes ou *je lis* des romans. Ah! Je ne suis pas comme tout le monde. Mes goûts sont simples: *je n'ai pas besoin d'*argent, *je n'ai pas besoin de* vêtements élégants, *je n'ai pas besoin d'une* voiture *dear, expensive* chère ou luxueuse, mais *j'ai besoin d'*amour comme tout le monde. Et vous, Catherine, avez-vous les mêmes goûts que moi? Je suis sûr que oui!

Catherine: *Vous avez tort,* Philippe. Par exemple, maintenant il est midi, et *j'ai très faim.* Allons vite au restaurant!

---

5. *Voyons* est une expression d'hésitation.
6. *Calculez,* impératif; avec un ordre le sujet *(vous)* n'est pas exprimé.
7. *Être* = un être humain.

LA CHASSE À L'HOMME, Édouard Molinaro, 1964, sur la photo: Jean-Paul Belmondo.

Après sa révélation dans À BOUT DE SOUFFLE, (Jean Luc Godard, 1960), Jean-Paul Belmondo devient un très grand acteur de cinéma. Mais il préfère la comédie et le film policier à la qualité de ses réalisateurs. Plus tard il retourne au cinéma sérieux. Il devient aussi producteur. Ici, nous avons l'histoire de deux célibataires qui désirent rester célibataires, mais sans succès.

Oui, je suis un être exceptionnel et fascinant.

Questions sur la lecture

1. Philippe est-il modeste?
2. Pourquoi est-il fantaisiste et instable?
3. Est-ce que Philippe est un être exceptionnel? Comment?
4. Quand avez-vous froid?
5. De quoi avez-vous envie quand il fait froid?
6. Quand avez-vous faim?
7. Quand avez-vous sommeil?
8. Catherine a-t-elle les mêmes goûts que Philippe?
9. Avez-vous les mêmes goûts que Philippe?
10. Qui considère Philippe fascinant?
11. Les parents de Philippe ont-ils raison quand ils disent qu'il devient fou?

Discussion/Composition

1. En quoi êtes-vous une personne exceptionnelle?
2. Avez-vous des goûts simples ou extravagants? Êtes-vous matérialiste ou fantaisiste? Donnez des exemples personnels.
3. Les besoins de l'organisme humain sont-ils les mêmes pour tout le monde? Expliquez les différences dans votre famille ou dans votre groupe d'amis.

Vocabulaire actif

noms

âge m.
amour m.
an m.
argent m.
avion m.
banane f.
besoin m.
bicyclette f.
chat m.
ciel m.
dentiste m.
dessert m.
dispute f.
eau f.
être m. *being*
fait m. *fact*
glace f. *ice*
goût m. *taste*
librairie f. *bookstore*
lune f.
nécessité f.
personnalité f.
personne f.
plante f.
poème m.
raison f.
revue f. *magazine*
roman m. *novel*
saison f.
sandwich m.
solitude f.
température f.
terre f. *earth*
tomate f.
vérité f. *truth*
verre m. *glass*
voyage m.

parties du corps

bras m. *arm*
cheville f. *ankle*
cil m. *eyelash*
corps m.
cou m.
coude m. *elbow* ~~thigh~~
cuisse f. *thigh*
dent f.
doigt m. *finger*
dos m. *back*
épaule f. *shoulder*
estomac m.
front m.
genou m. *knee*
gorge f. *throat*
jambe f.
joue f. *cheek*
lèvre f. *lip*
œil m. *eye*
  (pl. yeux)
orteil m. *toe*
pied m. *foot*
poignet m. *wrist*
sourcil m. *eyebrow*

saisons

automne m. *en*
été m. *en*
hiver m. *en*
printemps m. *au*

adjectifs

âgé(-e)
exceptionnel(-le)
féroce
fou/folle *mad, crazy*
humain(-e)
luxueux/
  luxueuse
même
né(-e)

verbes

acheter
appeler
calculer
chanter
devenir *become*
deviner *guess*
dire
écrire
emmener *lead or take away (a person)*
espérer
exagérer
expliquer
jeter *throw*
lever *raise*
lire
neiger
payer
préférer
revenir
suggérer
terminer
venir

adverbe

terriblement

autres expressions

avoir l'air
avoir besoin
avoir bon *appétit*
avoir bon
  caractère
avoir chaud
avoir envie
avoir faim
avoir froid
avoir hâte
avoir honte
avoir mal *à (to have a pain in)*
avoir mauvais
  appétit
avoir mauvais
  caractère
avoir peur
avoir raison
avoir soif
avoir sommeil
avoir tort *wrong*
en effet
être d'accord
il fait beau
il fait chaud
il fait frais
il fait froid
il fait mauvais
il neige
il pleut
voyons = *let's see*

Vocabulaire passif

noms

apparence f.
appréhension f.
bombe f.
camp m.
caractéristique f.
fantôme m.
insomniaque m.
jugement m.
martini m.
massage m.
nudiste
organisme m.
pouce m.
terreur f.
toréador m.
vedette f.

adjectifs

atomique
autoritaire
délicat(-e)
fantaisiste
fantasque
fin(-e)
instable
*langoureux /
    langoureuse*
majestueux /
    majestueuse
matérialiste
sensuel(-le)
*voluptueux /
    voluptueuse*

verbes

convenir
prévenir

le meil (honey)

la bonne chanson

Paul Verlaine
1844-1896

La lune blanche
Luit dans les bois;
De chaque branche
Part une voix
Sous la ramée...

O bien-aimée.

L'étang reflète
Profond miroir,
La silhouette
Du saule noir
Où le vent pleure...

Rêvons, c'est l'heure.

Un vaste et tendre
Apaisement
Semble descendre
Du firmament
Que l'astre irise...

C'est l'heure exquise.

Neuvième Leçon

Le comparatif et le superlatif des adjectifs et des adverbes

L'adjectif *tout*

Les adjectifs démonstratifs: *ce (cet), cette, ces*

Les verbes *faire, vouloir, pouvoir, savoir*

La différence entre *savoir* et *pouvoir*

Verbe + verbe: sans préposition

Le futur immédiat

Lecture: *Qu'est-ce que vous savez faire? Quels vins préférez-vous?*

faire = do, make
vouloir = want
pouvoir = be able
savoir = know

Est-ce une assemblée académique ou juridique? Non, ce sont les chevaliers du Tastevin, Château du Clos de Vougeot.

Présentation

Le professeur est jeune, mais Bill et Phillis sont **plus jeunes que** le professeur. Bill est-il **plus âgé que** le professeur?

Non, il n'est pas **plus âgé que** le professeur. Il est **moins âgé que** le professeur.

Bill est grand. Est-il **plus grand que** David?

Oui, il est **plus grand que** David.

Pat est une bonne étudiante, mais Jacqueline est une bonne étudiante aussi. Est-ce que Pat est une **meilleure** étudiante **que** Jacqueline?

Non, ce n'est pas une **meilleure** étudiante **que** Jacqueline.

Est-ce que Pat est une **aussi bonne** étudiante **que** Jacqueline?

Oui, c'est une **aussi bonne** étudiante **que** Jacqueline.

Monsieur Brown est un grand jeune homme. Est-ce **le plus grand** jeune homme **de** la classe?

Non, ce n'est pas **le plus grand**. Georges est **le plus grand de** la classe.

Qui est **le plus petit** jeune homme **de** la classe?

Napoléon est **le plus petit**.

Qui est **la plus petite** jeune fille **de** la classe?

Suzanne est **la plus petite** jeune fille **de** la classe.

Est-ce aussi la jeune fille **la plus originale?**

C'est une question difficile. **Toutes** les jeunes filles sont différentes.

Suzanne et Napoléon sont-ils **plus grands que** Georges?

Non, ils ne sont pas **plus grands que** Georges.

Une Rolls-Royce est-elle **plus chère qu'**une Volkswagen?

Oui, une Rolls-Royce est **bien plus chère qu'**une Volkswagen. En fait, c'est la voiture **la plus chère du** monde.

Est-ce que Woolworth's est un magasin **cher** ou **bon marché?**

C'est un magasin très **bon marché**. C'est peut-être le magasin **le meilleur marché de** la ville.

LE SOUPIRANT, Pierre Étaix, 1962; sur la photo, Pierre Étaix.

Un soupirant est un jeune homme amoureux d'une jeune fille. Il languit après l'objet de ses désirs. Dans cette scene comique, Étaix n'embrasse pas la femme de la réalité; il imagine qu'il danse avec la femme de ses rêves. *dreams*

J'adore danser, mais je préfère avoir une partenaire qui danse aussi bien que moi.

Chantez-vous **aussi bien que** Caruso?

Mais non. Je ne chante pas **aussi bien que** Caruso. Il chante **mieux** que moi. En fait, il chante **le mieux du** monde. *best*

Voyagez-vous **moins souvent que** vos parents? *often*

Non, je ne voyage pas **moins souvent que** mes parents. Je voyage **bien plus souvent que** mes parents.

Que **faites-vous** le soir?

Mes amis et moi, nous allons quelquefois au cinéma ou au théâtre; quelquefois **nous allons danser** ou **nous allons dîner** au restaurant.

Savez-vous danser?

Oui, **je sais danser.**

Aimez-vous danser?

Oui, **j'adore danser,** mais **je préfère avoir** une partenaire qui danse **aussi bien que** moi.

Voulez-vous aller danser ce soir?

Malheureusement, **je ne peux pas ce** soir. J'ai un examen demain et **je vais étudier.**

Justement on joue, au cinéma Lumière, un bon film avec Catherine Deneuve. **Allez-vous voir ce** film?

Oui, **je vais voir ce** film. J'adore **cette** actrice. Il y a aussi **cet** autre film historique que **je veux voir** avec tous **ces** duels et **ces** situations dramatiques.

Explications

1 Le comparatif des adjectifs et des adverbes:

A. **Plus ... que** est le comparatif de supériorité.
Moins ... que est le comparatif d'infériorité.
Aussi ... que est le comparatif d'égalité.

   Exemples: Paul est **plus grand que** David.
   David est **moins grand que** Paul.
   Pierre est **aussi grand que** Paul.
   Paul étudie **plus régulièrement que** Pierre.
   Pierre étudie **moins régulièrement que** Paul.
   David étudie **aussi régulièrement que** Paul.

B. Le comparatif de supériorité de **bon(-ne)** est **meilleur(-e) que.**

   Exemples: Le vin est bon, mais le champagne est **meilleur que** le vin.
   Une Rolls-Royce est **meilleure qu'**une Volkswagen.
   Les oranges de Floride sont **meilleures que** les oranges de New Jersey.

C. Le comparatif de supériorité de **bien** est **mieux que.**

   Exemples: Jeff travaille **bien,** mais tu travailles **mieux que** Jeff.
   Frank Sinatra chante **mieux que** Jimmy Durante.

D. Pour insister sur la supériorité ou l'infériorité, on utilise l'adverbe **bien.**

   Exemples: Richard est petit et Paul est très grand: Paul est **bien plus grand que** Richard.
   Jean-Paul Belmondo parle français **bien mieux que** tous les étudiants de la classe de français.
   Un enfant de cinq ans lit **bien moins vite qu'**un homme de vingt-cinq ans.

2 Le superlatif des adjectifs et des adverbes:

A. **Le (la, les) plus ... de** est le superlatif de supériorité.
    Le (la, les) moins ... de est le superlatif d'infériorité.

    Exemples: Georges est **le plus grand** étudiant **de** la classe.
                    Henri est l'étudiant **le moins intelligent de** l'université.
                    Cette rue est **la plus animée de** la ville.
                    La Rolls-Royce est **la meilleure** voiture **du** monde.
                    On étudie **le plus agréablement** dans la nature.
                    Mon grand-père marche **le moins vite de** ma famille.
                    Ce sont les vins français que j'aime **le mieux de** tous les vins
                    du monde.

B. Place de l'adjectif superlatif:

    1. Quand l'adjectif précède le nom, il précède le nom aussi au superlatif.

    Exemples:

la **belle** voiture	la **moins belle** voiture **du** monde
la **petite** table	la **plus petite** table **du** restaurant
le **grand** problème	le **plus grand** problème **de** la vie
le **bon** étudiant	le **meilleur** étudiant **de** l'université

    2. Quand l'adjectif est après le nom, il est après le nom aussi au superlatif.

    Exemples:

la chemise **élégante**	la chemise **la moins élégante**
le médecin **sympathique**	le médecin **le plus sympathique**

C. **C'est** + superlatif:

    1. **C'est** + nom + adjectif superlatif:
        C'est la voiture **la plus chère du** monde.
        C'est **la meilleure** voiture **du** monde.

    2. **C'est** + adjectif superlatif:
        C'est **la plus chère.**
        C'est **la meilleure.**

    Remarquez: Un adjectif seul précédé d'un article est considéré comme un nom.

3 Le contraire de **cher (chère)** est **bon marché.** C'est une expression invariable.

    Exemples: une voiture **bon marché**
                  un livre **bon marché**
                  trois voitures **bon marché**

    Note: Le comparatif de supériorité de **bon marché** est **meilleur marché que:**
            Une bicyclette est **meilleur marché qu'**une voiture.

    Note: Le superlatif de **bon marché** est **le (la, les) meilleur marché de:**
            Woolworth's est le magasin **le meilleur marché de** la ville.
            C'est la voiture **la meilleur marché du** monde.

4 L'adjectif **tout:**

Les quatre formes de l'adjectif **tout** sont:

masculin   *féminin*

tout   **toute**

tous   **toutes**

Exemples: Écrivez **tout** l'exercice.   **Tous** les jeunes gens sont beaux.

                Toute la classe est brillante.   **Toutes** les jeunes filles sont

                Je ne suis pas dans la   différentes.

                    classe **tous** les jours.   **Tout** le monde est ici.

5 Les adjectifs démonstratifs:

A.   Les quatre formes de l'adjectif démonstratif sont:

masculin   *féminin*

ce (cet) **cette**

ces   **ces**

Exemples: **Ce** livre est excellent.

              Cette jeune fille est très contente.

              Ces jeunes filles sont très contentes.

              Ces livres sont excellents.

B.   On utilise **cet** devant un nom masculin singulier qui commence par une voyelle.

      Exemples: **Cet** étudiant est sérieux.

                Cet arbre est immense.

                Cet homme est dangereux.

      Remarquez: **Cette** indiscrétion est fatale.

                Cette étudiante est sérieuse.

                Ces étudiants sont sérieux.

                Ces arbres sont immenses.

                Ces hommes sont dangereux.

C.   Les suffixes **-ci** et **-là** sont quelquefois employés si une distinction entre deux choses (ou deux personnes) est nécessaire.

      Exemples: Albert aime **ce** tableau-**ci** mais je préfère **ce** tableau-**là**.

                J'admire **cette** actrice-**ci** mais Georges admire **cette** actrice-**là**.

                On écrit **ces** exercices-**ci** mais on n'écrit pas **ces** exercices-**là**.

6 Quelques verbes irréguliers:

A. **faire** (l'action, la production)

je fais	nous faisons
tu fais	vous faites
il fait	ils font

Exemples: **Je fais** mon lit tous les matins.
Il fait souvent des erreurs.
Que **faites-vous? Je fais** les exercices.

Remarquez: **Faire** est souvent employé dans une question mais, logiquement, n'a pas nécessairement besoin d'être employé dans la réponse.

Exemples: Que **faites-vous?**   **Je regarde** la télévision.
Que **font-ils?**   **Ils écoutent** le professeur.

B. **vouloir** (la volonté, le désir)

je veux	nous voulons
tu veux	vous voulez
il veut	
ils veulent	

C. **pouvoir** (la possibilité, la permission)

je peux (je puis)[1]	nous pouvons
tu peux	vous pouvez
il peut	
ils peuvent	

D. **savoir** (la science ou la connaissance, la compétence)

je sais	nous savons
tu sais	vous savez
il sait	
ils savent	

7 La différence entre **savoir** et **pouvoir**:

A. Étudiez ces exemples:

Je sais danser, mais maintenant **je ne peux pas danser** parce que j'ai mal au pied.
Elle sait chanter, mais **elle ne peut pas chanter** aujourd'hui parce qu'elle a une laryngite.

B. La compétence: **Savoir +** infinitif: **savoir faire quelque chose:** le verbe **savoir +** infinitif exprime la compétence mentale ou physique. Ce concept est

---

1. La forme alternative est particulièrement employée à l'interrogatif: *puis-je?*

quelquefois exprimé en anglais par les verbes «to know how to», «can» ou «to be able to».

> Exemples: **Elle sait danser.**
> **Nous savons parler** français.
> Ce bébé **sait marcher, il sait** aussi **parler.**

C. Le verbe **pouvoir** + infinitif exprime strictement et simplement une possibilité ou une permission. C'est exprimé en anglais par «to be possible to», «to be able to», «can» ou «may».

> Exemples: **Pouvez-vous marcher?**
> Est-ce qu'**on peut fumer** en classe?
> **Nous pouvons étudier** chez moi.

8 Verbe + verbe:

A. Quand un verbe est placé directement après un autre verbe, le deuxième verbe est à l'infinitif. S'il y a un troisième verbe, il est aussi à l'infinitif.

> Exemples: **J'aime aller** au cinéma.
> **Je déteste avoir** mal à la tête.
> **Nous espérons acheter** une nouvelle maison.
> **Vous préférez être** discret.
> **Tu veux passer** les vacances chez tes parents.
> **Il adore aller regarder** les singes au zoo.
> **Nous désirons aller écouter** ce pianiste.

> *Remarquez:* L'expression **vouloir dire** = signifier.

> > Exemples: Qu'est-ce que ce mot **veut dire?**
> > L'expression *au lieu de* **veut dire** «instead of» en anglais.

B. La négation: **ne** + verbe + **pas** + verbe.

> Exemples: **Je ne sais pas parler** japonais.
> **Elle n'aime pas dîner** chez ses beaux-parents.

C. Le futur immédiat: Cette construction, *verbe* + *verbe,* est très pratique et très utilisée pour exprimer *le futur immédiat:*

> le verbe **aller** *au présent* + un autre verbe *à l'infinitif*

> Exemples: **Vous allez avoir** une bonne note à la fin du trimestre, si vous étudiez maintenant. Vos parents **vont être** contents.
> Silence! Le professeur **va annoncer** la date de l'examen!
> **Il va faire** beau demain.
> Sa sœur **va avoir** un bébé.
> Qu'est-ce que **vous allez faire** demain soir?
> Oh, mon Dieu! Quelle catastrophe! Qu'est-ce que **nous allons faire?**
> **Je ne vais pas venir** en classe pendant les vacances.

Remarquez: Au futur immédiat, il y a → **il va y avoir**
il fait → **il va faire**
il pleut → **il va pleuvoir**
il neige → **il va neiger**
il est → **il va être**

Exemples: Il y a un bal.   **Il va y avoir** un bal.
Il fait beau.   **Il va faire** beau.
Il neige en janvier.   **Il va neiger** en janvier.
Il pleut à Paris.   **Il va pleuvoir** à Paris.
Il est six heures moins cinq.   **Il va être** six heures dans cinq minutes.

Exercices oraux

A. Comparez, en employant les adjectifs **grand**, **petit**, **sympathique**, etc.: (§1)

Jim   Jules   Cunégonde   Zoë   Basil   Arlette

B.   Demandez à un autre étudiant ou à une autre étudiante: (§2)

1. Qui est le (la) plus petit(-e) de votre famille?
2. Qui est le (la) plus grand(-e) de la classe?
3. Qui est le (la) plus sympathique de la classe?
4. Qui est le (la) plus intelligent(-e) de votre famille?
5. Qui est le (la) plus heureux (heureuse) du monde?

C.   Demandez à un autre étudiant ou à une autre étudiante: (§1)

1. si la France est plus grande ou moins grande que les États-Unis.
2. si les États-Unis sont plus grands ou moins grands que l'Italie.
3. si une Rolls-Royce est plus confortable ou moins confortable qu'une Volkswagen.
4. si les voitures européennes sont meilleures ou moins bonnes que les voitures américaines.
5. si le français est plus facile ou moins facile que le chinois.
6. si New York est plus beau ou moins beau que Paris.
7. si un chien est plus sympathique ou moins sympathique qu'un tigre.
8. si Woolworth's est meilleur marché que Macy's.
9. s'il (si elle) est plus jeune que le professeur.
10. s'il (si elle) est plus jeune que ses parents.
11. si l'espagnol est aussi facile que le français.

D.   Demandez à un autre étudiant ou à une autre étudiante: (§2)

1. Quelle est la voiture la plus chère du monde?
2. Quel est le plus grand bâtiment du campus?
3. Quelle est la meilleure université des États-Unis?
4. Quel est le gratte-ciel («skyscraper») le plus haut des États-Unis?
5. Quel est le magasin le meilleur marché de la ville?
6. Qui est le meilleur boxeur du monde?

E.   Répondez aux questions suivantes: (§1, 2)

1. Qui travaille plus consciencieusement que le président?
2. Lisez-vous plus lentement qu'Evelyn Woods?
3. Est-ce qu'un avion va plus vite ou moins vite qu'une bicyclette?
4. Étudiez-vous plus sérieusement que votre camarade de chambre?
5. Qui chante mieux que le professeur?
6. Qui est le plus souvent absent de la classe?

F. Faites une phrase avec l'adjectif **tout**: (§4)
Exemple: *Les étudiants sont sympathiques.*
Tous les étudiants sont sympathiques.

1. Les jeunes filles sont différentes.
2. La classe est brillante.
3. Écrivez la phrase.
4. Écrivez l'exercice.
5. Écrivez les exercices.

G. Mettez les phrases suivantes au futur immédiat: (§8)
Exemple: *Je vais au Mexique.*
Je vais aller au Mexique.

1. Nous allons à Rome.
2. Ils habitent dans la même rue.
3. Nous faisons une promenade ensemble.
4. Elle va au cinéma avec Jean-Louis.
5. Vous venez ce soir, n'est-ce pas?
6. Je parle avec mes parents.
7. Il achète une revue française.
8. Nous disons notre opinion.
9. Tu lis la Bible.
10. Nous sommes absents lundi.

H. Répondez au négatif: (§6, 8)
Exemple: *Voulez-vous aller au Tibet?*
Non, je ne veux pas aller au Tibet.

1. Voulez-vous aller au pôle Nord?
2. Savez-vous écrire le chinois?
3. Pouvez-vous expliquer le secret de la vie en cinq minutes?
4. Allez-vous être absent demain?
5. Aimez-vous venir en classe en pyjama?
6. Détestez-vous parler français?
7. Adorez-vous avoir mal à l'estomac?

I. Regardez la photo à la page 121 et répondez aux questions suivantes:

1. Le monsieur aime-t-il danser?
2. Avec qui (ou avec quoi) danse-t-il?
3. La plante a-t-elle l'air content?
4. Le jeune homme a l'air d'écouter amoureusement.
Qu'est-ce que la plante dit au jeune homme?
5. Que vont-ils faire après?
6. Est-ce que cette liaison peut continuer?

Exercices écrits

A. Répondez aux questions des exercices oraux C et D.

B. Écrivez les exercices oraux F et G.

C. Faites une ou plusieurs («several») comparaisons: (§1)
   Exemple: *Monique est petite. Charles est grand.*
   Charles est plus grand que Monique.
   Monique est plus petite que Charles.
   Monique est moins grande que Charles.

 1. Agnès est amusante. Monique est ennuyeuse.
 2. La Ferrari est rapide. La Volkswagen est lente.
 3. Charles est un bon étudiant. Jean-Claude est un très bon étudiant.
 4. Les Anglais mangent. Les Français mangent bien.
 5. Le professeur est âgé. Les étudiants sont jeunes.
 6. Georges et Monique sont également intelligents.
 7. Le vin italien est bon. Le vin français est très bon.
 8. Macy's est bon marché. Woolworth's est très bon marché.
 9. Mon chien est sympathique. Mon chat est très sympathique.
10. Alice et Suzanne sont également sympathiques.

D. Remplacez le tiret par **ce, cet, cette** ou **ces**: (§5)

 1. _____ étudiante est toujours à l'heure, mais _____ professeur est généralement en retard.
 2. Dans la classe de français, je suis à côté de _____ jeune femme.
 3. _____ jeunes gens sont très actifs. _____ jeunes filles sont très actives aussi.
 4. _____ objet, c'est un téléphone.

E. Utilisez une forme de **savoir** ou **pouvoir** dans ces phrases (les deux sont possibles dans certaines phrases): (§7)

 1. Je ne _____ pas votre numéro de téléphone.
 2. Il _____ préparer une omelette en cinq minutes.
 3. Nous _____ aller au cinéma, si vous voulez.
 4. Elle _____ utiliser une machine à écrire.
 5. Je _____ aider les autres.

F. Répondez à ces questions: (§6, 8)

 1. Pouvez-vous lire Balzac?
 2. Voulez-vous avoir une bourse?

3. Est-ce qu'il va y avoir une guerre interplanétaire l'année
prochaine?
4. Savez-vous compter de un à dix?
5. Aimez-vous téléphoner à vos parents?
6. Détestez-vous aller chez le dentiste?
7. Les chiens savent-ils parler?
8. Qu'est-ce que vous ne pouvez pas faire?
9. Qu'est-ce que vous savez faire?
10. Qu'est-ce que vous adorez faire?

Lecture

Qu'est-ce que vous savez faire?
Quels vins préférez-vous?

André Hardy, qui étudie la psychologie aux U.S.A., cherche un
travail. Il lit justement sur la page des petites annonces du journal
une offre d'emploi comme garçon[2] dans un restaurant français.
Maintenant, André est dans le bureau de Joe Laurel, patron
américain du restaurant Le Beaujolais.

Le patron: *Je sais* que vous êtes français. Vous dites que *vous
savez servir* à table, mais *savez-vous découper* un rosbif, un
poulet, un poisson? *Pouvez-vous porter* trois ou quatre plats
sur votre bras gauche et servir seulement avec votre main droite?
Savez-vous faire les crêpes suzettes? Et la question *la plus
importante* est: Que *savez-vous* sur les vins?

André: *Je sais* assez bien *découper* le poulet et le poisson. C'est le
rosbif que je découpe *le mieux,* avec un couteau électrique,
naturellement. *Je ne peux pas porter* trois ou quatre plats sur
mon bras gauche, mais *je vais devenir* expert. *Je sais* bien *faire*
les crêpes, et je suis un connaisseur en vins.

Le patron: C'est très bien. Nos clients *veulent* souvent *avoir* la
recommandation du garçon quand ils commandent un vin; *ils
vont poser toutes* sortes de questions. *Ils veulent savoir* la
différence entre les vins français et les vins californiens et votre
opinion sur les différents vins. Que pensez-vous de nos vins
californiens?

André *(diplomate):* Oh! Excellents, excellents!

---

2. *Garçon* = garçon du restaurant = serveur.

Le patron: Sont-ils *meilleurs que* les vins français? Sont-ils *plus savoureux, plus doux* ou *moins doux?* Est-ce que votre sauternes est *meilleur que* notre sauternes? Votre bourgogne est-il vraiment *plus velouté, plus fort, plus sec que* notre «Burgundy»? Et votre cabernet-sauvignon est-il *plus délicat que* notre cabernet-sauvignon?

André pense que les vins français sont *les meilleurs du* monde, mais il remarque que le patron du restaurant a l'air de penser que les vins de Californie sont *les meilleurs du* monde.

André: Les vins français sont très bons mais ils ne sont certainement pas *meilleurs que* les vins californiens. En fait, les vins californiens sont *aussi bons que* les vins français.

Le patron: Oui, mais les vins français sont très chers. Ils sont *bien plus chers que* les vins californiens. Nos vins sont *meilleur marché que* vos vins!

André: Excusez-moi, Monsieur, mais en France les vins de Californie sont *les vins les plus chers.* Dans un magasin français, les vins français sont certainement *bien meilleur marché.*

Le patron: Vos réactions sont excellentes, mon ami, et la comparaison est inutile. En France: vive les vins français! En Californie: vive les vins californiens! Mes félicitations et *vous allez commencer* votre travail ici mardi prochain.

Questions sur la lecture

1. Où y a-t-il une offre d'emploi?
2. Qu'est-ce qu'un garçon sait généralement faire?
3. Quelle est l'opinion d'André sur les vins français et les vins californiens?
4. Quelle est l'opinion de Joe Laurel?
5. Pourquoi la comparaison est-elle inutile?
6. Voulez-vous avoir la recommandation du garçon quand vous commandez un vin?
7. Que savez-vous sur les vins?

Discussion/Composition

1. Écrivez une lettre pour demander un emploi. Indiquez les choses que vous savez faire, etc. Exemple:

LE VIEIL HOMME ET L'ENFANT, Claude Berri, 1966; sur la photo: Michel Simon.

Le grand acteur Michel Simon est ici le «vieil homme». C'est un des «monstres sacrés» du cinéma français. Il commence sa carrière en 1925; il crée des rôles au cinéma, d'abord de «dandy», puis de «méchant», enfin des rôles de composition. Dans ce film de Claude Berri, il incarne un grand-père conservateur, alcoolique et antisémite qui accepte dans sa maison un petit garçon juif. Mais le grand-père ignore l'origine et la religion du petit garçon. C'est l'histoire authentique de Claude Berri dans les derniers mois de l'occupation nazie en France.

Oui, mais les vins français sont très chers.

Monsieur,
À la suite de votre annonce dans le «Daily _____», je sollicite l'emploi proposé... J'ai _____ ans... je suis... je sais... je peux... je ne sais pas... je ne peux pas... je préfère... Veuillez agréer, Monsieur, l'expression de mes sentiments respectueux.[3]

2. Faites une comparaison entre deux pays, deux personnes, deux familles, deux vins, deux voitures, deux magasins ou deux autres choses.

3. Qu'est-ce que vous allez faire pour les vacances? Allez-vous travailler? Allez-vous voyager?

---

3. Cette phrase et beaucoup d'autres phrases similaires sont des formules pour terminer une lettre d'affaires.

Vocabulaire actif

noms

annonce f.
bébé m.
chinois m.
client m.
comparaison f.
couteau m.
Dieu m.
emploi m.
fin f.
gratte-ciel m.
guerre f.
liaison f.
magasin m.
monde m.
offre f.
omelette f.
partenaire m. ou f.
petites annonces
  f. pl. *want-ads (classified)*
poisson m.
poulet m.

pyjama m.
réaction f.
recommandation f.
rosbif m.
secret m.
sorte f. *sort, type*
travail m. *work*
trimestre m.
vin m.

adjectifs

bon marché
ce/cet/cette
  (pl. ces)
doux/douce *sweet*
électrique
fort(-e) *strong*
haut(-e) *high*
immense
inutile *useless*
lent(-e) *slow*

meilleur(-e)
meilleur marché
prochain(-e) *next*
russe *Russian*
savoureux/
  savoureuse
sec/sèche *dry (e.g. wine)*
tout(-e) (pl. tous,
  toutes) *all*

verbes

aider
annoncer
chercher
commander
compter
continuer
découper
déjeuner
désirer
dîner
excuser

faire
marcher *to walk*
passer
penser
pleuvoir
porter *to carry, to wear*
poser
pouvoir
pratiquer
remarquer
savoir
travailler
utiliser

adverbes

également
justement
lentement
mieux
plus
régulièrement
souvent *often*

Vocabulaire passif

noms

Bible f.
bourgogne m.
boxeur m.
cabernet-
  sauvignon m.
connaisseur m.
crêpe suzette f.
horoscope m.
indiscrétion f.
laryngite f.

machine à écrire f.
plat m.
sauternes m.
singe m.

adjectifs

californien(-ne)
diplomate
discret/discrète
fatal(-e)
historique
interplanétaire
satirique
velouté(-e)

verbes

répondre
servir
solliciter

adverbes

amoureusement
consciencieusement
sérieusement

10 Dixième Leçon

Les verbes en *-ir: finir, choisir, réfléchir,* etc.

L'impératif

Le verbe irrégulier *boire*

Trois pronoms relatifs: *qui, que, où*

Verbe + verbe; avec les prépositions *à* et *de*

Place des adverbes (suite)

Lecture: *La Maison de ma famille*

La maison de ma famille

Présentation

À quelle heure **finissez-vous** votre journée?

Je finis ma journée à trois heures de l'après-midi, mais mes amis **finissent** à quatre heures parce qu'ils ont une classe à trois heures **qui finit** à quatre heures.

Est-ce que **nous finissons** tard ici aussi?

Non, **nous ne finissons pas** tard.

Réfléchissez-vous bien quand **vous choisissez** vos cours?

Oui, **je réfléchis** bien à mon programme; **j'établis** un emploi du temps **qui finit** avant quatre heures. **Je choisis** toujours le matin pour mes cours les plus difficiles.

Rougissez-vous quand vous avez honte ou quand vous êtes gêné?

Oui, **je rougis** quelquefois.

Est-ce que **vous pâlissez** quand vous avez peur?

Non, **je ne pâlis pas... je verdis!**... particulièrement le jour de l'examen.

Comment? Vous? Pas possible! Vous avez besoin de dominer cette peur ridicule. **Ayez** confiance en vous! **N'ayez pas** peur! **Soyez** courageux! **Regardez** vos camarades de classe intrépides! **Faites** comme ils font! **Étudiez** bien! **Mangez** bien! **Venez** en classe à l'heure! **Lisez** bien les questions! **Réfléchissez** bien! **Écrivez** correctement vos réponses! **Sachez** que le résultat va être bon! **Dites** à vos camarades **de** *faire* la même chose! Voilà mon message! Voilà mes ordres!

Et nous acceptons déjà votre message! **Nous obéissons à** vos ordres! *(tout le monde)* **Ayons** confiance en nous! **Soyons** courageux! **Étudions** bien! **Mangeons** bien! **Faisons** bien! Oh!... et **n'oublions pas: buvons** bien aussi!

FAUSTINE ET LE BEL ÉTÉ,
Nina Companeez, 1972; sur la
photo: Jacques Spiesser et
Claire Vernet.

    Faustine a seize ans. Elle
rêve. Elle est en vacances à la
campagne. Elle voudrait profiter des vacances pour passer
du rêve à la réalité. Elle rencontre deux jeunes gens qu'elle
va aimer.

Vous avez besoin de dominer cette peur ridicule. Ayez
confiance en vous! N'ayez pas peur!

C'est une bonne idée!
N'oublions pas de boire.
Mais qu'est-ce que **vous
buvez** de préférence? Et où
allez-vous **boire?**

Je bois souvent une chope de
bière blonde. En Amérique la
bière est presque toujours
blonde. Alors la bière **que** je
préfère est blonde.
Quelquefois nous allons à un
petit café **où** il y a une
atmosphère agréable. J'aime
bien aller au Cheval Blanc
aussi, parce que le barman est
français. *Il commence* **à** *parler*
avec moi en français
maintenant.

Commencez-vous à *parler* français maintenant?	Oui, *nous commençons* à *parler* français.
Les Français *invitent-ils* souvent leurs amis à *dîner?*	Non, *ils n'invitent pas* souvent leurs amis à *dîner.*
Réussit-on à *communiquer* en français sans difficulté?	Oui, *on réussit* à *communiquer* si on a le sens des langues.
Finissez-vous **de** *faire* vos devoirs avant la classe?	Naturellement, *je finis* **de** *faire* mes devoirs avant la classe!
Oubliez-vous quelquefois **de** *donner* votre composition au professeur, Caroline?	Non, absolument pas!
Et vous, David?	Oui, quelquefois *j'oublie* **de** *donner* ma composition au professeur et je suis furieux quand j'arrive à la maison et je remarque que ma composition est dans mon cahier. Alors *je décide* **de** *retourner* à l'université pour *montrer* mon honnêteté[1] au professeur.

Explications

1 Les verbes réguliers in **-ir**, comme **finir**:

A. **Finir**, **grandir**, **établir**, **réussir**, **réfléchir**, **choisir**, **obéir**, **bâtir**, **définir**, **pâlir**, etc.

finir		grandir	
je finis	**nous** fin**issons**	**je** grandis	**nous** grand**issons**
tu finis	**vous** fin**issez**	**tu** grandis	**vous** grand**issez**
il finit	**ils** fin**issent**	**il** grandit	**ils** grand**issent**

établir		réussir	
j'établis	**nous** établ**issons**	**je** réussis	**nous** réuss**issons**
tu établis	**vous** établ**issez**	**tu** réussis	**vous** réuss**issez**
il établit	**ils** établ**issent**	**il** réussit	**ils** réuss**issent**

---

1. *Honnêteté* est un nom féminin. Ici, c'est *mon* honnêteté parce que le *h* est muet (non-prononcé).

réfléchir

je réfléch**is**	**nous** réfléch**issons**
tu réfléch**is**	**vous** réfléch**issez**
il réfléch**it**	**ils** réfléch**issent**

Remarquez: On **réfléchit à** quelque chose:

Sara **réfléchit à** la philosophie structuraliste.

Nous **réfléchissons à** nos problèmes.

choisir			**obéir**	
je chois**is**	**nous** chois**issons**		**j'**obé**is**	**nous** obé**issons**
tu chois**is**	**vous** chois**issez**		**tu** obé**is**	**vous** obé**issez**
il chois**it**	**ils** chois**issent**		**il** obé**it**	**ils** obé**issent**

Remarquez: On **obéit à** quelqu'un:

L'enfant **obéit à** sa mère.

Le capitaine **obéit au** général.

B.   Beaucoup de verbes qui correspondent à des adjectifs ont aussi la même conjugaison. Voici les principaux:

brun	**brunir**	vert	**verdir**
blanc	**blanchir**	vieux	**vieillir**
(blanche)		(vieille)	
noir	**noircir**	grand	**grandir**
pâle	**pâlir**	jeune	**rajeunir**
jaune	**jaunir**	beau	**embellir**
rouge	**rougir**	(belle)	
bleu	**bleuir**	riche	**enrichir**

2   L'Impératif:

A.   Voici quelques impératifs qui sont dans les directives des exercices oraux et écrits:

Écrivez une forme...

Regardez la photo...

Répondez par écrit...

Demandez à un autre...

B.   L'impératif est généralement comme le présent de l'indicatif, mais sans sujet. L'impératif a trois personnes (trois formes):

Regarde!	Ne regarde pas!	*(familier)*
Regardons!	Ne regardons pas!	*(collectif)*
Regardez!	Ne regardez pas!	
Mange!	Ne mange pas!	
Mangeons!	Ne mangeons pas!	
Mangez!	Ne mangez pas!	

Étudie!	N'étudie pas!
Étudions!	N'étudions pas!
Étudiez!	N'étudiez pas!
Va! *(vas)*	Ne va pas!
Allons!	N'allons pas!
Allez!	N'allez pas!
Fais!	Ne fais pas!
Faisons!	Ne faisons pas!
Faites!	Ne faites pas!
Dis!	Ne dis pas!
Disons!	Ne disons pas!
Dites!	Ne dites pas!
Finis!	Ne finis pas!
Finissons!	Ne finissons pas!
Finissez!	Ne finissez pas!
Choisis!	Ne choisis pas!
Choisissons!	Ne choisissons pas!
Choisissez!	Ne choisissez pas!

Remarquez: L'impératif familier des verbes en **-er** est sans **-s**:
Tu mang**es** → Mang**e**!

C. L'impératif des verbes **avoir**, **être** et **savoir** est irrégulier:

avoir	**être**	**savoir**
Aie!	Sois!	Sache!
Ayons!	Soyons!	Sachons!
Ayez!	Soyez!	Sachez!

Exemples: **N'ayez pas** peur!
Soyez raisonnables!
Sachez être patient!

3 Le verbe **boire** est irrégulier:

Exemples: **Je bois** souvent une *stein* chope de bière.
Adélaïde **boit** toujours un verre de lait.
Nous buvons souvent une bouteille de vin rouge.

boire	
je bois	**nous buvons**
tu bois	**vous buvez**
il, elle, on boit	
ils, elles boivent	

4 Trois pronoms relatifs:

A. **Qui:**

Voilà le monsieur **qui** parle toujours.

(L'antécédent de **qui** est **le monsieur**; c'est le sujet de **parle**. Alors, **qui** est aussi le sujet de **parle**.)

Exemples: L'étudiante **qui** a la meilleure note c'est Linda.

Ils ont une classe **qui** finit à quatre heures.

Remarquez: 1. **Qui** est directement devant le verbe parce que c'est le sujet.

2. **Qui** peut représenter une personne ou une chose.

3. Il n'y a pas d'élision avec **qui**: L'étudiante **qui a...**

B. **Que:**

La bière est blonde. La bière **que** je préfère est blonde.

(L'antécédent de **que** est **la bière**. C'est le complément d'objet direct de **je préfère**. Alors, **que** est aussi le complément d'objet direct de **je préfère**.)

Exemples: J'aime la robe **que** vous avez aujourd'hui.

Johnny Halliday est un chanteur **que** j'aime beaucoup, mais mon amie n'est pas d'accord.

Mick Jagger est le chanteur **qu'**elle préfère.

Remarquez: 1. **Que** n'est pas directement devant le verbe parce que ce n'est pas le sujet. Alors, on a besoin d'un sujet entre **que** et le verbe.

2. **Que** peut aussi représenter une personne ou une chose.

3. Attention à l'élision: que + elle → **qu'elle**

que + il → **qu'il**

C. **Où:**

Je vais à l'université. Voilà l'université **où** je vais.

(L'antécédent de **où** est **l'université**; l'université est le complément de lieu de **je vais**. Alors, **où** est aussi le complément de lieu.)

Exemple: Nous allons à un petit café **où** il y a une atmosphère agréable.

Remarquez: **Où** n'est pas directement devant le verbe parce que **où** n'est pas le sujet.

Exemples: La fin du semestre, c'est l'époque **où** nous avons beaucoup d'examens.

Il est dix heures, c'est l'heure **où** il arrive généralement.

(Dans ces exemples, les antécédents de **où** sont **l'époque** et **l'heure**. **L'époque** et **l'heure** sont les compléments de temps des verbes. Alors, **où** est aussi le complément de temps.)

Remarquez: **Où** est le relatif de lieu et aussi le relatif de temps.
(Admirez la logique française!)

5 Généralement, il n'y a pas de préposition entre deux verbes, mais:

A. Certains verbes exigent la préposition **à** devant un autre verbe à l'infinitif. Les plus importants sont:

commencer à	**inviter à**	**aider à** *obéir à*
continuer à	**réussir à**	*réfléchir à*

Exemples: **Il commence à parler.**
Nous commençons[2] **à apprécier** la difficulté.
Je continue à faire la même faute.
Ils invitent leurs amis **à faire** une promenade en auto.
Elle réussit à prononcer le *r* et le *u* français.
Il aide sa mère **à préparer** le dîner.

B. Certains autres verbes exigent la préposition **de** devant un autre verbe à l'infinitif. Les plus importants sont:

dire de	**regretter de**	**finir de**
oublier de	**indiquer de**	**refuser de**
essayer de[3]	**accepter de**	**demander de**
décider de		

Exemples: **Nous finissons de dîner** à huit heures du soir.
Le professeur **dit de répéter** la phrase.
Elle oublie de donner sa composition.
Le signal rouge **indique de ne pas passer.**
Je regrette d'être en retard.
J'essaie de comprendre mais j'ai beaucoup de difficulté.

6 Place des adverbes (suite): On place les petits adverbes communs (**bien, mal, toujours, encore, déjà, souvent, vite,** etc.) directement *après* le verbe modifié:

Exemples: Il est **toujours** présent et il parle **toujours.**[4]
Vous parlez **mal.**[5]
Il va **vite**[6] sur sa motocyclette.
Je vais plus **vite** que mon frère.
Vous réfléchissez **encore** à vos problèmes.
Il fait **déjà**[7] froid en octobre.

---

2. *Nous commençons:* Remarquez que le *c* du radical → *ç* devant *o* pour conserver la prononciation *ss*.

3. *Essayer* = faire un effort, faire une tentative, expérimenter.

4. *Toujours* = continuellement, incessamment, éternellement.

5. *Mal* ≠ bien.

6. *Vite* ≠ lentement.

7. *Déjà* indique une action commencée avant le moment présent.

Il aime aller **vite.**
Il aime **bien** aller **vite.**
Nous étudions **souvent. (Souvent** modifie **étudions.)**
Nous n'aimons pas **souvent** étudier. (Ici, **souvent** modifie
   n'aimons pas: Nous n'aimons pas souvent...)
Nous n'aimons pas étudier **souvent.** (Ici, **souvent** modifie
   étudier: Nous n'étudions pas souvent.)
Je regrette **toujours** d'être absent. (Ici, **toujours** modifie
   regrette: Je regrette toujours...)
Je regrette d'être **toujours** absent. (Ici, **toujours** modifie **être:**
   Je suis toujours absent.)

Exercices oraux

A.   Demandez à un autre étudiant ou à une autre étudiante: (§1)

1. s'il (si elle) réfléchit à ses problèmes.
2. s'il (si elle) choisit ses classes.
3. s'il (si elle) réussit aux examens.
4. s'il (si elle) obéit toujours à ses parents.
5. s'il (si elle) rougit au soleil.
6. s'il (si elle) brunit au soleil.
7. s'il (si elle) pâlit en hiver.
8. s'il (si elle) établit un rapport avec ses professeurs.
9. si les enfants grandissent à douze ans.
10. si on bâtit de nouveaux bâtiments sur le campus.
11. si l'université établit des règles.
12. si on choisit directement le président.
13. si on réussit facilement à devenir président.
14. si les Français boivent beaucoup de Coca-Cola.
15. si tout le monde finit ses devoirs avant la classe.

B.   Dites à un autre étudiant ou à une autre étudiante: (§2)
    Exemple: *de regarder objectivement la situation.*
             Regardez objectivement la situation.
             ou
             Regarde objectivement la situation.

1. de regarder la phrase au tableau.
2. d'écrire son adresse.
3. de choisir un numéro de un à cent.
4. de finir ce gâteau.

5. de dire la vérité.

6. d'avoir beaucoup de patience.

7. de placer son argent dans votre portefeuille.

8. de savoir conjuguer le verbe *boire*.

9. d'être prudent sur l'autoroute.

10. de ne pas être timide.

11. de faire attention aux questions orales.

I2. de ne pas oublier ses rendez-vous.

13. de ne pas parler de ses aventures amoureuses.

14. de ne pas aller au Canada sans argent.

C. Répondez aux questions suivantes: (§5)

1. À quelle heure finissez-vous de déjeuner?

2. Regrettez-vous d'être américain(-e)?

3. Allez-vous continuer à étudier l'année prochaine?

4. Commençons-nous à parler assez vite?

5. Est-ce que tout le monde va réussir à l'examen?

6. Est-ce que tout le monde va essayer de réussir à l'examen?

7. Oubliez-vous quelquefois de donner vos devoirs au professeur?

8. Refusez-vous de donner votre argent à un gangster?

9. Décidez-vous de parler français après la classe?

10. Qu'est-ce que la Bible dit de faire?

D. Remplacez les tirets dans le paragraphe suivant par **chanter, à chanter,** ou **de chanter:** (§5)

Exemple: *Antoine aime _____.*

Antoine aime chanter.

Antoine aime _____.

À six heures du matin il commence _____.

À midi il ne finit pas _____.

Alors toute la journée il continue _____.

Quand il a mal à la gorge il ne peut pas _____

mais il veut _____.

Alors il essaie _____

mais il ne réussit pas _____.

Généralement si on demande à Antoine _____

il ne refuse pas _____

parce qu'il adore _____.

E. Répétez les phrases suivantes en utilisant: **Voilà le (la, l', les)... qui (que, où)...:** (§4)

Exemple: *J'aime beaucoup cette classe.*

Voilà la classe que j'aime beaucoup.

1. La cravate est élégante.
2. Tu préfères le médecin.
3. Elles sont étudiantes à l'université. (Voilà l'université...)
4. Vous écrivez la lettre.
5. La femme est dans notre classe.
6. Les critiques adorent le film. (Voilà le film...)
7. Je vais au supermarché.
8. L'étudiant étudie l'espagnol.
9. Nous mangeons dans le restaurant demain.
10. Le sac de couchage est confortable.

F. Regardez la photo à la page 137 et répondez aux questions suivantes:

1. La femme regrette-t-elle d'être dans l'eau?
2. Qui dit à l'autre de ne pas avoir peur?
3. Dites à l'homme d'entrer dans l'eau; de regarder son amie; d'être moins timide.
4. Dites à la femme de sortir de l'eau; de ne pas bleuir de froid; de mettre vite ses vêtements; de ne pas boire l'eau du lac.

Exercices écrits

A. Répondez par écrit aux exercices oraux B et D.

B. Complétez ces phrases avec la forme correcte du verbe entre parenthèses: (§1)

1. (réussir)   Nous _____ à cet examen.
2. (choisir)   Je _____ les cours que je préfère.
3. (obéir)   Mon chien _____ à mes ordres.
4. (établir)   Ils _____ un système pour tout le monde.
5. (finir)   Vous _____ le trimestre bientôt.
6. (bâtir)   On _____ des édifices au bord de la mer.
7. (définir)   Je _____ cette expression en français.
8. (choisir)   Nous _____ directement nos représentants.
9. (boire)   Nous _____ un café.
10. (finir)   Ils _____ cet exercice en quelques minutes.
11. (embellir)   Les arbres _____ notre campus.
12. (brunir)   En automne les feuilles _____.
13. (enrichir)   Est-ce qu'un diplôme universitaire _____ les gens?

14. (rougir)   Quand il y a une question embarrassante, elle
_____ .

15. (rajeunir)   Je _____ quand je bois à cette fontaine
miraculeuse.

C. Écrivez les prépositions **à** ou **de** dans ces phrases (*Attention:*
il y a des phrases qui n'ont pas besoin de prépositions.): (§5)

1. Il continue _____ étudier l'architecture.
2. Il va _____ continuer ses études.
3. Il décide _____ continuer ses études.
4. Il essaie _____ continuer ses études.
5. Il veut _____ continuer ses études.
6. Il invite Leslie _____ aller au cinéma.
7. Nous commençons _____ regretter _____ être grands.
8. Vous désirez _____ visiter l'Espagne.
9. On réussit _____ parler français.
10. Elle dit _____ venir chez elle.
11. Nous adorons _____ écouter ce disque.
12. Le gourou oublie quelquefois _____ manger.
13. Mon petit frère ne peut pas _____ entrer dans un cinéma
pornographique.
14. Tu sais _____ préparer un soufflé.
15. Pourquoi refusez-vous _____ aider votre fils _____ aller en
Europe?

D. Mettez l'adverbe indiqué dans les phrases suivantes: (§6)

1. (bien)   On voyage dans les nouveaux avions.
2. (bien)   J'aime voyager dans les nouveaux avions.
3. (souvent)   Je commence à écrire un poème.
4. (vite)   En Amérique, nous mangeons.
5. (vite)   En Amérique, nous aimons manger.
6. (vite)   Nous allons marcher pour arriver à l'heure.
7. (souvent)   Je vais regarder les singes au zoo.
8. (souvent)   Il aime faire des promenades.
9. (quelquefois) Cette famille invite Catherine à dîner.
10. (toujours)   Vous refusez de dire votre opinion.

E. Mettez **qui, que** ou **où** dans les phrases suivantes: (§4)

1. Voilà le poème _____ vous écrivez.
2. C'est le professeur _____ je préfère.
3. Voilà l'étudiant _____ a la meilleure note.
4. Est-ce la voiture _____ vous achetez?
5. Les villes _____ il y a beaucoup d'habitants ont souvent
un métro.

6. Je regarde une télévision _____ est en couleur.
7. C'est le moment _____ le professeur arrive.
8. Voilà le cinéma _____ il y a de bons films.
9. Elle a un frère _____ est étudiant aussi.
10. La bicyclette _____ il achète est très chère.
11. Ce sont deux jeunes filles _____ habitent dans l'état d'Ohio.
12. Le stylo _____ j'ai n'écrit pas.
13. Catherine, _____ vient aux États-Unis, a vingt et un ans.
14. Voilà le restaurant _____ nous mangeons toujours.
15. L'exercice _____ je fais est très facile.

F. Utilisez **qui, que** ou **où** pour faire une seule phrase
(Attention: quelquefois on a besoin de remplacer l'article
indéfini [*un, une*] par l'article *défini* [*le, la*]):
Exemple: *L'automne est une saison. Les arbres deviennent*
très jolis en automne.
L'automne est la saison où les arbres deviennent
très jolis.

1. Tu as un frère. Il a toujours sommeil.
2. Tu as un frère. Je respecte ton frère.
3. Vous détestez un hôpital. Je suis né dans cet hôpital.
4. Vous détestez un hôpital. Il est à côté de votre appartement.
5. Vous détestez un hôpital. Mon père bâtit cet hôpital.
6. Mon ami admire un sénateur. Le sénateur vient de Virginie.
7. Mon ami admire un sénateur. Je n'admire pas ce sénateur.
8. Juin est un mois. Je préfère ce mois.
9. Juin est un mois. L'été commence en juin.
10. Juin est un mois. Il vient après mai.

Lecture

La Maison de ma famille

Notre maison n'est pas en ville, mais elle est dans la banlieue d'une
grande ville. C'est une assez grande maison moderne. Il n'y a pas
de piscine dans le jardin, mais nous avons de jolies fleurs autour de
la maison. Mes parents ont deux voitures. Elles sont dans le garage
à côté de la maison. Mon frère a une motocyclette, et j'ai une petite
voiture japonaise *qui* va très vite.

La façade de notre maison est brune avec une porte blanche et
beaucoup de fenêtres. Voulez-vous visiter l'intérieur de notre maison?
Entrez au rez-de-chaussée! *Faites* attention au chien, il est générale-

ment gentil mais quelquefois il est féroce. *Soyez* silencieux, *ne faites pas* de bruit! Mon père, *qui* est avocat, *réfléchit* dans son bureau, et il a toujours besoin de tranquillité. Alors mes parents *choisissent* toujours pour leur maison un quartier *qui* est très très calme.

Voilà l'entrée. À droite, c'est le bureau de mon père. *Entrons* à gauche, dans la salle à manger, *où* nous dînons quand mes grands-parents viennent ou quand nous avons des invités.

La cuisine est à côté de la salle à manger. C'est ici *que* nous mangeons quand nous sommes seuls. C'est une pièce très agréable et bien moins solennelle que la salle à manger. Il y a, comme dans toutes les cuisines modernes, un réfrigérateur, un évier en métal inoxydable, une cuisinière électrique et beaucoup de placards pour les plats, les assiettes, les ustensiles de cuisine et l'alimentation. En été, il fait jour très tard. Alors, quand *nous finissons de dîner,* nous allons dans la petite cour, *que* vous pouvez observer, *où nous buvons* notre café. C'est ici *que je brunis* au soleil quand il fait beau.

Revenons dans l'entrée. Devant vous c'est la salle de séjour ou le living-room. C'est la plus grande pièce de la maison et elle est toujours en ordre. *Regardez* le grand canapé et les jolis fauteuils. Ils sont confortables, n'est-ce pas? Vous remarquez qu'il n'y a pas de télévision dans la salle de séjour. C'est parce que nous avons une pièce spéciale *où* nous regardons la télé. C'est une petite pièce moins élégante que le living-room. Il y a un divan, un tapis sur le plancher et trois vieux fauteuils. *N'allons pas* dans cette pièce parce qu'elle est toujours en désordre. Il y a des revues et des magazines par terre et les pipes de mon père dans les cendriers — tous les attributs de la vie quotidienne d'une famille.

Au premier étage il y a la chambre à coucher de mes parents avec une salle de bain et les chambres de mon frère et de ma sœur.

Mais la pièce la plus originale à mon avis c'est ma chambre, *qui* est située directement sous le toit de la maison. C'est mon domaine personnel. *Entrez!* Dans le coin à gauche, voilà mon lit. Il y a une lampe à côté du lit parce que j'adore lire au lit. De l'autre côté, il y a des étagères contre le mur avec mes livres, mes disques et ma stéréo. Sur mon bureau il y a des livres, des papiers, des stylos, mais il y a aussi des papiers, des livres et des vêtements par terre et sur tous les meubles. Ma chambre est toujours en désordre, mais j'aime un certain désordre artistique et humain. *J'embellis* les murs de ma chambre avec des affiches «art déco». *Je commence à avoir* une très belle collection de photos et de reproductions de tableaux modernes.

LE JOURNAL D'UN FOU, Roger Coggio, 1963; sur la photo: Roger Coggio.

Le Journal d'un fou est l'adaptation fidèle de la nouvelle de Gogol. C'est l'histoire de la folie d'un modeste employé, correcteur dans un grand journal quotidien. Il est rejeté par la société et la femme qu'il adore. Il imagine qu'il est l'héritier du trône d'Espagne, il délire dans sa chambre. C'est le premier film de l'acteur Roger Coggio, film à un personnage unique: lui-même. C'est un véritable tour de force.

Ma chambre est toujours en désordre, mais j'aime un certain désordre artistique et humain.

Sur la porte il y a un écriteau qui proclame: «Interdit au public». *Ne pensez pas* que je suis sauvage. Tous mes copains et toutes mes copines peuvent entrer. *Je choisis* toujours bien mes amis.

Questions sur la lecture

1. Comment est votre chambre?
2. Comment est votre maison?
3. Êtes-vous dans une maison d'étudiants? Dans un appartement? Seul ou avec un (une) camarade de chambre?
4. Qu'est-ce que vous faites dans votre chambre?
5. Où mangez-vous généralement?
6. Où mangez-vous quand il y a des invités qui viennent?
7. Aimez-vous l'ordre ou le désordre? Pourquoi?
8. Quels objets de la vie quotidienne peut-on normalement observer dans une salle de séjour typique?
9. Qui sont les visiteurs (visiteuses) les plus fréquents (fréquentes) de votre chambre?
10. Quelle est la pièce où vous allez quand vous voulez réfléchir?

Discussion/Composition

1. Faites une description de votre maison. Où mangez-vous? Où étudiez-vous? Comment est la salle de séjour? Comment est le jardin? etc.
2. Écrivez vos recommandations à votre architecte (Monsieur Wright) pour bâtir votre maison. Utilisez beaucoup d'impératifs et de constructions *verbe* + *verbe* (infinitif) avec ou sans préposition. Exemple:

Cher Monsieur,
Choisissez... parce que j'aime... je préfère... je veux pouvoir... j'oublie quelquefois de... Bâtissez une maison qui... Réfléchissez bien à... Obéissez à ces ordres et finissez vite!

Vocabulaire actif

noms

architecture f.
assiette f. *plate*
atmosphère f.
avis m. *opinion*
avocat m. *lawyer*
bière f.
bord m.
bruit m. *noise*
cahier m. *notebook*
canapé m. *sofa*
capitaine m.
cendrier m. *ashtray*
chambre à coucher f.
chanteur m. *singer*
coin m. *corner*
collection f.
confiance f.
copain m. *pal*
copine f.

cuisine f. *kitchen*
cuisinière f. *cook or stove*
début m. *beginning*
désordre m.
devoir m. *duty, homework*
difficulté f.
diplôme m.
divan m. *couch*
domaine m.
entrée f. *entrance*
époque f. *era*
étage m. *floor, story*
étagère f. *shelf*
étude f. *study*
façade m. *front*
fauteuil m. *armchair*
feuille f. *leaf*
garage m.
gâteau m. *cake*
général m.

gens m. pl.
habitant m.
honnêteté f.
invité m. *guest*
jardin m.
message m.
meuble m. *piece of furniture*
motocyclette f.
ordre m.
peur f.
pièce f. *room or (theatre) play*
pipe f.
placard m. *cupboard*
plancher m. *floor*
préférence f.
protestation f.
réfrigérateur m.
reproduction f.
rez-de-chaussée m. *ground floor*
salle à manger f.

salle de bain f.
salle de séjour f. *living room*
sens m.
soleil m. *sun*
soufflé m.
tableau m. *blackboard or picture*
tapis m. *rug*
toit m. *roof*
tranquillité f.
ustensile m.

pronoms relatifs

où
que
qui

adjectifs

calme
courageux / courageuse

gentil(-le)
interdit(-e)
*miraculeux /
    miraculeuse*
sauvage
seul(-e)
silencieux /
    silencieuse
situé(-e)
solennel(-le) *solemn*

adverbes

bientôt *soon*
déjà *shortly*
encore
mal
presque *almost*
tard

verbes

accepter
apprécier
bâtir
blanchir
boire
brunir
choisir
communiquer
décider
définir
dominer
embellir *to beautify*
enrichir
essayer *try*
établir
finir
grandir
indiquer

inviter
montrer
obéir
observer
oublier
pâlir
préparer
proclamer
rajeunir
réfléchir
refuser
regretter
répéter
retourner
réussir *succeed, pass*
rougir
vieillir
visiter

Vocabulaire passif

noms

affiche f.
alimentation f.
attribut m.
barman m.
chope f.
cour f.
écriteau m.
édifice m.
évier m.
gourou m.
living-room m.
magazine f.
rendez-vous m.
représentant m.
sac de couchage m.
zoo m.

adjectifs

inoxydable
intrépide
pornographique
structuraliste

verbes

bleuir
jaunir
noircir
rétablir
verdir

bonne justice

Paul Éluard
1895-1952

C'est la chaude loi des hommes
Du raisin ils font du vin
Du charbon ils font du feu
Des baisers ils font des hommes

C'est la dure loi des hommes
Se garder intact malgré
Les guerres et la misère
Malgré les dangers de mort

C'est la douce loi des hommes
De changer l'eau en lumière
Le rêve en réalité
Et les ennemis en frères

Une loi vieille et nouvelle
Qui va se perfectionnant
Du fond du cœur de l'enfant
Jusqu'à la raison suprême

Pouvoir tout dire
© Editions Gallimard

11 Onzième Leçon

Le partitif:
    une quantité indéterminée
    les expressions de quantité
    une quantité déterminée

D'autres emplois idiomatiques du verbe *faire*

Le verbe *prendre*

Il faut

Lecture: «*Thanksgiving*»: *la fête traditionnelle de l'abondance*

Un déjeuner français

Présentation

Dans la cuisine, il y a une quantité indéterminée d'assiettes (32? 100? 75?).

Il y a *une partie* DE toutes LES assiettes du monde.

Dans la cuisine, il y a **DES** assiettes.
Sur la table, il y a **des** assiettes.
Dans le placard, il y a **des** assiettes.

Dans le placard, il y a une quantité indéterminée de marmelade (5 kilogrammes? 10 kilos? 2,5 kilos?).[1]

Il y a *une partie* DE toute LA marmelade du monde.

Dans le placard, il y a **DE LA** marmelade.
Dans le pot, il y a **de la** marmelade.

Dans la cave, il y a une quantité indéterminée de champagne (50 bouteilles? 41 litres? 3 magnums?).[1]

Il y a *une partie* DE tout LE champagne du monde.

Dans la cave, il y a **DU** champagne.
Dans le verre, il y a **du** champagne.

Dans la piscine, il y a une quantité indéterminée d'eau (500 gallons? 800 décalitres?).

Il y a une partie DE toute L' eau du monde.

Dans la piscine, il y a **DE L'**eau.
Dans la bouteille, il y a **de l'**eau.
Dans le verre, il y a **de l'**eau.

Il **n'**y a **pas de** champagne.
Il **n'**y a **pas de** marmelade.
Il **n'**y a **pas d'**assiettes.
Il **n'**y a **pas d'**eau.

Dans une bibliothèque,	il y a **des** livres.
Dans un pot de marmelade,	il y a **de la** marmelade.
Dans une bouteille de vin,	il y a **du** vin.
Dans un verre de lait,	il y a **du** lait.
Dans un verre d'eau,	il y a **de l'**eau.

Qu'est-ce qu'il y a dans un verre de champagne?

Il y a **du** champagne, naturellement!

---

1. *Kilo* est l'abbréviation de *kilogramme.* Le système métrique est universellement employé en France. *Un kilo* = 2,2 «pounds»; *un litre* = 1,06 «quarts»; *un magnum* est une grande bouteille contenant 2 litres.

Qu'est-ce qu'il y a dans une tasse de café?	Il y a **du** café.
Qu'est-ce qu'il y a dans un sandwich?	Il y a **du** pain et quelquefois **du** jambon et **du** fromage.
Qu'est-ce qu'il y a dans l'océan?	Il y a **de l'**eau, **du** sel et **des** poissons.
Avez-vous **des** amis?	Oui, j'ai **des** amis. Non, je **n'**ai **pas d'**amis.
Buvez-vous **du** café?	Oui, je bois **du** café. Non, je **ne** bois **pas de** café.
Prenez-vous du sucre dans votre café?	Oui, **je prends du** sucre, mais **je ne prends pas de** crème.
Y a-t-il **de la** soupe?	Oui, il y a **de la** soupe. Non, il **n'**y a **pas de** soupe.
Ted a-t-il **de l'**imagination?	Oui, il a **de l'**imagination. Non, il **n'**a **pas d'**imagination.
Y a-t-il **des** étudiants dans la classe le dimanche?	Non, il **n'**y a **pas d'**étudiants dans la classe le dimanche.
Faites-vous **beaucoup d'**exercices?	Oui, je fais **beaucoup d'**exercices. Non, je **ne** fais **pas beaucoup d'**exercices.
Les étudiants ont-ils **assez de** liberté?	Oui, ils ont **assez de** liberté. Non, ils **n'**ont **pas assez de** liberté.
Avons-nous **trop de** temps libre?	Oui, nous avons **trop de** temps libre. Non, nous **n'**avons **pas trop de** temps libre.
Combien d'argent gagnez-vous par mois?	Je gagne cent dollars par mois.
Avez-vous **beaucoup d'**amis?	Non, je **n'**ai **pas beaucoup d'**amis, mais j'ai **quelques** amis.
A-t-on besoin d'argent quand on est étudiant? **Faut-il de l'**argent quand on est étudiant?	Oui, on a **besoin d'**argent quand on est étudiant. **Il faut de l'**argent. **Il faut** manger et boire pour subsister!

INDIA SONG, Marguerite Duras, 1974; sur la photo: Delphine Seyrig et Mathieu Carrière.

Delphine Seyrig est une grande actrice. Ici, elle a le rôle d'Anne-Marie Stretter, une femme qui n'existe pas. Elle danse, elle boit du champagne. Mais elle est déjà morte. Ce film représente le sommet de l'art cinématographique de Marguerite Duras, cinéaste et romancière célèbre.

Il ne faut pas boire d'acide sulfurique.

Qu'est-ce qu'**il ne faut pas boire?**	**Il ne faut pas** boire d'acide sulphurique.
Qu'est-ce que vous étudiez?	**Je fais du** français, **je fais de la** philosophie et **je fais de la** physique.
Faites-vous du sport?	Oui, **je fais du** sport. **Je fais du** tennis, **je fais de la** natation et **je fais du** ski. J'aime aussi **faire des** promenades à pied et j'aime quelquefois jouer **au** golf.
Faites-vous des économies?	Oui, **je fais des** économies parce que je veux **faire des** voyages.

Explications

1 Le partitif:

A. Une quantité indéterminée, **de** + article défini + nom:

1. Quand la quantité est indéterminée, on utilise:

de + le → **du**
de + la = **de la**
de + l' = **de l'**
de + les → **des**

+ NOM (pour exprimer une *partie* de la totalité)

Exemples: Je prends **du** sucre dans mon café.
Il a **de l'**argent, mais il a **des** problèmes émotionnels.
Il y a **des** livres bizarres dans sa bibliothèque et **des** papiers sur son bureau.
Elle a **de l'**imagination et elle a **des** amis.

de l'eau	=	une *quantité indéterminée* d'eau
de l'argent	=	une *quantité indéterminée* d'argent
des papiers	=	une *quantité indéterminée* de papiers
de la marmelade	=	une *quantité indéterminée* de marmelade
des amis	=	une *quantité indéterminée* d'amis
du champagne	=	une *quantité indéterminée* de champagne

2. La négation de **du, de la, de l', des** est **pas de** quand le partitif est le complément d'objet direct d'un verbe transitif négatif.

Exemples: Je **ne** prends **pas de sucre** dans mon café.
Il **n'a pas d'argent**, mais il **n'a pas de problèmes** émotionnels.
Il **n'**y a **pas de** livres bizarres dans sa bibliothèque et **pas de** papiers sur son bureau.
Elle **n'a pas d'imagination** et elle **n'a pas d'amis**.

pas de sucre	**pas de** papiers
pas d'eau	**pas de** marmelade
pas d'argent	**pas d'**amis
pas d'imagination	**pas de** champagne

3. *Attention:* **Être** n'est pas un verbe transitif. C'est un verbe *intransitif*. Le partitif est donc *le même à l'affirmatif* et *au négatif*.

Exemples: Qu'est-ce que c'est?   Non, ce **n'est pas du** lait, c'est **de la**
Est-ce **du** lait?   crème. Mais regardez dans l'autre verre; c'est **du** lait.

4. **Quelques, des** et **un peu de:**

a. **Quelques** = une quantité indéterminée *mais limitée* (3? 5? 10? 12?):
J'ai **quelques** amis à New York.
Il a **quelques** premières éditions dans sa collection de livres rares.

b. **Des** = une quantité *indéterminée* (2? 3? 50? 1.000? 10.000?):

J'ai **des** notes dans mon cahier.

Il y a **des** poissons dans la mer.

Remarquez: **Des** (partitif) et **des** (article indéfini pluriel) sont *identiques,* parce que c'est le même concept de quantité indéterminée.

    c. **Un peu de** + singulier, **quelques** + pluriel:

Elle a **quelques** habitudes étranges.

J'ai **quelques** difficultés en mathématiques.

Il y a **un peu de** sucre dans mon café.

Je gagne **un peu d'**argent maintenant.

B.   Les expressions de quantité + **de** + nom *(sans article):*

    1. Quand la quantité est relative ou approximative:

beaucoup de	≠	**un peu de**
trop de	≠	**pas assez de**
plus de	≠	**moins de**
assez de		
tant de *so much*		
combien de...?		
plein(-e)(-s) de		
couvert(-e)(-s) de *(covered with)*		
une quantité de		

+ NOM *(sans article)*

    a. Toutes ces expressions indiquent une quantité relative ou approximative (*grande* ou *petite, suffisante* ou *insuffisante, excessive,* etc.):

Je voudrais[2] **beaucoup de** sucre dans mon café, s'il vous plaît.

Il a **assez d'**argent, mais il a **trop de** problèmes émotionnels.

Sa bibliothèque est **pleine de** livres bizarres et son bureau est **couvert de** papiers.

Elle a **tant d'**imagination!

Les Kennedy[3] ont **tant d'**enfants qu'ils oublient leurs noms.

Combien d'argent gagnez-vous par mois?

    b. Ces expressions de quantité ne changent pas dans les phrases négatives:

Je **ne** prends **pas beaucoup de** sucre dans mon café.

Il **n'**a **pas assez d'**argent, mais il **n'**a **pas trop de** problèmes émotionnels.

Sa bibliothèque **n'**est **pas pleine de** livres bizarres et son bureau **n'**est **pas couvert de** papiers.

    c. Expressions de quantité comparatives:

plus de
moins de
   } + NOM + **que** + terme de comparaison

---

2. *Je voudrais* ou *je voudrais bien* est une expression qui exprime un désir.

3. Le pluriel d'un nom propre n'a pas de *s.*

J'ai **plus de** cours **que** Georges.
Martine boit **moins d'**alcool **qu'**Alice.
Il y a **plus d'**étudiants ici **que** dans l'autre classe.
Ils ont **moins de** bonnes notes **que** nous.

2. Quand la quantité est précise, la quantité + **de** + nom *(sans article)*:

Exemples:
un verre de champagne   **une bouteille d'**eau
une caisse de champagne   **une douzaine d'**œufs
un litre de vin   **un kilo de** tomates
un litre de lait   **une assiette de** soupe

2 *Récapitulation:* le *pluriel* du partitif ou de l'article indéfini avec un *adjectif devant le nom:*

singulier	pluriel	le pluriel avec un adjectif après le nom	le pluriel avec un adjectif devant le nom
une fleur	des fleurs	des fleurs rouges	**de** belles fleurs
un légume	des légumes	des légumes délicieux	**de** bons légumes
du gâteau	des gâteaux	des gâteaux appétissants	**de** bons gâteaux
de la lumière	des lumières	des lumières brillantes	**de** petites lumières

Remarquez: Le pluriel de un (une) autre = **d'autres.**

Il y a un autre problème.   Il y a **d'autres** problèmes.
C'est une autre histoire.   Ce sont **d'autres** histoires.
Il fait un autre exercice.   Il fait **d'autres** exercices.

3 Le verbe irrégulier **faire** (suite):

A. D'autres emplois idiomatiques:

faire une promenade (des promenades) à pied, à bicyclette, à cheval, en auto, etc.
     Elle fait une promenade à pied.

faire un voyage (des voyages) en avion, en bateau, en train, en voiture, etc.
     Nous faisons toujours **des voyages** en voiture.

faire des économies *to save*   **Faites-vous des économies?**
faire le marché *to shop*   **Je fais le marché** le samedi.
faire la cuisine   Julia Child **fait la cuisine.**
faire la vaisselle *to wash (dishes)*   Après le dîner **nous faisons la vaisselle.**

faire du tennis (du ski, de la natation, du football, etc.)
     Mon frère **fait du football** et **il fait** aussi **de la natation.**

faire du piano (du violon, de la clarinette, etc.)
     Dick et Jane **font du piano.**

faire du sport	**Ma grand-mère fait du sport.**
	Elle fait beaucoup de sport.
faire de + article défini +	**Je fais du français.**
nom de la matière scolaire	**Mon cousin fait de l'allemand.**
	Nous faisons de la philosophie.

Remarquez: On emploie aussi le verbe **jouer** pour les sports et les instruments de musique. On joue **à +** sport ou **à +** jeu, on joue **de +** instrument de musique:

Mon frère joue **au** football le jour et il joue **au** bridge le soir.
Dick et Jane jouent **du** piano.

B. D'autres expressions météorologiques impersonnelles:

faire du soleil	**Il ne fait pas de soleil** maintenant, mais demain **il va faire du soleil.**
faire du vent	En automne **il fait du vent.**

4 Le verbe irrégulier **prendre:**

prendre	
je prends	**nous prenons**
tu prends	**vous prenez**
il prend	
ils prennent	

Exemples: **Prenez-vous** du sucre dans votre café?
Je prends du sucre, mais **je ne prends pas** de crème.
Tu ne prends pas de dessert.
Il prend son petit déjeuner à sept heures du matin.
Les Smith **prennent** leur dîner très tard.

Remarquez: On emploie souvent le verbe **prendre** quand on parle de manger ou de boire (on n'emploie jamais le verbe **manger** + *nom de repas*).   *never*

On prend le petit déjeuner le matin.
Il prend le thé à quatre heures.
Les Smith **déjeunent** à midi et demie.

5 Il faut:

A. **Il faut** est souvent une expression de *nécessité impersonnelle* ou *générale*:

Exemples: **Il faut** de l'argent quand on est étudiant.
Il faut des œufs pour faire une omelette.
Il faut manger et boire pour subsister.
Il faut avoir de bonnes notes.

B. Le négation de **il faut** indique une prohibition générale:

> **Il ne faut pas de** sucre dans les spaghetti.
> **Il ne faut pas** être absent le jour de l'examen.
> **Il ne faut pas** boire **d'**acide sulfurique.

C. Le futur immédiat de **il faut** est **il va falloir**:

Il faut manger à midi.	**Il va falloir** manger à midi.
Il faut beaucoup de courage.	**Il va falloir** beaucoup de courage.

Exercices oraux

A. Répondez à la forme négative ou affirmative: (§1, 4)

1. Prenez-vous des œufs pour votre petit déjeuner?
2. Prenez-vous de la viande au dessert?
3. Prenez-vous du sucre dans votre café?
4. Prenez-vous du lait dans votre thé?
5. Prenez-vous de la glace pour le petit déjeuner?
6. Prenez-vous de la salade avec le dîner?
7. Prenez-vous du vin avec votre petit déjeuner?
8. Prenez-vous du beurre dans votre thé?
9. Prenez-vous du jus d'orange avec le dîner?
10. Prenez-vous du champagne pour le déjeuner?

B. Demandez à un autre étudiant ou à une autre étudiante: (§1)

1. s'il (si elle) a beaucoup d'ambition.
2. s'il (si elle) a trop d'argent.
3. s'il (si elle) a un peu de talent.
4. s'il (si elle) a assez de chance.
5. si le mur est couvert de tableaux.
6. si les étudiants ont assez de vacances.
7. si son étagère est pleine de livres.
8. s'il n'y a pas assez de chaises dans cette salle.
9. si les gens riches ont beaucoup d'amis sincères.
10. combien de cours il (elle) a.

C. Mettez à la forme négative: (§1)

1. Nous avons des restaurants français sur le campus.
2. Il boit du lait tous les jours.
3. Il y a de la soupe dans mon assiette.
4. Cet artiste a de l'imagination.

5. Il y a des œufs dans le réfrigérateur.
6. Elle a des amis italiens.
7. Elle a beaucoup d'amis italiens.
8. Il y a de l'eau dans le Sahara.
9. Il y a assez d'eau dans le Sahara.
10. J'ai trop d'argent.

D. Formez une phrase avec **il (elle) a + quelques +** noms ou
   il (elle) a + un peu de + nom: (§1)
   Exemple: *livres français*
   Il a quelques livres français à la maison.

1. livres français   6. amis exceptionnels
2. ambition   7. affiches
3. tendresse   8. argent
4. disques   9. dollars
5. temps libre   10. pull-overs

E. Finissez les phrases suivantes: (§1)
   Exemple: *Je voudrais une douzaine de...*
   Je voudrais une douzaine de roses.

1. Je voudrais une douzaine de...
2. Je voudrais un litre de...
3. Je voudrais une assiette de...
4. Je voudrais une boîte de...
5. Je voudrais un verre de...

F. Changez **on a besoin de** à **il faut:** (§5)
   Exemple: *On a besoin d'argent.*
   Il faut de l'argent.

1. On a besoin d'air.   6. On a besoin d'un
2. On a besoin de manger.   médecin.
3. On a besoin de café.   7. On a besoin d'eau.
4. On a besoin d'un   8. On a besoin de boire.
   dictionnaire.   9. On a besoin de musique.
5. On a besoin d'amour.   10. On a besoin de vitamines.

G. Changez le verbe **faire** au verbe **jouer:** (§3)
   Exemple: *Je fais du football.*
   Je joue au football.

1. Liberace fait du piano.
2. Joe Namath fait du football.
3. Nous faisons de la trompette.

4. Chris et Jimmy font du tennis.
5. Je fais de la guitare.
6. Les Yankees font du base-ball.
7. Fais-tu du golf?
8. Vous allez faire du volley-ball.
9. Les anges font de la harpe.
10. Il faut être grand pour faire du basket-ball.

H.   Regardez la photo à la page 156 et répondez aux questions suivantes:

1. Qu'est-ce qu'il y a dans le verre de la femme?
2. Est-ce que l'homme veut du whisky?
3. Jouent-ils au volley-ball?
4. L'homme joue-t-il du piano sur le dos de la femme?
5. Prennent-ils leur petit déjeuner?

Exercices écrits

A.   Répondez par écrit aux exercices oraux C, D, E et F.

B.   Complétez ces phrases avec **de, du, de la, de l'** ou **des**: (§1)
1. Je bois _du_ vin californien.
2. Je ne bois pas _de_ vin californien.
3. Avez-vous _des_ disques européens?
4. N'avez-vous pas _de_ disques européens?
5. Dans son carnet, il y a _des_ notes et _des_ commentaires.
6. Il faut _de l'_ ambition.
7. Il faut un peu _d'_ ambition.
8. Les étudiants ont _des_ problèmes, comme tout le monde.
9. Pour le petit déjeuner, je mange _des_ œufs.
10. Y a-t-il assez _de_ vacances pour vous?
11. Prenez-vous _de la_ crème et _du_ sucre dans votre café?
12. Il n'y a pas _de_ glace dans un sandwich.
13. Y a-t-il un peu _de_ vin dans la bouteille?
14. Buvez-vous souvent _du_ lait?
15. Buvez-vous souvent un litre _de_ lait?

C. Écrivez la forme correcte de **prendre, manger** ou **boire** (quelquefois **prendre** peut remplacer **manger** ou **boire**): (§4)

1. Nous _____ trop de bonbons.
2. À quelle heure _____-vous votre petit déjeuner?
3. En France les gens _____ du vin avec leur repas.
4. _____ -tu du sucre dans ton café?
5. Je _____ mon apéritif à six heures du soir.
6. La vie est gaie quand on _____ du coca-cola.
7. Mon ami ne veut pas être obèse, alors il ne _____ pas de dessert.
8. Qu'est-ce que les cannibales _____ ?

Lecture

«Thanksgiving»: la fête traditionnelle de l'abondance

Nous sommes au mois de novembre et tous les étudiants sont très contents parce qu'ils vont avoir *quelques* jours de vacances à l'occasion de la fête de «Thanksgiving». C'est une tradition exclusivement américaine et canadienne.

Beaucoup de gens *prennent* leur dîner traditionnel au début ou au milieu de l'après-midi pour laisser les jeunes gens qui *font du* football regarder les grands matchs universitaires à la télévision. Il y a aussi *beaucoup de* gens qui *ne font pas de* sport mais qui aiment regarder les autres *jouer au* football.

Comme toute la famille est généralement réunie pour cette occasion, après le dîner on *joue* souvent *aux* cartes—*au* bridge ou *au* poker. Dans certaines familles on *fait de la* musique. Il y a des gens qui *jouent du* piano, *de la* guitare ou *d'un* autre instrument; et il y a des gens qui préfèrent rester à table et converser agréablement sur des sujets familiaux, la politique ou les affaires.

Nos amis Catherine, Jean-Louis et François sont invités à dîner chez David. Comme il n'y a pas de fête semblable en France, ils posent *beaucoup de* questions à leurs amis américains.

Jean-Louis: Quelle est l'origine de la tradition de «Thanksgiving»?

Leslie: Elle est très ancienne, environ trois cents ans. C'est la commémoration de la première récolte[4] des immigrants anglais dans

---

4. *Récolte* = «harvest».

le Nouveau Monde. Pour cette raison il y a *des* spécialités indiennes et anglaises pour le dîner traditionnel. On invite souvent *des* gens qui sont étrangers comme vous trois ou *des* immigrants récents qui *n'*ont *pas de* maison ou *pas de* famille dans ce pays.

Catherine: C'est une très belle tradition.

David: Oui, très belle. Pour le dîner, ma mère prépare une dinde énorme avec *de la* farce et *de la* sauce, et on mange *beaucoup de* dinde, quelquefois *trop de* dinde, avec *de la* gelée de canneberges[5] et *du* pain *de* maïs. Il y a aussi *de la* salade et comme dessert, *de la* tarte à la citrouille. Nous commençons à manger à deux heures de l'après-midi et nous finissons de dîner à quatre heures.

François *(inquiet):* Quoi? Un dîner à deux heures de l'après-midi? *De la* dinde avec *de la* gelée? *De la* viande avec *de la* gelée sucrée? Et *de la* citrouille dans la tarte? Pour moi, c'est une chose extraordinaire! Et qu'est-ce qu'on boit avec la dinde? *Il faut du* vin!

David: *Du* calme, *du* calme. Mes parents sont californiens et, naturellement, nous buvons *du* vin, et il y a *du* lait sur la table pour les enfants.

François: Ah, je respire...

David *(ironique):* Et si tu as faim après le dîner, le réfrigérateur est *plein de* bonnes choses. Tu peux continuer à manger *des* œufs, *du* fromage, *de la* glace, *du* rosbif, *des* fruits et *des* légumes congelés. Tu peux même boire *du* champagne si tu as soif après le vin et... s'il y a *de la* place dans ton estomac!

Jean-Louis: Oh, il y a toujours *assez de* place pour le champagne dans un estomac français.

Catherine: Jean-Louis, tu es impossible! Tu es glouton! J'ai mal à l'estomac pour toi!

Questions sur la lecture	1. Pourquoi les étudiants sont-ils contents au mois de novembre? 2. Pourquoi les trois invités ont-ils beaucoup de questions? 3. Quelle est l'origine de «Thanksgiving»? 4. Quelles spécialités indiennes mangez-vous pour le dîner de «Thanksgiving»?

---

5. *Canneberge* = «cranberry». (Ce fruit n'existe pas en France.)

CHEZ LES ANGES

La Carte

AVOCAT OU ARTICHAUT VINAIGRETTE   15F

LANGUE DE VALENCIENNES FUMÉE   18F

TERRINE DE RIS DE VEAU   25F

SAUMON FUMÉ NORDIQUE   45F

SALADE AUX ÉCREVISSES   38F

ŒUFS EN MEURETTE   18F

CANARD DE DUCLAIR AUX PETITS LÉGUMES *(2 ps.)*   75F

SAUTÉ DE BŒUF BOURGUIGNON   32F

LA TRANCHE ÉPAISSE DE FOIE DE VEAU *(2 ps.)*   70F

BROCHETTE DE ROGNONS D'AGNEAU   32F

STEACK A LA MOËLLE   36F   COTES D'AGNEAU GRILLÉES   38F

LÉGUMES DE SAISON   12F   GRATIN DAUPHINOIS   8F

SALADE VERTE   6F

Le Plateau de Fromages 12F

GATEAU CARPEAUX   16F

POIRES ET PRUNEAUX AU SANTENAY   14F   FRUITS DE SAISON   12F

TARTE AU CASSIS   15F   GLACES OU SORBETS   12F

SOUFFLÉ A LA FINE BOURGOGNE   15F

MOUSSE AU CHOCOLAT   12F

SERVICE 15 % NON INCLUS

5. Pourquoi François est-il inquiet?
6. Pourquoi le menu est-il bizarre pour un Français?
7. Pourquoi Catherine est-elle choquée par Jean-Louis?
8. Qu'est-ce que vous mangez traditionnellement pour le dîner de «Thanksgiving»?
9. Qui est normalement invité chez vous pour cette fête?
10. Quelles sont d'autres traditions ou d'autres fêtes américaines ou françaises?

Discussion/Composition

1. Racontez un dîner spécial dans votre maison. À quelle heure mangez-vous? Qu'est-ce que vous mangez? De la dinde? Buvez-vous du vin?
2. Jean-Louis trouve le menu bizarre. Pourquoi? Remarquez-vous des différences culturelles et psychologiques entre les Français et les Américains? Quelles sont-elles? Quelle est votre opinion?
3. Regardez le menu à la page 166. Que choisissez-vous? Pourquoi? Combien est l'addition[6] à la fin du repas? Le service[7] est-il compris?[8] Qui paie l'addition?

Vocabulaire actif

noms

acide m.	cave m.	jambon m.	*marmelade* f.
affaires f. pl.	*crème* f.	jus m.	matière f. *material*
air m.	*dictionnaire* m.	kilo m.	milieu m.
alcool m.	dinde f. *dindon (m.)*	*kilogramme* m.	natation f.
ambition f.	*douzaine* f.	lait m.	*occasion* f.
beurre m.	fête f.	*légume* m.	*océan* m.
boîte f.	fromage m.	*liberté* f.	œuf m.
bonbon m.	*fruit* m.	*litre* m.	pain m.
bouteille f.	*golf* m.	lumière f.	petit déjeuner m.
caisse f.	*harpe* f.	maïs m. *(corn)*	physique f. *physics*

---

6. *Addition* = le prix total du repas.
7. *Service* = supplément qu'on ajoute au total.
8. *Compris* = inclus.

	adjectifs	**adverbes**	**autres expressions**
piano m.	ancien(-ne)	environ	à bicyclette
place f.	*émotionnel(-le)*	exclusivement	à cheval
politique f.	familial(-e)		à pied
pot m.	*gai(-e)*		en auto
récolte f. *harvest*	*indien(-ne)*	**expressions**	en avion
repas m.	libre	**de quantité**	en bateau
rose f.	*récent(-e)*		en *train*
salade f.	*réuni(-e)*	assez de	en voiture
sauce f.	semblable *similar*	*couvert(-e)(-s)* de	faire des économies
sel m.	sucré(-e)	moins de	faire du *football*, etc.
soupe f.	*traditionnel(-le)*	pas assez de	faire du *piano*, etc.
spécialité f.		plus de	faire du soleil
sport m.	**verbes**	quelques	faire du *sport*
sucre m.		tant de *so much*	faire du vent
tarte f.	gagner *earn, win*	trop de *too much*	faire la cuisine
thé m.	jouer	une *quantité* de	faire la vaisselle *do dishes*
vent m.	laisser *leave*	un peu de	faire le marché
viande f.	prendre *take*		faire une promenade
violon m.	*respirer* *breathe*		faire un *voyage*
	rester *stay*		il faut
	subsister		je voudrais

Vocabulaire passif

noms		**adjectifs**
addition f.	*immigrant* m.	appétissant(-e)
bridge m.	*magnum* m.	compris(-e)
citrouille f.	marche f.	congelé(-e)
clarinette f.	Nouveau Monde m.	glouton(-ne)
commémoration f.	*poker* m.	*obèse*
cowboy m.	*service* m.	*sulphurique*
farce f.	*spaghetti* m. pl.	
gelée de	*tendresse* f.	**verbe**
canneberges f.	*trompette* f.	*converser*
glouton m.	*volley-ball* m.	

12 Douzième Leçon

Les verbes réguliers en *-re*

Les noms en *-al*

Les verbes irréguliers *voir, apercevoir, recevoir*

Ne...que et *seulement*

Le passé immédiat

Les adverbes de transition

Lecture: *Retour à Paris*

Paris: la gare de l'Est (Les trains français sont toujours à l'heure.)

Présentation

hear

Entendez-vous des voix célestes comme Jeanne d'Arc?

Oui, quelquefois **j'entends** une voix. **J'entends** la voix de ma conscience.

wait for

Qui **attendez-vous?**

Nous attendons notre professeur, il est en retard comme toujours.

Est-ce que **vous répondez** correctement à mes questions?

Oui, **je réponds** correctement à vos questions.

Est-ce que les mauvais étudiants **répondent** bien?

Non, **ils ne répondent pas** bien, **ils répondent** mal.

Return

Rendez-vous toujours **les livres** que vous prenez à la bibliothèque?

Oui, **je rends** toujours **les livres** que je prends à la bibliothèque.

Est-ce que les bonnes notes **rendent** les étudiants **heureux** ou **tristes?**

Les bonnes notes **rendent** les étudiants **heureux.**

Quand vous êtes nerveux, avant un examen, par exemple, **perdez-vous** facilement vos affaires?

Oh oui! Je ne trouve pas mes affaires la moitié[1] du temps. *First of all* **Je perds** tout! D'abord je **perds** mes clés, ensuite *then* je **perds** mes livres, et puis *next* je **perds** mon argent! Enfin je **perds** la tête![2]

Quand **vous descendez** un escalier, **descendez-vous** vite ou lentement?

Je descends vite. **On descend** encore plus vite en ascenseur.

Vous avez un journal. Où est-ce qu'on **vend** des **journaux?**

On vend des **journaux** chez un marchand de **journaux,** naturellement.

Georges, vous avez un animal. Quel autre étudiant a des **animaux?** Lisa? Est-ce qu'elle a un cheval?

J'ai quelques **animaux,** mais Sandra a beaucoup **d'animaux.** Elle a trois **chevaux!**

---

1. *La moitié* $= \frac{1}{2}$.
2. *Perdre la tête* = devenir un peu fou (irrationnel).

LE CERCLE ROUGE, Jean-Pierre Melville, 1970; sur la photo: Alain Delon.

Les acteurs français font toujours de l'acrobatie dans les films policiers «à l'américaine»: descendre une façade à la corde, bondir sur le toit d'un autobus, etc. En général, c'est un «cascadeur» qui fait cette acrobatie, mais les acteurs français adorent faire leurs «cascades», comme ici Alain Delon.

On descend encore plus vite en ascenseur.

Ursule, vous qui êtes clairvoyante, regardez dans votre boule de cristal. Qu'est-ce que **vous voyez?**	**Je vois** des **journaux,** des **chevaux** et des **canaux.**
Est-ce que tout le monde peut **voir** dans votre boule?	Non, il faut des dispositions spéciales pour **voir.** Certaines personnes **voient** clairement; d'autres **ne voient pas** du tout.
Apercevez-vous des images très claires?	Oui, **j'aperçois** souvent des formes distinctes.
Est-ce que **vous recevez** des messages?	Oui, **je reçois** des messages prophétiques.
Est-ce que les étudiants **reçoivent** beaucoup d'argent de leurs parents?	Quelques étudiants **reçoivent seulement** leur argent de poche. **Alors** les étudiants qui **ne reçoivent que** leur argent de poche travaillent.
Qu'est-ce que **je viens d'expliquer?**	**Vous venez d'expliquer** des verbes réguliers et irréguliers.

Explications

1 Les verbes réguliers en **-re**:

A. **Vendre, répondre, descendre, attendre, entendre, perdre, rendre:**

to hear

vendre		attendre	
je vends	nous vend**ons**	j'attends	nous attend**ons**
tu vends	vous vend**ez**	tu attends	vous attend**ez**
il vend	ils vend**ent**	il attend	ils attend**ent**

Attention: **Attendre** + complément d'objet direct (comme **écouter** et **regarder**):

Exemples: Nous attendons **le train.**
J'attends **ma mère.**
Nous écoutons **un concert.**
Nous regardons **un spectacle de danse.**

entendre	
j'entends	nous entend**ons**
tu entends	vous entend**ez**
il entend	ils entend**ent**

Remarquez: **Écouter** = entendre intentionnellement, avec attention, avec application.

perdre		rendre	
je perds	nous perd**ons**	je rends	nous rend**ons**
tu perds	vous perd**ez**	tu rends	vous rend**ez**
il perd	ils perd**ent**	il rend	ils rend**ent**

B. Les deux sens du verbe **rendre**:

1. **Rendre** + *nom* = restituer.

Exemples: Le professeur **rend les devoirs** aux étudiants.
Je rends l'argent et les livres que j'emprunte.

2. **Rendre** + *adjectif* exprime le résultat physique ou psychologique.

Exemples: La chirurgie esthétique **rend** les gens **beaux.**
L'expérience **rend** les gens **sages.**
Il rend sa femme très **heureuse.**

2 Beaucoup de noms masculins en **-al**—aussi bien que les adjectifs—ont leur pluriel généralement en **-aux**.

Exemples: un anim**al** domestique   des anim**aux** domestiques
un journ**al** objectif   des journ**aux** objectifs
un can**al**   des can**aux**
un chev**al**   des chev**aux**
un exercice or**al**   des exercices or**aux**

Rappel: Le féminin des adjectifs en **-al** est normal:
une composition or**ale**   des compositions or**ales**
une histoire mor**ale**   des histoires mor**ales**

3 Le verbe irrégulier **voir** (la vision) et ses composés (**prévoir, revoir**):

voir	
je vois	nous voyons
tu vois	vous voyez
il voit	
ils voient	

Exemples: Jack **voit** très bien avec ses lunettes.
Je prévois toujours mon programme pour le semestre.
Est-ce que **vous revoyez** la famille de François quand vous retournez à Paris?

4 **Apercevoir** et **recevoir** sont deux verbes irréguliers avec le même système de conjugaison.

A. **Apercevoir** (la perception à distance)

j'aperçois	nous apercevons
tu aperçois	vous apercevez
il aperçoit	
ils aperçoivent	

Exemples: **J'aperçois** une forme indistincte.
Est-ce que les Martiens **aperçoivent** les habitants de la terre?

B. **Recevoir** (la réception des choses ou des gens)

je reçois	nous recevons
tu reçois	vous recevez
il reçoit	
ils reçoivent	

Exemples: **Je reçois** régulièrement des lettres de ma mère.
Madame Pasquier-Gramont **reçoit** beaucoup de gens dans sa maison.

5 **Ne... que** = **seulement** («only»).

Je **n'**ai **qu'**un frère. = J'ai **seulement** un frère.
Je **ne** prends **qu'**une tasse de café le matin. = Je prends **seulement** une tasse de café le matin.
Il **ne** reçoit **que** très rarement des lettres de sa petite amie. = Il reçoit **seulement** très rarement des lettres de sa petite amie.

6 Le passé immédiat exprime une action terminée récemment:

venir de + infinitif

Exemples: **Je viens de voir** Monsieur Wilson.
Nous venons d'étudier le verbe *recevoir*.

Attention: Cette construction est utilisée *uniquement pour un passé très récent:* quelques secondes, quelques minutes, quelques heures, quelques jours.

7 Voici quelques adverbes employés pour exprimer l'ordre, une suite ou une transition: **d'abord, ensuite, et puis, alors, enfin.** Ce sont des formules de liaison très pratiques pour faire la transition dans une succession d'actions ou d'idées différentes.

Exemples: **D'abord** je quitte ma maison à huit heures du matin. **Ensuite** je bois mon café au restaurant de l'université. **Et puis** je vais à ma classe de mathématiques. **Alors** je parle avec mes amis. **Enfin** quand le professeur entre, je fais vraiment attention parce que nous allons avoir un examen demain.

Exercices oraux

A. Demandez à un autre étudiant ou à une autre étudiante: (§1, 3, 4)

1. s'il (si elle) attend le week-end avec impatience.
2. s'il (si elle) entend les avions qui passent.
3. s'il (si elle) perd tout son argent à Las Vegas.
4. s'il (si elle) prend l'autobus ou le métro.
5. s'il (si elle) aperçoit Jupiter sans télescope.
6. s'il (si elle) voit son nez.
7. s'il (si elle) descend en ascenseur après la classe.
8. s'il (si elle) reçoit des lettres anonymes.
9. s'il (si elle) vend ses compositions aux autres étudiants.
10. s'il (si elle) répond toujours en français.
11. s'il (si elle) rend toujours les livres à la bibliothèque.
12. s'il (si elle) rend ses parents fous.

B. Répondez à ces questions: (§1, 3, 4)

1. En France, où vend-on des journaux?
2. Les professeurs répondent-ils bien aux questions?
3. Attendez-vous longtemps l'autobus?

4. Qu'est-ce que vous faites quand vous perdez votre portefeuille?
5. À quelle heure voit-on la lune?
6. N'entendez-vous pas le téléphone?[3]
7. Perdez-vous votre temps à l'université?
8. Quand recevez-vous des cartes de Noël?
9. Qu'est-ce que vous apercevez de votre fenêtre?
10. Les examens rendent-ils les étudiants nerveux?

C. Dites au pluriel: (§2)
    Exemple: *Le prince a un cheval blanc.*
    Les princes ont des chevaux blancs.

1. Le cowboy a un cheval rapide.
2. L'hôpital est moderne.
3. Le général donne un ordre.
4. Il y a un canal à Venise.
5. Mon animal préféré mange une pomme.
6. Le journal local est ridicule.
7. Je prépare une composition orale.

D. Remplacez **seulement** par **ne... que** dans les phrases suivantes: (§5)
    Exemple: *Il aime seulement une femme.*
    Il n'aime qu'une femme.

1. Il aime seulement une chose: manger.
2. Nous avons seulement un dollar.
3. J'aime seulement le vrai champagne.
4. Elle parle seulement avec les jeunes gens.
5. Nous demandons seulement une faveur.

E. Mettez ces phrases au passé immédiat: (§6)
    Exemple: *Elle écrit un poème.*
    Elle vient d'écrire un poème.

1. Elle compose une chanson.
2. Nous faisons les lits.
3. Ils arrivent à l'université.
4. Je mange avec les autres.
5. Nous apercevons le professeur.
6. Je vois votre camarade.

---

3. Si vous voulez répondre à l'affirmatif, il faut dire *si*. *Oui* est la réponse affirmative à une question affirmative. *Si* est la réponse affirmative à une question négative: «N'avez-vous pas faim?—*Si!* j'ai très faim!» *Si* est aussi la réfutation d'une déclaration négative: «Mais vous ne comprenez pas!—Mais *si!* je comprends parfaitement!»

7. Il reçoit une bonne note.
8. On lit la lecture.
9. Ils achètent un cadeau.
10. Nous finissons cet exercice.

F.   Répondez aux questions suivantes:

1. Regardez la photo à la page 171.
    a. Qu'est-ce que cet homme vient de faire?
    b. Descend-il normalement?
    c. Voit-il des crocodiles?
    d. Pourquoi n'attend-il pas l'ascenseur?
2. Regardez la photo à la page 179.
    a. Qu'est-ce que l'homme aperçoit?
    b. La femme a-t-elle peur de perdre son chapeau?
    c. Est-ce que le chapeau rend cette dame élégante ou bizarre?
    d. Viennent-ils de recevoir un télégramme?

Exercices écrits

A.   Répondez par écrit aux exercices oraux C et E.

B.   Répondez aux questions suivantes: (§1, 3, 4)

1. Recevez-vous beaucoup de cartes de Noël?
2. De votre fenêtre voyez-vous des montagnes?
3. Pouvons-nous voir les satellites météorologiques?
4. Qu'est-ce qu'on vend dans un kiosque à journaux?
5. Répondez-vous à toutes les lettres de vos amis?
6. Qu'est-ce que vous entendez maintenant?
7. Où est-ce qu'on attend un avion?
8. Les épinards rendent-ils les gens plus forts (ou est-ce seulement l'imagination de Popeye)?

C.   Pour chaque phrase, écrivez la forme correcte du verbe. Choisissez les verbes de la liste suivante: **attendre, apercevoir, vendre, répondre, entendre, perdre, rendre, recevoir, voir** (quelquefois il y a différentes possibilités): (§1, 3, 4)

1. Sherlock Holmes _____ des clients dans sa chambre.
2. Le vin _____ les gens heureux.
3. Si j'écoute bien, quelquefois j'_____ le son de mon cœur.

4. Quand il a ses lunettes il _____ très bien.

5. Ne donnez pas vos clés à Maurice: il _____ tout.

6. Un marchand de fruits _____ des fruits.

7. Si le professeur est en retard, quelquefois les étudiants _____ son arrivée.

8. Le gourou _____ toujours par une autre question.

D. Utilisez chaque verbe suivant dans une question. Écrivez la question et la réponse: (§1, 3, 4)

Exemple: *rendre*

Rendez-vous vos amis heureux?

Oui, je rends mes amis heureux.

1. rendre
2. vendre
3. voir *hear*
4. entendre
5. attendre

6. apercevoir
7. recevoir
8. perdre
9. descendre
10. répondre *answer or reply*

E. Remplacez les tirets par un adverbe de transition approprié **(d'abord, et puis, alors, ensuite, finalement):**

Exemple: _____ le professeur explique, _____ il pose des questions, _____ nous répondons; _____ il indique la leçon pour demain et _____ la classe est terminée.

D'abord le professeur explique, **et puis** il pose des questions, **alors** nous répondons; **ensuite** il indique la leçon pour demain et **finalement** la classe est terminée.

1. «Pour écrire une composition»

_____ je réfléchis, _____ j'écris mes idées sur une page blanche, _____ je choisis les idées que je veux utiliser pour ma première partie, _____ les idées pour ma deuxième partie, et _____ je compose ma conclusion.

2. «Une Histoire triste»

Dans ce film, _____ l'homme et la femme sont très heureux; les deux travaillent, _____ ils ont assez d'argent pour avoir une vie confortable. _____ ils ont un enfant, _____ ils ont un autre enfant, _____ la vie devient plus compliquée, les disputes commencent et _____ ils décident de divorcer.

Lecture

Retour à Paris

Nous venons de voir, dans la leçon précédente, le programme de nos amis Catherine, Jean-Louis et François pour le jour de «Thanksgiving». Pendant les vacances de Noël, qui sont plus longues, ils veulent prendre un peu de repos ou faire un voyage. Catherine va rester à l'université parce qu'elle n'a pas assez d'argent pour aller en France. Jean-Louis... c'est le grand mystère. Va-t-il aller faire du ski dans les montagnes Rocheuses? Va-t-il aller au Mexique et brunir sous le soleil tropical d'Acapulco? Il refuse de divulguer ses projets, même à ses amis intimes. À toutes les questions *il répond* mystérieusement: «Ça ne vous regarde pas, c'est mon affaire! Toute ma vie va peut-être changer...»

François, en route pour Paris, où sa famille *attend* son arrivée avec impatience, *vient d'atterrir* à Londres. Il est maintenant dans le train-paquebot qui va de Londres jusqu'à Paris en quelques heures.

On attend l'arrivée du train à vingt heures cinq.[4] Toute la famille de François est à la gare du Nord où les trains en provenance du nord de la France arrivent.

Il y a six gares principales à Paris: la gare du Nord; la gare de l'Est; la gare de Lyon, pour les trains à destination ou en provenance du Midi (ou sud-est); la gare d'Austerlitz, qui porte le nom d'une victoire de Napoléon, pour le sud-ouest; la gare Montparnasse, pour l'ouest; et la gare St-Lazare, pour le nord-ouest.

Contrairement à la situation aux États-Unis, où les gares n'ont pas trop d'importance, les gares européennes sont le théâtre d'une activité intense. La gare est souvent un centre social et commercial dans une ville. Les voyageurs peuvent manger ou boire au «buffet de la gare». Il y a des cinémas où les gens qui *attendent* leur train peuvent patienter. On peut aussi «faire les cent pas»[5] dans le hall de la gare. *On entend* le bruit des trains, des conversations et des haut-parleurs qui annoncent les arrivées et les départs. Il y a des boutiques et des marchands qui *vendent* des souvenirs et des journaux. *On voit* des gens très pressés ou des gens qui flânent tran-

---

4. *Vingt heures* = huit heures du soir. Pour les horaires de train et d'avion et pour les annonces de réunions, de programmes, etc., on utilise ce système: une heure de l'après-midi = treize heures; dix heures du soir = vingt-deux heures; etc.

5. *Faire les cent pas* = faire une promenade sans but.

LA BONNE OCCASE, Michel Drach, 1964; sur la photo: Edwidge Feuillère et Michel Galabru.

Dans cette comédie hilarante, ce sont les aventures d'une automobile et de ses divers propriétaires: plusieurs conducteurs dangereux, un nouveau marié qui désire impressionner sa jeune femme, deux gangsters, deux petits vieux,... et une comtesse excentrique (Edwige Feuillère sur la photo) qui va retrouver finalement—et inconsciemment—sa voiture compressée pour la gloire de l'art moderne! En argot «bonne occase» signifie «une bonne affaire».

Madame Pasquier-Gramont est très élégante pour l'arrivée de son fils.
Monsieur Pasquier-Gramont:
—Du calme, ma chérie, sois raisonnable. Il n'est que huit heures.

quillement. Autour des gares il y a des hôtels, des restaurants et des grands magasins de toutes sortes.

Madame Pasquier-Gramont, très élégante pour l'arrivée de son fils François, est sur le quai numéro 7 avec son mari, sa fille Caroline et son autre fils Didier. Tout le monde a l'air très heureux.

Madame Pasquier-Gramont: Je suis sûre que le train va avoir du retard, René! *Je perds* patience! Quelle heure est-il?

Monsieur Pasquier-Gramont: Du calme, ma chérie, sois raisonnable. Il n'est *que* huit heures. Nous avons cinq minutes. Veux-tu prendre un Coca ou boire une limonade?

Madame Pasquier-Gramont: Ah, non! Je n'ai pas soif, et il fait bien trop froid. J'espère que François est habillé pour ce climat, il est si distrait! Il oublie toujours de porter un manteau ou un cachenez! C'est bien ton fils!

Douzième Leçon   179

Paris

À huit heures cinq *on aperçoit* le train de François. (Les trains français sont toujours à l'heure.) Voilà François qui *descend* d'un wagon de deuxième classe.

Madame Pasquier-Gramont: Mon chéri! Mon chéri!

D'abord François embrasse sa mère, *et puis* son père et sa sœur, et *finalement* son frère, qui dit, plein d'admiration: «Un véritable Américain!»

Monsieur Pasquier-Gramont: Veux-tu aller au guichet retirer tes bagages ou préfères-tu revenir demain matin?

François: Oh demain matin, demain matin! Je *n'*ai *qu'*une grande valise. Maintenant je veux revoir Paris! Où est la voiture?

À l'extérieur François est immédiatement surpris par l'importance de la circulation et le mouvement accéléré des véhicules, des agents, des piétons. La conversation dans la voiture est typique des parents et de leurs enfants après une longue séparation — mille questions qui fatiguent le pauvre François: «Pourquoi as-tu les cheveux si longs? Il n'y a pas de coiffeur en Amérique? Et sans manteau avec ce froid? Tu es toujours le même!»

D'abord la voiture passe sur les grands boulevards, devant l'Opéra et la Madeleine. *Ensuite* elle prend la rue Royale *et puis* elle traverse la place de la Concorde. *Finalement* elle arrive aux Champs-Élysées, et à l'Arc de Triomphe tout illuminé. François *voit* tout, regarde tout. C'est un spectacle féerique!

C'est comme un rêve pour François: il est vraiment à Paris! Plus tard il va retourner dans un certain petit café de Saint-Germain où il espère retrouver ses amis et peut-être aussi...

Questions sur la lecture

1. Pourquoi Catherine va-t-elle rester à l'université?
2. Quand on demande à Jean-Louis de parler de ses projets, qu'est-ce qu'il répond?
3. Quelles activités y a-t-il dans une gare européenne?
4. Quels établissements sont autour des gares européennes?
5. Combien de gares principales y a-t-il à Paris?
6. Que fait François quand il descend du train?
7. Comment François est-il habillé?
8. Pourquoi François est-il pressé de quitter la gare?
9. Par quelle chose François est-il surpris?
10. Pendant le trajet en voiture, qu'est-ce que François voit?
11. Pourquoi François a-t-il hâte d'aller à un certain café?

Discussion/Composition

1. Vous revenez dans votre famille après une longue séparation. Décrivez la scène.
2. Jean-Louis refuse de divulguer ses projets pour les vacances. Imaginez pourquoi. Qu'est-ce qu'il va faire? Pourquoi est-ce que toute sa vie va peut-être changer?
3. Vous remarquez que François embrasse sa mère, son père, sa sœur et son frère. Est-ce la même chose dans votre famille? Sinon, qu'est-ce que vous pensez de cette tradition européenne? Est-ce une bonne idée? Pourquoi?
4. Imaginez qu'un voyageur arrive dans votre ville pour la première fois. Quels monuments, édifices, parcs, etc. va-t-il voir quand il traverse la ville?

Vocabulaire actif

noms

agent m.
arrivée f.
ascenseur m.
bagage m.
boutique f.
cadeau m. *gift*
cheval m.
circulation f.
climat m.
cœur m.
coiffeur m.
départ m.
destin m. *fate*
disposition f.
spinach épinards m. pl.
escalier m.
froid m.
gare f.
dept. store grand magasin m.
guichet m. *box office*

image f.
kiosque m.
limonade f.
manteau m. *coat*
Midi m. *So. France*
moitié f. *half*
piéton m. *pedestrian*
projet m.
quai m. *pier, platform*
repos m.
retour m.
rêve m.
son m. *sound*
souvenir m.
spectacle m.
valise f.
voix f.
voyageur m.
wagon m. *train car*

adjectifs

anonyme
chéri(-e)
distinct(-e) *distracted, absent minded*
distrait(-e)
domestique
esthétique
habillé(-e) *dressed*
illuminé(-e)
intime
local(-e)
*objectif /
objective*
sage
véritable

verbes

apercevoir
attendre *wait for*
composer
descendre

embrasser
emprunter *borrow*
entendre *hear*
patienter *to be patient*
perdre *lose*
prévoir *foresee*
recevoir
rendre *return*
répondre *reply, answer*
retirer *withdraw*
retrouver *find again*
revoir *meet again*
traverser *cross*

vendre
voir

adverbes

d'abord *1st of all*
enfin
ensuite *then*
longtemps
partout *everywhere*
puis *next*
seulement
tout *all, every*

directions

est
nord
ouest
sud

préposition

jusque *until, as far as*

autres expressions

en route pour
perdre la tête
perdre *patience*

Vocabulaire passif

noms

boule f.
cache-nez m. *muffler*
caprice f. *whim*
chirurgie f. *surgery*
Coca m.
cristal m.
destination f.
hall m.
loud-speaker haut-parleur m.
prince m.
satellite m.
télégramme m.
télescope m.
boat-train trip train-paquebot m.
trajet m.
véhicule f.

adjectifs

accéléré(-e)
céleste
féerique *enchanting, magical*
météorologique
prophétique
tropical(-e)

verbes

atterrir *to land*
divulguer
flâner *to waste time*

autres expressions

avoir du retard *to be slow (a thing)*
en provenance de *originating in or from*
faire les cent pas *walk to & fro*

13 Treizième Leçon

Le partitif et l'article défini

Ce que et *ce qui*

Les verbes irréguliers en *-re: comprendre (prendre), vivre, mettre, croire, paraître,* etc.

Connaître et *savoir*

Six verbes en *-ir: dormir, partir, sortir, servir, mentir, sentir*

L'orthographe des verbes en *-yer*

Nom ou adjectif + *de* + infinitif

Lecture: *Le Québec ou la révolution tranquille*

Montréal: à la terrasse d'un café

Présentation

Aimez-vous **les** distractions?

J'aime **les** spectacles. J'aime **le** théâtre. J'aime **le** cinéma. J'aime **les** bons restaurants. J'aime **la** cuisine gastronomique.

Préférez-vous **la** cuisine chinoise ou **la** cuisine française?

Vous proposez un choix difficile. J'adore **la** cuisine française et j'adore **la** cuisine chinoise. Mais je déteste **la** cuisine sibérienne!

Préférez-vous **le** café ou **le** thé?

Le matin j'aime **le** café et je prends **du** café avec **de la** crème et un peu de sucre, mais l'après-midi je préfère **le** thé.

Je ne sais pas **ce que** vous désirez. Je veux savoir **ce que** vous désirez. **Qu'est-ce que** vous désirez?

Je voudrais **du** café parce que j'ai deux classes ennuyeuses et **le** café rend le sommeil difficile.

Savez-vous **ce qui** rend les classes intéressantes?

Oui! Les histoires amusantes. Voilà **ce qui** rend les classes intéressantes.

Comprenez-vous les explications du professeur?

Je comprends toujours les explications claires.

Qu'est-ce que **vous apprenez?**

Nous apprenons le français, les sciences politiques, les mathématiques et la chimie. **Nous apprenons à parler** français.

Est-ce que François, Catherine et Jean-Louis **apprennent à** parler français?

Non, **ils n'apprennent pas à** parler français. Ils savent parler français, mais **ils apprennent à** parler anglais.

Les Français **vivent-ils** bien ou mal? Et vous?

Ils vivent bien, probablement. Moi, **je vis** assez bien.

Où **mettez-vous** vos vêtements?

Je mets mes vêtements dans ma commode ou dans mon placard. ↳chest of drawers

LA MEILLEURE FAÇON DE
MARCHER, Claude Miller,
1975; sur la photo: le fils du
réalisateur, le petit Miller.

Ce petit acteur est le fils du
réalisateur. Nous sommes dans
une colonie de vacances pour
enfants. Jérôme est triste parce
que son petit copain refuse de
parler. La maîtresse console
Jérôme, mais il n'est pas
content.

Je voudrais du café parce que j'ai deux classes ennuyeuses et
le café rend le sommeil difficile.

Qu'est-ce qu'**on met** pour
sortir quand il fait très froid ou
quand il pleut?

Quand il fait froid, **on met** un
pull-over ou un manteau.
Quand il pleut, **on met** un
imperméable.

Les Français **connaissent-ils**
le vin californien?

Oui, **ils connaissent** le vin
californien.

Connaissez-vous cette
chanson?

Je connais très bien cette
chanson. **Je sais** les paroles
par cœur.

Personnellement **je crois** que
cette musique est un peu
bizarre. Et vous?

Nous croyons qu'elle est très
belle! Moi, **je crois** qu'elle est
digne d'être la chanson
officielle de l'université.

Kim, **vous paraissez** avoir
sommeil. Si vous désirez
dormir, il faut **sortir**.

Mais **je ne dors pas**! Et je n'ai
pas **envie de sortir**. Je ne
sors pas avant la fin de la
classe. En fait, nous allons
partir dans dix minutes.

À quelle heure **partez-vous**
de l'université?

Je pars de l'université vers ~~toward~~
quatre heures.

Sortez-vous beaucoup le soir?

Je ne sors pas beaucoup en semaine. **Je sors** surtout le week-end. *especially*

Êtes-vous content d'être ici? Avez-vous **l'intention de continuer** à étudier le français?

Je suis très **content d'être** ici et naturellement j'ai **l'intention de continuer** à étudier le français.

Explications

1 Le partitif est différent de l'article défini.

A. Étudiez les exemples:

Je voudrais **du café** parce que j'aime **le café**.

fresh

Les légumes frais sont bons pour vous, il faut manger **des légumes** pour avoir beaucoup de vitamines.

B. Le partitif: On utilise **du, de la, de l'** ou **des** (une quantité indéterminée) quand on exprime une idée concrète.

Exemples: Je voudrais **du café**.

Il faut **des légumes** pour le dîner.

Il y a **de l'eau** dans l'océan.

Donnez-moi **du pain**, s'il vous plaît.

Il y a **de la neige** sur la montagne.

Tout prend **du temps**.

C. L'article défini:

1. On utilise l'article défini **le, la l'** ou **les** quand on exprime une idée générale ou abstraite. Dans ce cas, le nom est souvent le sujet du verbe ou le complément d'objet d'un verbe qui exprime un jugement de valeur.

a. Le nom comme sujet du verbe:

Les légumes sont bons pour la santé.

Le pain est délicieux à Paris.

La neige est belle.

Le temps passe vite.

b. Le nom comme complément d'objet d'un verbe qui exprime un jugement de valeur, comme **j'aime, j'adore, je déteste, je préfère**:

J'aime **le café**.

Je n'aime pas **les légumes**.

J'adore **la cuisine gastronomique**.

Je déteste **l'eau.**

Je préfère **le champagne.**

2. On utilise aussi l'article défini pour exprimer une chose spécifique (exactement comme en anglais):

J'ai **la clé** *de la maison.*

Je regarde **le livre** *de Jacques.*

Comprenez-vous **les explications** *du professeur?*

Passez **le pain,** s'il vous plaît. (le pain qui est sur la table)

2 Les expressions **ce que** et **ce qui:**

A. **Ce que** = la chose (les choses) que:

Voilà *la chose que* je demande. = Voilà **ce que** je demande.

Il ne fait pas *les choses que* ses amis détestent. = Il ne fait pas **ce que** ses amis détestent.

Voilà tout **ce que** je sais.

Expliquez **ce qu'**Albert dit.

Remarquez: **Qu'est-ce que?** et **ce que:** Pour une question directe dans une phrase interrogative, on utilise **Qu'est-ce que?** (Première Leçon), mais dans une phrase déclarative, on utilise **ce que.**

Exemples: **Qu'est-ce que** c'est?

Je ne sais pas **ce que** c'est.

C'est exactement **ce que** je veux.

Voilà **ce que** je préfère.

B. **Ce qui** = la chose (les choses) qui:

Vois-tu *la chose qui* est à côté de la porte? = Vois-tu **ce qui** est à côté de la porte?

J'ai peur *des choses qui* font du bruit. = J'ai peur de **ce qui** fait du bruit.

Il ne sait pas **ce qui** arrive.

Le dictionnaire, c'est **ce qui** donne des définitions.

3 Les verbes irréguliers en **-re:**

A. Les composés du verbe **prendre** (voir[1] page 160) ont le même système de conjugaison que **prendre: comprendre, apprendre, surprendre, reprendre:**

comprendre		apprendre	
je comprends	nous comprenons	j'apprends	nous apprenons
tu comprends	vous comprenez	tu apprends	vous apprenez
il comprend		il apprend	
ils comprennent		ils apprennent	

---

1. *Voir* = voyez. On emploie souvent l'infinitif pour l'impératif dans des directives officielles.

Remarquez: **Apprendre + à +** infinitif:

J'apprends à organiser mes idées.

Remarquez: La différence entre ces verbes et les verbes réguliers comme **vendre** (voir leçon 12) aux trois personnes du pluriel:

nous prenons	**nous vendons**
vous prenez	**vous vendez**
ils prennent	**ils vendent**

nous comprenons	**nous attendons**
vous comprenez	**vous attendez**
ils comprennent	**ils attendent**

B. Le verbe **vivre** et ses composés **(revivre, survivre):**

vivre

je vis	**nous vivons**
tu vis	**vous vivez**
il vit	**ils vivent**

C. Le verbe **mettre** et ses composés **(permettre, admettre,** ~~*promise*~~ *putback* **remettre, soumettre, promettre, omettre, commettre,** etc.):**

mettre		**permettre**	
je mets	**nous mettons**	**je permets**	**nous permettons**
tu mets	**vous mettez**	**tu permets**	**vous permettez**
il met	**ils mettent**	**il permet**	**ils permettent**

D. Le verbe **croire** (la croyance, la supposition, la conviction)

croire

je crois	**nous croyons**
tu crois	**vous croyez**
il croit	
ils croient	

Attention: **Croire** a souvent le même sens que **penser:**

Je crois qu'il a raison. **Je pense** qu'il a raison.

Je crois savoir la bonne réponse. **Je pense** savoir la bonne réponse.

Remarquez: Dans les autres cas, **croire** et **penser** ont des sens différents:

Il croit toutes les histoires que les gens disent.

Je pense à vous.

E. Les verbes **paraître** et **connaître** et leurs composés **(apparaître, disparaître, reconnaître,** etc.):

paraître		**connaître**	
je parais	**nous paraissons**	**je connais**	**nous connaissons**
tu parais	**vous paraissez**	**tu connais**	**vous connaissez**
il paraît	**ils paraissent**	**il connaît**	**ils connaissent**

4 **Connaître** et **savoir:**

A. **Connaître:**

Exemples: **Je connais** ses parents.
Il est parisien et **connaît** bien sa ville natale.
Je connais bien Jean-Louis.

Le verbe **connaître** signifie la familiarité (résultat d'un contact personnel, conséquence d'une expérience). **On connaît** une personne. **On connaît** un *place =* endroit (une ville, une maison, un musée, une route). **On connaît** une civilisation, une culture, une discipline (l'antiquité chinoise, la peinture haïtienne, la littérature française, la musique classique). **Connaître** *précède généralement un nom.* **Connaître** n'introduit absolument pas de proposition («clause») subordonnée.

B. **Savoir:**

Exemples: **Je sais** qu'il va venir demain.
Elle sait bien sa leçon.
Nous savons où est la gare du Nord.
Vous savez danser.

Le verbe **savoir** indique une information ou une compétence précise. **Savoir** est le résultat d'apprendre. **On sait** faire quelque chose (danser, skier, etc.). **On sait** que... **on sait** ce que... **on sait** où, quand, pourquoi, combien, si, etc. **Savoir** *précède un nom, un verbe à l'infinitif ou une proposition subordonnée.*

5 Six verbes en -**ir** (et leurs composés) ont le même système de conjugaison: **dormir, partir, sortir, servir, mentir,**[2] **sentir.**[3]

dormir		partir	
je dors	**nous** dormons	**je** pars	**nous** partons
tu dors	**vous** dormez	**tu** pars	**vous** partez
il dort	**ils** dorment	**il** part	**ils** partent

6 L'orthographe des verbes réguliers en -**yer:**

A. Les verbes en -**ayer** (comme **payer** ou **essayer**) peuvent remplacer **y** par **i** quand la terminaison est muette (non-prononcée).

Exemples: *terminaisons muettes*   *terminaisons prononcées*

je pa**ye** *ou* je pa**i**e   nous pa**yons**
tu pa**yes** *ou* tu pa**i**es   vous pa**yez**
il pa**ye** *ou* il pa**i**e
ils pa**yent** *ou* ils pa**i**ent

---

2. *Mentir* ≠ dire la vérité.

3. *Sentir* = verbe qui exprime la sensation et la sensibilité olfactive, tactile ou psychologique (sentiment).

B. Les verbes en **-oyer** (comme **envoyer**[4] ou **employer**) et **-uyer** (comme **ennuyer**) changent **y** en **i** devant une terminaison muette.

Exemples: *terminaisons muettes*   *terminaisons prononcées*

j'ennu**ie**   nous ennu**yons**
tu ennu**ies**   vous ennu**yez**
il ennu**ie**
ils ennu**ient**

7   L'infinitif complément:

A.   NOM
     ou   }   + **DE** + INFINITIF
     ADJECTIF

1. On ne peut pas attacher un infinitif directement à un nom ou à un adjectif. Il faut l'intermédiare d'une préposition. Cette préposition est souvent **de**.

Exemples: Je suis **heureux de faire** votre connaissance.
               Elle a **l'intention de dîner** dans un petit restaurant.
               J'ai **l'honneur de présenter** la nouvelle présidente.
               Ils sont **contents de venir**.
               Je n'ai pas **envie de sortir**.
               Ils n'ont pas **l'air de croire** à leur bonheur.
               Cette chanson est **digne d'être** l'hymne national.
                          worthy

Exercices oraux

A.   Voici des phrases interrogatives avec **qu'est-ce que**; faites des phrases déclaratives en utilisant **Je ne sais pas ce que...**: (§2)
Exemple: *Qu'est-ce qu'on veut?*
               Je ne sais pas ce qu'on veut.

1. Qu'est-ce qu'on pense?
2. Qu'est-ce qu'on écoute?
3. Qu'est-ce qu'on croit?
4. Qu'est-ce qu'on voit?
5. Qu'est-ce qu'on fabrique?
6. Qu'est-ce qu'on regarde?
7. Qu'est-ce qu'on répond?

---

4. *Envoyer* ≠ recevoir.

8. Qu'est-ce qu'on demande?
9. Qu'est-ce qu'on a?
10. Qu'est-ce qu'on fait?

B.   Demandez à un autre étudiant ou à une autre étudiante:
     (§3, 4, 5)

1. s'il (si elle) met un manteau en hiver.
2. s'il (si elle) connaît le président de l'université.
3. s'il (si elle) reconnaît ses fautes.
4. s'il (si elle) sort le soir.
5. s'il (si elle) vit pour manger (ou s'il mange pour vivre).
6. s'il (si elle) dort bien.
7. s'il (si elle) comprend le souahéli.
8. s'il (si elle) commet des crimes.
9. s'il (si elle) croit les journaux.
10. si vous paraissez nerveux (nerveuse).

C.   Répondez aux questions suivantes: (§3, 4)

1. Comprenez-vous toutes les questions qu'on pose?
2. Prenez-vous des vitamines tous les jours?
3. Connaissez-vous des proverbes français?
4. Où dormez-vous?
5. Quand mettez-vous un imperméable?
6. Sortez-vous souvent le samedi soir?
7. Qu'est-ce qu'on apprend dans une classe d'anglais?
8. Où mettez-vous votre argent?
9. Croyez-vous ce que les politiciens disent?
10. Reconnaissez-vous vos parents après une longue séparation?

D.   Regardez la photo à la page 187 et répondez aux questions
     suivantes:

1. Le garçon dort-il?
2. A-t-il envie de sortir?
3. Savez-vous ce qui ennuie le garçon?

Exercices écrits

A. Mettez **le (la, l', les), du (de la, de l', des)** ou **de** dans les phrases suivantes: (§1)

1. Les Français détestent _____ eau glacée.
2. Je bois mon café avec _____ lait.
3. Les Américains n'aiment pas _____ biftecks de cheval.
4. Elle achète _____ tomates aujourd'hui.
5. Elle n'a pas _____ tomates aujourd'hui.
6. Elle n'aime pas _____ tomates.
7. Ils achètent _____ vin new-yorkais.
8. Ils n'ont pas _____ vin new-yorkais.
9. Il y a _____ Californiens qui n'aiment pas _____ vin new-yorkais.
10. Les Américains adorent _____ choses pratiques.
11. Je voudrais acheter _____ pain français.
12. J'aime bien _____ pain français.
13. Il préfère _____ étudiants enthousiastes.

B. Mettez **Qu'est-ce que, ce que, ce qui, que** ou **qui** dans les phrases suivantes: (§2)

1. _____ c'est?
2. C'est la femme _____ vous détestez.
3. Je ne comprends pas _____ vous dites.
4. Voulez-vous expliquer _____ est difficile?
5. Je vois un insecte _____ est à côté de vous.
6. _____ il faut savoir pour l'examen?
7. Lawrence Welk est un musicien _____ mon grand-père adore.
8. Sais-tu _____ mon chat adore?
9. Il adore la nourriture _____ on donne aux chiens!
10. Il n'y a pas d'animal _____ parle aussi bien que l'homme.
11. Tu ne veux pas boire _____ le Docteur Jekyll prépare!
12. L'enfant ne voit pas _____ j'ai dans la main.
13. Préférez-vous faire _____ tout le monde fait?
14. C'est une expression _____ il ne faut pas utiliser.
15. _____ tu demandes est ridicule.

C. Mettez la forme correcte des verbes entre parenthèses dans les phrases suivantes: (§3)

1. (apprendre)   Ils _____ des choses pratiques.
2. (mettre)   Cet homme ne _____ pas de cravate.

3. (vivre)   Je _____ assez bien parce que mon père
                    est généreux.
4. (comprendre)   Nous _____ parfaitement votre réaction.
5. (reconnaître)   Elles _____ la beauté de cette statue.
6. (prendre)   Vous _____ du sucre, n'est-ce pas?
7. (apparaître)   Les fantômes _____ quelquefois.
8. (croire)   On _____ ce qu'on voit.
9. (disparaître)   Chez moi, quand il faut faire la vaisselle tout
                    le monde _____ .
10. (permettre)   _____-vous les questions indiscrètes?

D.   Répondez aux questions suivantes: (§5, 6)

1. Payez-vous vos dettes?
2. Essayez-vous de dire la vérité?
3. Ennuyez-vous vos amis avec vos anecdotes?
4. Qu'est-ce que vous employez pour écrire?
5. Dormez-vous bien quand vous êtes malade?
6. Servez-vous du champagne français au petit déjeuner?
7. Avec qui sortez-vous ce soir?
8. À quelle heure partez-vous de la maison le lundi matin?
9. Quand vous mentez, est-ce que vous rougissez?
10. Partez-vous quand vous sentez une mauvaise odeur?

E.   Mettez la forme correcte de **connaître** ou de **savoir** dans
     la phrase: (§3, 4)

1. Nous _____ la vraie identité de Superman.
2. Je _____ très bien Chicago.
3. _____ -vous l'adresse de Monsieur Kleen?
4. Tu _____ mon ami Fred, n'est-ce pas?
5. Tout le monde _____ que l'aéroport d'Orly est à Orly.
6. Je ne _____ pas ce restaurant.
7. Ces enfants sont précoces: ils _____ la différence entre un
   garçon et une fille.
8. Nous ne _____ pas ton appartement mais nous _____ où
   il est.

F.   Combinez les deux phrases en une seule phrase: (§7)
     Exemple: *Je suis ici. Je suis content.*
                Je suis content d'être ici.

1. Nous avons l'intention. Nous dénonçons ce criminel.
2. Vous avez l'air. Vous comprenez le problème.
3. Ils ont envie. Ils visitent le musée Rodin.
4. Elle est fière. Elle a sa promotion.
5. Il est triste. Il part sans elle.

Lecture

Le Québec ou la révolution tranquille

La destinée des Canadiens d'origine française est très intéressante. Abandonnés par la France au Traité de Paris en 1763, *ils essaient* de *survivre* comme ils peuvent, mais économiquement et socialement ils deviennent des citoyens minoritaires. Pourtant[5] ils conservent leur langue, leur religion, et beaucoup de leurs traditions. Quelques Canadiens privilégiés, qui peuvent voyager, *connaissent* la France. Mais beaucoup de Français *paraissent* ignorer qu'il y a, sur le continent américain, un grand peuple de langue française qui a *envie d'évoluer* et *de sortir* de sa situation de minorité exploitée. *Ce qu'*il faut *comprendre* et *ce que* les jeunes Canadiens *comprennent* et *sentent* très bien, c'est que leur isolement linguistique *ne permet pas* leur intégration à l'activité économique, sociale et politique du pays. Mais *ce qui* est aussi *important* pour les Canadiens d'origine française, c'est *de maintenir* leur héritage linguistique et culturel s'ils veulent *survivre.* Ils sont conscients de ce paradoxe.

Ce qui paraît miraculeux, c'est le développement et l'émancipation extraordinaires qui ont ~~lieu~~ *place* au Canada dans la province de Québec à partir de 1959. Grâce aux efforts de Pierre Trudeau, chef du parti libéral, de Jean Lesage, ancien premier ministre de la province de Québec, et de René Lévesque, chef du parti québécois, on voit une transformation remarquable de toute la société canadienne d'origine française. D'importantes améliorations sont effectuées: création d'assurances sociales; réformes et sécularisation des anciennes écoles primaires, secondaires et universitaires; et réorganisation *(trade unions)* -syndicale. La diversification des options scolaires *permet* d'orienter plus d'étudiants *toward* vers les sciences économiques, les affaires et la technologie. Maintenant les jeunes Canadiens sont *fiers de maintenir* leur héritage et leur culture, mais ils sont *capables* aussi *de participer* à la vie économique et politique de leur pays. *Ils savent* que ce n'est qu'un commencement, et ils ont *l'espoir de développer* et *de multiplier* leurs rapports avec la France, les autres pays francophones et aussi leurs voisins américains. Des chanteurs et des poètes, comme Félix Leclerc, Gilles Vigneault, et Robert Charlebois, et des écrivains, comme Marie-Claire Blais, *transmettent* la pensée québécoise au monde francophone.

Le Canada *emploie* ses ressources et *envoie* ses ingénieurs et ses techniciens participer au développement des pays francophones. Ils voyagent en Afrique, au Moyen Orient, aux Caraïbes pour fournir leur *to furnish*

---

5. *Pourtant* = *mais:* formule d'opposition.

aide, leur savoir et leurs connaissances aux nouvelles nations de ces régions.

Mais tout prend du temps, des efforts, de la tenacité. Pour le moment le temps marche dans leur sens. En 1976 le parti québécois devient majoritaire aux élections parlementaires de la province de Québec. Les historiens appellent cette évolution spectaculaire de la société canadienne (ou québécoise) la «Révolution Tranquille». C'est le plus bel exemple d'un changement profond sans violence, mais non sans effort.

Questions sur la lecture

1. Quel est le résultat du Traité de Paris de 1763?
2. Quel est le paradoxe qui caractérise la situation des Canadiens d'origine française?
3. Qui est Pierre Trudeau? René Lévesque? Jean Lesage?
4. Quels changements dans la société québécoise sont le résultat des efforts de Pierre Trudeau, de Jean Lesage et de René Lévesque?
5. Quelles nouvelles options sont ouvertes aux jeunes Québécois?
6. Définissez la «Révolution Tranquille».
7. Où y a-t-il d'autres «Révolutions Tranquilles» aujourd'hui?

Discussion/Composition

1. Connaissez-vous le Canada? Quelles provinces connaissez-vous? La Colombie Britannique? La Nouvelle-Écosse? Le Québec? L'Ontario? Etc. Comment sont les Canadiens que vous connaissez? Parlent-ils anglais? Français? Ont-ils un accent spécial?
2. Comprenez-vous le problème des minorités françaises du Canada? Quelles sont vos idées sur la question? Y a-t-il un problème comparable aux États-Unis?
3. Imaginez que vous êtes en vacances et que vous faites un voyage au Canada. Écrivez une lettre à vos amis où vous expliquez ce que vous voyez, ce qui est différent pour vous, ce qui est intéressant, ce qu'on a l'occasion de faire, ce qu'on est surpris d'observer....

Vocabulaire actif

noms

aéroport m.
aide f.
assurance f.
beauté f.
bifteck m.
bonheur m. *happiness*
changement m. *change*
chef m.
choix m.
citoyen m.
citoyenne f.
commode f. *comfortable easy*
continent m.
crime m.
développement m.
école f.
écrivain m. *writer*
effort m.

élection f.
héritage m.
imperméable m.
incident m.
ingénieur m. *engineer*
insecte m.
intention f.
isolement m. *isolation*
ministre m.
musicien m.
nation f.
neige f.
nourriture f.
odeur f.
option f.
origine f.
paradoxe m.

parole f.
parti m. (*political party*)
pensée f.
proverbe m.
province f.
rapport m.
réforme f.
religion f.
révolution f.
société f.
sommeil m.
statue f.
technicien m.
traité *treaty*
vaisselle f. *dishes*
violence f.
voisin m. *neighbor*

noms propres géographiques

Colombie
  Britannique f.
Nouvelle-Écosse f.
Ontario m.
Québec m.

adjectifs

abandonné(-e)
comparable
conscient(-e)
culturel(-le)
digne
fier / fière *proud*
généreux /
   généreuse
glacé(-e)
libéral(-e)
officiel(-le)
privilégié(-e)
profond(-e)
québécois(-e)
scolaire
spectaculaire
tranquille

verbes

admettre
admirer
apparaître *to appear (an apparition)*
apprendre
comprendre
connaître
conserver
croire *to believe*
développer
disparaître *disappear*
dormir
employer
ennuyer
fabriquer
fournir *to furnish*
ignorer
mentir *to lie*

mettre
multiplier
omettre
orienter
paraître *to seem to be - to appear -*
participer
partir
permettre
promettre
proposer
reconnaître *to recognize, acknowledge*
remettre *to put back*
sentir *to feel, smell (sense?)*
servir
sortir
soumettre *to submit*
vivre

conjonction

pourtant *however*

autres expressions

à partir de *starting from*
grâce à *thanks to / because of...*
par cœur

Vocabulaire passif

noms

connaissance f.
destinée f.
émancipation f.
évolution f.
historien m.
identité f.
intégration f.
réorganisation f.
ressource f.
savoir m.
? — souahéli m.
tenacité f.

adjectifs

exploité(-e)
francophone
gastronomique
linguistique
majoritaire
minoritaire
natal(-e)
parlementaire
précoce
sibérien(-ne)
syndical(-e)

verbes

caractériser
commettre
évoluer
maintenir
revivre
survivre
transmettre

chanson

Jacques Prévert
1900-

Quel jour sommes-nous
Nous sommes tous les jours
Mon amie
Nous sommes toute la vie
Mon amour
Nous aimons et nous vivons
Nous vivons et nous aimons
Et nous ne savons pas ce que c'est que la vie
Et nous ne savons pas ce que c'est que le jour
Et nous ne savons pas ce que c'est que l'amour.

Paroles
© Éditions Gallimard

14 Quatorzième Leçon

L'imparfait et le passé composé:
 formation, signification, usage

Lecture: *Une Lettre de François*

Ils ont skié toute la journée. C'était merveilleux!

Présentation

Aujourd'hui, c'est mercredi. Il y a une leçon importante dans notre classe, c'est la quatorzième leçon.

Hier, **c'était** mardi. **Il y avait** aussi une leçon importante dans notre classe, **c'était** la treizième leçon.

Cette semaine, il fait beau. Est-ce qu'**il faisait** beau la semaine dernière?

La semaine dernière, **il faisait** mauvais. **Il ne faisait pas** beau, **il faisait** froid.

Étiez-vous absent hier, Paul?

Non, **je n'étais pas** absent, **j'étais** présent, mais Pat **était** absente.

Où **étiez-vous,** Pat?

J'étais avec ma cousine, ses parents **étaient** avec nous et **nous étions** à leur maison de campagne.

Aviez-vous votre auto pour revenir à l'université?

Oui, **j'avais** ma voiture, mais ma cousine **avait** beaucoup d'amis dans la région et **nous avions** une invitation à dîner lundi soir chez des gens qui **avaient** une maison fantastique au milieu d'une forêt avec un lac et...

Mais **vous saviez** bien qu'il y **avait** une composition orale hier?

Oh oui! et mes amis **savaient** aussi qu'**il y avait** une composition orale. **Nous savions** que **c'était** lundi et **je ne voulais pas** être absente pour le cours, mais **je ne pouvais pas** abandonner ma cousine, et ses amis **ne pouvaient pas** changer la date du dîner! Voilà! **Je pensais... j'espérais** *to find* trouver une raison plus valable, mais **je savais** très bien aussi que vous détestez les excuses ordinaires comme: «**J'étais** malade hier, **j'avais** la grippe,» etc. Alors, c'est la vie! Mais je suis contente parce que **j'ai dit** la vérité.

Qu'est-ce que **vous avez fait** lundi soir?

Oh, **c'était** vraiment une soirée extraordinaire et **il y avait** des gens épatants. **Nous avons** très bien **dîné** et ensuite, **nous avons parlé** et **nous avons dansé.** Deux jeunes gens **ont joué** de la guitare et une jeune fille **a chanté** des airs folkloriques. **Il faisait** bon, près de la cheminée. **J'ai bu** trois ou quatre verres de vin chaud, **j'ai oublié** le compte exact. La vie **était** merveilleuse, mais ce matin, **j'avais** un peu mal à la tête: alors, **j'ai pris** un cachet d'aspirine et maintenant je suis en classe!

LE JUGE ET L'ASSASSIN, Bertrand Tevernier, 1976; sur la photo: Philippe Noiret.

Une soirée bourgeoise en 1900: des tapisseries à fleurs, un piano, un jeune officier qui joue, un monsieur à lorgnon qui lit un texte.

C'était vraiment une soirée extraordinaire, et il y avait des gens épatants.

Votre vie d'étudiant est certainement très différente de la vie que **vous aviez** quand **vous étiez** plus jeune et quand **vous habitiez** chez vos parents. Comment **était** votre vie, Michel? **Avez-vous changé?**

Oh oui! **j'ai** beaucoup **changé!** Tout **était** différent: **j'allais** à l'école secondaire de ma ville, **je faisais** beaucoup de sport et **j'étais** très timide. Un jour, **j'ai fait** la connaissance d'une jeune fille qui **habitait** à côté de notre maison.

Qu'est-ce que **vous faisiez** quand **vous étiez** avec elle?

Tous les soirs, après le dîner, **nous parlions** longtemps; **nous faisions** des promenades à pied; quelquefois **je jouais** de la guitare; souvent, le samedi soir, **je prenais** ma voiture et **nous allions** au cinéma ou danser.

Mais un soir, quand **nous revenions** à la maison, **nous avons eu** un accident d'auto. Alors, **il y a eu** beaucoup de disputes entre sa mère et ma mère et nos rapports **ont cessé** immédiatement, mais **je n'ai pas oublié** Sherry (**elle s'appelait** Sherry).

Est-ce que **c'était** un accident grave?

Oh, pas trop grave. Heureusement, par hasard, **nous avons pu** sortir de la voiture sans difficulté, mais **nous avons eu** un choc shock, blow, collision psychologique très fort et durant quelques secondes, **nous avons cru** que **nous étions** morts: à ce moment précis, **j'ai pensé** à ma famille et à la famille de Sherry.

Alors, qu'est-ce que **vous avez fait?**

J'ai téléphoné aux parents de Sherry. **Ils ont** immédiatement **voulu** venir et naturellement **ils ont décidé** que **j'étais** coupable.

Est-ce que **c'était** votre faute?

First fall,

D'abord, **je ne savais pas,** mais plus tard, **nous avons su** que **c'était** la faute de l'autre chauffeur.

Explications

1 Le passé a essentiellement deux temps, l'*imparfait* et le *passé composé.*

A.   Formation de l'imparfait:

1. On prend la *première personne du pluriel du présent* **(nous)**, on enlève la   *(remove?)* terminaison **-ons** et on ajoute les terminaisons de l'imparfait:

je	-ais	nous	-ions
tu	-ais	vous	-iez
il	-ait	ils	-aient

pouvoir ✓

(nous pouv~~ons~~ → pouv-)

je pouvais	nous pouvions
tu pouvais	vous pouviez
il pouvait	ils pouvaient

prendre ✓

(nous pren~~ons~~ → pren-)

je prenais	nous prenions
tu prenais	vous preniez
il prenait	ils prenaient

savoir ✓

(nous sav~~ons~~ → sav-)

je savais	nous savions
tu savais	vous saviez
il savait	ils savaient

vouloir ✓

(nous voul~~ons~~ → voul-)

je voulais	nous voulions
tu voulais	vous vouliez
il voulait	ils voulaient

2. Pour l'imparfait, le verbe **être** a un radical irrégulier:

être ✓

j'étais	nous étions
tu étais	vous étiez
il était	ils étaient

B.   Formation du passé composé avec l'auxiliaire **avoir**:

1. Le verbe **avoir** au présent + le participe passé du verbe:

Exemple:

j'ai mangé	nous avons mangé
tu as mangé	vous avez mangé
il a mangé	ils ont mangé

2. Formation du participe passé:

   a. Tous les verbes en **-er** ont un participe passé régulier en **-é:**

       j'ai écout**é**   j'ai décid**é**   j'ai invit**é**

       j'ai habit**é**   j'ai demand**é**   j'ai propos**é**

   b. Pour les verbes réguliers en **-ir** et **-re,** les terminaisons du participe passé sont respectivement **-i** et **-u:**

   -ir: j'ai fin**i**   j'ai brun**i**   j'ai chois**i**

          j'ai réuss**i**   j'ai obé**i**   j'ai défin**i**

   -re: j'ai attend**u** j'ai entend**u** j'ai répond**u**

          j'ai rend**u**   j'ai vend**u**   j'ai prétend**u**

3. Beaucoup de participes passés sont irréguliers.

Exemples:

être	**été**
prendre (apprendre)	**pris (appris)**
mettre (permettre, promettre)	**mis (permis, promis)**
faire	**fait**
écrire (décrire)	**écrit (décrit)**
dire	**dit**
paraître	**paru**
connaître	**connu**
vivre	**vécu**
lire	**lu**
courir	**couru**
voir	**vu**
avoir	**eu**[1]
savoir	**su**
pouvoir	**pu**
recevoir	**reçu**
apercevoir	**aperçu**
boire	**bu**
croire	**cru**
offrir	**offert**
souffrir	**souffert**
ouvrir (couvrir)	**ouvert (couvert)**
tenir (obtenir)	**tenu (obtenu)**

4. À l'interrogatif et au négatif: Ce sont simplement les formes interrogatives et négatives de l'*auxiliaire.* L'auxiliaire est considéré comme le verbe et le participe passé est ajouté après.

Exemples: **Avez-vous** déjeuné?   Oui, j'ai déjeuné.

                               Non, **je n'ai pas** déjeuné.

            Avez-vous fini votre travail?   Oui, j'ai fini mon travail.

                                 Non, **je n'ai pas** fini mon travail.

---

1. Prononcez seulement *u* [y].

5. Place des adverbes: On place les adverbes—particulièrement les adverbes courts **(bien, mal, encore, déjà, toujours)**—entre l'auxiliaire et le participe passé.

short ←

Exemples: J'ai **bien** dormi.

déjà = already

As-tu **déjà** écrit ton premier roman?
Nous avons **toujours** parlé français dans cette classe.
Vous avez **encore** fait la même faute!
Nous n'avons pas **mal** dîné.

Remarquez: Les adverbes longs sont en général après le participe passé:
Vous avez répondu **très correctement.**
Ils n'ont pas lu **attentivement.**

2 Signification et usage de l'imparfait et du passé composé:

A. Pour exprimer *un état de choses (de pensée, d'émotion, d'opinion), une description, un décor, une habitude,* dans le passé, **sans précision de moment,** utilisez l'IMPARFAIT.

1. État de choses, de pensée, d'opinion, d'émotion, dans le passé:

Exemples: Quand **j'avais** seize ans, **j'avais** des idées précises sur la vie.
Je voulais devenir astronaute ou pilote. **Je savais** que mes parents **n'aimaient pas** mes idées, mais **je croyais** avoir une vocation. Ma mère **ne pouvait pas** comprendre mes idées; mon père, qui **désirait** avoir le calme et la tranquillité, **pensait** que **j'étais** jeune et idéaliste et **il espérait** voir sa fille changer d'idée plus tard et devenir médecin, avocat, ingénieur ou professeur. **Avait-il** raison?

a. Vous remarquez que certains verbes ou expressions verbales sont plus aptes à exprimer l'*état de choses:*

		(être)	(avoir)	(pouvoir)
c'est	il y a	je suis	j'ai	je peux
c'était	**il y avait**	**j'étais**	**j'avais**	**je pouvais**
il fait beau (mauvais, chaud, etc.)			il faut	il pleut
il faisait beau (mauvais, chaud, etc.)			**il fallait**	**il pleuvait**

b. *État de pensée, d'opinion, d'émotion:*

(penser)	(savoir)	(vouloir)	(croire)	(désirer)
je pense	je sais	je veux	je crois	je désire
je pensais	**je savais**	**je voulais**	**je croyais**	**je désirais**
(aimer)	(détester)	(adorer)	(espérer)	
j'aime	je déteste	j'adore	j'espère	
j'aimais	**je détestais**	**j'adorais**	**j'espérais**	

Avec ces verbes, si le contexte n'indique pas un moment précis ou soudain au passé, utilisez l'imparfait.

2. On utilise aussi l'imparfait pour:

   a. *Une description, un décor* au passé:
   La scène **était** dans une forêt, **il faisait** beau, **on entendait** les oiseaux qui **chantaient** dans les arbres, **il y avait** un petit vent froid, mais **j'avais** un pull-over et **nous étions** parfaitement heureux.

   b. *Une situation coutumière, habituelle* au passé:
   Quand **j'avais** dix ans, mes grands-parents et moi, **nous allions** souvent au parc. **Nous prenions** l'autobus. **J'aimais** beaucoup jouer avec les autres enfants. **Nous pouvions** courir librement et quand le soir **venait, nous ne voulions pas** rentrer à la maison.

B. Pour exprimer *une action (des actions)* ou *un état de choses (de pensée, d'émotion, d'opinion)* **à un moment précis** ou **soudain** dans le passé, utilisez le PASSÉ COMPOSÉ.

   Exemple: **J'ai vu** l'homme que la police **cherchait. Il était** brun et petit,
   (action)   (état de choses) (description)

   il avait un revolver à la main. Alors, tout à coup,
   (description)

   j'ai eu peur et **j'ai pensé** qu'**il voulait** m'assassiner. Alors,
   (émotion et pensée   (émotion ou opinion sans
   à un moment précis)   précision de moment)

   j'ai essayé d'expliquer que **nous n'étions pas** ennemis
   (action)   (état de choses)

   et que **c'était** un crime sans motif. **Il n'a pas répondu**
   (état de choses)   (action négative)

   mais **il a remis** son revolver dans sa poche et **j'ai compris**
   (action)   (pensée à un moment précis)

   que **je pouvais** partir.
   (état de choses sans précision de moment)

   Exemple: **Je ne pouvais pas** ouvrir la porte parce que **je n'avais pas**
   (état de choses)   (état de choses)
                                                      trouvé
   la clé. **J'ai téléphoné** à mon ami et **il a trouvé** ma clé:
   (action)   (action)

   alors, **j'ai pu** entrer chez moi.
   (état de choses à un moment précis)

   Exemple: Le professeur **a posé** une question et **je ne savais pas** la
   (action)   (opinion ou état de choses
                               sans précision de moment)

   réponse: alors, **il a expliqué** sa question et finalement
   (action)

j'ai su répondre.
(pensée à un moment précis)

Exemple: Michel **ne voulait pas** étudier le français, mais quand
(opinion ou émotion)

j'ai expliqué les avantages d'une langue étrangère, **il a voulu**
   (action)   *(opinion à un moment précis)*

commencer le français.

Exemple: **J'étais** sur l'autoroute quand **il y a eu** une explosion.
(état de choses) (état de choses à un moment précis)

Quand les expressions comme **c'est, il y a, il fait** beau (mauvais, etc.)
et les verbes comme **croire, savoir, pouvoir, vouloir, penser, aimer,
espérer,** etc. sont au *passé composé,* il y a toujours *une indication de
moment précis:*

une expression adverbiale comme: **tout à coup, à ce moment,** etc.
un adverbe comme: **soudain (soudainement), subitement,** etc.
un mot-clé comme: **une explosion, un accident, un choc,** etc.

et surtout le contexte:

atmosphère d'action dramatique, série d'événements, pensées
brusques, opinions soudaines, idées rapides, etc.

C. *Le passé composé exprime une action, une réflexion, une déclaration terminées.*

Exemple: Elle a vécu. = Elle a fini de vivre. = Elle est morte.[2]

L'imparfait n'exprime pas une action finie. C'est peut-être une action que
nous supposons logiquement terminée, mais l'imparfait n'indique pas la
fin. Au contraire, la signification de l'imparfait est le «non-fini». Voilà
pourquoi l'imparfait a une valeur descriptive.

Exemple: **Il ouvrait** la porte...

Est-ce qu'il a fini d'ouvrir la porte? C'est possible, mais ce n'est pas indiqué.
La continuation de la phrase ne change pas l'idée descriptive de la première
partie de la phrase:

Exemples: *actions simultanées*

Il ouvrait la porte quand la
bombe a explosé.

Il ouvrait la porte quand le
policier a crié: «Arrêtez!»

Il ouvrait la porte quand le
garçon a jeté le journal à
ses pieds.

actions successives

Il a ouvert la porte et la
bombe a explosé.

Il a ouvert la porte et le
policier a crié: «Arrêtez!»

Il a ouvert la porte et le
garçon a jeté le journal à
ses pieds.

---

2. Naturellement des détails supplémentaires (des adverbes) peuvent
changer la signification de la phrase: Elle a vécu dix ans à New
York. = Elle a habité dix ans à New York.

Exercices oraux

A. Mettez ces phrases au passé composé: (§1)
   Exemple: *Je parle de mon professeur.*
             J'ai parlé de mon professeur.

1. Il accepte l'invitation.
2. Nous regardons la télévision.
3. Ils choisissent leur représentant.
4. Vous obéissez à votre conscience.
5. Je réponds à la lettre.
6. Elle vend sa stéréo.
7. Nous écrivons nos exercices.
8. Ils prennent leur temps.
9. Vous apprenez le principe.
10. Il comprend la question.
11. Je dis mon opinion.
12. Elle voit la situation.
13. Tu lis le roman.
14. Nous finissons la leçon treize.
15. Vous apercevez le train.
16. Elles décrivent leur appartement.
17. Je mets mon pull-over.
18. Il promet son amour éternel.
19. On permet une dernière cigarette.
20. Nous recevons nos amis.

B. Mettez ces phrases à l'imparfait: (§1)
   Exemple: *Je vais à la plage.*
             J'allais à la plage.

1. J'aime aller au zoo.
2. Nous voulons voir Paris.
3. Il sait la date.
4. Ils peuvent voyager.
5. Vous avez de bonnes notes.
6. Je déteste les escargots.
7. Il déjeune à onze heures.
8. Nous faisons des promenades.
9. Elle adore son école secondaire.
10. Vous dansez tous les samedis soirs.

C. Dites au négatif: (§1)
    Exemple: *J'ai pris le train.*
                Je n'ai pas pris le train.

1. J'ai reçu votre lettre.
2. Tu as vu mon ami.
3. Nous avons lu le journal.
4. Ils ont dansé ensemble.
5. Vous avez fini l'exercice.
6. Elle a dit son nom.
7. Il a écrit son autobiographie.
8. Marie a perdu la tête.
9. Nous aimions les éléphants.
10. Il y avait un problème.

D. Mettez les adverbes correctement dans les phrases: (§1)
    Exemple: *(mal) Il a choisi ses amis.*
                Il a mal choisi ses amis.

1. (mal)   Il a écrit sa composition.
2. (déjà)   Nous avons étudié la biologie.
3. (souvent)   J'ai dîné chez McDonald.
4. (vite)   Elle a compris.
5. (toujours)   Vous avez fait votre lit.
6. (merveilleusement)   Ils ont chanté.
7. (lentement)   On a voyagé.
8. (trop)   Tu as bu.
9. (correctement)   L'enfant a parlé.
10. (bien)   Monsieur Van Winkle a dormi.

E. Demandez à quelqu'un: (§1)
1. s'il (si elle) avait beaucoup d'argent l'année passée.
2. s'il (si elle) a bien mangé hier.
3. s'il (si elle) pouvait lire à six ans.
4. s'il (si elle) a pris de l'aspirine hier.
5. s'il (si elle) voulait sortir hier.
6. s'il (si elle) a compris la difficulté.
7. s'il (si elle) était à Rome pour Noël.
8. s'il (si elle) a bu du café ce matin.
9. s'il (si elle) croyait les journaux pendant la guerre.
10. s'il (si elle) a écrit une composition.
11. s'il (si elle) parlait une autre langue l'année passée.
12. s'il (si elle) a vu le spectacle hier.
13. s'il y avait beaucoup d'étudiants en classe hier.
14. s'il faisait beau hier.

F. Regardez la photo à la page 203 et répondez aux questions suivantes:

1. Les gens ont-ils trop bu?
2. L'homme à droite a-t-il commencé à chanter ou à parler?
3. Quand il a commencé, y avait-il probablement plus de gens dans la salle?
4. Qu'est-ce que les gens ont fait probablement avant cette scène?

Exercices écrits

A. Répondez par écrit aux exercices oraux A, B et C.

B. Répondez par écrit aux questions de l'exercice oral E.

C. Mettez les paragraphes suivants au passé. (§2)

1. Je (suis) dans ma chambre et j'(écris) une composition très longue. Soudain, j'(ai) faim. Je (regarde) dans le réfrigérateur où je (trouve) un grand morceau de gâteau. Je (mange) ce gâteau sans hésitation et naturellement, je n'(ai) plus faim. Après, je (veux) continuer à écrire, mais une amie (téléphone). Elle (dit) qu'il y (a) un film sensationnel. Alors, je (décide) de ne pas écrire et j'(accepte) d'aller avec elle. C'(est) une soirée formidable, mais le jour suivant, je (confesse) à mon professeur que je n'(ai) pas de composition.

2. Tous les hommes (désirent) Carmen. Elle (est) belle et séduisante, et elle (travaille) dans une usine de cigarettes. Un jour elle (tue) une autre femme. Alors, on (met) Carmen en prison. Mais Don José, le gardien, (aime) cette femme fatale. Donc, Carmen (obtient) facilement sa liberté. Don José (accompagne) Carmen et ils (décident) de vivre ensemble. Tout (va) bien. Ce (sont) des criminels, ils (font) de la contrebande, ils (vivent) dans la nature. La vie (est) magnifique. Mais un jour, Carmen (fait) la connaissance d'Escamillo, un toréador qui (est) grand, beau et très «macho». Au moment où il (voit) Carmen, il (veut) immédiatement sortir avec elle. Elle (dit): «Pourquoi pas?» Et elle (décide) de finir sa liaison avec Don José. Mais Don José ne (peut) pas permettre ça. Alors, il (tue) Carmen.

LA VIRÉE SUPERBE, Gérard Vergez, 1973; sur la photo: Hervé Lasseront, Michel Elias, Alain David et Mohammed Boumegra.

La virée est une promenade entre deux amis. Ils partent à motocyclette. Ils vont dans des quartiers familiers. Ils font la course en moto. Roger, Hervé, Yves, Michel, Jacqueline, et Mohammed sont une bande de bons copains.

J'ai aussi revu beaucoup de copains du «Quartier».

Lecture

Une Lettre de François

Mes chers amis,

Je suis sur un lit d'hôpital à Chamonix. Je sais qu'à l'université les classes *ont* certainement *recommencé* mais *j'ai manqué* mon avion à cause de cet «accident de ski» stupide. Je suis immobilisé ici avec une jambe cassée—quelle histoire!

Mais commençons par le commencement. La traversée dans le «charter» *était* très agréable. *C'était* un Boeing 747 et il *était* absolument plein d'étudiants. Tout le monde *était* content. Les hôtesses de l'air (qui *parlaient* français) *étaient* aux petits soins avec nous. *Il y avait* un bar où *on pouvait* prendre des cocktails de toutes sortes et qui *ne fermait pas. Il n'y avait pas* non plus de limite d'âge parce que *nous étions* en dehors du territoire. Pour le dîner, *on a servi* du pâté de foie gras avec du champagne français et *il y avait* le choix entre un chateaubriand à la sauce béarnaise et une truite amandine. *J'ai choisi* une truite et, comme dessert, un délicieux parfait aux fraises. *Je croyais* que *j'étais* déjà en France. Après le dîner, *j'ai dormi* un peu, mais l'imbécile qui *était* derrière moi *a réveillé* tout le monde au milieu de la nuit! *Il ne pouvait pas* dormir et *il racontait* sa vie à la fille qui *était* à côté de lui. La pauvre fille *voulait* dormir et chaque fois que *je regardais* derrière moi, *elle faisait* des signes de désespoir. Mais sans succès: l'idiot *continuait* à raconter comment *il était* quand *il était* petit et les choses qu'*il aimait*, les choses qu'*il n'aimait pas,* etc.

Finalement, *nous étions* à Londres. Heureusement l'horaire des trains *indiquait* qu'*il y avait* un train-paquebot qui *partait* de Londres à quatorze heures trente-cinq et qui *arrivait* à Paris à vingt heures cinq. Après une courte promenade à Londres, où *j'ai vu* le Palais de Buckingham (la reine Elizabeth *a insisté* pour que je reste, mais *je ne pouvais pas* rester à cause de mon train), *j'ai pris* le train à la gare Victoria et *j'étais* à Paris à huit heures du soir. *J'ai retrouvé* ma famille: mon père et ma mère (toujours les mêmes) et mon petit frère et ma petite sœur (qui *ont* beaucoup *grandi*). Paris *était* superbe comme toujours! *Il n'y avait pas* de neige, mais *il faisait* un peu froid. Les premiers jours, le changement d'heure *rendait* ma vie difficile—*j'avais* sommeil à quatre heures de l'après-midi et à quatre heures du matin *je voulais* sortir.

J'ai passé quelques jours à Paris en famille. *J'ai* aussi *revu* beaucoup de copains du «Quartier»[3] et des Beaux-Arts. Tout le monde *voulait* aller aux U.S.A. Alors, vous voyez, vous avez de la chance! *Il y avait* quelques nouvelles boîtes pas mal: une à Saint-Germain et une autre à Montparnasse. Mais *j'avais* hâte de faire du ski. Quatre amis et moi, *nous avons pris* la voiture de Sylvie Bertin pour aller à Megève. *Il faisait* froid sur la route, *nous avons mis* dix heures pour arriver. Mais quel spectacle! La neige *était* excellente. *J'ai skié* sans arrêt—pendant cinq jours. Et puis… pouff!… un matin *j'ai fait* cette chute bête… sur la savonnette de ma salle de bain! Et maintenant je suis au lit!

Dites à David que tout le monde ici trouve extraordinaire ce dîner de «Thanksgiving» que *j'ai raconté* avec tous les détails (sa mère va avoir beaucoup d'invités l'année prochaine)! Mes bottes de cowboy *ont eu* un succès fou: tous mes copains *voulaient* avoir les mêmes. Allez voir mon professeur d'architecture. Racontez mon infortune! Un grand bonjour à Michel, Philippe, Richard, Gail, Bill, André et particulièrement Leslie.

Votre ami «unijambiste»,

François

P.S. *Avez-vous élucidé* le mystère de Jean-Louis? Est-il de retour? *Il était* peut-être sur la planète Mars ou Vénus! Écrivez-moi vite les dernières nouvelles.

Questions sur la lecture

1. Pourquoi François a-t-il trouvé son voyage agréable? Qu'est-ce qu'il y avait de désagréable? Pourquoi se croyait-il déjà en France?

---

3. *Quartier* = le Quartier Latin.

2. Y a-t-il une limite d'âge pour entrer dans un bar dans votre ville?
3. Pourquoi François ne pouvait-il pas dormir dans l'avion? Qu'est-ce que l'étudiant derrière racontait?
4. Pourquoi aimez-vous ou n'aimez-vous pas les voyages en avion?
5. Connaissez-vous la gare Victoria?
6. Est-ce qu'il neige à Paris en hiver?
7. Qu'est-ce que François a fait pendant ses premiers jours à Paris?
8. Pourquoi François est-il immobilisé?
9. Quand François a-t-il eu un accident? Où? Pourquoi?

Discussion/Composition

1. Quand vous étiez encore un(-e) enfant, quelles choses pouviez-vous faire et quelles choses ne pouviez-vous pas faire? Étiez-vous un(-e) enfant normal(-e), sensible, hypersensible, timide, complexé(-e)? Obéissiez-vous toujours à vos parents? Aviez-vous beaucoup d'amis? Où alliez-vous souvent? Que faisiez-vous souvent? Aimiez-vous vraiment vos parents à cette époque? Et maintenant?
2. Racontez une expérience traumatique de votre vie passée. Un accident, un choc psychologique, une lettre de rupture que vous avez reçue ou envoyée, votre première classe de français.
3. Racontez une expérience de «déjà vu». Exemple: J'étais assis dans un café quand... Tout à coup, j'ai eu l'impression que je connaissais, etc....

Vocabulaire actif

noms

accident m.	cheminée f.	criminel m.	fraise f. *strawberry*
arrêt m. *halt*	choc m.	désespoir m. *despair*	gardien m.
attitude f.	chute f. *fall*	enthousiasme m.	horaire m. *schedule*
bombe f.	cigarette f.	événement m. *event*	imbécile m.
campagne f.	compte m. *bill*	excuse f.	ou f.
chauffeur m.	couvert m. *table setting*	forêt f.	morceau m. *piece*

	adjectifs	verbes	adverbes
motif m.	bête *foolish*	abandonner	*immédiatement*
nouvelle f.	brusque	accompagner	librement
oiseau m. *bird*	cassé(-e) *broken*	arrêter *to arrest, stop*	merveilleusement
orchestre m.	chaud(-e)	cesser *to cease*	soudain *suddenly*
palais m.	coupable *guilty*	changer	*soudainement*
parfait m. *ice cream*	épatant(-e) *fantastic*	courir *run*	subitement *suddenly*
pilote m.	éternel(-le)	couvrir *to ~~run~~ cover*	
plage f. *beach*	exact(-e)	crier	**autres expressions**
planète f.	fantastique	défendre	à ce moment
policier m. *officer*	fatal(-e)	*insister*	durant
principe m.	froid(-e)	manquer *to miss*	en dehors de *outside of*
prison f.	grave	mériter	être aux petits
punition f. *punishment*	gros(-se) *fat*	obtenir	soins = *to pamper*
reine f. *queen*	idéaliste	ouvrir	être de retour= *to be back*
route f.	immobilisé(-e)	raconter	faire la
rupture f.	précis(-e)	recommencer	connaissance de
savonnette f. *soap (cake)*	séduisant(-e) *attractive*	réveiller *to wake up (someone)*	quelqu'un
scène f.	sensationnel(-le)	skier	il fait bon = *the weather is nice*
série f.	sensible	souffrir	par hasard= *by chance*
soirée f.	successif/	tenir *to hold*	pas mal *pretty good*
succès m.	successive	tuer *to kill*	tout à coup *suddenly*
territoire m.	superbe		
traversée f.	valable *valid, good*		
valeur f.			

Vocabulaire passif

noms		adjectifs	verbes
aspirine m.	explosion f.	folklorique	assassiner
astronaute m.	hôtesse de l'air f.	psychologique	confesser
autobiographie f.	infortune f.	simultané(-e)	élucider
cachet m.	pâté de foie gras m.	traumatique	exploser
chateaubriand m.	revolver m.	unijambiste	
condamné m.	sauce béarnaise f.		
contrebande f.	truite f.		
escargot m.			

15 Quinzième Leçon

Les verbes avec l'auxiliaire *être*

Le passé composé et l'imparfait (suite et fin)

Changements orthographiques à l'imparfait: les verbes en *-cer* et *-ger*

Lecture: *Le Tour du monde en quinze jours ou l'odyssée de Jean-Louis*

Le Concorde

Présentation

Quel âge avez-vous, David?

J'ai vingt ans, **je suis né** le 26 décembre.

Où est le tombeau de Napoléon?

Il est aux Invalides.

Où **est-il mort?**

Il est mort à Sainte-Hélène.

Où allez-vous cette année?

Cette année je vais au Japon. L'année dernière **je suis allé** en Europe.

Aujourd'hui, vous arrivez à l'heure, Mesdemoiselles.[1] **Êtes-vous arrivées** à l'heure hier?

Non, **nous ne sommes pas arrivées** à l'heure parce que **nous sommes parties** en retard de la maison.

Est-ce que vos parents viennent souvent à l'université?

Non, ils ne viennent pas souvent ici, mais **ils sont venus** l'année dernière.

Combien de temps restez-vous au laboratoire?

Oh, je reste généralement vingt minutes, mais la semaine dernière, j'avais deux leçons difficiles et **je suis resté** au laboratoire quarante minutes.

Sortez-vous souvent le soir pendant la semaine?

Généralement je ne sors pas, mais l'autre soir, il y avait un film que je voulais voir et mon ami et moi, **nous sommes sortis,** nous avons passé une excellente soirée.

À quelle heure **êtes-vous rentrés?**

Nous sommes rentrés à une heure du matin.

Quand **vous étiez** à Paris, **êtes-vous monté** au dernier étage de la Tour Eiffel?

Oui, **je suis monté** au dernier étage.

Êtes-vous montés à pied ou en ascenseur?

Nous sommes montés en ascenseur et **nous sommes redescendus** à pied.

---

1. *Mesdemoiselles,* pluriel de *mademoiselle.*

Qu'est-ce qu'**ils faisaient** quand **vous êtes entré** dans leur chambre?

Qu'est-ce qu'**elle a dit** quand **vous avez posé** la question?

Où **étaient** les parents de François quand **il est arrivé** à Paris?

Qu'est-ce qu'**il a fait** quand **il est descendu** du train?

Où **était** sa petite sœur quand **il est arrivé**?

Quand **je suis entré**, ils **dormaient**.

Quand **j'ai posé** la question, **elle n'a pas répondu**.

Quand **il est arrivé**, ils **étaient** à la gare, ils **attendaient** son arrivée.

Quand **il est descendu** du train, **il a embrassé** sa mère, son père et son frère.

Quand **il est arrivé**, elle **était** à la maison, elle **étudiait**, elle **mangeait** du popcorn et **elle attendait** son frère.

QUELQUE PART QUELQU'UN, Yannick Bellon, 1972; sur la photo: Loleh Bellon et Roland Dubillard.

C'est une grande ville, c'est Paris aujourd'hui. Les mille et un visages de Paris: Paris des horizons célèbres et des rues familières, Paris des solitaires, Paris des couples. Raphaele quitte et retrouve Vincent à la gare dans ce film réalisé par une femme.

Qu'est-ce qu'ils faisaient quand vous êtes entré dans leur chambre?

Quinzième Leçon 219

Explications

1 Les verbes avec l'auxiliaire **être:**

A. Quelques verbes forment leur passé composé avec l'auxiliaire **être.**
Ce sont certains verbes *intransitifs* (qui n'ont pas de complément d'objet).
Voici leur conjugaison:

je suis entré(-e)	**nous sommes entré(-e)s**
tu es entré(-e)	**vous êtes entré(-e)(-s)**
il (on) est entré	**ils sont entrés**
elle est entrée	**elles sont entrées**

Note: On dit généralement entrer **dans.**
Exemple: Il est entré **dans** la classe.

B. L'accord du participe passé:

1. Avec les verbes qui prennent **être** comme auxiliaire, le participe passé est comme un adjectif. *Il y a accord du participe passé avec le sujet.*

Exemples: **Il** est descend**u.**   **Ils** sont arriv**és.**
Elle est descend**ue.**   **Elles** sont arriv**ées.**

2. Quand le verbe a un sujet masculin et un sujet féminin le participe passé est *masculin pluriel.*

Exemple: Alice est arriv**ée.**
Marc et Robert sont arriv**és.**
Alice et Robert sont arriv**és.**

C. Les formes interrogatives, négatives et la place des adverbes sont comme avec les verbes avec l'auxiliaire **avoir.**

Exemples: **Êtes-vous allés** en ville la semaine dernière?
Non, **nous ne sommes pas allés** en ville la semaine dernière.
Nous sommes restés tranquillement à la maison la semaine dernière.
Mais aujourd'hui **nous sommes déjà allés** en ville et nous sommes rentrés.

2 Voici d'autres verbes conjugués avec **être:**

A. Le verbe **naître:**

je suis né(-e)	**nous sommes né(-e)s**
tu es né(-e)	**vous êtes né(-e)(-s)**
il (on) est né	**ils sont nés**
elle est née	**elles sont nées**

Remarquez: On trouve généralement ce verbe au passé composé.

B. Le verbe **mourir:**

   1. La conjugaison:

présent	*passé composé*
je meurs	**je suis mort(-e)**
tu meurs	**tu es mort(-e)**
il (on) meurt	**il (on) est mort**
elle meurt	**elle est morte**
nous mourons	**nous sommes mort(-e)s**
vous mourez	**vous êtes mort(-e)(-s)**
ils meurent	**ils sont morts**
elles meurent	**elles sont mortes**

Exemples: Son père **est mort** la semaine dernière.

              Ce monsieur est veuf: sa femme **est morte.**

              Napoléon **est mort** à Sainte-Hélène en 1821.

   2. On trouve ce verbe au présent quand le sens est présent. Mais au présent, le sens est souvent au figuré, comme:

     help! → Au secours, **je meurs!**   **Je meurs** de soif!

           Je meurs de faim!   **Je meurs** de fatigue!

C.   Il y a seulement vingt verbes environ qui forment leur passé composé avec l'auxiliaire **être:**

naître	je suis né	≠	**mourir**	je suis mort	
(climb) **monter**	vous êtes monté	≠	**descendre**	vous êtes descendu	
entrer	ils sont entrés	≠	**sortir**	ils sont sortis	
aller	elle est allée	≠	**venir**	elle est venue	
arriver	nous sommes arrivés	≠	**partir**	nous sommes partis	
(fall) **tomber**	elle est tombée		**retourner**	nous sommes retournés	
rester	vous êtes resté		**passer**	je suis passé	*to pass time " " (un chemin)*

   1. Généralement les composés des verbes précédents sont aussi formés avec l'auxiliaire **être: revenir, devenir, repartir, rentrer,** etc.

   2. Remarquez que ces vingt verbes sont <u>tous intransitifs</u>. Mais tous les verbes intransitifs ne prennent pas **être** comme auxiliaire.

Exemples: courir   **j'ai couru**

             dormir   **j'ai dormi,** etc.

D.   **Monter, descendre, passer, sortir** et **rentrer** sont *quelquefois transitifs,* c'est-à-dire qu'ils peuvent avoir un complément d'objet.

Exemples: **Nous montons l'escalier à**   **Il sort son revolver.**

              pied.   **Je rentre l'auto** dans le

              Vous passez l'examen à   garage.

              huit heures.

              Ils descendent le rapide

              en canoë.

Dans ce cas, au passé, on utilise l'auxiliaire **avoir** sans accord.

Exemples: **Nous avons monté l'escalier** à pied.

Vous avez passé l'examen à huit heures.

Ils ont descendu le rapide en canoë.

Il a sorti son revolver.

J'ai rentré l'auto dans le garage.

3 Le passé composé et l'imparfait (suite et fin):

A. Étudiez les phrases suivantes:

1. Quand **nous sommes arrivés, ils sont sortis.**
2. Quand **nous sommes arrivés, ils sortaient.**

Dans l'exemple 1, les deux passés composés indiquent qu'*une action a motivé ou provoqué une autre action:* notre arrivée a provoqué leur départ. Dans l'exemple 2, le passé composé indique *une action* et l'imparfait, *une progression descriptive:* **ils sortaient.** Cette nuance est exprimée en anglais par la forme progressive, «they *were* leaving».

B. Dans un contexte passé, le futur immédiat et le passé immédiat sont toujours à l'imparfait.

Exemples: Elle va être médecin.   Elle **allait** être médecin.

Nous venons de voir ce film.   Nous **venions** de voir ce film.

Il va falloir expliquer nos   Il **allait** falloir expliquer nos
actions.   actions.

C. À l'imparfait, les verbes réguliers en **-cer** (comme **commencer**) et **-ger** (comme **manger**) changent d'orthographe:

-c + a- → -ça-   -g + a- → -gea-

Exemples: je commençais   je mangeais

tu commençais   tu mangeais

il commençait   il mangeait

ils commençaient   ils mangeaient

Mais: nous commencions   nous mangions

vous commenciez   vous mangiez

Exercices oraux

A. Mettez ces phrases au passé composé: (§1, 2)

Exemple: *Je pars de ma maison.*

Je suis parti(-e) de ma maison.

1. Je sors de la ville.
2. Il vient voir ma sœur.

3. Elle meurt de fatigue.
4. Vous restez à Amsterdam.
5. Ils tombent dans la rue.
6. J'arrive avec mes amis.
7. Il entre dans le cinéma.
8. Je monte dans l'autobus.
9. Nous descendons[2] chez Paul.
10. John Kennedy devient président en 1960.
11. Elle retourne à la maison.
12. Elles ne reviennent pas.
13. Vous rentrez très tard.
14. Je ne repars pas.

B. Répondez à ces questions: (§1, 2)

1. Où est-ce que votre grand-mère est née?
2. Êtes-vous venu(-e) en classe en hélicoptère?
3. Qui est mort à la bataille de «Petite Grande Corne»?
4. Êtes-vous tombé(-e) à cause d'une banane?
5. Est-ce que Don Juan est descendu aux enfers[3] en ascenseur?
6. Êtes-vous allé(-e) aux chutes de Niagara?
7. Êtes-vous entré(-e) dans une église récemment?
8. Êtes-vous monté(-e) à cheval la semaine dernière?
9. Êtes-vous sorti(-e) avec Joe Namath?

C. Demandez à un autre étudiant ou à une autre étudiante:

1. quand il est né (elle est née).
2. où ses parents sont nés.
3. si ses grands-parents sont morts.
4. quand il est entré (elle est entrée) dans la classe aujourd'hui.
5. quand il est rentré (elle est rentrée) à la maison hier.
6. s'il est allé (si elle est allée) au cinéma hier soir.
7. s'il est descendu (si elle est descendue) chez ses parents pendant les vacances.
8. s'il est allé (si elle est allée) en Europe l'été passé.

D. Devinettes: Demandez à un autre étudiant ou à une autre étudiante:

1. pourquoi le poulet a traversé la rue.
2. ce que Tarzan a dit quand il a vu les éléphants.
3. pourquoi le pompier a mis des bretelles («suspenders») rouges.

---

2. *Descendre chez quelqu'un, descendre dans un hôtel,* etc. = «to stay».
3. *Enfer* ≠ paradis.

4. pourquoi l'idiot a jeté le réveil par la fenêtre.
5. comment l'éléphant est sorti d'un grand trou plein d'eau. *note*

Réponses aux devinettes

5. Mouillé (=humide).
4. Parce qu'il voulait voir le temps voler.
3. Parce qu'il ne voulait pas perdre son pantalon.
2. «Voilà les éléphants»
1. Parce qu'il voulait être de l'autre côté.

E. Répondez aux questions suivantes:

1. Regardez la photo à la page 219.
   a.   Son train est-il parti?
   b.   Le monsieur est-il arrivé en retard? Pourquoi?
   c.   Est-il tombé du train?
   d.   Qu'est-ce que la femme lui a dit?
2. Regardez la photo à la page 230.
   a.   L'avion est-il tombé? Pourquoi est-ce qu'il est tombé?
   b.   Sont-ils morts dans l'accident?
   c.   D'où sont-ils partis?
   d.   Sont-ils arrivés à leur destination?

Exercices écrits

A.   Répondez par écrit aux exercices oraux A et B.

B.   Répondez par écrit aux questions de l'exercice oral C.

C.   Écrivez ces phrases au passé composé: (§1, 2, 3)
     Exemple: *Nous venons dîner chez vous.*
                Nous sommes venus dîner chez vous.

1. Elle vient dîner chez moi.
2. Elle sort avec le président du sénat.
3. Ils repartent tout de suite.
4. Elles entrent à l'université.
5. Ils descendent à l'hôtel Hilton.
6. Ils descendent le Mississippi en bateau.
7. Je viens parler avec Georges.
8. Je pars pour l'aéroport.
9. Nous passons chez vous.
10. Je passe les vacances en Grèce.

D. Mettez ces phrases au passé: (§1, 2, 3)

1. Quand le professeur arrive, ils attendent.
2. Quand le professeur arrive, ils sortent par la fenêtre parce que leurs devoirs ne sont pas finis.
3. Nous lisons le journal quand Marie et Leslie arrivent.
4. Quand nous lisons la lettre, nous pâlissons.
5. J'entends ces nouvelles quand je suis dans la voiture.
6. Quand j'entends ces nouvelles, je crois que je vais perdre la tête.
7. Quand elle arrive, il fait mauvais.
8. Quand elle arrive, tout le monde applaudit.
9. Je suis un enfant quand il meurt.

E. Récapitulation du passé (écrivez ces passages au passé):

1. «Le Petit chaperon rouge»

   Un jour, il y (a) une petite fille qui (fait) une promenade dans la forêt pour aller voir sa grand-mère. Elle (a) une corbeille pleine de bonnes choses. Elle ne (sait) pas qu'il y (a) un loup qui (regarde) et qui (a) faim. Soudain, le loup (décide) d'arriver chez la grand-mère avant elle. La petite fille (frappe) à la porte; elle (entre); et tout à coup, elle (a) peur. Elle (voit) le loup qui (est) dans le lit de la grand-mère et la petite fille (sait) que ce n'(est) pas sa grand-mère. Elle ne (veut) pas être le dîner du loup. Donc, très vite, elle (pense) à une ruse. Elle (parle) au loup et elle (prend) le couteau qui (est) dans la corbeille. Avec le couteau, elle (coupe) la tête du loup. Alors, le loup (meurt).

   Morale: Certaines petites filles sont plus intelligentes que d'autres. (vérité éternelle)

2. «La Solitude d'un docteur suisse»

   Il y (a) un docteur suisse qui (est) très intelligent, mais il (a) des problèmes psychologiques. Alors, il (n'a pas) d'amis. Un jour, il (décide) de créer quelqu'un qui (va) être son ami. Et, donc, le docteur (va) au cimetière et il (cherche) un bras par ici, et une jambe par là. Et après quelques heures, il (a) tout ce qu'il (faut) pour faire un homme. Alors il (rentre) chez lui avec tout ce qu'il (vient) de trouver, et il (commence) à travailler avec enthousiasme. Quand il (finit) de travailler, il (regarde) son nouvel ami et il (voit) que (c'est) un monstre. Mais, hélas! (c'est) trop tard, et le monstre, qui (prend) le nom de son créateur, Frankenstein, (part) de la maison pour aller tuer des gens. Le docteur (rester) sans amis, mais le monstre (arrive) un jour à Hollywood, où il (devient) une vedette de cinéma.

LA BAIE DES ANGES, Jacques Demy, 1963; sur la photo: Jeanne Moreau.

Jeanne Moreau est une star française. Jacques Demy a donné ici à cette très grande actrice le rôle d'une femme fatale qui a le démon du jeu. C'est tout à fait une histoire romantique et mélodramatique dans le style d'Hollywood. Jeanne Moreau est une vamp en robes ajustées et boa blanc.

Elle n'avait pas l'air d'une étudiante, elle n'avait pas l'air d'un professeur non plus.

Lecture

Le Tour du monde en quinze jours ou l'odyssée de Jean-Louis

Jean-Louis vient de revenir à l'université. *Vous saviez* déjà que ses amis *n'avaient pas* de nouvelles de ses activités et *étaient* à la fois curieux et inquiets. C'est l'heure de déjeuner et tout le monde est installé autour d'une grande table au restaurant universitaire. Jean-Louis raconte les péripéties peu ordinaires de ses vacances.

Jean-Louis *(pompeux et mystérieux):* Il faut vous dire que je ne peux pas révéler le but de l'expédition. Je ne peux pas non plus révéler l'identité des gens que *j'ai connus,* car *j'ai promis* d'être absolument discret: il est question de l'intérêt du monde libre.

Voilà. Tout *a commencé* un soir de novembre où *j'étais* à la bibliothèque, la tête dans les mains, sur un bouquin[4] français de mathématiques supérieures. Une femme mystérieuse *était* en face de moi et *regardait* fixement dans ma direction. *Elle n'avait pas* l'air d'une étudiante, *elle n'avait pas* l'air d'un professeur non plus. *Elle était* grande, blonde et encore très jeune. À un certain moment, *je suis sorti* pour fumer une cigarette dans le hall, et, quand *je suis revenu, j'ai trouvé* un petit mot sur mon livre que *disait* d'aller dans un certain endroit à dix heures dix. *C'était* Madame X. *Je suis allé* au rendez-vous. Quand *je suis arrivé, elle attendait* dans un coin sombre du bar. Quand *elle a vu* que *j'étais* là, *elle est allée* à une table pour être plus tranquille. *Elle a expliqué* qu'*elle avait* besoin de quelqu'un comme moi, mathématicien et français, pour accomplir une

---

4. *Bouquin* (familier) = livre.

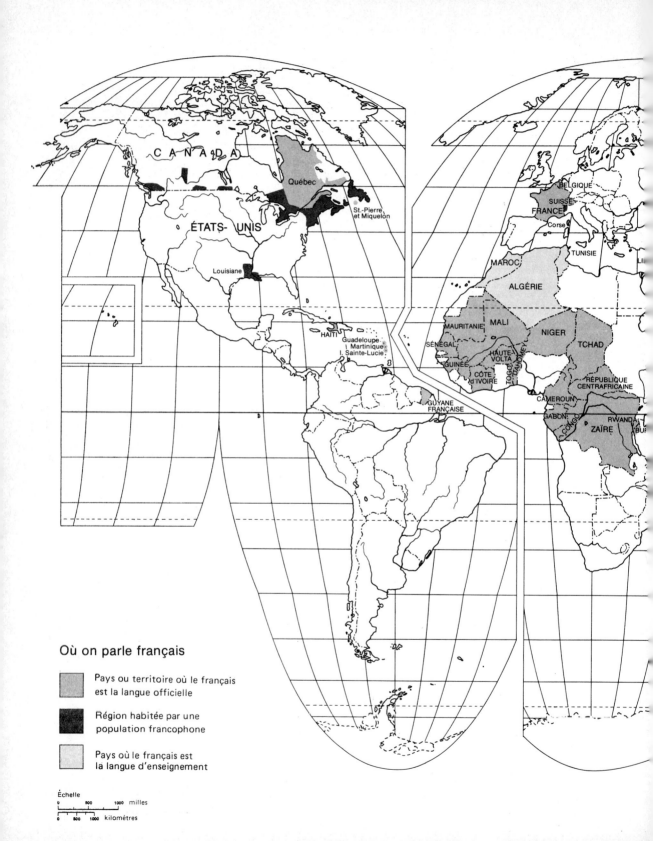

C A N A D A

Québec

St.-Pierre
et Miquelon

ÉTATS- UNIS

Louisiane

HAÏTI

Guadeloupe
I. Martinique
I. Sainte-Lucie

GUYANE
FRANÇAISE

BELGIQUE
SUISSE
FRANCE

Corse

TUNISIE

MAROC

ALGÉRIE

MAURITANIE   MALI   NIGER

SÉNÉGAL   TCHAD

GUINÉE   HAUTE-
            VOLTA
      CÔTE   RÉPUBLIQUE
     d'IVOIRE   TOGO   CENTRAFRICAINE
                     DAHOMEY
                  CAMEROUN

                 GABON   RWANDA
                      CONGO   ZAÏRE   BUR

Où on parle français

Pays ou territoire où le français
est la langue officielle

Région habitée par une
population francophone

Pays où le français est
la langue d'enseignement

Échelle

0   500   1000   milles

0   500   1000   kilomètres

LAOS

CAMBODGE

Pondichéry

I. Seychelles

Comores

...SCAR

MAURICE

Réunion

Nouvelle-
Calédonie

LE MONDE FRANÇAIS

mission rapide dans plusieurs pays de langue française et dans d'autres pays où on parle français. Comme *j'étais* libre pendant les vacances de Noël, *j'ai accepté.* Tous les arrangements de voyage *étaient* faits.

Nous sommes partis de New York à l'aéroport Kennedy et *nous avons atterri* à Bruxelles. Quand *nous sommes sortis* de l'avion, *il neigeait.* Là, Madame X *a pris* contact avec plusieurs personnalités et *je servais* toujours d'interprète. De Bruxelles, *nous sommes revenus* vers Paris pour faire la même chose, mais *nous n'avons pas quitté* l'aéroport. Les gens que Madame X *voulait* voir *sont venus* à l'aéroport Charles de Gaulle,[5] et après deux heures de conversation, *nous sommes remontés* en avion pour la Suisse. *Nous sommes descendus* dans un hôtel de grand luxe à Genève où *nous sommes restés* quarante-huit heures. *Je voulais* envoyer des cartes de Genève, mais Madame X *a dit* que *c'était* impossible parce qu'*il ne fallait pas* éveiller les soupçons.

Après quarante-huit heures à Genève, *nous sommes remontés* en avion, cette fois-ci pour le Moyen-Orient, et *nous sommes arrivés* à Damas en Syrie. À Damas, *nous avons manqué*

JEU DE MASSACRE, Alain Jessua, 1967; sur la photo: Claudine Auger et Michel Duchaussoy.

Les personnages de *Jeu de massacre* ont tous trop d'imagination. Il y a Pierre (Jean-Pierre Cassel), qui écrit des histoires de bandes dessinées avec sa femme (Claudine Auger). Il y a aussi Bob (Michel Duchaussoy), jeune homme trop riche qui admire Pierre et son sens de la fiction. Voilà qu'ils commencent à vivre les aventures des héros de la dernière bande dessinée de Pierre, *Les Aventures du tueur de Neuchâtel.* Ils ont d'étranges aventures.

Nous sommes partis de New York à l'aéroport Kennedy et nous avons atterri à Bruxelles.

5. *L'aéroport Charles de Gaulle,* près de Roissy-en-France, est un des grands aéroports de Paris.

l'avion de Beyrouth: alors, *nous avons loué* une voiture que *j'ai conduite* jusqu'à Beyrouth, capitale du Liban.

Catherine: Pauvre Madame X! Comment *n'est-elle pas morte?* Et, *tu n'as pas eu* d'accidents?

Jean-Louis: C'est-à-dire qu'*il n'y avait pas* d'autres voitures sur la route et *il faisait* nuit. Bref, de Beyrouth *nous avons pris* un autre avion pour le Caire, en Égypte. *Nous sommes descendus* à l'hôtel Hilton au Caire. *C'était* merveilleux! *J'ai fait* la connaissance d'une femme égyptienne adorable qui *parlait* couramment notre langue, comme beaucoup d'Égyptiens. Mais, malheureusement, *je ne pouvais pas* donner mon véritable nom. Quand *elle posait* des questions, *je répondais* évasivement. Alors *c'était* une aventure sans espoir! Mais la vie n'est qu'une aventure sans espoir!

Catherine: Ah! voilà le grand philosophe qui parle! Où *es-tu allé* ensuite, philosophe de malheur?

Jean-Louis: *Nous sommes restés* assez longtemps au Caire, enfin trois jours et deux nuits. Ah, les nuits du Caire! Quelle féerie! L'odeur des jasmins, les reflets du Nil et, de temps en temps, le crieur des mosquées qui appelle le peuple à la prière et à la méditation.

David: Trève de lyrisme! et ensuite? Votre mission *était-elle* finie?

Jean-Louis: *Elle commençait* à peine! L'avion d'Alger *a fait* escale à Tunis. Et puis, *nous sommes allés* à Casablanca; ensuite à Rabat au Maroc; enfin *nous sommes descendus* vers Dakar et *nous sommes restés* une semaine en Afrique Noire. *Nous avons parcouru* des espaces immenses pour trouver des gens que Madame X *voulait* voir. *Nous sommes repartis* de Kinshasa au Zaïre pour la République Malgache; puis, de retour à Dakar, *nous avons repris* l'avion pour les Antilles françaises, Haïti, la Guyane et enfin New York. Là, *je pensais* que le voyage *était* terminé, mais Madame X *voulait* encore voir quelques personnes au Canada français et voilà! J'arrive de Montréal et je suis littéralement mort, ou presque...

Bill *(émerveillé et très impressionné):* C'est fascinant! *Je savais* qu'*on parlait* français au Canada, en Afrique, en Indochine, où *il y avait* d'anciennes colonies françaises, mais en Belgique, en Suisse, en Syrie, au Liban, en Égypte, tout cela est nouveau pour moi.

Jean-Louis: Dans les pays que tu viens de nommer, on ne parle pas exclusivement français, mais c'est la langue d'une minorité importante: il y a des journaux, des cours d'université en français. En Belgique et en Suisse, le français est même l'une des langues nationales.

Pamela: Et il y a bien d'autres endroits où le français est la langue d'une minorité élégante et cultivée, comme ici par exemple!

Questions sur la lecture

1. Qu'est-ce que Jean-Louis ne pouvait pas révéler? Pourquoi?
2. Qui est Madame X? Où Jean-Louis a-t-il fait sa connaissance? Comment? Quand?
3. Pourquoi Madame X avait-elle besoin de quelqu'un comme Jean-Louis?
4. Dans quels pays du Moyen-Orient Jean-Louis est-il allé?
5. Comment sont-ils allés de Damas à Beyrouth? Pourquoi Catherine avait-elle pitié de Madame X?
6. Pourquoi Jean-Louis aimait-il tant le Caire?
7. Dans quels pays parle-t-on français?
8. Dans quels pays le français est-il une des langues nationales?
9. Pourquoi parle-t-on français en Afrique du nord? En Afrique Noire? En République Malgache? En Indochine?
10. Est-ce qu'il y a d'autres pays où on parle français et où Jean-Louis et Madame X ne sont pas allés?

Discussion/Composition

1. Imaginez que vous avez fait un voyage autour du monde, mais limité aux pays où on parle français comme une des langues nationales. Où êtes-vous allé alors, en Europe, en Afrique, au Moyen-Orient, en Asie, en Amérique?
2. Racontez (au passé) un film ou un programme de télévision que vous avez vu récemment où il y avait une intrigue internationale. Y avait-il un espion comme Madame X avec un interprète comme Jean-Louis?
3. Racontez votre vie (pas tous les détails, bien sûr) et utilisez les verbes avec l'auxiliaire **être**.

Vocabulaire actif

noms

autobus m.
aventure f.
bouquin m.
but m.
canoë m.
colonie f.
créateur m.
destination f.
espace m.
espion m.
expédition f.
intérêt m.
interprète m.
loup m.
malheur m.
mathématicien m.
méditation f.
minorité f.
mission f.
prière f.
reflet m.
ruse f.
soupçon m.
vedette f.
veuf m.

noms propres géographiques

Afrique f.
Amérique f.
Belgique f.
Beyrouth
Bruxelles
Le Caire m.
Casablanca
Dakar
Damas
Égypte f.
Genève
Grèce f.
Guyane f.
Haïti m.
Indochine f.
Kinshasa
Maroc m.
Montréal
Moyen-Orient m.
Nil m.
Rabat
République Malgache f.
Suisse f.
Syrie f.
Tunis
Zaïre m.

adjectifs

adorable
cultivé(-e)
égyptien(-ne)
émerveillé(-e)
impressionné(-e)
merveilleux / merveilleuse
mystérieux / mystérieuse
plusieurs
pompeux / pompeuse
psychologique
supérieur(-e)

verbes

applaudir
couper
créer
envoyer
frapper
louer
monter
mourir
naître
nommer
profiter
tomber
tourner

adverbes

bref
couramment
tranquillement

préposition

vers

autres expressions

à la fois
à peine
au secours
cela
il fait nuit
je meurs de faim
je meurs de fatigue
je meurs de soif
par ici
par là
prendre contact (avec quelqu'un)
quelqu'un
trève de

Vocabulaire passif

noms

chaperon m.
cimetière m.
crieur m.
escale f.
féerie f.
flatteur m.
jasmin m.
lyrisme m.
mine f.
mosquée f.
odyssée f.
péripétie f.
rapide m.
sénat m.
tombeau m.

verbes

accomplir
conduire
éveiller
parcourir
repartir

adverbe

fixement

On prend des notes.

Les Jeunes en France

Cérémonie officielle à la
Sorbonne

Le Quartier Latin, c'est le
«campus» de l'Université de
Paris.

La statue la plus célèbre du
musée du Louvre

La tour Montparnasse, Paris

Sacré-Cœur, Montmartre, à Paris

Dessin d'un artiste de la rue

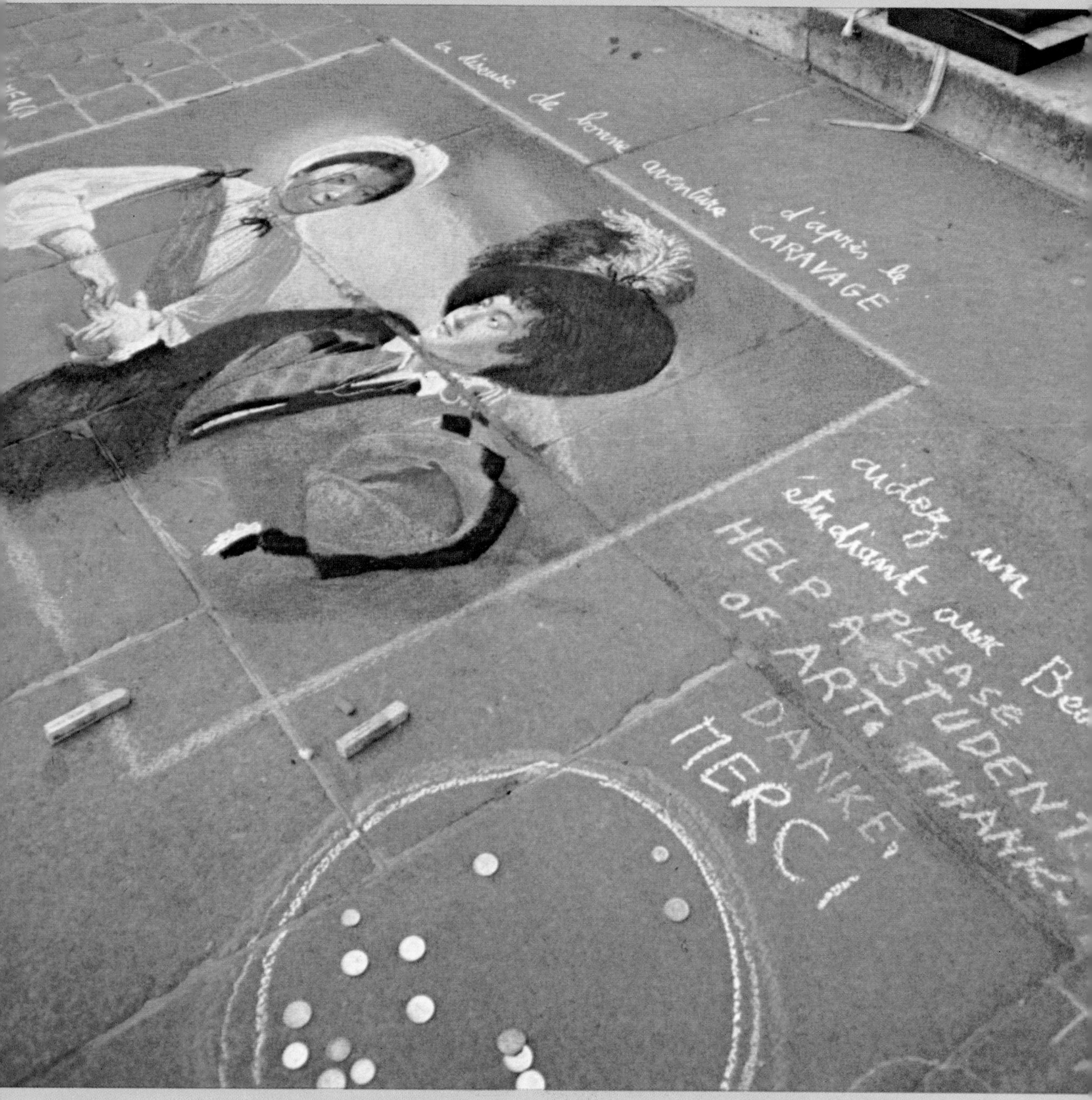

La vie intellectuelle en France est intense.

La mode parisienne

Des étudiants font les vendanges
en Bourgogne.

De jeunes étudiants dans un café
du Quartier Latin

La motocyclette, c'est ma passion.

On «discute le coup» à la
terrasse d'un café, Boul' Mich
(Boulevard Saint-Michel)

Au Jardin du Luxembourg

Étudiants visitant Paris, place du
Carrousel

Quatre jeunes gens partent en
vacances.

Au bord de la Seine

Les petites routes de France
font le bonheur des cyclistes.

Un alpiniste au Mont Blanc

Sur la plage à Saint-Tropez

Au bois de Vincennes (compagnie
du «Magic Circus»)

Le Crazy Horse Saloon, boîte de
nuit très connue à Paris

Festival pop à Aix

Manifestation du Mouvement
pour la Libération de la Femme

Manifestation, place de la
République

16 Seizième Leçon

Les verbes *ouvrir, couvrir, découvrir, offrir, souffrir*

Le verbe *courir* (*run*)

Parce que et *à cause de*

Un endroit et *une place*

Les négations (suite) *(ne...jamais, plus, pas encore, personne, rien, aucun, nulle part, ni...ni)*

Penser à

Lecture: *Philippe a le cafard*

Rendez-vous métro Opéra: personne n'est en retard.

Présentation

Ouvrez-vous votre livre en classe?

Généralement **je n'ouvre pas** mon livre en classe, mais pour étudier il faut **ouvrir** un livre à la maison ou à la bibliothèque.

Avez-vous ouvert le journal aujourd'hui?

Non, **je n'ai pas ouvert** le journal **à cause des** catastrophes qui sont toujours à la deuxième page.

Ouvrez le journal, **parce qu'**il n'y a pas de catastrophes aujourd'hui.

D'accord. Je vais lire le journal.

Offrez-vous des cadeaux à vos amis?

Oui, **j'offre** des cadeaux à mes amis intimes. L'année dernière **j'ai offert** une pipe à mon ami Gérard.

Souffrez-vous beaucoup? Quand est-ce que **vous souffrez?**

Oh, **je souffre** quelquefois pendant un examen difficile, **je souffre** beaucoup quand ma camarade de chambre prépare le dîner, et **je souffre** le plus quand je vais chez le dentiste. C'est **un endroit** que je déteste. *place*

Où est le cabinet de votre dentiste?

Il est près de **la place** de l'Union.

Quand vous êtes pressée, **courez-vous?**

Quelquefois **je cours** après l'autobus, mais la dernière fois que **j'ai couru,** je suis tombée, et **j'ai souffert** longtemps d'une cheville *ankle* cassée. Alors je **ne** vais **plus courir.**

Dites-vous toujours des stupidités?

Non, je **ne** dis **jamais** de stupidités.

Répondez-vous quelquefois en anglais dans votre classe de français?

Non, je **ne** réponds **jamais** en anglais, je réponds toujours en français.

L'ÉVÉNEMENT LE PLUS IM-
PORTANT DEPUIS QUE
L'HOMME A MARCHÉ SUR
LA LUNE, Jacques Demy,
1973; sur la photo: Micheline
Presle et Marcello Mastroianni.

Jacques Demy a fait cette
histoire absurde. Ici, la gyné-
cologue ausculte le malade et
déclare: «Il n'y a pas de doute,
cet homme attend un enfant.»
Le monde entier croit cette
nouvelle. La télévision et les
journaux ne parlent que de cet
événement.

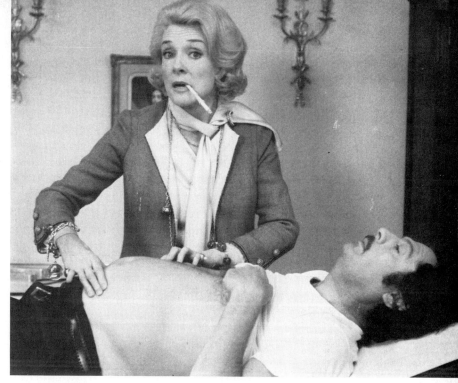

Je souffre beaucoup quand ma camarade de chambre prépare
le dîner.

Avez-vous déjà trente-cinq ans?	Non, je **n'**ai **pas encore** trente-cinq ans. Je n'ai que vingt ans.
Avez-vous encore douze ans?	Non, je **n'**ai **plus** douze ans, je **ne** suis **plus** un enfant.
Y a-t-il quelqu'un chez vous maintenant?	Non, il **n'**y a **personne** chez moi, j'habite seul.
Qu'est-ce que David a dans la bouche? Et vous?	David a du chewing-gum dans la bouche. Moi, je **n'**ai **rien** dans la bouche.
Paul est fils unique. A-t-il des frères et des sœurs?	Non, il **n'**a **ni** frères **ni** sœurs.
Aimez-vous les grandes voitures et les grandes maisons?	Non, je **n'**aime **ni** les grandes voitures **ni** les grandes maisons.
À quoi **pensez-vous** quand vous êtes seule?	**Je pense à** beaucoup de choses. **Je pense à** ma vie et **je pense à** l'avenir de l'humanité. Et quand j'ai faim, **je pense à** mon estomac!

Seizième Leçon   237

Explications

1 Les verbes irréguliers **ouvrir, couvrir, découvrir, offrir** et **souffrir** ont le même système de conjugaison:

ouvrir		souffrir	
j'ouvre	nous ouvrons	je souffre	nous souffrons
tu ouvres	vous ouvrez	tu souffres	vous souffrez
il ouvre	ils ouvrent	il souffre	ils souffrent

Rappel: Les participes passés des verbes **ouvrir, couvrir, découvrir, offrir** et **souffrir** sont: **ouvert, couvert, découvert, offert** et **souffert.**

2 Le verbe irrégulier **courir:**

courir	
je cours	nous courons
tu cours	vous courez
il court	ils courent

Remarquez: Le participe passé du verbe **courir** est **couru. Courir** prend l'auxiliaire **avoir: j'ai couru, tu as couru,** etc.

3 **Parce que** et **à cause de:** On emploie **parce que** devant un *sujet + verbe.*
On emploie **à cause de** devant un nom.

Exemples: Je suis malade **parce que** je suis sorti sans manteau.
Je suis malade **à cause de** ma stupidité.
Nous n'avons pas dansé **parce que** la musique était détestable.
Elle est partie **à cause d'**une dispute avec son père.
Il n'a pas d'amis **parce qu'**il n'est pas sympathique.
Il n'a pas d'amis **à cause de** son mauvais caractère.

4 **Un endroit** et **une place:**

A. **Endroit:**

Votre appartement est un **endroit.**
L'université est un **endroit.**
La classe est un **endroit.**
Un restaurant, un café sont des **endroits.**
Une ville est un **endroit.**

Exemples: un **endroit** chic   un **endroit** agréable
un **endroit** élégant   un **endroit** charmant
un **endroit** pittoresque   un **endroit** horrible
un bon **endroit**   ≠ un mauvais **endroit**

B. **Place** a plusieurs sens différents:

    1. Une **place** publique («square»):

        Washington Square à New York est une **place**.

        La place de la Concorde est à Paris.

        La place Saint-Pierre est à Rome.

    2. La localisation (chaise, siège, etc.):

        Dans la classe de français, je suis à ma **place** entre Leslie et David.

        J'ai deux **places** pour le théâtre; venez-vous avec moi?

    3. L'espace:

        C'est un grand garage, il y a de la **place** pour deux voitures.

        Vous êtes trop grand, il n'y a pas assez de **place** pour vous dans cette petite auto.

5 La négation (suite):

ne +	jamais	pas encore	rien	nulle part
	plus	personne	aucun(-e)	ni... ni...

A. Étudiez les phrases suivantes et leur contraire:

Elle parle **toujours**.	Elle **ne** parle **jamais**.
Vos parents sont **encore** jeunes.	Vos parents **ne** sont **plus** jeunes.
Son fils a **déjà** dix-huit ans.	Son fils n'a **pas encore** dix-huit ans.
Il y a **quelqu'un** à la porte.	Il n'y a **personne** à la porte.
Quelqu'un est absent.	**Personne** n'est absent.
Nous voyons **quelque chose**.	Nous **ne** voyons **rien**.
Ils ont **quelques** amis.	Ils n'ont **aucun** ami.
Vous allez **partout**.	Vous n'allez **nulle part**.
Tu es grand **et** gros.	Tu n'es **ni** grand **ni** gros.
Le vin **ou** la bière sont bons pour vous.	**Ni** le vin **ni** la bière **ne** sont bons pour vous.
Il aime **et** respecte ses amis.	Il n'aime **ni ne** respecte ses amis.

B. Les négations avec **jamais** et **plus** sont formées avec **ne** devant le verbe et **jamais** et **plus** après le verbe. **Pas** est éliminé. **Pas de**... est remplacé par **jamais de**... ou **plus de**...

    Exemples: Je lis un livre politique.

              Je **ne** lis **pas de** livre politique.

              Je **ne** lis **jamais de** livre politique.

              Je **ne** lis **plus de** livre politique.

              Je lis des livres politiques.

              Je **ne** lis **pas de** livres politiques.

              Je **ne** lis **jamais de** livres politiques.

              Je **ne** lis **plus de** livres politiques.

C. **Personne** et **rien** sont des pronoms indéfinis négatifs. Ils peuvent être à la place du sujet ou du complément d'objet. **Ne** est devant le verbe.

> Exemples: Je **ne** vois **personne.**   **Personne ne** voit la vérité.
> Je **n'**entends **rien.**   **Rien n'**est impossible.

D. **Aucun(-e)** est un adjectif indéfini négatif placé devant le nom modifié. **Ne** est devant le verbe. **Aucun** est toujours singulier.

> Exemples: Je **n'**ai **aucune** idée.
> **Aucun** psychiatre **ne** comprend ses problèmes.
> **Aucun** doute **n'**existe à propos de son intention réelle.

E. **Ni... ni...** remplace **pas** et élimine complètement **pas de.** **Ne** est devant le verbe.

> Exemples: Je veux du vin et de la bière.
> Je **ne** veux **pas de** vin et **pas de** bière.
> Je **ne** veux **ni** vin **ni** bière.
>
> Il a un père et une mère.
> Il **n'**a **pas de** père et **pas de** mère.
> Il **n'**a **ni** père **ni** mère.

> 1. Attention: **Pas de,** la négation normale de **un, une, des, du, de la, de l',** est éliminée, mais l'*article défini* ou l'*adjectif possessif* sont conservés.

> Exemples: J'aime **le** vin et **la** bière.   Je **n'**aime **ni le** vin **ni la** bière.
> Il a **son** chien et **son** chat.   Il **n'**a **ni** son chien **ni** son chat.

> 2. **Ni... ni** + deux verbes → **ne** + verbe + **ni ne** + verbe.

> Exemple: Il aime et respecte ses   Il **n'**aime **ni ne** respecte ses
> parents.   parents.

F. On peut utiliser deux ou trois termes négatifs dans la même phrase. (Ce n'est pas possible en anglais.)

> Exemples: Il **ne** vient **plus jamais** chez nous.
> Nous **ne** parlons **plus jamais** à **personne.**
> Ces gens **ne** vont **jamais nulle part.**

6 **Penser** est un verbe régulier:

> Je pense, donc je suis.

> *Mais:*   **Penser à** + *objet de la réflexion mentale:*
> **Je pense à** mes problèmes.
> **Il pense à** la jeune fille qu'il aime.
> **Pensez-vous** souvent **à** votre carrière?

Exercices oraux

A. Demandez à une autre étudiante ou à un autre étudiant: (§1, 2)

1. s'il (si elle) souffre quand il y a un examen.
2. s'il (si elle) découvre souvent de nouveaux aspects de sa personnalité.
3. s'il (si elle) ouvre les lettres de son (sa) camarade de chambre.
4. s'il (si elle) offre de l'argent à tout le monde.
5. s'il (si elle) court quand il (elle) a peur.
6. s'il (si elle) a découvert le secret de la vie.
7. s'il (si elle) a beaucoup souffert.
8. s'il (si elle) a couru pour arriver en classe.
9. s'il (si elle) a offert du cognac à la classe.
10. s'il (si elle) a ouvert son livre de français hier soir.

B. Dites une phrase entière et employez **parce que** ou **à cause de**: (§3)
   Exemple: *Nous sommes tristes / la guerre*
   Nous sommes tristes à cause de la guerre.

1. Nous sommes tristes / votre accident
2. Nous sommes contents / la guerre est finie
3. Il dort / le vin qu'il a bu
4. Il dort / il a bu trop de vin
5. Je suis parti très vite / j'ai oublié de mettre mon pantalon
6. Je suis parti très vite / mon erreur

C. Dites à quelqu'un: (§1, 2)
   Exemple: *d'ouvrir la fenêtre   Ouvrez la fenêtre!*

1. d'ouvrir la porte.
2. de finir son autobiographie.
3. d'offrir une pomme au professeur.
4. de ne pas mentir.
5. de ne pas courir beaucoup de risques.
6. de ne pas dormir en classe.

D. Donnez le contraire des phrases suivantes et utilisez les expressions négatives de la leçon: (§5)
   Exemple: *Il est toujours logique.*
   Il n'est jamais logique.

1. Il est toujours prudent.
2. Nous avons encore assez de temps.
3. Il est déjà minuit.
4. Je vois quelqu'un dans votre chambre.

5. Quelqu'un comprend la solution.
6. Il y a quelque chose de mystérieux ici.
7. Nous avons quelques difficultés.
8. L'homme est partout le même.
9. Elle vend des cigarettes et des journaux.
10. Il aime les Américains et les Canadiens.
11. Nous sommes stupides et naïfs.
12. Je vois le problème et la solution.

E. Répondez aux questions suivantes.
1. Regardez la photo à la page 237.
    a. Pourquoi ce monsieur souffre-t-il?
    b. A-t-il bien mangé? A-t-il trop mangé? Qu'est-ce qu'il a mangé?
    c. Y a-t-il quelqu'un derrière la femme?
2. Regardez la photo à la page 244.
    a. Y a-t-il quelques chaises dans cette pièce?
    b. Qui parle à ce monsieur?
    c. Qu'est-ce que ce monsieur dit?
    d. Où va-t-il?
    e. A-t-il l'air intéressant et dynamique?

Exercices écrits

A. Répondez par écrit aux questions de l'exercice oral A.

B. Remplacez le tiret par **endroit** ou **place**: (§4)
1. Voilà _____ formidable pour le pique-nique.
2. Dans l'avion, j'ai _____ en première classe.
3. Ce petit restaurant est _____ très intime.
4. Y a-t-il _____ pour moi?
5. Combien paie-t-on pour _____ au théâtre?
6. C'est _____ où les gens respectables ne vont pas.
7. Y a-t-il assez de _____ pour Pat aussi?

C. Répondez aux questions suivantes (employez les expressions négatives de la leçon): (§1, 2, 5)
1. Êtes-vous déjà mort?
2. Êtes-vous souvent allé sur Mars?
3. Y a-t-il quelque chose sur votre nez?
4. Pensez-vous à quelqu'un maintenant?

5. Avez-vous offert quelques Cadillacs à vos amis?
6. Êtes-vous encore au lit?
7. Courez-vous partout?
8. Avez-vous découvert l'Amérique et l'Australie?

Lecture

Philippe a le cafard (blues)

Nous sommes entre Noël et le jour de l'An. Philippe est seul dans sa chambre, il regarde par la fenêtre, le temps est gris et maussade.[1] *Il pense* à son avenir *(future)*, à ses amis qui sont partis en vacances. De temps en temps, *il ouvre* un livre qu'il referme immédiatement. Il commence à écrire une lettre à ses parents ou à un ami, mais il ne finit pas. Il essaye de mettre de l'ordre dans ses affaires, mais il trouve ce travail ennuyeux. Bref, il ne sait pas ce qu'il veut faire, il a le cafard.

Dans le corridor, le téléphone sonne. Philippe *court* et va répondre. Il entend la voix de Catherine.

Catherine: Allô, Philippe! Comment vas-tu? Qu'est-ce que tu fais ces jours-ci?

Philippe: Tiens! Catherine! Comme je suis heureux d'entendre ta voix. Justement *(exactly)* je *ne* faisais *rien* quand tu as appelé. J'ai essayé de lire, d'écrire, de mettre de l'ordre dans mes affaires, mais je *ne* pouvais *ni* lire *ni* écrire; en fait, je pense que je *ne* veux *rien* faire, Je crois que j'ai «le cafard», comme vous dites en France!

Catherine: Mais il faut sortir, téléphoner à tes amis, aller faire des promenades dans la nature... Es-tu allé à la montagne la semaine dernière? Tu voulais aller faire du ski avec Leslie... Est-ce que par hasard *(chance)* tu *n'*aimes *plus* la nature?

Philippe: Oh, non. J'aime encore la solitude et la nature. Avant-hier j'ai pris mon sac de couchage et j'ai fait de l'auto-stop. Je suis allé en pleine nature, j'ai fait de la méditation et c'était merveilleux! Il *n'y* avait *personne,* tout était silencieux, on *n'*entendait *rien,* sauf *(except)* quelques oiseaux, naturellement.

Catherine: Mais alors, tout *n'*est *pas encore* complètement perdu. Il y a encore de l'espoir. Il *ne* faut *jamais* perdre espoir. Écoute: je téléphone parce que je voudrais savoir si tu as envie de sortir avec nous samedi soir. Ted, Alice, et moi, nous avons l'intention

---

1. *Maussade* = triste, morose.

Seizième Leçon   243

LA VIE À L'ENVERS, Alain Jessua, 1964; sur la photo: Charles Denner.

Un homme, peu à peu, est séparé du monde. Il voit ses collègues de bureau, sa femme, ses amis avec distance, comme dans un prisme déformant. Il est enfermé dans la solitude et puis dans la folie. Il voit la vie maintenant «à l'envers» («inside out,» «upside down»).

Tiens! Catherine! Comme je suis heureux d'entendre ta voix. Justement je ne faisais rien quand tu as appelé.

d'aller dîner Chez Léon l'Assassin, un nouveau restaurant français qui *a ouvert* la semaine dernière, *place* de l'Union. C'est un *endroit* très pittoresque d'après Alice, *à cause de* la serveuse qui insulte tous les clients.

Philippe: Tu es très gentille, mais je *n'ai ni* argent *ni* vêtements pour aller dans un *endroit* élégant!

Catherine: Que tu es bête,² Philippe! Tu sais très bien que nous *n'allons jamais* dans des *endroits* chic! C'est un boui-boui³ d'étudiants! Ce n'est pas cher, et tu peux porter tes jeans comme tout le monde. Ensuite nous voulions aller écouter un concert à l'Orpheum, mais si tu préfères autre chose, c'est d'accord. Nous *n'avons pas encore* pris nos *places*. De toute façon, j'ai lu sur le journal que c'était *déjà* presque complet et qu'il *n'y* avait *plus* de bonnes *places*.

Philippe: Et bien, c'est d'accord, Catherine. Alors à samedi soir! C'est drôle! Je *n'ai plus* le cafard.

Questions sur la lecture

1. Pourquoi Philippe a-t-il le cafard?
2. Qu'est-ce qu'il fait?
3. Qu'est-ce Catherine dit à Philippe de faire?
4. Qu'est-ce qu'il a fait avant hier?
5. Pourquoi Catherine a-t-elle téléphoné?
6. Pourquoi ont-ils décidé d'aller dîner Chez Léon l'Assassin?
7. Pourquoi Philippe refuse-t-il l'invitation tout d'abord?
8. Quels bouis-bouis d'étudiants y a-t-il dans votre ville?
9. Pourquoi décident-ils de ne pas aller écouter le concert?
10. Pourquoi Philippe n'a-t-il plus le cafard?

---

2. *Que tu es bête!* = Comme tu es stupide!

3. *Boui-boui* (familier) = un établissement simple et sans prétention.

Discussion/Composition

1. Quand avez-vous le cafard? Pouvez-vous préciser ce sentiment? Identifiez les causes de votre cafard. Utilisez **parce que...** et **à cause de...** Y a-t-il des remèdes?
2. Écrivez une page du journal d'un pessimiste. Utilisez les expressions négatives de la leçon.
3. Aimez-vous la nature? Avez-vous déjà découvert des endroits où vous allez et que vous appréciez particulièrement? Préférez-vous les endroits où il y a du monde ou préférez-vous la solitude? La montagne ou le bord de la mer? Faites-vous de la méditation? (À quoi pensez-vous?) Faites-vous du camping? Du sport?

Vocabulaire actif

noms

aspect m.
Australie f.
avenir m.
cabinet m.
chewing-gum m.
cognac m.
concert m. *[un couloir]*
corridor m.
endroit m.
jour de l'An m.
lieu m.
nature f.
pique-nique m.

psychiatre m.
risque m.
serveuse f.
siège m. *(seat, chair)*
stupidité f.

adjectifs

charmant(-e)
détestable
drôle *comic*
horrible
pittoresque
professionnel(-le)

farfelue

verbes

découvrir
insulter
offrir
respecter
sonner *(to ring [ie: a bell])*

adverbe

avant-hier *(day before yesterday)*

autres expressions

à cause de
avoir le cafard
d'accord
d'après

(anyway) de toute façon
faire de l'auto-stop
quelque chose
sauf *(except)*

expressions négatives

aucun(-e)
jamais
ni...ni
nulle part
pas encore
personne
rien

Vocabulaire passif

noms

ambassade f.
boui-boui m.
jeans m.

adjectif

maussade

verbe

refermer

on n'oublie rien

Jacques Brel
1929-

On n'oublie rien de rien
On n'oublie rien du tout
On n'oublie rien de rien
On s'habitue c'est tout

Ni ces départs ni ces navires
Ni ces voyages qui nous chavirent
De paysages en paysages
Et de visages en visages
Ni tous ces ports ni tous ces bars
Ni tous ces attrape-cafard
Où l'on attend le matin gris
Au cinéma de son whisky

Ni tout cela ni rien au monde
Ne sait pas nous faire oublier
Ne peut pas nous faire oublier
Qu'aussi vrai que la terre est ronde
On n'oublie rien de rien
On n'oublie rien du tout
On n'oublie rien de rien
On s'habitue c'est tout

17 Dix-septième Leçon

Les pronoms objets directs:
   me, te, le, la, nous, vous, les

Les pronoms objets indirects:
   me, te, lui, nous, vous, leur

Le verbe *manquer* *to miss*

L'expression *il faut* (suite)

Lecture: *Quel Système préférez-vous?*

Un hypermarché

Présentation

Lisez-vous le journal local? — Oui, je **le** lis.

Finissez-vous les exercices? — Oui, je **les** finis.

Aimez-vous les animaux? — Oui, je **les** aime.

Regardez-vous la télévision? — Non, je ne **la** regarde pas, mais mes parents **la** regardent souvent.

Écoutez-vous l'explication du professeur? — Oui, je **l**'écoute.

Avez-vous votre livre de français? — Oui, je **l**'ai.

Est-ce que je **vous** parle français? — Oui, vous **nous** parlez français.

Est-ce que je **vous** parle anglais quelquefois? — Non, vous ne **nous** parlez jamais anglais.

M'aimez-vous bien? — Oui, nous **vous** aimons bien.

François écrit-il à Catherine? — Non, il ne **lui** écrit pas.

Est-il facile de parler à votre professeur? — Oui, il est facile de **lui** parler.

Aimez-vous **lui** parler? — Oui, quelquefois j'aime **lui** parler.

Parlez-vous français à vos camarades de classe? — Oui, je **leur** parle français.

Écrivez-vous à vos parents? — Oui, je **leur** écris.

Qu'est-ce que vous **leur** dites? — Je **leur** dis que je vais bien et quelquefois je **leur** demande de l'argent.

Vous écrivent-ils? Qu'est-ce qu'ils **vous** disent? — Oui, ils **m**'écrivent. Ils **me** disent les dernières nouvelles. Ils **me** disent aussi que **je leur** **manque**. Et **ils me manquent** aussi.

Quand vous entrez dans la classe, qu'est-ce que vous **me** dites? — Nous **vous** disons: «Bonjour, Monsieur.»

Et qu'est-ce que je **vous** réponds?	Vous **nous** répondez: «Bonjour, tout le monde.»
Avez-vous lu *Moby Dick*?	Oui, je l'ai lu.
Avez-vous vu la lune hier soir?	Oui, je l'ai vue.
Avez-vous oublié vos parents?	Naturellement je ne **les** ai pas oublié**s**! Je **leur** téléphone et je **leur** écris. En fait, je **leur** ai téléphoné hier soir parce qu'**ils me manquaient**.
Avez-vous compris mes explications?	Oui, je **les** ai comprises assez bien, mais **il me faut** du temps pour **les** étudier ce soir aussi.
Dites à David de faire l'exercice.	Fais-**le**! Faites-**le**!
Dites à David de ne pas faire l'exercice.	Ne **le** fais pas! Ne **le** faites pas!

LA COURSE DU LIÈVRE À TRAVERS LES CHAMPS, René Clément, 1972; sur la photo: Robert Ryan, Aldo Ray, Lea Massari et Jean-Louis Trintignant.

Les films policiers français ont des titres poétiques, comme cette «course du lièvre», qui est la fuite de Jean-Louis Trintignant. Il trouve un réfuge au Canada, pays des grands espaces. Bientôt il devient membre d'un groupe de gangsters interprétés par des acteurs américains. Pour les cinéastes français, le gangster est un «produit» américain. C'est pourquoi avoir un vrai acteur américain (Robert Ryan) pour l'interpréter est une chance.

Vous écrivent-ils? Qu'est-ce qu'ils vous disent?

Dites à David de **vous** regarder.	Regarde-**moi**! Regardez-**moi**!
Dites à David de ne pas **vous** regarder.	Ne **me** regarde pas! Ne **me** regardez pas!
Dites à David de **nous** écouter.	Écoute-**nous**! Écoutez-**nous**!
Dites à David de ne pas **nous** écouter.	Ne **nous** écoute pas! Ne **nous** écoutez pas!
Dites à David d'écrire à ses parents.	Écris-**leur**! Écrivez-**leur**!
Dites à David de ne pas écrire à ses parents.	Ne **leur** écris pas! Ne **leur** écrivez pas!
Dites à David de parler à Leslie.	Parle-**lui**! Parlez-**lui**!
Dites à David de ne pas parler à Leslie.	Ne **lui** parle pas! Ne **lui** parlez pas!

Explications

1 Les pronoms objets directs:

A. Comme pour les pronoms sujets, quand on mentionne une personne ou une chose dans une question ou une conversation, il n'est pas toujours nécessaire de répéter la personne ou la chose.

Exemples: *Pronom sujet:* John est-il Américain?

Oui, **il** est Américain.

(**Il** remplace **John**, sujet de **est**.)

Pronom objet: Lisez-vous le livre de français?

Oui, je **le** lis.

(**Le** remplace **le livre de français**, objet de **lis**.)

B. Le pronom objet direct remplace le complément d'objet direct. Les pronoms objets directs sont:

me	**nous**
te	**vous**
le, la	**les**

Attention: Devant une voyelle, **me** → **m'**, **te** → **t'**, **le** et **la** → **l'**:

Exemples:	*question*	*réponse affirmative*	*réponse négative*
	Voyez-vous Michel? **Le** voyez-vous?	Oui, nous **le** voyons.	Non, nous ne **le** voyons pas.
	Me comprenez-vous?	Oui, nous **vous** comprenons.	Non, nous ne **vous** comprenons pas.
	Faites-vous la composition? **La** faites-vous?	Oui, nous **la** faisons.	Non, nous ne **la** faisons pas.
	Étudiez-vous vos leçons?	Oui, je **les** étudie.	Non, je ne **les** étudie pas.

C. Place du pronom objet direct: Vous remarquez que le pronom objet direct d'un verbe est placé *directement devant ce verbe:*

Exemples:
Je prépare la leçon.	Je **la** prépare.
J'écris mon exercice.	Je l'écris.
J'ai lu *Moby Dick.*	Je l'ai lu.
Je regardais la télévision.	Je **la** regardais.

Remarquez: Avec les verbes qui prennent **avoir**, le complément d'objet direct précède le verbe, et le <u>participe passé adopte le nombre et genre du complément d'objet direct.</u>

Exemples: Ont-ils mangé les pommes du jardin? Oui, ils **les** ont mang**es**.
As-tu dit la vérité? Mais oui, je l'ai dit**e**!
Avez-vous vu mes parents? Non, je ne **les** ai pas vu**s**.
Voilà les revues que j'ai lu**es**.

D. Pour le négatif, **ne** précède le pronom objet:

(1)	(2)	(3)	(4)	(5)
ne +	pronom(-s) objet(-s) +	verbe (auxiliaire) +	autres mots de négation +	(participe passé)
			(pas, jamais, etc.)	

Exemples:
Je **ne le** vois pas.	Je **ne** l'ai pas vu.
Je **ne la** prépare pas.	Je **ne** l'ai pas préparée.
Je **ne** l'écris jamais.	Je **ne** l'ai jamais écrit.
Je **ne les** prends pas.	Je **ne les** ai pas pris.

E. Avec deux verbes *(verbe + infinitif)* le pronom objet est placé devant le verbe qui a un rapport logique avec le pronom.

1. Exemples avec le *présent:*

Aimez-vous faire la cuisine?	Oui, j'aime **la** faire.	Non, je n'aime pas **la** faire.
	(**La** est le complément d'objet direct de **faire.**)	
Catherine invite-t-elle Philippe à dîner?	Oui, elle l'invite à dîner.	Non, elle ne l'invite pas à dîner.
	(**L'** est le complément d'objet direct de **inviter.**)	

2. Exemples avec le *passé composé:*

Êtes-vous allé voir ce film?	Oui, je suis allé **le** voir.	Non, je ne suis pas allé **le** voir.

3. Exemples avec l'*imparfait:*

Vouliez-vous danser le dernier tango?	Oui, je voulais **le** danser.	Non, je ne voulais pas **le** danser.

4. Exemples avec le *futur immédiat:*

Allez-vous faire ces exercices?	Oui, je vais **les** faire.	Non, je ne vais pas **les** faire.

5. Exemples avec le *passé immédiat:*

Venez-vous de voir ce film?	Oui, je viens de **le**[1] voir.	Non, je ne viens pas de **le** voir.

6. Exemples avec adjectif + **de** + infinitif:

Êtes-vous content d'étudier le français?	Oui, je suis content de **l'**étudier.	Non, je ne suis pas content de **l'**étudier.

2 Les pronoms objets indirects:

A. On distingue le complément d'objet indirect parce qu'il est toujours précédé par **à.**

   Exemple: Parlez-vous **à Michel?** Oui, je **lui** parle.

   (**Lui** remplace **à Michel,** objet indirect de **parle.**)

B. Le pronom objet indirect remplace le complément d'objet indirect. Les pronoms objets indirects sont:

me	**nous**
te	**vous**
lui (m. et f. sing.)	**leur** (m. et f. plur.)

Attention: Devant une voyelle, **me → m', te → t'.**

Exemples:

question	*réponse affirmative*	*réponse négative*
Me téléphonez-vous?	Oui, je **vous** téléphone.	Non, je ne **vous** téléphone pas.
François écrit-il à ses amis? **Leur** écrit-il?	Oui, il **leur**[2] écrit.	Non, il ne **leur** écrit pas.
Catherine propose-t-elle à Philippe d'aller au restaurant?	Oui, elle **lui** propose d'aller au restaurant.	Non, elle ne **lui** propose pas d'aller au restaurant.

---

1. Remarquez: *de* + *le* (pronom) n'a pas de contraction.

2. Le pronom *leur* est invariable (sans -*s* final). Ne le confondez pas avec l'adjectif possessif (par exemple, *leurs* livres).

M'avez-vous parlé?	Oui, je **vous** ai parlé.	Non, je ne **vous** ai pas parlé.
Marc a-t-il répondu à Bill?	Oui, il **lui** a répondu.	Non, il ne **lui** a pas répondu.

C. Place du pronom objet indirect: Exactement comme le pronom objet direct, le pronom objet indirect est placé *directement devant le verbe.*

Exemples:

affirmatif	*négatif*
Il **lui** écrit une lettre.	Il ne **lui** écrit pas de lettre.
Elle **leur** offre un cadeau.	Elle ne **leur** offre pas de cadeau.
Jacques **me** donne son vieux livre de français.	Jacques ne **me** donne pas son vieux livre de français.
Je **leur** ai expliqué la difficulté.	Je ne **leur** ai pas expliqué la difficulté.
Vous **m**'avez menti!	Vous ne **m**'avez pas menti!
Nous **lui** avons répondu.	Nous ne **lui** avons pas répondu.

3 Remarquez la place des pronoms objets avec l'impératif:

A. Avec un pronom objet direct:

affirmatif	*négatif*
Fais-**le**!	Ne **le** fais pas!
Faisons-**le**!	Ne **le** faisons pas!
Faites-**le**!	Ne **le** faites pas!
Étudie-**les**!	Ne **les** étudie pas!
Étudions-**les**!	Ne **les** étudions pas!
Étudiez-**les**!	Ne **les** étudiez pas!
Regarde-**moi**!	Ne **me** regarde pas!
Regardez-**moi**!	Ne **me** regardez pas!
Écoute-**moi**!	Ne **m**'écoute pas!
Écoutez-**moi**!	Ne **m**'écoutez pas!

Attention: **Me** → **moi** avec l'impératif affirmatif.

B. Avec un pronom objet indirect:

Parle-**moi**!	Ne **me** parle pas!
Parlez-**moi**!	Ne **me** parlez pas!
Réponds-**leur**!	Ne **leur** réponds pas!
Répondons-**leur**!	Ne **leur** répondons pas!
Répondez-**leur**!	Ne **leur** répondez pas!
Écris-**lui**!	Ne **lui** écris pas!
Écrivons-**lui**!	Ne **lui** écrivons pas!
Écrivez-**lui**!	Ne **lui** écrivez pas!

4 Le verbe **manquer:**

    A.   Le verbe **manquer** a le même sens que «to miss» en anglais.

        Exemples: **Elle a manqué** l'autobus.

                      Nous manquons notre train, notre avion.

                      Le mauvais étudiants sont souvent absents, **ils manquent** souvent la classe.

    B.   Mais remarquez la traduction des constructions suivantes avec un pronom objet indirect (**me, lui, vous,** etc.). C'est la *construction inverse* de l'anglais! Pratiquez bien toutes les possibilités de cette construction au présent et au passé.

Paris me manque.	=	«I miss Paris.»
Vous me manquez.	=	«I miss you.»
Elle lui manque.	=	«He misses her.»
Ils nous manquent.	=	«We miss them.»
Est-ce que **je vous ai manqué?**	=	«Did you miss me?»
Oui, **vous m'avez manqué.**	=	«Yes, I missed you.»

5 L'expression **il faut:** Vous connaissez l'expression **il faut** dans son sens impersonnel: **Il faut** *manger pour vivre.* **Il faut** *des yeux pour voir.* Quelquefois, **il faut** est employé pour une *nécessité* ou une *obligation personnelles.* Pour indiquer la personne pour qui c'est une nécessité, on utilise les pronoms objets indirects:

        Exemples: **Il me faut** absolument ce livre. = J'ai absolument besoin de ce livre.

                      Il nous faut de l'amour. = Nous avons besoin d'amour.

                      Il te faut un cocktail avant le dîner. = Tu as besoin d'un cocktail avant le dîner.

                      Il lui faut des vêtements très chers. = Il (Elle) a besoin de vêtements très chers.

Exercices oraux

    A.   Répétez ces phrases et remplacez le complément d'objet direct ou indirect par un pronom approprié: (§1, 2)

        Exemple: *Elle parle français et italien.*

                      Elle les parle.

    1. Vous mangez la spécialité de la maison.

    2. Il discute la situation.

    3. Il ne voit pas le problème.

    4. Ils préfèrent les films américains.

5. Je téléphone à Catherine.
6. J'écris à mes parents.
7. Nous aimons les légumes frais.
8. Il obéit aux autorités.
9. Vous choisissez vos cours.
10. Il ne répond pas au professeur.
11. J'ai perdu mon livre.
12. Tu as écouté ce disque.
13. Nous avons vendu notre voiture.
14. Elle a compris la situation.
15. J'ai posé la question.
16. On a écrit au président.

B. Ne répondez pas aux questions suivantes; répétez-les simplement et remplacez le complément par un pronom approprié: (§1, 2)

Exemple: *Aimez-vous les légumes congelés?*
Les aimez-vous?

1. Écrit-il cette lettre?
2. Écrit-il à ses amis?
3. Fait-elle la cuisine?
4. Écoutez-vous souvent la radio?
5. Vend-elle son vieux livre de français?
6. Quand téléphonez-vous à vos parents?

(Attention: Dans les phrases suivantes, il y a deux verbes. N'oubliez pas qu'il faut mettre le pronom devant le verbe qui a un rapport logique avec ce pronom.)

Exemple: *Il va téléphoner à Leslie.*
Il va lui téléphoner.

7. Elle peut faire la cuisine.
8. Elle va faire son lit.
9. Elle aime faire la cuisine.
10. Nous allons écrire à nos amis.
11. Nous voulons écrire à ses amis.
12. Nous pouvons écrire à leurs amis.
13. Nous n'aimons pas écrire à nos amis.
14. Nous venons d'écrire à nos amis.

C. Demandez à un autre étudiant ou à une autre étudiante (utilisez le pronom objet direct ou indirect): (§1, 2)

Exemple: *s'il (si elle) vous parle.*
Est-ce que tu me parles?
ou
Me parles-tu?

1. s'il (si elle) vous téléphone.
2. s'il (si elle) nous écrit.
3. s'il (si elle) comprend la difficulté.
4. s'il (si elle) comprend ses parents.
5. s'il (si elle) parle à son professeur.
6. s'il (si elle) a rendu son professeur malheureux.
7. s'il (si elle) a obéi à ses parents.
8. s'il (si elle) a choisi ses cours.
9. s'il (si elle) a fait la vaisselle.

(Attention: Dans les phrases suivantes, il y a deux verbes.)

10. s'il (si elle) va répondre à ses amis.
11. s'il (si elle) sait répondre au professeur.
12. s'il (si elle) peut répondre au professeur.
13. s'il (si elle) aime répondre au professeur.
14. s'il (si elle) va vendre sa voiture.
15. s'il (si elle) vient de vendre sa voiture.

D. Dites à quelqu'un à la forme affirmative et puis à la forme
négative de l'impératif (utilisez un pronom objet direct ou
indirect): (§3)
Exemple: *de terminer son travail.*   ou
          Termine-le!   *Terminez-le!*
          Ne le termine pas!   *Ne le terminez pas!*

1. de vous parler.
2. de nous répondre.
3. de répondre au professeur.
4. de vous écrire.
5. d'écrire cette lettre.
6. d'écrire à cet ami.
7. d'écrire à ses amis.
8. de vous téléphoner.
9. de téléphoner au sénateur.
10. de téléphoner à Paul et à Elizabeth.
11. de choisir le film.
12. de dire son opinion.
13. d'obéir à ses parents.
14. de vous obéir.
15. de finir cet exercice.

E. Dites une phrase équivalente avec **il faut:** (§5)
Exemple: *J'ai besoin d'un dollar.*
          Il me faut un dollar.

1. J'ai besoin d'un dollar.
2. Nous avons besoin d'un appartement.
3. Elle a besoin de café.
4. Il a besoin d'un téléphone.
5. Tu as besoin de discrétion.
6. Ils ont besoin d'un bon dîner.
7. Elles ont besoin de vacances.
8. Vous avez besoin d'une voiture.

costing $1.00 or more are bought back for 15¢.

WHAT HAPPENS TO THE BOOKS YOU SELL . . . .

. . . Books that we are using will be recycled for our students.

. . . Books that are purchased at Market Value are shipped to a nationwide whole-sale company who then distributes them to other campuses who may be using them.

. . . Many of the paperbacks end up on *Sale Tables*.

Judgment on condition of return items.

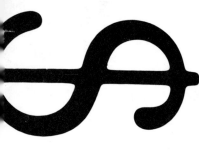

DEFECTIVE NEW BOOKS will be replaced at once. Used books are not guaranteed.

FULL REFUND will be given on books in mint condition for three weeks from date instruction begins. One week from date instruction begins during summer session. The last day for full refund will be posted in the Bookstore prior to the start of each term.

F. Regardez la photo à la page 249 et répondez aux questions suivantes avec un pronom approprié:

1. Qui a écrit à ce monsieur?
2. Qu'est-ce que ses amis lui demandent?
3. Est-ce qu'ils regardent la lettre?
4. Veulent-ils savoir le contenu?
5. Qu'est-ce que l'homme va répondre à ses amis?

Exercices écrits

A. Faites par écrit les exercices oraux A, D et E.

B. Répondez par écrit aux questions de l'exercice oral C.

C. Répondez à ces questions et remplacez les mots en italiques par un pronom approprié: (§1, 2)

1. Reconnaissez-vous *vos amis de l'école élémentaire?*
2. Allez-vous faire *la vaisselle* ce soir?
3. Pouvez-vous téléphoner *au président de votre université?*
4. Attendez-vous *la fin du monde?*
5. Aimez-vous écrire *à vos parents?*
6. Comprenez-vous *les problèmes des autres?*
7. Proposez-vous *à vos amis* d'aller à la plage?
8. Aimez-vous étudier *les verbes français?*
9. Savez-vous *la date du commencement de la création?*
10. Payez-vous toujours *vos dettes?*
11. Est-ce que vous invitez *vos professeurs* à votre soirée?
12. Adorez-vous *les serpents?*
13. Pouvez-vous répondre *au professeur* en français?
14. Connaissez-vous *l'histoire de Roméo et Juliette?*

D. Traduisez en français: (§4)

1. We miss you.
2. Do you miss me?
3. I missed the train.
4. I miss you very much.
5. When we're not here, they miss us.
6. When you were in Rome, we missed you.
7. I missed my plane.
8. She misses him.
9. He misses her.

Lecture

Quel Système préférez-vous?

Tous les samedis, Monsieur et Madame Alvarez vont généralement au supermarché ensemble. *Il leur faut* toujours beaucoup de choses pour toute la semaine. Leurs enfants *leur* disent ce qu'ils préfèrent manger et toute la famille participe à l'élaboration de la liste. David déteste déjeuner au restaurant de l'université, alors ses parents *lui* achètent du jambon, du salami, du fromage ou du beurre de cacahouètes pour préparer des sandwichs. Lisa aime beaucoup les fruits et les légumes, alors ils *lui* apportent des carottes, du céleri, des pommes, des poires, ou d'autres fruits selon la saison.

Pour le dîner, les Alvarez prennent du poulet, de la viande, des œufs, des légumes frais ou congelés, de la salade verte, des tartes aux fruits congelées délicieuses pour le dessert. Quelquefois ils achètent de la glace à la vanille ou au chocolat, parce que Monsieur Alvarez l'aime beaucoup. Quant aux produits comme le dentifrice, le savon à barbe, les lames de rasoir, le shampooing, les brosses à dents ou même les ustensiles de cuisine, on peut *les trouver* aussi dans un supermarché. Monsieur et Madame Alvarez font donc tous leurs achats dans le même endroit et quand ils *les* ont *terminés,* ils *les* paient avec un chèque ou en argent comptant. Le caissier ou la caissière *leur* rend la monnaie et ils rentrent à la maison. Ils sont maintenant tranquilles pour toute la semaine.

Dans l'auto en route pour la maison la conversation n'est pas très intellectuelle mais assez typique des gens qui viennent de faire leurs achats: «Oh! Zut! Nous avons oublié le sucre! Nous l'avons pourtant inscrit sur la liste! Il ne *nous* reste plus de sucre!—Oh! Ça ne fait rien![3] Lisa *nous* dit toujours que le sucre *nous* fait grossir. Le poulet avait l'air très frais. Je pense que je vais *le* préparer pour demain. Ta sœur *nous* a apporté du vin. Je vais l'utiliser pour faire un coq au vin... et les enfants l'adorent... À propos de ta sœur, pourquoi ne l'invites-tu pas à dîner? Tu dis toujours qu'*elle te manque.* Mais *il nous faut* des champignons frais et nous *les* avons *oubliés* aussi. Ah! On ne peut pas penser à tout...»

Pour Madame Beauvernier, la belle-sœur de Catherine, la situation est totalement différente. Tous les matins, elle prépare sa petite liste et elle *la* met dans son sac. Elle prend son panier ou son filet et elle l'emporte avec elle. Elle part de bonne heure à pied. Elle

---

3. *Ça ne fait rien.* = Ça n'a aucune importance.

BOUCHERIE-CHEVALINE

LA MAISON
NE COMMERCIALISE
QUE DES VIANDES
DE PREMIER ORDRE
•
N'utilise pas
d'attendrisseur
•
Fait sa préparation
à la vue
de sa clientèle
•
ne fait
ni cadeaux
ni publicité

Une boucherie chevaline

Une poissonnerie

Une charcuterie

Une crémerie

Une boulangerie

Dix-septième Leçon

va en ville pour faire ses courses.[4] _First of all_ D'abord, elle va au marché, installé place du Marché, pour acheter des légumes et des fruits. Quelquefois, ils sont beaux et frais, mais d'autres fois, ils paraissent moins frais. Elles _les_ choisit avec discernement. Les prix varient aussi d'un jour à l'autre. Au marché les marchands sont très pittoresques et volubiles. On _les_ entend crier les mérites de leur marchandise: «_Les_ voilà, les carottes de Bretagne! les pommes de Normandie! Regardez-_les_! Goûtez-_les_! _taste_ Achetez-_les_! Elles sont fraîches, elles sont douces, goûtez, ma petite dame! Voilà deux kilos. Ça fait deux francs cinquante, ma belle.»

Après le marché, elle entre dans l'épicerie où elle aperçoit l'épicier. Elle _lui_ demande un kilo de café et un litre d'huile d'olive pour la salade. Ensuite, Madame Beauvernier va à la crémerie pour acheter du lait, du beurre, du fromage et des œufs.[5] Elle paie, elle sort et elle va à la boucherie pour acheter de la viande pour le déjeuner: grande discussion entre Madame Beauvernier et Madame Delvaux, la femme du boucher, qui est à la caisse. _cashier_ Ensuite elle va chez le marchand de vin. Elle _lui_ donne une bouteille vide. _empty_ Elle l'échange pour une bouteille pleine de vin ordinaire, parce que Madame Beauvernier n'est pas très riche. Et puis, elle va à la _deli_ charcuterie où elle choisit du pâté, du jambon, ou du saucisson de porc pour commencer le déjeuner. Elle va à la droguerie pour les _interview_ produits d'entretien. Si elle a besoin d'ustensiles de cuisine, elle va à la quincaillerie. S'il _lui faut_ du dentifrice, de l'aspirine ou d'autres médicaments, elle va à la pharmacie, mais elle va à la parfumerie pour ses parfums et ses produits de beauté.

(step in a process)
closing Enfin, sa dernière étape: elle court à la boulangerie avant la fermeture de midi. Madame Beauvernier prend tous les jours deux baguettes de pain frais. Elles _les_ demande bien fraîches. Le vendredi, elle achète généralement du poisson à la poissonnerie et le lundi, comme les boucheries sont fermées, elle va à la boucherie chevaline, _equine_ qui est ouverte, et elle demande trois bons biftecks de cheval. Elle _les_ trouve très fortifiants pour sa petite famille.

---

4. On dit aussi «faire les commissions» ou «faire le marché». L'expression «faire du shopping» s'emploie quand on va dans les magasins qui ne sont pas d'alimentation. _nourishment_

5. _Un œuf:_ on prononce le _f_ au singulier, mais on ne prononce pas le _f_ ou le _s_ au pluriel.

1. Quels sont les aliments nécessaires pour l'alimentation d'une famille?
2. Qu'est-ce qu'il vous faut acheter pour préparer votre petit déjeuner préféré? Votre dîner préféré?
3. Quels produits non-alimentaries achète-t-on dans un supermarché?
4. Qui faut-il payer dans un supermarché? Où paye-t-on?
5. En France, où achète-t-on les légumes et les fruits?
6. Qu'est-ce qu'on achète dans une crémerie?
7. Qu'est-ce qu'on achète dans une boucherie?
8. Qu'est-ce qu'on achète dans une charcuterie?
9. Qu'est-ce qu'on achète dans une droguerie?
10. Qu'est-ce qu'on achète dans une quincaillerie?
11. Qu'est-ce qu'on achète dans une pharmacie?
12. Qu'est-ce qu'on achète dans une épicerie?
13. Qu'est-ce qu'on achète dans une boulangerie?

Discussion/Composition

1. Chez vous, qui a fait les courses le plus récemment? Qu'est-ce qu'il (elle) a acheté? Où a-t-il (elle) acheté la viande? Les légumes? Les produits d'entretien? Pourquoi les a-t-il (elle) achetés?
2. La lecture vous montre deux systèmes différents. Quel système est plus pratique? Plus économique? Plus pittoresque? Où est-ce que la qualité des produits est meilleure, à votre avis? Pourquoi?
3. La semaine dernière vous avez eu une discussion avec votre camarade de chambre (ou votre ami[-e], votre mari ou femme) à propos des achats que vous alliez faire au supermarché pour une occasion spéciale. Qu'est-ce que vous lui dites? Et qu'est-ce qu'il (elle) vous dit? Racontez la discussion.

Vocabulaire actif

noms

argent comptant m.
boucherie f.
boulangerie f.
Bretagne f.
caissier m.
caissière f.
carotte f.
champignon m.
chèque m.
chocolat m.
contenu m.
création f.
crémerie f.
défaut m.
dette f.
discernement m.
droguerie f.
entretien m.
épicerie f.
étape f.
fermeture f.
filet m.

liste f.
machine f.
marchandise f.
médicament m.
mérite f.
monnaie f.
Normandie f.
panier m.
paquet m.
parfum m.
parfumerie f.
pharmacie f.
poire f.
poissonnerie f.
porc m.
produit m.
quincaillerie f.
savon m.
serpent m.
vanille f.
viande f.

adjectifs

faible
frais / fraîche
installé(-e)
intellectuel(-le)
matériel(-le)
prudent(-e)
public / publique
typique
vide

verbes

apporter
consulter
crier
échanger
élever
goûter
grossir
trouver
varier

autres expressions

à propos de
ça ne fait rien
de bonne heure
faire des achats
tous les deux
vis-à-vis de
Zut!

Vocabulaire passif

noms

boucher m.
boulanger m.
brosse à dents f.
céleri m.
charcuterie f.
chariot m.
cocktail m.
coq au vin m.
dentifrice m.

élaboration f.
épicier m.
huile d'*olive* f.
lame de rasoir f.
margarine f.
salami m.
saucisson m.
savon à barbe m.
shampooing m.

adjectifs

chevalin(-e)
congelé(-e)
fortifiant(-e)
volubile

verbe

inscrire

autre expression

quant à

rondeau

Charles d'Orléans
1394-1465

Le temps a laissé son manteau
De vent, de froidure et de pluie,
Et s'est vêtu de broderie,
De soleil luisant, clair et beau.

Il n'y a bête ni oiseau
Qu'en son jargon ne chante ou crie:
Le temps a laissé son manteau!

Rivière, fontaine et ruisseau
Portent en livrée jolie,
Gouttes d'argent d'orfèvrerie,
Chacun s'habille de nouveau:
Le temps a laissé son manteau!

Dix-huitième Leçon

Les pronoms compléments *y* et *en*

Deux pronoms compléments et leurs places respectives

Amener et *apporter, emmener* et *emporter*

Lecture: *Un Dîner Chez Léon l'Assassin. Analysez la personnalité et les instincts de vos amis!*

«Apportez-nous le vin s'il vous plaît!»

Présentation

Sommes-nous dans la classe?

Oui, nous **y** sommes.

Venez-vous à l'université le dimanche?

Généralement, je n'**y** viens pas le dimanche.

Allez-vous souvent en ville? Et vous, Philippe, **y** allez-vous?

Non, je n'**y** vais pas souvent. Oui, j'**y** vais souvent, Monsieur, parce que j'**y** habite.

Y êtes-vous allé hier?

Non, je n'**y** suis pas allé parce qu'il y avait un concert à l'université et je voulais **y** aller.

Aimez-vous aller à la campagne? Quand allez-vous **y** aller?

Oui, j'aime **y** aller.

Je vais **y** aller au printemps.

À quelle heure sortez-vous de la classe?

Nous **en** sortons à onze heures. Mais la semaine dernière nous **en** sommes sortis en retard à cause de l'examen.

Leslie a-t-elle de l'imagination? Et vous, **en** avez-vous?

Oui, elle **en** a et j'**en** ai aussi.

Y a-t-il beaucoup d'étudiants imaginatifs ici?

Oui, il **y en** a beaucoup.

Les étudiants ont-ils assez de temps libre? Ont-ils besoin de temps libre? **En** ont-ils besoin?

Non, ils n'**en** ont pas assez et ils **en** ont besoin.

Prenez-vous du vin avec votre dîner?

Non, nous n'**en** prenons pas.

Avez-vous des amis?

Oui, j'**en** ai.

Peut-on avoir trop d'amis?

Non, on ne peut pas **en** avoir trop.

Est-il difficile d'avoir des amis quand on est sympathique?

Non, il n'est pas difficile d'**en** avoir. Mais si on a mauvais caractère, on n'**en** a pas beaucoup.

L'ANNÉE DU BAC, José-André Lacour, 1963.

Le baccalauréat, (en argot, «bachot» ou «bac») est l'examen terminal de l'instruction secondaire qui permet d'entrer à l'université. C'est l'âge difficile de la dernière année de lycée où les jeunes sont obligés de choisir un travail ou une carrière universitaire ou professionnelle. Ce film replace les jeunes de 1963 dans les constantes qu'ils ont avec les jeunes d'aujourd'hui. Ils ont les cheveux courts, mais leurs problèmes sont les mêmes: rapports avec les parents, rapports avec les autres et surtout le travail intensif pour l'examen du «bac», le «bachotage».

Peut-on avoir trop d'amis?

Avez-vous besoin d'un sweater en été quand il fait chaud?	Non, je n'**en** ai pas besoin.
Aimez-vous faire du ski? **En** faites-vous?	Oui, j'aime **en** faire et j'**en** fais beaucoup et souvent. J'**en** ai fait pendant les vacances.
Est-ce que Dracula a de grandes dents? Est-ce qu'il **en** a beaucoup?	Oh oui, il **en** a; il **en** a beaucoup.
Êtes-vous contents de parler français?	Oui, nous **en** sommes très contents.
Les étudiants ont-ils l'intention de faire des voyages?	Oui, ils ont l'intention d'**en** faire. Ils **en** ont l'intention.
Votre mère a-t-elle des sœurs? Combien **en** a-t-elle?	Elle **en** a deux.
Peut-on faire de la natation à la montagne?	Oui, on peut **en** faire à la montagne quand il y a un lac.

LES VALSEUSES, Bertrand Blier, 1974; sur la photo: Jacques Chailleux, Gérard Depardieu et Patrick Dewaere.

On discute, on discute et la discussion finit en dispute... Le jeune homme de gauche sort de prison et les deux copains Dewaere et Depardieu sont bien inquiets. Ils pensent que le jeune homme va peut-être faire des choses stupides ou compromettantes.

Est-ce que je vous explique personnellement vos fautes?

Votre père vous donne-t-il de l'argent?	Oui, il **m'en** donne.
Donnez-vous de l'argent aux pauvres?	Oui, je **leur en** donne.
Y a-t-il de mauvais étudiants dans cette classe?	Non, il n'**y en** a pas, mais dans les autres classes, il **y en** a.
Parlez-vous de vos problèmes à votre camarade de chambre?	Oui, je **lui en** parle.
Vous donne-t-il la solution?	Oui, il **me la** donne.
Vous donne-t-il les explications nécessaires et suffisantes?	Oui, il **me les** donne.
Rendez-vous la composition à votre professeur?	Oui, nous **la lui** rendons.
Est-ce que j'ai expliqué le vocabulaire aux étudiants?	Oui, vous **le leur** avez expliqué.
Est-ce que je vous explique personnellement vos fautes?	Oui, vous **me les** expliquez personnellement.
Au revoir. N'oubliez pas d'**emporter** vos affaires.	**Nous** les **emportons** toujours. À demain.

Explications

1 Les pronoms compléments **y** et **en**:

   A.   Le pronom complément **y**:

       1. **Y** remplace un nom construit avec **à (au, aux, à la, à l')** ou une préposition de lieu, comme **dans, en, sur, sous. Y** est donc une sorte de pronom adverbial.

Exemples:	
Habitez-vous aux États-Unis? **Y** avez-vous vos parents?	Oui, nous **y** habitons et nous **y** avons nos parents.
Aimez-vous aller au cinéma?	Oui, j'aime **y** aller. Non, je n'aime pas **y** aller.
Allez-vous aller à la soirée de Pat? Êtes-vous content d'**y** aller?	Oui, je vais **y** aller et je suis content d'**y** aller.
Avez-vous dansé sur le pont d'Avignon?	Non, je n'**y** ai pas dansé.

       2. **Y** est placé *directement devant le verbe* qui a un rapport logique avec ce pronom.

Exemples:	
Êtes-vous en classe?	Oui, j'**y** suis.
Réfléchissez-vous à ce problème?	Oui, j'**y** réfléchis.
Pensez-vous à cette situation?	Oui, j'**y** pense.
Aimez-vous aller au laboratoire?	Non, je n'aime pas **y** aller.

   Remarquez: Au passé composé, **y** est placé directement devant l'auxiliaire:

Êtes-vous tombé dans la rue? **Y** êtes-vous tombé?	Oui j'**y** suis tombé.
As-tu dormi chez Jules? **Y** as-tu dormi?	Non, je n'**y** ai pas dormi.

       3. Attention: Avec l'*impératif affirmatif*, **y** est placé *après le verbe*.

Exemples:	*impératif affirmatif*	*impératif négatif*
	Vas-**y**!	N'**y** va pas!
	Allons-**y**!	N'**y** allons pas!
	Allez-**y**!	N'**y** alléz pas!
	Réfléchis-**y**!	N'**y** réfléchis pas!
	Réfléchissons-**y**!	N'**y** réfléchissons pas!
	Réfléchissez-**y**!	N'**y** réfléchissez pas!
	Penses-**y**![1]	N'**y** pense pas!
	Pensons-**y**!	N'**y** pensons pas!
	Pensez-**y**!	N'**y** pensez pas!

---

1.   Avec le complément *y,* on est obligé d'ajouter un *-s* à l'impératif familier pour des raisons euphoniques. Vous remarquez qu'au négatif, le *-s* disparaît.

Remarquez: Faites bien la liaison à l'impératif affirmatif entre le verbe et le pronom objet:

Vas-y!   Va **[z]** -y!
Allez-y!   Alle **[z]** -y!
Pensons-y!   Penson **[z]** -y!

B. Le pronom complément **en:**

1. **En** remplace un nom construit avec **de (du, de la, de l', des).**

Exemples:

On trouve **du sucre** dans une épicerie.   On **en** trouve dans une épicerie.

On prend **de l'essence** dans une station-service.   On **en** prend dans une station-service.

J'achète **des livres** dans une librairie.   J'**en** achète dans une librairie.

Prenez-vous **de la crème** dans votre café?   **En** prenez-vous dans votre café?

Elle vient **de Philadelphie.**   Elle **en**[2] vient.

2. **En** est obligatoire (en l'absence du nom) avec les expressions de quantité comme:

assez de   **un peu de**
beaucoup de   **un litre de**
trop de   **un kilo de**
tant de

Exemples:

Il y a beaucoup **d'étudiants** ici.   Il y **en** a beaucoup ici.

Il y a trop **d'étudiants** ici.   Il y **en** a trop ici.

Il y a assez **d'étudiants** ici.   Il y **en** a assez ici.

Il n'y a pas assez **d'étudiants** ici.   Il n'y **en** a pas assez ici.

Je voudrais un kilo **d'oranges.**   J'**en** voudrais un kilo.

J'ai bu un litre **de vin.**   J'**en** ai bu un litre.

3. **En** est obligatoire (dans l'absence du nom) après les nombres (**un, deux, trois, vingt et un, quarante,** etc.). Les nombres sont bien des expressions de quantité.

Exemples:

J'ai un **livre.**   J'**en** ai un.

Je n'ai qu'une **mère.**   Je n'**en** ai qu'une.

Je vois trois **éléphants.**   J'**en** vois trois.

Il a mangé dix-huit **crêpes.**   Il **en** a mangé dix-huit.

4. Avec certaines expressions verbales (en particulier des expressions avec **avoir) en** remplace **de** + nom objet ou même tout le complément verbal (**de** + infinitif + objet):

avoir besoin de   **avoir l'intention de**   **avoir honte de**
avoir envie de   **avoir la possibilité de**   **avoir hâte de**
avoir peur de   **avoir l'occasion de**

_____

2. *En* est aussi une sorte de pronom adverbial.

Exemples: J'ai besoin **de vos notes**.	J'**en** ai besoin.
J'ai besoin **de dormir**.	J'**en** ai besoin.
Elle a envie **de champagne**.	Elle **en** a envie.
Elle avait envie **de faire un voyage en France**.	Elle **en** avait envie.
Ils ont peur **de la nuit**.	Ils **en** ont peur.
Aviez-vous l'intention **d'étudier la leçon?**	Oui, j'**en** avais l'intention.
Avez-vous la possibilité **de partir maintenant?**	Oui, j'**en** ai la possibilité.

5. Le pronom **en** est aussi placé *directement devant le verbe* qui a un rapport logique avec ce pronom.

Exemples: J'ai des amis.	J'**en** ai.
J'aime avoir des amis chez moi.	J'aime **en** avoir chez moi.
Elle va prendre deux photos.	Elle va **en** prendre deux.

Remarquez: Au passé composé, **en** est aussi placé directement devant l'auxiliaire:

Elle a joué de la trompette.	Elle **en** a joué.
Vous avez acheté une tonne de briques.	Vous **en** avez acheté une tonne.

Remarquez: Il n'y a pas d'accord du participe passé avec **en**.

6. Attention: À l'impératif, on dit:

Prends-**en**!	N'**en** prends pas!
Prenons-**en**!	N'**en** prenons pas!
Prenez-**en**!	N'**en** prenez pas!
Donnes-**en**!	N'**en** donne pas!
Donnons-**en**!	N'**en** donnons pas!
Donnez-**en**!	N'**en** donnez pas!

Remarquez: Faites bien la liaison à l'impératif affirmatif entre le verbe et le pronom objet:

Prends-en!	Prend **[z]** -en!
Prenez-en!	Prene **[z]** -en!
Donnons-en!	Donnon **[z]** -en!

2 Deux pronoms compléments et leurs places respectives:

A. Quand il y a deux pronoms, **en** est toujours *le dernier*.

Exemples: Me donnez-vous du café?	Oui, je **vous en** donne.
	Non, je ne **vous en** donne pas.
Y a-t-il des gens?	Oui, il **y en** a.
	Non, il n'**y en** a pas.

Avez-vous écrit des lettres à votre ami?	Oui, je **lui en** ai écrit.	Non, je ne **lui en** ai pas écrit.
Le professeur donnait-il trop d'exercices aux étudiants?	Oui, il **leur en** donnait trop.	Non, il ne **leur en** donnait pas trop.

B. Le pronom objet indirect précède le pronom objet direct, excepté quand les deux pronoms sont à la troisième personne.

Exemples:	Me présentez-vous votre amie?	Oui, je **vous la** présente.	Non, je ne **vous la** présente pas.
	Est-ce que je vous ai rendu les exercices?	Oui, vous **me les** avez rendus.	Non, vous ne **me les** avez pas rendus.
	Votre professeur vous explique-t-il la leçon?	Oui, il **nous** l'explique.	Non, il ne **nous** l'explique pas.
Attention:	Donnez-vous votre composition au professeur?	Oui, je **la lui** donne.	Non, je ne **la lui** donne pas.
	Est-ce que je rends les compositions aux étudiants?	Oui, vous **les leur** rendez.	Non, vous ne **les leur** rendez pas.
	Michel présente-t-il Catherine à Ted et Alice?	Oui, il **la leur** présente.	Non, il ne **la leur** présente pas.
	Votre professeur a-t-il expliqué la leçon à Paul?	Oui, il **la lui** a expliquée.	Non, il ne **la lui** a pas expliquée.

C. Résumé de l'ordre régulier des pronoms compléments:

(1)	(2) première et deuxième personnes —objet direct ou indirect	(3) troisième personne —objet direct	(4) troisième personne —objet indirect	(5)	(6)	(7) verbe (auxiliaire)	(8) mot de négation	(9) (participe passé)
[ne]	me te nous vous	le la l' les	lui leur	y	en	—	[pas, jamais, etc.]	—

D. Place des pronoms compléments avec l'impératif: Avec l'impératif affirmatif, les pronoms compléments viennent après le verbe; avec l'impératif négatif, devant:

Exemples: Demande-**la-lui**!   Ne **la lui** demande pas!
Demandons-**la-lui**!   Ne **la lui** demandons pas!
Demandez-**la-lui**!   Ne **la lui** demandez pas!

Rends-**les-leur**!   Ne **les leur** rends pas!
Rendons-**les-leur**!   Ne **les leur** rendons pas!
Rendez-**les-leur**!   Ne **les leur** rendez pas!

Donne-**le-lui**!   Ne **le lui** donne pas!
Donnons-**le-lui**!   Ne **le lui** donnons pas!
Donnez-**le-lui**!   Ne **le lui** donnez pas!

Présente-**la-leur**!   Ne **la leur** présente pas!
Présentons-**la-leur**! Ne **la leur** présentons pas!
Présentez-**la-leur**! Ne **la leur** présentez pas!

Remarquez: Avec l'impératif *affirmatif,* il y a une exception à la règle: les pronoms de la première personne viennent après les pronoms de la troisième personne. Avec le négatif, l'ordre est normal:

Dites-**le-moi**!   Ne me le dites pas!
Rendez-**la-moi**!   Ne me la rendez pas!
Donnez-**les-nous**! Ne nous les donnez pas!

3 **Amener** et **apporter; emmener** et **emporter:**

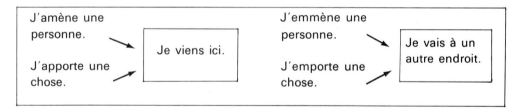

On emmène une personne, on emporte une chose.
On amène une personne, on apporte une chose.

Exemples: Quand vous partez en voyage, **vous emmenez** votre femme et vos enfants, mais **vous emportez** des bagages et des chèques de voyage.
J'emmène Diane au cinéma, au théâtre, à une soirée. **Je l'ai emmenée** au cinéma la semaine dernière.
Bonjour, j'arrive, **j'amène** mes amis et **j'apporte** des fleurs.

Exercices oraux

A. Répétez les phrases suivantes et remplacez le complément du verbe. Utilisez le pronom approprié, **y** ou **en**: (§1)
Exemple: *Ils vont au Mexique.*
Ils y vont.

1. Il pense à Paris.
2. Ils vont à la campagne.
3. Nous venons des États-Unis.
4. Ils font du camping.
5. Ils font beaucoup de camping.
6. J'achète quatre biftecks.
7. J'étudie à la bibliothèque.
8. Je sors de la bibliothèque.
9. Vous avez l'occasion de voyager.
10. Elle choisit beaucoup de cadeaux.
11. Nous avons répondu au télégramme.
12. Tu es allé au cinéma.
13. Il avait peur des chiens méchants.
14. Nous n'avons pas pensé à ce problème.
15. Ils allaient souvent au théâtre.

B. Demandez à un autre étudiant ou à une autre étudiante et remplacez le complément du verbe. Utilisez le pronom approprié (*Attention:* il y a toutes sortes de pronoms possibles ici.): (§1)
Exemple: *s'il (si elle) parle de ce film.*
En parles-tu?

1. s'il (si elle) parle de ce livre.
2. s'il (si elle) parle aux étudiants.
3. s'il (si elle) aime les animaux.
4. s'il (si elle) a peur des animaux.
5. s'il (si elle) a beaucoup d'animaux.
6. s'il (si elle) a vu la difficulté.
7. s'il (si elle) a vu une difficulté.
8. s'il (si elle) a compris cette leçon.
9. s'il (si elle) a écrit des lettres.
10. s'il (si elle) a écrit beaucoup de lettres.

C. Dites les phrases suivantes avec les deux pronoms appropriés: (§2)
Exemple: *Je parle de mes problèmes à mon psychiatre.*
Je lui en parle.

1. Je parle de mes problèmes à mon psychiatre.
2. Tu demandes de l'argent à tes parents.
3. Nous disons la vérité à nos amis.
4. Jean-Louis a décrit son voyage à David.
5. Je dénonce l'inégalité sexuelle à mon sénateur.
6. Il a écrit des lettres à Ann Landers.
7. Vous avez proposé un voyage à vos parents.
8. Elle a offert beaucoup d'argent à Jean-Louis.
9. Ils ont vendu les réponses de l'examen aux autres étudiants.
10. Elles ont donné leur opinion au professeur.

D. Dites à un autre étudiant ou à une autre étudiante; utilisez
    l'impératif affirmatif et négatif et le(-s) pronom(-s)
    approprié(-s): (§2)
    Exemple: *de parler à Jacques.*   *Parle-lui!*
                                          Ne lui parle pas!

1. d'écrire son nom.
2. de répondre au professeur.
3. de répondre à la question.
4. de voir ce film.
5. d'aller à ses cours.
6. de vous aider.
7. de nous écrire.
8. d'écrire une lettre.
9. de nous écrire une lettre.
10. de nous écrire des lettres.
11. de nous écrire beaucoup de lettres.
12. de vendre sa voiture.
13. de vous vendre sa voiture.
14. de présenter Paul à Elizabeth.
15. de vous présenter ses amis.

E. Répondez aux questions suivantes:
1. Regardez la photo à la page 267.
    a. Combien d'amis a cette jeune femme?
    b. Est-ce qu'elle leur parle du temps?
    c. Leur a-t-elle promis son amour éternel?
    d. Quel garçon la jeune fille va-t-elle emmener? Pourquoi?
2. Regardez la photo à la page 268.
    a. Qu'est-ce que le garçon de gauche a dit à son copain?
    b. Le garçon au milieu va-t-il donner son opinion aux
        autres?
    c. Pensent-ils à leur dîner?
    d. Parlent-ils de produits de beauté?

Exercices écrits

A. Répondez par écrit aux exercices oraux A, C et D.

B. Répondez par écrit aux questions de l'exercice oral B.

C. Répondez à ces questions et remplacez les mots en italiques par le(-s) pronom(-s) approprié(-s): (§1, 2)
Exemple: *Aimez-vous écouter la musique?*
          Oui, j'aime l'écouter.

1. Les étudiants ont-ils toujours obéi *aux ordres de la police?*
2. Aimez-vous avoir *de bonnes notes?*
3. Dites-vous *la vérité à vos parents?*
4. Avez-vous parlé *de la France à vos parents?*
5. Est-ce qu'un professeur donne facilement *son numéro de téléphone aux étudiants?*
6. Combien *de dollars* avez-vous dans votre sac (dans votre poche)?
7. Est-ce que vos parents *vous* donnent *de l'argent?*
8. Votre professeur vous dit-il toujours *la vérité?*
9. Avez-vous l'intention d'aller *au cinéma* ce soir?
10. Avez-vous peur *des serpents?*

D. Mettez une forme des verbes **emmener, emporter, amener** ou **apporter** dans les phrases suivantes: (§3)

1. Quand je pars en voyage, j'_____ très peu de bagage.
2. Quand je fais du camping, j'_____ un ami.
3. Bonjour, nous voilà; nous _____ des gâteaux et des fleurs.
4. Quand je vais chez mes parents, j'_____ quelquefois une amie.
5. Bonjour, nous voilà; nous _____ quelques amis.

Lecture

Un Dîner Chez Léon l'Assassin.
Analysez la personnalité et les instincts de vos amis!

Philippe, Catherine, Ted et Alice sont arrivés Chez Léon l'Assassin. Ils ont attendu une table pendant un instant parce que le restaurant était plein de monde; alors, pour patienter, ils ont pris quelque chose au bar. On entendait déjà Antoinette, la serveuse, toujours furieuse, qui imposait sa domination sur les pauvres clients. Le propriétaire Léon ne *lui* disait rien parce qu'il savait qu'en réalité les clients *l'*adoraient. Nos amis *lui* ont demandé une table pour quatre.

Sur la table, il y avait une nappe rouge et blanche et des serviettes des mêmes couleurs. Antoinette a apporté les assiettes, les verres et les couverts (fourchettes, cuillères et couteaux). Elle *les* a mis sur la table et elle a demandé aux jeunes gens de *les* placer convenablement. Quand elle est revenue elle *leur* a apporté le menu, et elle *leur* a dit qu'ils n'étaient pas capables de mettre le couvert! Tout le monde a ri.

Antoinette: Qu'est-ce que vous voulez?

Catherine: Miam miam, je meurs de faim![3] Est-ce que vos escargots sont bons?

Antoinette: Des escargots? Il n'y *en* a plus. Vous arrivez à huit heures et demie et vous voulez des escargots? Mais sans blague! Il faut *les* préparer à l'avance! Prenez des hors-d'œuvre! Tout le monde *les* aime! Allez-y![4] Du gigot? Il n'y *en* a plus! Prenez le rôti de porc! Des petit pois? Il n'y *en* a plus! Prenez des haricots verts! Et comme dessert, il n'y a que de la mousse au chocolat! Et comme vin? Qu'est-ce que vous voulez?

Les étudiants ont choisi un vin «de la maison». Antoinette *leur en* a donné deux pour le même prix, parce que, malgré son attitude rébarbative, spécialité de Chez Léon, elle *les* trouvait sympathiques et *les* aimait bien.

Enfin, après le dîner, tout le monde était très bavard et l'atmosphère est devenue très agréable. Alice voulait essayer d'administrer un test de psychologie à Philippe, qui prétendait[5] avoir trop de complexes.

Alice: Voyons, Philippe! Imagine que tu fais une promenade dans la nature et que tu es sur un chemin. Comment est-il? Et qu'est-ce que tu y fais?

Philippe: Oh! C'est un très joli chemin qui monte et descend doucement. On *y* marche facilement, il y a des arbres qui *me* donnent de l'ombre et de la fraîcheur quand j'*en* ai besoin. Il fait beau. Nous sommes au printemps. Naturellement, je ne suis pas seul.

---

3. *Je meurs de faim* (mourir) = J'ai très faim.

4. *Allez-y* = «Go ahead!»

5. *Prétendre* = affirmer (sans nécessairement convaincre).

AU RENDEZ-VOUS DE LA MORT JOYEUSE, Juan Bunuel, 1972; sur la photo: Yasmine Dahm.

Un pot de peinture, une table, un casserole d'eau bouillante, voilà des objets familiers et inoffensifs, mais qui deviennent terrifiants s'ils commencent à vivre, à voler, à attaquer les gens. Au centre de la révolte des objets: une jeune fille douce et calme de quinze ans. Est-ce un médium ou une sorcière? Elle est si jolie, si moderne, si bonne avec les animaux ... Est-ce un conte de fées ou un film d'épouvante? On reconnaît bien l'atmosphère du grand Luis Bunuel, père de Juan.

Est-ce que vos escargots sont bons?

Alice: Bon, très bien. Maintenant, sur le chemin, tu trouves une tasse. Comment est-elle et qu'est-ce que tu *en* fais?[6]

Philippe: Oh! C'est une jolie tasse. Je *la* regarde, je *l'*examine, et je *la* garde parce que je peux *en* avoir besoin.

Alice: Parfait! Bon. Ensuite, tu regardes par terre et tu *y* vois une clé. Comment est-elle et qu'est-ce que tu *en* fais?

Philippe: En effet, c'est une très belle clé ancienne, très artistique. Je *la* prends et je *la* garde.

Alice: Excellent! *Te* voilà maintenant devant un obstacle. C'est peut-être un mur ou une petite rivière ou autre chose. Il y a aussi un poteau ou une borne.[7] Comment sont-ils et qu'est-ce que tu fais?

Philippe: Ah! Voyons... Oui... L'obstacle est un mur de vieilles pierres. Il est ravissant, et au milieu du mur il y a une porte. Le poteau est sur le bord du chemin; il est bien solide et il est très intéressant pour moi, parce que c'est un poteau indicateur qui *me* renseigne et *m'*aide... enfin, qui *nous* aide (je suis avec quelqu'un, ne *l'*oubliez pas). Il *nous* aide et il *nous* indique que la jolie clé va ouvrir la porte du mur! Et voilà!

Alice: Formidable! *Te* voilà maintenant devant un grand tigre méchant qui a faim!

Philippe: Oh! J'en ai un peu peur, mais je cours pour *me* protéger avec mon amie. Finalement le tigre part; il *nous* quitte.

Alice: Bien, bien, bien!... Tu arrives devant une rivière, ou un lac, ou l'océan... Raconte la scène et ce que tu *y* fais.

Philippe: Ah! C'est un lac bleu magnifique, l'eau *y* est transparente et la température est parfaite. Alors, nous enlevons nos vêtements, nous entrons dans l'eau et nous *y* restons longtemps... longtemps. C'est une scène idyllique et nous *y* sommes très heureux! La vie est merveilleuse!

Alice: Bon. Finalement, tu arrives devant un grand trou noir, un précipice ou un gouffre tout noir. On n'*y* voit absolument rien. Comment est-il et qu'est-ce que tu fais?

Philippe: Oh! Je ne sais pas!... Voyons... Je n'aime pas ce trou noir. Alors, je regarde mon amie et je *lui* demande de revenir au lac bleu. Naturellement, elle accepte et nous *y* retournons... Voilà!

---

6. *Tu en fais* (faire de quelque chose), expression idiomatique: Que *fais-tu* de la tasse?

7. *Un poteau* ou *une borne* = «a pole» ou «a road mark».

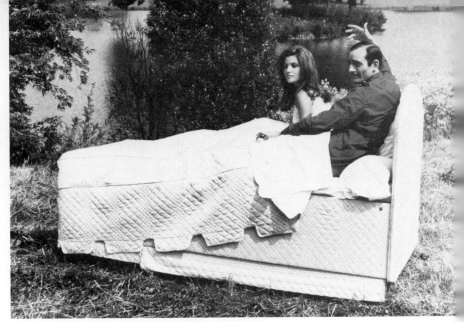

LE GRAND AMOUR, Pierre Étaix, 1969; sur la photo: Pierre Étaix et Nicole Calfan.

Pierre a beaucoup d'imagination. Il rêve d'Agnès, il aime Agnès. Il est avec elle au bord d'une rivière. En rêve, on peut tout faire. Au cinéma aussi. C'est pourquoi le comique d'Étaix est si poétique: il transpose le rêve en images...

Tu arrives devant une rivière, ou un lac, ou l'océan...

Alice: Le test est terminé! Voici la clé des symboles. Maintenant, interprétons le test, interprétons-*le!*

le chemin = la vie
la tasse = le rôle des femmes dans la vie de l'individu
la clé = l'intellect, la connaissance
l'obstacle = les obstacles dans la vie
le poteau = le rôle des hommes dans la vie de l'individu
le tigre = le danger
l'eau = la volupté, l'amour, le plaisir
le trou noir = la mort

Questions sur la lecture

1. Quand vous êtes dans un restaurant et vous attendez une table, que faites-vous pour patienter?
2. Qui est Antoinette? Qui est Léon?
3. Qu'est-ce qu'un couvert?
4. Pourquoi les étudiants ne pouvaient-ils pas manger ce qu'ils voulaient?
5. En réalité, comment est la personnalité d'Antoinette?
6. Pourquoi Alice voulait-elle essayer d'administrer le test à Philippe? D'après le test, que pensez-vous de la personnalité de Philippe?
7. Pouvez-vous imaginer d'autres symboles qu'on peut ajouter à ce test?
8. Quelles réponses sont typiques de la personnalité de Philippe? Pourquoi? Quelles réponses ne sont pas conformes à sa personnalité?

Discussion/Composition

1. Faites une analyse détaillée de la personnalité de Philippe.
2. Administrez ce test à un de vos amis et écrivez l'analyse de son tempérament.
3. Étudiez-vous la psychologie? Approuvez-vous les différents symboles? Ce test est-il valide, à votre avis?
4. Racontez un repas dans votre famille (ou au restaurant). Comment sont la table, la nappe, les assiettes et les couverts? Qu'est-ce que vous choisissez? Comment est le dîner?

Vocabulaire actif

noms

analyse f.	obstacle m.	
brique f.	ombre f.	
complexe m.	pauvre m.	
crêpe f.	petits pois m. pl.	
cuillère f.	pierre f.	
danger m.	plaisir m.	
domination f.	pont m.	
escargot m.	poteau m.	
essence f.	propriétaire m.	
fourchette f.	rivière f.	
fraîcheur f.	rôti m.	
gigot m.	solution f.	
gouffre m.	station-service f.	
haricots verts m. pl.	sweater m.	
hors-d'œuvre m.	symbole m.	
individu m.	tempérament m.	
instant m.	test m.	
instinct m.	tigre m.	
intellect m.	tonne f.	
nappe f.	trou m.	
	volupté f.	

adjectifs

bavard(-e)
imaginatif/
  imaginative
indicateur/
  indicatrice
nécessaire
ravissant(-e)
solide
transparent(-e)

verbes

amener
analyser
apporter
emporter
enlever
garder
imposer
interpréter
prétendre
protéger
renseigner
rire

adverbes

convenablement
doucement
facilement
personnellement

préposition

malgré

autres expressions

à la campagne
à la montagne
Allez-y!
autre chose
faire de la natation
mettre le couvert
mourir de faim
sans blague

Vocabulaire passif

noms

borne m.
chèque de
  voyage m.
mousse au
  chocolat f.
précipice f.

adjectifs

idyllique
rébarbatif/
  rébarbative

verbes

administrer
dénoncer

19 Dix-neuvième Leçon

Le futur:
  formation régulière et irrégulière
  usage avec *quand*

Avant et *après* avec un nom ou un verbe

Les pronoms disjoints:
  moi, toi, lui, elle, nous, vous, eux, elles

Penser à quelque chose ou *penser à quelqu'un*

Lecture: *Où allons-nous? Comment sera l'avenir?*

Est-ce une vision de l'avenir ou du présent?

Présentation

Où **irez-vous** pendant les grandes vacances, Bill?

J'irai en France et en Espagne, mon ami Duggan, **lui, il ira** en Irlande. **Ce sera** un voyage important pour **lui** parce que l'Irlande est le pays de ses ancêtres. Mais **avant d'aller** en Irlande, **il sera** avec Barbara et **moi** à Paris.

Et vous, Pat?

Je n'irai pas en Europe, **moi**. **Je resterai** ici, mais des amis français **viendront** me voir. **Ils passeront** un mois aux États-Unis et **nous ferons** beaucoup d'excursions avec **eux** et d'autres amis qui **voudront** venir avec **nous**.

LE FAR WEST, Jacques Brel, Claude Lelouch, 1973; sur la photo, au centre: Jacques Brel.
Voilà un exemple parfait du mythe de l'exotisme du «Far West». Oui, pour la jeunesse française, le «Far West» c'est l'Eldorado, c'est le rêve, c'est la liberté. (C'est comme l'Europe du passé pour certains Américains.) C'est l'histoire d'un pseudo-cowboy qui continue dans la vie adulte le rêve de son enfance. Mais il n'est pas dans le Far West; il est, en réalité, dans la Belgique d'aujourd'hui. Le cowboy du passé rencontre les Belges de 1973! La chanson de Jacques Brel dans le film s'appelle «L'Enfance».

Ils passeront un mois aux États-Unis et nous ferons beaucoup d'excursions avec eux...

ÉROTISSIMO, Gérard Pirès, 1969; sur la photo, entre autres: Annie Girardot.

Cette confusion de voitures, c'est un encombrement typique sur une autoroute française. Annie Girardot, en manteau de fourrure, essaie de persuader le gendarme de lui permettre de passer. On entend des disputes furieuses. C'est dimanche soir, le retour vers Paris après le week-end...

Naturellement, je ferai aussi les choses que tous les touristes font...

Qu'est-ce que **vous verrez** en Europe, Bill?

Oh, **je verrai** des monuments, mais **je parlerai** beaucoup avec les gens parce que **moi**, j'aime mieux les gens que les pierres. Naturellement, **je ferai** aussi les choses que tous les touristes font — **je visiterai** des églises, des palais, **je dînerai** dans de petits restaurants pas chers et j'espère qu' **il y** en **aura**.

Saurez-vous parler français avec les gens?

Certainement, quand **j'irai** en France, **je saurai** le parler. Il me **faudra** le savoir parce que mon ami pense que **je serai** son interprète.

Irez-vous en avion ou en bateau?

Nous irons en avion, naturellement, jusqu'à Paris et, de là, **nous circulerons** dans toute l'Europe en train. Nous avons un «Eurailpass» qui nous **permettra** d'aller partout pour un prix fixe.

Dans quelles régions **irez-vous?**

Je ne sais pas, **nous verrons après être arrivés.** Je n'aime pas faire trop de projets **avant de prendre** contact avec le pays et les gens. **Nous saurons** mieux ce que **nous voudrons** faire et voir **après avoir parlé** avec des Français et **après avoir participé** à leur vie.

Dans un sens vous avez bien raison. J'ai des amis qui ont fait tous leurs projets de voyage (itinéraires, hôtels, trains, etc.) **avant de partir,** et, **après être arrivés,** ils ne voulaient plus faire la même chose. Malheureusement, ils ne pouvaient pas changer leurs projets **après avoir fait** toutes les réservations. Pour vous, **il y aura** tant de nouvelles choses, **il y aura** tant de gens intéressants que je suis sûr que **vous n'aurez pas** le temps de tout faire ou de tout voir.

Penserez-vous à vos amis quand **vous serez** en Europe?

Oui, **je penserai à eux** et je leur **enverrai** des cartes de tous les endroits intéressants que **je visiterai.**

Explications

1 Le futur:

A. Le futur et le futur immédiat:
On peut presque toujours utiliser le futur immédiat (**aller** + infinitif) pour exprimer une idée ou une action future. Mais dans les cas où l'idée ou l'action ont un caractère plus indéfini, plus distant ou plus littéraire, le futur est plus approprié.

Exemples: **Je déjeunerai** avec elle.
ou
Je vais déjeuner avec elle.
mais
Après ses études, **il sera médecin.**

B.   Formation et futurs irréguliers:

1.   Pour former le futur, on prend l'*infinitif* et pour les terminaisons on ajoute le verbe **avoir** au présent (mais: **avons** → **-ons**, **avez** → **-ez**). Si le verbe est en **-re** on supprime le **e**:

parler

je parler**ai**	**nous** parler**ons**
tu parler**as**	**vous** parler**ez**
il parler**a**	**ils** parler**ont**

finir

je finir**ai**	**nous** finir**ons**
tu finir**as**	**vous** finir**ez**
il finir**a**	**ils** finir**ont**

rendre

je rendr**ai**	**nous** rendr**ons**
tu rendr**as**	**vous** rendr**ez**
il rendr**a**	**ils** rendr**ont**

2.   Quelques verbes ont un *radical irrégulier* pour le futur, mais les terminaisons sont réguliers:

voir

je ver**rai**	**nous** ver**rons**
tu ver**ras**	**vous** ver**rez**
il ver**ra**	**ils** ver**ront**

savoir

je sau**rai**	**nous** sau**rons**
tu sau**ras**	**vous** sau**rez**
il sau**ra**	**ils** sau**ront**

aller

j'i**rai**	**nous** i**rons**
tu i**ras**	**vous** i**rez**
il i**ra**	**ils** i**ront**

faire

je fe**rai**	**nous** fe**rons**
tu fe**ras**	**vous** fe**rez**
il fe**ra**	**ils** fe**ront**

avoir

j'au**rai**	**nous** au**rons**
tu au**ras**	**vous** au**rez**
il au**ra**	**ils** au**ront**

être

je se**rai**	**nous** se**rons**
tu se**ras**	**vous** se**rez**
il se**ra**	**ils** se**ront**

vouloir

je voud**rai**	**nous** voud**rons**
tu voud**ras**	**vous** voud**rez**
il voud**ra**	**ils** voud**ront**

pouvoir

je pour**rai**	**nous** pour**rons**
tu pour**ras**	**vous** pour**rez**
il pour**ra**	**ils** pour**ront**

venir

je viend**rai**	**nous** viend**rons**
tu viend**ras**	**vous** viend**rez**
il viend**ra**	**ils** viend**ront**

mourir

je mour**rai**	**nous** mour**rons**
tu mour**ras**	**vous** mour**rez**
il mour**ra**	**ils** mour**ront**

courir		envoyer	
je courrai	**nous** courrons	**j'**enverrai	**nous** enverrons
tu courras	**vous** courrez	**tu** enverras	**vous** enverrez
il courra	**ils** courront	**il** enverra	**ils** enverront

3. Le futur de:

c'est	il y a	il faut
ce sera	**il y aura**	**il faudra**

C. Remarquez l'usage du futur après **quand** dans les phrases suivantes:

> **Quand j'irai** à Rome, je verrai le Vatican.
>
> Je vous inviterai à dîner **quand vous serez** à Paris.
>
> **Quand** ses études **seront** terminées, il sera médecin.

Remarquez: Quand une phrase est au futur, on peut utiliser le futur après **quand.** En anglais, on utilise le présent.

Exemple: «When I go to Rome, I'll see the Vatican.»

Note: On n'utilise pas le futur immédiatement après **si** (même dans une phrase au futur). On dit:

> **Si je** le **vois,** je lui parlerai.
>
> **Si je vais** à Rome, je verrai le Vatican.

2 Avant et après + nom ou verbe:

A.   **avant** ⎫
            ⎬ + nom
     après ⎭

   avant + **de** + infinitif

   après + infinitif passé (**avoir** ou **être** + participe passé)

Exemples: Il fait ses devoirs **avant** sa classe.

           Il rentre à la maison **après** le cinéma.

           Nous prenons un café **après** le dîner.

           Il fait ses devoirs **avant d'aller** en classe.

           Elle réfléchit **avant de** leur **parler.**

           Il rentre à la maison **après être allé** au cinéma.

           Nous prenons un café **après avoir dîné.**

           Il leur répond **après** les **avoir écoutés.**

Attention: La proposition avec **avant** ou **après** modifie le *sujet* du verbe principal.

B.   Ces expressions *ne varient pas* quand le temps de la phrase change.

Exemples: Il a fait ses devoirs **avant d'aller** en classe.

           Il est rentré à la maison **après être allé** au cinéma.

           Nous avons pris un café **après avoir dîné.**

           Il fera ses devoirs **avant d'aller** en classe.

           Il rentrera à la maison **après être allé** au cinéma.

           Nous prendrons un café **après avoir dîné.**

3 Les *pronoms disjoints* (pronoms d'accentuation, pronoms après les prépositions):

moi	lui	nous	eux
toi	elle	vous	elles

A. On les utilise pour insister sur la personne qui est le sujet ou l'objet d'une action.

Exemples: Louisette, **elle**, part en vacances, mais Jean-Luc, **lui**, reste ici.

Louisette part en vacances, **elle**, mais Jean-Luc reste ici, **lui**.

Moi, il ne m'aime pas, mais **elle**, il l'adore.

Lui, il accepte toujours tout, mais **elle**, elle n'est jamais d'accord.

Vous avez de la chance, **vous**! **Moi**, je n'en ai pas!

Nous, nous préférons marcher, mais **eux**, ils adorent rouler en voiture.

C'est **vous** qui avez tort et c'est **moi** qui ai raison.

Ce n'est pas **moi** qui mens, c'est **toi**.

B. On les utilise aussi après les prépositions comme **devant, derrière, à côté de, chez, pour, avec, en, comme, sans**, etc.

chez **moi**	pour **moi**	avec **moi**	devant **moi**
chez **toi**	pour **toi**	avec **toi**	devant **toi**
chez **lui**	pour **lui**	avec **lui**	devant **lui**
chez **elle**	pour **elle**	avec **elle**	devant **elle**
chez **nous**	pour **nous**	avec **nous**	devant **nous**
chez **vous**	pour **vous**	avec **vous**	devant **vous**
chez **eux**	pour eux	· avec **eux**	devant **eux**
chez **elles**	pour **elles**	avec **elles**	devant **elles**

Exemples: Elle a fait ce voyage **sans lui**.

Nous étions **derrière eux** au cinéma.

Elle est sortie **avec lui** hier soir.

Ils viendront **avec nous** quand nous irons en Europe.

Voilà Arthur; justement nous parlions **de lui**.

C. Ne confondez pas **lui**, pronom disjoint masculin, avec **lui**, pronom objet indirect masculin *et* féminin.

Exemples:

Jacques parle à la jeune fille.	Je parle au jeune homme.
Jacques **lui** parle.	Je **lui** parle.
Jacques parle de la jeune fille.	Je parle du jeune homme.
Jacques parle **d'elle**.	Je parle **de lui**.
Jacques parle avec la jeune fille.	Je parle avec le jeune homme.
Jacques parle **avec elle**.	Je parle **avec lui**.

4 **Penser à +** une chose ou une personne:

A.   On pense à quelque chose. On pense à quelqu'un.

   Exemples: **Je pense à mes problèmes.**
   Robert pense à Françoise.

B.   Mais remarquez bien l'emploi des pronoms compléments avec **penser:**

   1. Une chose → **y:**
   Je pense **à mon travail.** J'**y** pense.
   Elle pense **à sa correspondance.** Elle **y** pense.
   Vous pensez **à vos dettes.** Vous **y** pensez.

   2. Une personne → pronom disjoint:
   Anne pense **à Michel.** Anne pense **à lui.**
   Michel pense **à ses amis.** Michel pense **à eux.**
   Vous pensez **à toutes vos amies.** Vous pensez **à elles.**

Exercices oraux

A.   Révision du passé composé: Mettez ces phrases au passé
   composé: a) à l'affirmatif, b) au négatif, c) à l'interrogatif,
   d) avec le pronom complément correct:
   Exemple: *Nous parlons français.*
   Nous avons parlé français.
   Nous n'avons pas parlé français.
   Avons-nous parlé français?
   Nous l'avons parlé.

   1. Je discute le problème.
   2. Il prend un cocktail.
   3. Nous allons à la plage.
   4. Ils descendent l'escalier.
   5. Vous faites du travail.
   6. Je dors à la maison d'étudiants.
   7. Nous partons de la maison.
   8. Il arrive à la gare.
   9. Il sort de la gare.
   10. Il quitte la gare.
   11. Vous tombez dans la rue.
   12. Nous comprenons la difficulté.
   13. J'écris des lettres.
   14. Vous lisez votre livre.
   15. Il met sa cravate.

B. Mettez ces phrases au futur: (§1)
   Exemple: *Je finis mon travail.*
             Je finirai mon travail.

1. Cet enfant grandit.
2. Il vend sa voiture.
3. Nous parlons avec lui.
4. Vous faites des progrès.
5. Ils viennent sur le campus.
6. Il revient sur le campus.
7. Je suis content.
8. Nous savons la réponse.
9. Ils ont de la chance.
10. On voit le problème.
11. Vous pouvez le faire.
12. Vous voulez le faire.
13. Il y a du champagne.
14. Il faut le discuter.
15. C'est l'essentiel.
16. Il va chez eux.
17. Il court chez lui.
18. Ils deviennent adultes.
19. Nous avons la solution.
20. Vous êtes content.

C. Dans les phrases suivantes, remplacez les noms par un pronom disjoint approprié: (§3)
   Exemple: *J'irai chez mon professeur.*
             J'irai chez lui.

1. J'irai chez mon oncle.
2. Nous voyageons avec Madame X et Jean-Louis.
3. Tu parles de Madame X.
4. Elle est à côté de ses amis.
5. J'irai avec Elizabeth.
6. J'irai avec Paul.
7. J'irai avec Paul et Elizabeth.
8. C'est une photo de Catherine et moi.
9. C'est une photo de Catherine et Elizabeth.
10. C'est une photo de Catherine et François.

D. Demandez à un autre étudiant ou à une autre étudiante: (§1)

1. où il (elle) ira après la classe.
2. ce qu'il (elle) fera ce week-end.
3. où il (elle) sera en 1980.
4. quand il (elle) terminera ses études.
5. où il (elle) dormira ce soir.
6. s'il (si elle) partira en exil après les élections nationales.
7. quand il (elle) vous enverra une carte postale.
8. s'il (si elle) viendra en classe samedi.
9. à quelle heure il (elle) dînera ce soir.
10. quel temps il fera demain.

E. Répondez aux questions suivantes:

1. Regardez la photo à la page 295.
   a. Qu'est-ce que la fée fera avec la baguette magique?

Dix-neuvième Leçon   291

b. Où ira la jeune femme à droite?
c. Qui rencontrera-t-elle?
d. Comment sera son avenir?
2. Regardez la photo à la page 297.
   a. Est-ce que leurs goûts resteront les mêmes?
   b. Seront-ils heureux?
   c. Grossiront-ils ou resteront-ils minces?
   d. Que feront-ils pendant les vacances?
   e. Pense-t-il à sa mère? Et elle, à qui pense-t-elle?

Exercices écrits

A. Répondez par écrit aux exercices oraux A, B et C.

B. Dans les phrases suivantes, mettez les infinitifs entre
    parenthèses au présent ou au futur: (§1)
    Exemples: *S'il (faire) beau, nous (aller) à la plage.*
                S'il fait beau, nous irons à la plage.

                Quand il (faire) beau, nous (aller) à la plage.
                Quand il fera beau, nous irons à la plage.

 1. Si notre professeur (être) malade, nous n'(aller) pas en
    classe.
 2. Quand notre professeur (être) malade, nous n'(aller) pas en
    classe.
 3. Si je (venir), je la (voir).
 4. Quand je (venir), je la (voir).
 5. Si vous (avoir) de l'argent, vous (visiter) le Mexique.
 6. Quand vous (avoir) de l'argent, vous (visiter) le Mexique.
 7. S'il (vouloir) le faire, il (pouvoir) nous aider.
 8. Quand il (vouloir) le faire, il (pouvoir) nous aider.
 9. S'ils (venir) nous chercher, nous (aller) ensemble.
10. Quand ils (venir) nous chercher, nous (aller) ensemble.

C. Récrivez chaque phrase et utilisez **avant de** + infinitif: (§2)
    Exemple: *Il étudie et il va au cinéma.*
               Avant d'aller au cinéma, il étudie.

 1. Nous mettons un manteau et nous sortons.
 2. J'ai lu mon horoscope et ensuite je suis parti en vacances.
 3. Tu feras des choses extraordinaires et puis tu écriras ton
    autobiographie.

4. Louise travaillera beaucoup et elle deviendra riche.
5. Fréderic buvait un martini et après il prenait son dîner.

D. Récrivez chaque phrase en utilisant **après + infinitif**
passé: (§2)
Exemple: *Il étudie et il va au cinéma.*
Après avoir étudié, il va au cinéma.

1. Il regarde la télévision et il fait une promenade.
2. J'ai mangé chez eux et j'ai eu mal à l'estomac.
3. Je gagnerai beaucoup d'argent et je voyagerai en Europe.
4. Elle a dit au revoir et elle est partie.
5. On boit beaucoup de cognac et on voit des papillons
(«butterflies»).

E. Finissez les phrases suivantes avec un verbe au présent, au
futur, à l'infinitif présent ou à l'infinitif passé: (§1, 2)
Exemple: *Je ne te parlerai plus si...*
Je ne te parlerai plus si tu m'insultes.

1. Je ne te parlerai plus si...
2. Hiawatha a fait un voyage avant...
3. On ne veut jamais rien faire après...
4. Nous mourrons quand...
5. Alice a beaucoup grandi après...
6. Vous verrez des papillons si...
7. Tu sauras la vérité quand...
8. Nous jouerons au poker avant...

F. Répondez à ces questions et remplacez les mots en italique
par un pronom approprié (Attention: il y a toutes sortes de
pronoms possibles dans cet exercice parce que c'est un
exercice de révision.): (§3)

1. Êtes-vous invité à dîner chez *le président de l'université?*
2. Avez-vous beaucoup *d'imagination* quand vous écrivez?
3. Quand irez-vous chez *vos parents?*
4. Quand allez-vous voir *vos parents?*
5. Pensez-vous à *votre professeur de français* le dimanche?
6. Quand il y a *du soleil,* aimez-vous aller *à la plage?*
7. Pouvez-vous apprendre *le français* sans *votre professeur?*
8. Après avoir fini *vos études,* aurez-vous beaucoup *d'argent?*
9. Aviez-vous peur *des animaux sauvages* quand vous étiez
petit(-e)?
10. Avez-vous *des problèmes* avec *votre camarade de chambre?*

G. Récapitulation du passé composé, de l'imparfait et du futur:

1. Récrivez le paragraphe suivant et mettez les verbes entre parenthèses au passé:
Jocaste, la mère d'Œdipe, (vouloir) savoir l'avenir de son fils. Avec son mari, elle (aller) voir l'oracle de Thèbes. L'oracle (réfléchir) pendant quelque temps. Naturellement Jocaste et le roi (espérer) que leur fils (aller) être très heureux. Hélas! Ils ne (savoir) pas encore ce que l'oracle (aller) leur dire. Tout à coup l'oracle (répondre):

2. Maintenant récrivez le paragraphe suivant et mettez les verbes entre parenthèses au futur:
«Après avoir fait un grand voyage, votre fils (devenir) roi. Mais pendant le voyage il (rencontrer) son père et il le (tuer) sans le reconnaître. Ensuite, devant Thèbes, il (pouvoir) répondre aux questions du Sphinx et il (réussir) à libérer la ville. Finalement, il (épouser) sa mère, la reine. Mais quand il (savoir) la vérité de son origine, il (perdre) la vue et il (partir) en exil.»

Lecture

Où allons-nous? Comment sera l'avenir?

L'humanité périra-t-elle dans la fumée de ses usines, de ses voitures? L'homme sera-t-il la victime de sa propre industrie de consommation, de sa propre technologie?

Après avoir écouté une conférence d'écologie sur les dangers qui menacent l'environnement de notre planète, nos amis Jean-Louis, Catherine et François (qui vient de revenir de France) discutent l'avenir. Naturellement il y a aussi Leslie, André, Gail et David. Nous sommes dans le petit appartement de Jean-Louis, près de l'université.

Gail: Moi, *je n'aurai pas* d'enfants, *je ne mettrai pas* au monde des créatures qui *n'auront pas* d'air pur à respirer, pas d'eau claire à boire, qui *seront* déshumanisées par la technologie et les machines. Non! *Je n'accepterai* jamais de participer à ce suicide de l'humanité.

Jean-Louis: Oh! Tu exagères, Gail! La vie *ne sera pas* si terrible. *Il y aura* justement des savants et des technologues qui *trouveront* des moyens de diminuer la pollution de l'air et de l'eau... et n'oublie pas que notre génération *comprendra* les dangers de la surpopulation. *Nous fabriquerons* des bébés en nombre

PEAU D'ÂNE, Jacques Demy,
1971; sur la photo: Delphine
Seyrig et Catherine Deneuve.
    Ce film est basé sur un
conte de fée de Charles Perrault
(*Contes de la mère l'oie,* 1967
= ''Mother Goose Tales''). Regardez la photo d'INDIA SONG
(p. 156) et comparez les deux
images de Delphine Seyrig. Ici
elle fait la bonne fée élégante
et sophistiquée. Un rôle drôle
après tant de rôles tragiques et
mystérieux.

Nous reviendrons à une vie plus simple et plus naturelle.

limité, scientifiquement, l'émission d'oxyde de carbone *sera* contrôlée et les débris *seront* réutilisés. Nos enfants *vivront* dans un monde harmonieux où tout *sera* réglé par la science.

Catherine: Oh! Jean-Louis! Ce que tu dis me déprime encore plus! *Ce sera* comme dans le roman d'Huxley *Le Meilleur des mondes*. *Il n'y aura* plus d'amour, plus de nature. *On fera* des bébés scientifiquement dans des éprouvettes et *on classera* les individus par numéro et par type physique ou social. *On ira* faire des promenades sur Mars, Jupiter ou Vénus. *On ne pensera* plus—un ordinateur géant nous *communiquera* toutes nos émotions. *Il y aura* un cerveau central qui *verra* tout ce que les gens *feront*... Ah! non merci! Je préfère encore voir l'humanité périr de pollution.

David: Voyons, Catherine! Ce n'est qu'un roman! Il faut le prendre comme un avertissement contre les dangers qui nous attendent, mais je suis sûr que notre génération *réagira* dans le bon sens. *Nous ne commettrons* plus les erreurs de nos parents. *Nous aurons* moins de voitures, moins de machines, moins de besoins. *Nous reviendrons* à une vie plus simple et plus naturelle. *Moi, après avoir fini* mes études, *j'irai* en France; *après y être arrivé*, *je trouverai* un bel endroit à la campagne près de Paris, *j'aurai* une petite maison avec un grand jardin et *je cultiverai* moi-même[1] mes légumes et mes fruits sans produits chimiques, *je ne mangerai pas* de viande, *je serai* végétarien parce que j'aime trop les animaux. *J'aurai* une femme française qui *aura* les même goûts et les mêmes idées que moi. *Nous n'aurons* que deux enfants. *Nous saurons* les élever, *nous les comprendrons* bien et *nous les laisserons* libres d'évoluer suivant leurs désirs et leurs instincts.

François: Mais tu rêves, mon vieux! *Avant de décider, il faudra* faire un voyage en France! *Tu verras!* La nature autour de Paris disparaît de jour en jour. De plus en plus, le ciment remplace les prairies, les rochers, les forêts. Les journaux disent que le bruit des transports supersoniques, des usines, des autos *rendra* les gens sourds ou fous, ils annoncent que l'échappement des voitures *tuera* les arbres qui bordent les Champs-Élysées et les autres avenues de Paris. On dit aussi que la température de l'eau de la Seine *augmentera* de quelques degrés chaque année à cause des centrales thermiques et électriques qui y jettent leurs déchets et leurs débris. On dit que dans quelques années, *on ne pourra* plus pêcher car tous les poissons *seront*

---

1. *Moi-même* = moi personnellement. *Eux-mêmes* = eux personnellement. *Vous-même* = vous personnellement. Etc.

J'aurai une femme française qui aura les mêmes goûts et les mêmes idées que moi.

DAGUERRÉOTYPES, Agnès Varda, 1975; sur la photo: Monsieur le boucher et Madame la bouchère de la rue Daguerre, Paris, 14ème.

Agnès Varda décrit sa rue à Paris et ses petits commerçants. Monsieur le boucher, Roger, est un boucher modèle. Sa femme, Janine, est la caissière du magasin. Roger porte la blouse rayée bleue et blanche des anciens bouchers parisiens et le tablier blanc fixé à l'épaule. Rien n'a changé dans le Paris des vieux quartiers...

morts. L'exode vers la banlieue n'est pas aussi tragique pour nos villes qu'aux États-Unis, mais la crise de logement force les gens à habiter loin de leur lieu de travail et cela les oblige à utiliser leurs voitures qui polluent notre air de plus en plus. La circulation qui est déjà presque impossible aux heures d'affluence *deviendra* plus dense encore. *On passera* sa vie dans sa voiture. On parle de fermer Paris entièrement à la circulation automobile et de rendre gratuits les transports publics.

Leslie: Mais où *irons-nous?* Qu'est-ce que *nous ferons?* Notre génération *survivra-t-elle?*

André: Oh! Je pense que oui, Leslie. Sinon, *nous irons* à Tahiti où on parle aussi français et *nous y amènerons* la pollution, le bruit, la surpopulation, etc...

1. Après avoir écouté une conférence d'écologie, où sont allés nos amis? Qu'est-ce qu'ils discutent?
2. Pourquoi Gail ne veut-elle pas avoir d'enfants? Que pensez-vous de cette attitude?
3. Qui va trouver les moyens de diminuer la pollution et le problème de la surpopulation?
4. Selon Jean-Louis, comment les enfants devront-ils être fabriqués?
5. Pourquoi Catherine est-elle déprimée?
6. Selon elle, que feront les ordinateurs géants?
7. David est-il optimiste? Idéaliste? Que fera-t-il après avoir fini ses études?
8. Que disent les journaux français au sujet des autos? Au sujet des centrales thermiques et électriques? Est-ce que nous avons les mêmes problèmes aux États-Unis?
9. Pourquoi les Français sont-ils souvent forcés d'habiter loin de leur lieu de travail? Quel en est le résultat? Qu'est-ce qu'on propose comme solution?
10. Qu'est-ce qu'André suggère? Est-il sérieux?

Discussion/Composition

1. Comment sera votre avenir? Que ferez-vous après avoir terminé vos études? Où vivrez-vous? Aurez-vous des enfants?
2. Avez-vous lu *Le Meilleur des mondes* d'Huxley ou *1984* de George Orwell? Que pense Huxley ou Orwell de l'écologie? De la surpopulation? Des ordinateurs géants? Quelles prédictions sont devenues des réalités? Quelles prédictions deviennent des réalités? À votre avis, quelles prédictions deviendront des réalités?
3. Il y a des gens qui pensent que la seule solution aux problèmes de l'écologie est de revenir à une vie plus simple ou plus naturelle. Pouvez-vous imaginer d'autres solutions? Quels sont les avantages et les désavantages d'une vie plus simple? Serez-vous d'accord pour mener une vie plus primitive? Et vos parents?
4. François mentionne plusieurs dangers écologiques qui existent à Paris. Comment ces dangers sont-ils les mêmes (ou différents) dans les grandes villes américaines? Citez des exemples de ces dangers ou d'autres dangers écologiques.

Vocabulaire actif

noms

adulte m.
ancêtre m.
avenue f.
avertissement m.
cerveau m.
consommation f.
correspondance f.
créature f.
débris m.
désir m.
écologie f.
église f.
environnement m.
excursion f.
exil m.
exode m.
fumée f.
génération f.
grandes vacances
   f. pl.
heures
d'affluence f. pl.

hôtel m.
industrie f.
Irlande f.
itinéraire m.
moyen m.
ordinateur m.
origine f.
réservation f.
rocher m.
roi m.
savant m.
Tahiti m.
technologie f.
technologue m.
touriste m.
transport m.
type m.
végétarien m.
victime f.

adjectifs

central(-e)
chimique
dense
fixe
géant(-e)
harmonieux /
   harmonieuse
limité(-e)
mince
propre
pur(-e)
réglé(-e)
sauvage
sourd(-e)
terrible

verbes

augmenter
border
circuler
cultiver
déprimer
diminuer
épouser
libérer
menacer
polluer
réagir
supprimer

autres expressions

à l'avance
loin de

Vocabulaire passif

noms

baguette
   magique f.
centrale f.
ciment m.
déchet m.
échappement m.
éprouvette f.

fée f.
oracle m.
oxyde de
   carbone m.
papillon m.
radical m.
surpopulation f.

adjectifs

contrôlé(-e)
supersonique
thermique

verbes

pêcher
périr
réutiliser
rouler

adverbe

scientifiquement

sensation

Arthur Rimbaud
1854-1891

Par les soirs bleus d'été, j'irai dans les sentiers,
Picoté par les blés, fouler l'herbe menue:
Rêveur, j'en sentirai la fraîcheur à mes pieds.
Je laisserai le vent baigner ma tête nue.

Je ne parlerai pas, je ne penserai rien:
Mais l'amour infini me montera dans l'âme,
Et j'irai loin, bien loin, comme un bohémien,
Par la Nature, —heureux comme avec une femme.

20 Vingtième Leçon

Expressions de temps et de durée:
depuis et *depuis que*
il y a et *il y a ... que*
jusque
pendant et *pendant que*
temps, heure, fois
passer et *durer*
prendre et *mettre*
an et *année*

Lecture: *Une Expérience cosmique* (d'après Albert Camus, *L'Exil et le Royaume*)

Bergers arabes dans leurs burnous

Présentation

Depuis quand *êtes-vous* à l'université?

J'y suis **depuis septembre**; je suis étudiant de première année.

Combien de temps y a-t-il que *vous* y *êtes?*

Voyons... je suis arrivé en septembre, nous sommes en mars, alors **il y a** environ **sept mois que** *je suis* ici.

Et vous, Jim?

Je suis arrivé **il y a trois ans.**

Depuis combien de temps l'université *existait-elle* quand vous avez commencé vos études ici?

Elle existait **depuis** soixante-quinze ans quand j'ai commencé. **Voilà trois ans que** *je suis* ici. Alors l'université *existe* **depuis** soixante-dix-huit ans.

Combien de temps allez-vous rester à l'université?

Je vais y rester **un an**. Je vais y rester **pendant un an.**

Combien de temps **durent** les études universitaires?

Elles durent quatre ans. **Elles durent pendant** quatre ans.

LA COMMUNALE, Jean Lhote, 1965; sur la photo: Robert Dhéry.

L'école communale, la «communale», est l'école publique française. Cet instituteur est un professeur de petite classe. Il fait sa classe sous le buste de Marianne. «Marianne» est le symbole de la République Française en souvenir de la Révolution de 1789.

Qu'est-ce que vous faites pendant que j'explique la leçon?

Combien de temps mettez-vous à écrire une composition? *(Érotissimo)*

Qu'est-ce que vous faites **pendant que** j'explique la leçon?	**Pendant que** vous expliquez, nous écoutons et nous faisons attention à vos explications.
Combien de fois par semaine venez-vous à cette classe?	Nous y venons **cinq fois par** semaine.
Combien de fois par jour mangez-vous?	Nous mangeons **trois fois par** jour.
Combien de fois avez-vous vu le président?	Je l'ai vu **deux fois: une fois** dans ma ville pendant sa campagne électorale et **une autre fois** à Washington.
Pouvez-vous me dire **l'heure?**	Il est onze heures moins le quart.
Est-ce que **le temps passe** vite dans cette classe?	Oui, **il passe** très vite, mais dans d'autres classes, **il passe** lentement et je regarde toujours **l'heure** qu'il est.
Combien de temps la visite du monument **prend-elle?**	**Elle prend** trois quarts d'heure.
Combien de temps **mettez-vous** à écrire une composition?	Généralement **je mets** une heure; quelquefois **je mets** plus longtemps.
Allez-vous voir votre grand-mère **plusieurs fois par an?**	Je vais la voir **une fois par an,** mais je la vois **tous les ans,** et **chaque année** elle vieillit un peu plus. Je l'aime beaucoup et j'espère qu'elle vivra encore **plusieurs années.**

Explications

1 Prépositions, conjonctions et expressions de temps:

A. On emploie **le présent** avec les expressions suivantes pour marquer le commencement d'une situation au passé qui *continue encore au présent:*

depuis + nom
depuis que + sujet + verbe
il y a + *quantité de temps* + **que**

Exemples: *Je suis* à Paris **depuis** mai.

Depuis mon mariage *je suis* heureux.

Depuis que je suis à Paris *je ne parle plus* anglais.

Je suis en vacances **depuis** le 30 juin.

Il y a trois heures **que** *j'attends* mon ami.

(J'attends mon ami **depuis** trois heures.)

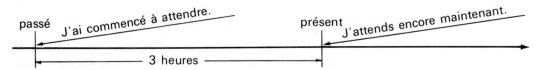

B. On emploie **l'imparfait** pour définir le commencement d'une situation au passé qui *ne continue pas au présent.* Dans ce cas *une autre action* est implicite ou explicite.

Exemples: *J'étais* en vacances **depuis** le 30 juin (quand j'ai trouvé un travail dans un magasin).

Il y avait vingt minutes **que** *je parlais* (quand on a interrompu mon discours).

Il y avait plusieurs années **que** Janine *vivait* avec Marcel (quand ils ont fait ce voyage).

J'attendais mon ami **depuis** trois heures (quand il est arrivé).

Il y avait trois heures **que** *j'attendais* mon ami (quand il est arrivé).

C. **Depuis quand...? Depuis combien de temps...? Combien de temps y a-t-il que...?** sont des constructions interrogatives.

Exemples: **Depuis quand** étudiez-vous le français?

(Je l'étudie depuis septembre.)

Depuis combien de temps étudiez-vous le français?

(Je l'étudie depuis six mois.)

> **Depuis combien de temps** durait la guerre quand on a signé l'armistice?
>
> (Elle durait depuis quatre ans.)
>
> **Depuis combien de temps** m'attendez-vous?
>
> (Je vous attends depuis une demi-heure!)
>
> **Depuis quand** m'attendez-vous?
>
> (Je vous attends depuis midi.)
>
> **Depuis combien de temps** attendait-elle son ami quand il est arrivé?
>
> (Elle l'attendait depuis vingt minutes.)
>
> **Combien de temps y a-t-il que** vous êtes ici?
>
> (Il y a trois mois que je suis ici. Je suis ici depuis trois mois.)

D. **Il y a +** *quantité de temps* peut être une sorte de préposition de temps qui indique une situation commencée et terminée dans le passé et *sans rapport avec une autre action.*

Exemples: J'ai visité l'Europe **il y a** longtemps.

J'ai vu Myra **il y a** une heure.

Je suis arrivée ici **il y a** deux heures.

Il y a trois ans j'ai visité l'Europe.

(J'ai visité l'Europe **il y a** trois ans.)

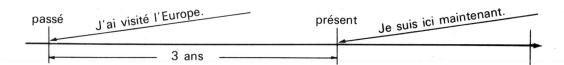

E. **Jusque** indique la fin ou la *terminaison* d'une situation ou d'une distance.

Exemples: Il a parlé sans arrêt depuis trois heures **jusqu'à** cinq heures.

Nous sommes restés chez eux depuis Noël **jusqu'à** la nouvelle année.

Ils sont partis de Paris et sont allés **jusqu'à** Rome.

Nous allons vous accompagner **jusque** chez vous.

Tu resteras ici **jusqu'en** juin.

F. **Pendant +** nom; **pendant que...** + sujet + verbe:

1. **Pendant** et **pendant que** introduisent un espace de temps qui n'est pas défini par rapport à un autre moment. Remarquez qu'avec un espace de temps précis (une semaine, un week-end, trois jours, six mois, etc.), **pendant** est facultatif.

Exemples: Nous voyageons **pendant deux mois.**

ou

Nous voyageons **deux mois.**

Nous sommes restés à Paris **pendant trois semaines.**

ou

Nous sommes restés à Paris **trois semaines.**

Mais: **Pendant** mon enfance, j'ai voyagé.

                Pendant la guerre, ils étaient en Algérie.

2. **Pendant que** est une conjonction de subordination qui introduit une proposition subordonnée (sujet + verbe...) et qui indique la *simultanéité de deux actions.*

Exemples: **Pendant que** le professeur explique la leçon, Jules rêve.

                Pendant qu'il réparait l'auto, elle achetait les provisions.

2 **Temps, heure, fois:** Ces trois termes ont une signification et un emploi *différents.* Étudiez-les dans les exemples suivants:

A. **Temps** *(concept général ou abstrait):*

Exemples: Je n'ai pas **le temps** de vous voir.

                Elle perd **son temps** avec lui.

                Le temps, c'est de l'argent. (proverbe américain)

                Le temps passe vite dans notre classe.

                Le roman de Proust s'appelle *À la Recherche du **temps** perdu.*

                Le temps (climat) est humide et froid aujourd'hui.

B. **Heure** *(concept précis, unité de temps):*

Exemples: À quelle **heure** arriveront-ils?

                Onze **heures** du soir! Mon Dièu, c'est **l'heure** d'aller au lit!

                Minuit! C'est **l'heure** du crime!

                L'heure du déjeuner et **l'heure** du dîner sont sacrées en France.

                Il a parlé pendant trois **heures.**

C. **Fois** *(un moment du temps, une occasion):*

Exemples: Je l'ai vue **trois fois** et je vais la voir encore **deux fois** avant son départ.

                Nous l'avons vu hier **pour la première fois.**

                Nous allons à ce cours **trois fois par semaine.**

                Ce monsieur est sénile, il dit toutes les choses **deux fois.**

                Il était une fois... («Once upon a time...»)

Remarquez: Deux expressions idiomatiques:

                Il parle et il mange **en même temps** (simultanément)

                Il est impoli de parler et de manger **à la fois.** (simultanément)

3 Les verbes qui expriment le temps:

A. **Passer** et **durer:**

1. **Passer** dans le sens temporel est souvent suivi d'un *adverbe.*

Exemples: Hélas, le temps **passe vite!**
Le temps **passe lentement, difficilement, agréablement, péniblement, horriblement,** etc.

2. Remarquez qu'**on passe** *le temps* (unité de temps: une heure, deux jours, etc.) *à faire quelque chose.*

Exemples: **Elle passe** toujours **trois heures à écouter** la leçon de laboratoire.
J'ai passé deux semaines à préparer mes examens.

3. **Durer** a généralement un complément qui exprime un espace de temps.

Exemples: La classe **dure cinquante minutes.**
Ce film est long, **il dure deux heures quinze minutes.**
La soirée **a duré jusqu'au matin.**
«Plaisir d'amour de **dure qu'un moment,** chagrin d'amour **dure toute la vie.**» (air célèbre)

B. **Prendre** et **mettre** indiquent quelquefois la **durée.**

Exemples: Cette excursion **prend quatre heures.**
Les compositions françaises **prennent beaucoup de mon temps.**
Vous mettez trop longtemps à finir ces exercices.
J'ai mis trois heures à écrire ma composition.

4 **An — année, soir — soirée, jour — journée, matin — matinée:**

A. On utilise **an** après un chiffre, après **tous les,** après **par.**

Exemples: J'ai **vingt ans.**
Il vient **tous les ans.**
Je la vois quatre fois **par an.**

B. Pour les autres situations, utilisez **année.**

Exemples: C'est **une bonne année** pour le vin.
Les années passent vite.
La nouvelle année commence le premier janvier.
Il a passé **beaucoup d'années** en Europe.

C. C'est exactement la même règle pour **soir** et **soirée, jour** et **journée, matin** et **matinée.**

Exemples: Il travaille **tous les soirs.**
Il a passé **toute la soirée** à parler au téléphone.

Journée peut signifier non seulement **jour** (unité de temps), mais aussi le «contenu» du jour (événements, activités, etc.). **Une soirée** est devenue synonyme de réception, bal, etc. (activités du soir). Un exemple curieux est **matinée,** qui signifie «une séance de cinéma ou de théâtre l'après-midi». (Il est impossible d'ajouter le suffixe **-ée** à **après-midi.**)

D. On utilise **soir** et **matin** après **hier, demain, le lendemain** et les jours de la semaine.

   Exemples: **hier soir, demain matin, samedi soir, le lendemain soir**

Exercices oraux

A. Répétez les phrases suivantes et ajoutez **pendant:** (§1)
   Exemple: *Nous étudions le week-end.*
             Nous étudions pendant le week-end.

   1. Il travaille toute l'année.
   2. Il parle toute la soirée.
   3. Vous avez voyagé la semaine dernière.
   4. Elle a écouté quelques secondes.
   5. Je resterai deux jours.
   6. Nous avons discuté toute la nuit.
   7. Vous dormez l'après-midi.
   8. Elle fait ses courses le matin.
   9. Elle fait ses courses toute la matinée.

B. Dites une phrase équivalente avec **depuis:** (§1)
   Exemple: *Il y a six mois que nous étudions le français.*
             Nous étudions le français depuis six mois.

   1. Il y a six mois que j'étudie le français.
   2. Il y avait deux semaines que nous étions en vacances quand nous avons perdu nos chèques de voyage.
   3. Il y a longtemps que la Guerre Civile est finie.
   4. Il y a une heure que Charles est aux toilettes!
   5. Il y avait vingt minutes que tu me faisais un massage quand j'ai cessé d'avoir mal aux pieds.

C. Dites une phrase équivalente avec **il y a...que:** (§1)
   Exemple: *Je vous écoute depuis deux minutes.*
             Il y a deux minutes que je vous écoute.

   1. Je ne vous écoute plus depuis deux minutes.
   2. On parlait depuis trois minutes quand l'opératrice a demandé plus d'argent.
   3. Elvis Presley achète des Cadillacs depuis vingt ans.
   4. Les dents de mes grands-parents sont fausses depuis longtemps.
   5. Elle souffrait depuis des semaines quand elle est allée chez le médecin.

D. Demandez à un autre étudiant ou à une autre étudiante: (§1, 2, 3)

1. depuis quelle heure il (elle) est à l'université.
2. jusqu'à quelle heure il (elle) va rester à l'université.
3. ce qu'il (elle) fait pendant le week-end.
4. depuis combien de temps les États-Unis sont indépendants.
5. combien de fois par semaine il (elle) vient à l'université.
6. combien de temps il y a que son professeur de français le (la) connaît.
7. ce qu'il (elle) aime faire pendant les vacances.
8. depuis combien de temps il (elle) parle anglais.
9. depuis quand il (elle) étudie le français.
10. si un voyage en bateau prend longtemps.
11. depuis combien de temps il (elle) sait lire.

E. Répondez aux questions suivantes:

1. Regardez la photo à la page 302.
   a. Depuis combien de temps ces garçons sont-ils en classe?
   b. Que fait le professeur pendant cette leçon?
   c. Pendant combien de temps gardera-t-il cette position?
2. Regardez la photo à la page 303.
   a. Combien de temps y a-t-il que ces messieurs travaillent?
   b. Jusqu'à quelle heure resteront-ils ici?
   c. Que faisaient-ils probablement il y a cinq minutes? Il y a cinq jours? Il y a cinq mois? Il y a cinq ans?
   d. Sont-ils ici depuis le premier jour de la classe de français?

Exercices écrits

A. Répondez par écrit aux questions indirectes de l'exercice oral D.

B. Mettez **pendant** ou **pendant que** dans les phrases suivantes, selon le cas: (§1)

1. Ils sont en vacances _____ le mois de décembre.
2. Ils parlaient _____ nous regardions le film.
3. _____ nous mangions, les autres étudiaient.
4. Ils ont regardé la télévision _____ une heure.
5. Vous avez dormi _____ il lisait la lecture.

C. Mettez **depuis** ou **depuis que** dans les phrases suivantes, selon le cas: (§1)

1. Ils sont en vacances _____ le 3 décembre.
2. Il pleut _____ nous sommes ici.
3. Il parle allemand _____ des années.
4. Elle travaille _____ son arrivée à Paris.
5. _____ elle est arrivée, elle travaille.

D. Mettez **temps, heure** ou **fois** dans les phrases suivantes, selon le cas: (§2)

1. Il fait du ski pour la première _____.
2. Est-ce l'_____ du dîner?
3. Je n'ai pas le _____ de lire ces romans.
4. Combien de _____ prend le voyage?
5. Nous avons vu ce film deux _____.

E. Mettez **an** ou **année** dans les phrases suivantes, selon le cas: (§4)

1. Il va en Europe tous les _____.
2. Nous avons habité l'Italie pendant deux _____.
3. En quelle _____ êtes-vous né?
4. J'étais avec eux toute l'_____.
5. Elle y va une fois par _____.

F. Mettez **jour** ou **journée** dans les phrases suivantes, selon le cas: (§4)

1. Il la voyait tous les _____.
2. Notre _____ ensemble était très agréable.
3. Ce voyage prend trois _____.
4. Nous aimons passer une _____ à la campagne.

G. Répondez à ces questions par des phrases complètes: (§1, 2, 3)

1. Depuis quand êtes-vous à l'université?
2. Combien de temps y avait-il que les États-Unis existait quand on a célebré le Bicentenaire?
3. Y a-t-il longtemps que vous parlez français?
4. Jusqu'à quelle heure étudiez-vous le soir?
5. Peut-on aller jusqu'à Paris à bicyclette?
6. Avant la classe de français, combien de temps faut-il attendre votre professeur?
7. Que faites-vous pendant que votre professeur vous explique la lecture?
8. Combien de temps durent les vacances d'été?

9. Que faites-vous pour passer un week-end agréable?
10. Est-ce que le temps passe vite quand vous êtes avec des amis?
11. Combien de temps, en général, dure un film?
12. Combien de temps mettez-vous à préparer un examen?
13. Pouvez-vous lire et parler à la fois?
14. Combien de temps prend une composition française?
15. Combien de temps mettez-vous à écrire une composition française?

Lecture

Une Expérience cosmique

Il y avait plusieurs *années que* Janine vivait avec son mari Marcel dans un petit appartement d'Alger. Marcel était un commerçant assez prospère sans être riche. *Le temps passait* sans incidents: *les jours* suivaient *les jours, les heures* suivaient *les heures* dans une sorte de bonheur bourgeois, toujours le même. Certes, Janine aimait ce brave Marcel qui travaillait dur dans son petit magasin pour lui donner cette vie à l'abri du besoin. Mais la monotonie de leur vie conjugale et le manque d'activité physique et mentale oppressaient Janine. *Pour la première fois depuis* la fin de la guerre Marcel pouvait faire un voyage d'affaires dans le sud et il emmenait sa femme.

Imaginez-les, tous les deux dans le vieil autocar qui va d'Alger *jusque* dans les territoires du sud. C'est un long voyage qui *prend toute une journée:* Marcel dort lourdement sur l'épaule de sa femme. Janine, elle, ne dort pas. *Pour la première fois depuis* son adolescence, elle redécouvre un monde et des sensations disparues en elle *depuis bien longtemps,* en fait, *depuis* son mariage avec Marcel. Car avant son mariage, c'était une jeune fille sportive qui vivait en harmonie avec la nature, l'eau, le soleil. Maintenant, c'était une femme bourgeoise, un peu trop forte, mais qui attirait encore le regard des hommes. Il fait chaud dans l'autocar et puis tout d'un coup, il y a une tempête de sable. *Une fois,* elle remarque des Arabes dans leur burnous, assis sur le bord de la route, qui lui paraissent merveilleusement adaptés aux éléments. Ils ont un regard droit et noble et semblent apprécier, sans bouger, les forces du cosmos dans une attitude fataliste, mais fière. *Une autre fois,* elle sent le regard d'un soldat de la garnison saharienne assis en face d'elle. Son corps mince et bronzé, ses yeux clairs expriment aussi cette union et cette harmonie entre l'homme et le cosmos.

Alger: Le magasin de Marcel était peut-être dans cette rue.

Le voyage *dure* encore quelques *heures* et l'autocar arrive
finalement dans le petit village du désert où Marcel va voir quelques
clients. À l'hôtel, Marcel, fatigué, commence vite à dormir et à ronfler,
à côté de sa femme. Janine, les yeux ouverts, sent surgir une force
plus intense que toute sa vie de femme blanche, bourgeoise et
respectable. Une force qui l'appelle et lui dit de sortir. *Pendant que*
Marcel dort lourdement, elle met vite ses vêtements et quitte la
chambre conjugale. Elle sort. Elle marche *pendant* quelques minutes,
droit devant elle, sans savoir où elle va. Elle marche, elle court,
jusqu'au fort qui surmonte l'oasis. Là, seule, pressée contre le mur,
elle observe le ciel d'Afrique, plein d'étoiles, ce dôme céleste qui
l'envoûte et la prend. Elle sent la nuit qui la pénètre entièrement et,
comme ivre d'un bonheur *à la fois* sensuel et mystique, elle tombe
sur la terrasse en pleine extase.

Quand Janine revient à la chambre d'hôtel, Marcel dort encore. Il sent le mouvement de sa femme qui entre dans le lit, il ouvre les yeux et dit quelques mots, allume la lampe, va boire un peu d'eau minérale; puis, rassuré de la voir, il la regarde sans comprendre. Janine pleure sans restreinte et, merveilleusement heureuse, elle lui dit enfin: «Ce n'est rien, mon chéri, ce n'est rien!»

D'après Albert Camus,
L'Exil et le Royaume

Questions sur la lecture

1. Comment était la vie de Marcel et Janine?
2. Pourquoi Janine était-elle oppressée?
3. Qu'est-ce que Janine redécouvre pendant le voyage?
4. Quand Janine a regardé les Arabes, qu'est-ce qu'elle a remarqué?
5. Est-ce que c'était la première fois que Marcel faisait un voyage d'affaires dans le sud?
6. Qu'est-ce que Marcel a fait quand ils sont arrivés à l'hôtel?
7. Qu'est-ce que Janine a fait pendant que son mari dormait?
8. Qu'est-ce qu'elle a senti quand elle était sur la terrasse du fort?
9. Que faisait Marcel quand sa femme est rentrée dans la chambre?
10. À la fin, pourquoi Janine est-elle heureuse? Pourquoi pleure-t-elle de joie?

Discussion/Composition

1. Avez-vous eu une expérience cosmique comme dans l'histoire? Racontez: Ma vie était... Mais une fois... Et pour la première fois... Utilisez aussi les expressions **depuis, il y a, pendant**, etc.
2. Racontez un voyage réel ou irréel et utilisez les expressions de temps comme **depuis, il y a** et **pendant** et les verbes **durer, passer, mettre**, etc.
3. Racontez un rêve et utilisez les expressions de temps et les verbes **durer, passer** et **mettre**.

Vocabulaire actif

noms

adolescence f.
Alger
allemand m.
Arabe m.
autocar m.
chagrin m.
élément m.
enfance f.
étoile f.
Europe f.
expérience f.
fois f.
force f.
fort m.
harmonie f.
lendemain m.
manque m.
mariage m.
matinée f.

monotonie f.
provision f.
regard m.
sable m.
seconde f.
soldat m.
tempête f.
union f.

adjectifs

adapté(-e)
brave
bronzé(-e)
conjugal(-e)
droit(-e)
humide
indépendant(-e)
intense
ivre

mystique
noble
prospère
rassuré(-e)
respectable
sacré(-e)
sensuel(-le)

verbes

allumer
attirer
bouger
durer
pénétrer
réparer
sembler
signer
surgir
surmonter

adverbes

dur
lourdement
péniblement

préposition

depuis

conjonctions

depuis que
pendant que

autres expressions

à l'abri de
certes
en même temps

Vocabulaire passif

noms

armistice f.
burnous m.
commerçant m.
cosmos m.
dôme f.
eau minérale f.

extase f.
garnison f.
massage m.
oasis m.
opératrice f.
restreinte f.

adjectifs

cosmique
électoral(-e)
fataliste
saharien(-ne)
sénile

verbes

envoûter
oppresser
ronfler

21 Vingt et unième Leçon

Les pronoms possessifs

Les pronoms interrogatifs

Le plus-que-parfait

L'infinitif complément (suite): *Elle a des choses intéressantes à faire.*

Adjectif + *de* + nom

Lecture: *Le vôtre, le sien, le nôtre, le leur, cela n'a aucune importance*

Nous sommes à la plage au bord de la mer.

Présentation

Voici un livre. Est-ce mon livre? Est-ce **le mien?** Est-ce votre livre? Est-ce **le vôtre?**

Oui, c'est mon livre. C'est **le mien.** Il est à moi. Ce n'est pas **le vôtre.** Il n'est pas à vous.

Voici une serviette. Est-ce ma serviette? Est-ce **la mienne?** Est-ce votre serviette? Est-ce **la vôtre?**

Oui, c'est ma serviette. C'est **la mienne.** Elle est à moi. Ce n'est pas **la vôtre.** Elle n'est pas à vous.

Est-ce votre stylo, Pat?

Non, ce n'est pas **le mien.** C'est le stylo de Philippe. C'est **le sien.** Il est à lui.

Est-ce votre voiture, Bill? Ou est-ce la voiture de Kevin? Est-ce **la sienne?**

C'est **la sienne.** Elle n'est pas à moi.

Est-ce que ce sont les livres de Susan? Ou est-ce que ce sont vos livres, Lisa?

Ce sont **les miens.** Ce ne sont pas **les siens.**

Est-ce la maison des Smith?

Oui, c'est **la leur.** Elle est à eux.

Est-ce que ce sont les enfants des Smith?

Oui, ce sont leurs enfants. Ce sont **les leurs.**

Est-ce notre classe?

Oui, c'est notre classe. C'est **la nôtre.**

De quel cours parlez-vous? De mon cours ou du cours de Madame Johnson? Parlez-vous **du mien** ou **du sien?**

Nous parlons **du vôtre.** Nous ne parlons pas **du sien.**

Est-ce que le match de basket[1] aura lieu à leur gymnase ou **au nôtre?**

Il aura lieu **au leur.** Il n'aura pas lieu **au nôtre.**

Qui est le président de cette université?

C'est Monsieur Vonthundertronk.

Qui a découvert le radium?

Ce sont les Curie qui l'ont découvert.

---

1. *Basket* = «basketball».

ANTOINE ET SÉBASTIEN, Jean-Marie Perier, 1974; sur la photo: François Perier et un inconnu.

Antoine et Sébastien, le père et le fils, sont copains plus que parents. Mais Sébastien trouve que son père aime trop manger et boire. Quand Sébastien n'est pas là, Antoine en profite. Mais s'il boit trop de vin rouge, il va avoir une cirrhose. Et s'il mange trop, il va avoir de l'hypertension artérielle. Pauvre Antoine qui aime tant les plaisirs de la table!

Que faites-vous quand vous avez le hoquet?

Qui est-ce qui a répondu à la question, Kathy ou Ellen?

C'est Kathy qui a répondu à la question.

À qui écrivez-vous? **À qui est-ce que** vous écrivez souvent?

J'écris souvent à mes parents et à mes amis.

Avec qui sortez-vous souvent?

Je sors souvent avec mes amis.

Que dites-vous quand vous entrez dans la classe?

Nous disons «Bonjour!»

Que faites-vous quand vous avez le hoquet?[2]

Je fais toutes sortes de choses: je bois un verre d'eau, je mange du sucre, je compte jusqu'à 100, etc.

Qu'est-ce que l'agent de police vous répond quand vous lui dites que vous êtes innocent?

Il répond: «!@#!z!!@»

Avec quoi mangez-vous?

Je mange avec une fourchette, un couteau et une cuillère.

——————
2. *Hoquet* = «hiccups».

AIMEZ-VOUS LES FEMMES?
Jean Léon, 1964; sur la photo:
Guy Bedos et un agent de police
anonyme.

Il arrive beaucoup d'ennuis au jeune Jérôme. À force d'être menacé par tous les gens qu'il rencontre et qui veulent attenter à ses jours. Jérôme en a assez. Exaspéré, persécuté, il riposte, il n'en peut plus. Il finit par tirer la langue à un agent de police dans la rue. Mais voilà que l'agent fait la même chose, à la grande surprise de Jérôme.

Qu'est-ce que l'agent de police vous répond quand vous lui dites que vous êtes innocent?

Avec quoi est-ce qu'on regarde un microbe?

On regarde un microbe avec un microscope.

Regardons ces deux tableaux. Quel tableau préférez-vous? **Lequel** préférez-vous?

Je préfère le tableau à droite.

Quelle leçon étudions-nous? **Laquelle** étudions-nous?

Nous étudions la vingt et unième leçon.

Quels philosophes lisez-vous? **Lesquels** lisez-vous?

Je lis Socrates, Descartes, Kant et Nirvununani.

À quel restaurant irez-vous dîner? **Auquel** irez-vous dîner?

Nous irons Chez Léon parce que c'est le moins cher.

Sam a deux réunions à la même heure. À quelle réunion ira-t-il? **À laquelle** ira-t-il?

Il ira à la réunion de la Société pour la Suppression des Notes.

À quels animaux est-ce qu'on peut enseigner la grammaire? **Auxquels** est-ce qu'on peut enseigner la grammaire?

On peut enseigner certaines notions grammaticales aux chimpanzés.

À quelles femmes est-ce qu'on a donné le Prix Nobel de littérature? **Auxquelles** est-ce qu'on a donné le Prix Nobel?

On l'a donné à Pearl Buck, par exemple. On l'a donné à Gabriella Mistral aussi.

Les problèmes de la société sont innombrables. **Desquels** parle-t-on le plus souvent?

On parle souvent du problème de la surpopulation mondiale et des ressources économiques et écologiques limitées.

Voilà des pâtisseries délicieuses. **Desquelles** avez-vous envie?

J'ai envie de l'éclair au chocolat et du baba au rhum.

Est-ce que **vous aviez mangé** avant de venir en classe?

Oui, **j'avais mangé**, mais j'ai encore faim.

Est-ce que **vous étiez** déjà **arrivés** quand je suis entré dans la classe?

Oui, **nous étions** déjà **arrivés** quand vous êtes entré dans la classe.

Est-ce que vous **aviez** déjà **vu** le film que vous avez vu hier?

Oui, **je l'avais** déjà **vu** mais je l'ai revu avec plaisir.

Est-ce vraiment un film **à voir?**

Oui, c'est un film **à voir**. C'est même un film **extraordinaire à voir.**

Est-il **choquant à regarder?**

Mais non! Il est très **émouvant à regarder.**

Pourquoi l'avez-vous revu?

Je l'ai revu **pour** mieux l'**apprécier.**

Est-ce que Nancy est contente de son championnat de bridge?

· Oui, elle est **folle de joie.**

Est-ce que vous êtes **prêts à passer** l'examen?

Non, nous ne sommes pas **prêts à passer** l'examen. Nous sommes **prêts à commencer** la révision.

Explications

1 Les pronoms possessifs:

A.   Les formes:

mon livre	**Le mien** est rouge.
ma chambre	**La mienne** est en ordre.
mes intérêts	**Les miens** sont intellectuels.
mes distractions	**Les miennes** provoquent le scandale.

son stylo	**Le sien** marche bien.
sa robe	**La sienne** est à la mode.
ses amis	**Les siens** parlent trop.
ses autos	**Les siennes** sont de 1925.
notre professeur	**Le nôtre** explique bien la grammaire.
notre classe	**La nôtre** est très agréable.
nos problèmes	**Les nôtres** sont éternels.
nos préoccupations	**Les nôtres** paraissent sans solution.
ton ami	**Le tien** vient ici demain.
ta fortune	**La tienne** est limitée.
tes frères	**Les tiens** travaillent beaucoup.
tes amies	**Les tiennes** parlent français.
votre avion	**Le vôtre** est à l'heure.
votre place	**La vôtre** est au fond de la salle.
vos privilèges	**Les vôtres** sont révoqués immédiatement.
vos dettes	**Les vôtres** semblent énormes.
leur père	**Le leur** est architecte.
leur maison	**La leur** a besoin de peinture.
leurs parents	**Les leurs** partent en vacances.
leurs filles	**Les leurs** sont avocates à New York.

D'autres exemples:

Voilà mon livre.	Voilà **le mien.**
Il cherche ses affaires.	Il cherche **les siennes.**
Elles présentent leur duo.	Elles présentent **le leur.**

B. Naturellement on contracte—comme d'habitude—l'article défini avec les prépositions **de** et **à:**

Parlez-vous de mon cours ou du cours de Madame Johnson? Parlez-vous **du mien** ou **du sien?**   Je parle **du vôtre.**

Est-ce que le match de basket sera à notre gymnase ou **au leur?**   Il sera **au leur.**

Elizabeth et moi, nous irons à sa maison après les classes. Nous n'irons pas **à la nôtre.**

2 Les pronoms interrogatifs:

A. Pour une personne: **qui:**[3]

Exemples: *(sujet)* **Qui** est à la porte? C'est Jean.
(objet direct) **Qui** voyez-vous? Je vois Sylvie.
(après une préposition) À **qui** avez-vous donné votre clé? Je l'ai donnée à Luc.

---

3. Remarquez une autre forme très employée dans la langue parlée, pour accentuer une surprise, une émotion, une réaction: **Qui est-ce qui...?** (sujet).

B. Pour une chose: **qu'est-ce qui, que, quoi:**

Exemples: *(sujet)* **Qu'est-ce qui** cause la pollution de l'air atmosphérique?

Qu'est-ce qui a rendu possible l'exploration de l'espace?

(objet direct) **Que** voit-elle dans sa boule de cristal?

Que faites-vous quand vous avez le hoquet?

Qu'est-ce que [= **que** + *est-ce que*] vous faites quand vous avez le hoquet?

(après une préposition) Avec **quoi** écrivez-vous, un stylo ou un crayon?

De **quoi** parle-t-il?

De **quoi** est-ce qu'il parle?

C. Récapitulation:

	personne ☺	chose □
Sujet:	qui...?	qu'est-ce qui...?
Objet direct:	qui...?	que...?
Après une préposition:	...qui...?	...quoi...?

D. **Lequel...? (laquelle...? lesquels...? lesquelles...?)** est un pronom interrogatif qui indique le genre et le nombre.

1. **Lequel** est employé pour les *personnes ou les choses* (sujet, objet ou après les prépositions).

Exemples: *tableau*

Lequel est le plus beau?

Lequel préférez-vous?

Pour **lequel** Picasso a-t-il eu le premier prix?

leçon

Laquelle est difficile?

Laquelle étudions-nous?

Dans **laquelle** étudions-nous les interrogatifs?

tableaux

Lesquels sont les plus intéressants?

Lesquels préfère-t-elle?

Pour **lesquels** Picasso a-t-il eu le premier prix?

leçons

Lesquelles sont difficiles?

Lesquelles étudions-nous?

Dans **lesquelles** étudions-nous les interrogatifs?

2. On contracte les prépositions **à** et **de:**

à + **lequel?** → **auquel?**

à + **lesquels?** → **auxquels?**

à + **lesquelles?** → **auxquelles?**

de + **lequel?** → **duquel?**

de + **lesquels?** → **desquels?**

de + **lesquelles?** → **desquelles?**

Exemples: trois restaurants possibles	**Auquel** irez-vous?
des animaux intelligents	**Auxquels** peut-on enseigner la grammaire?
plusieurs auteurs intéressants	**Duquel** parlez-vous en particulier?
des pâtisseries délicieuses	**Desquelles** avez-vous envie?

3 Le *plus-que-parfait* est un temps du passé qui précède un autre temps du passé. On emploie donc le plus-que-parfait par rapport à un autre verbe, explicite ou implicite. La formation du plus-que-parfait est facile:

> auxiliaire **(avoir** ou **être)** à l'imparfait + participe passé

A. Contrastez:

passé composé	*plus-que-parfait*
j'ai parlé	**j'avais** parlé
vous avez vendu	**vous aviez** vendu
nous sommes allés	**nous étions** allés

Exemples: J'ai frappé à sa porte. Hélas! **il était parti!**

J'ai acheté une nouvelle auto, mais **j'avais fait** beaucoup d'économies avant.

Ils sont arrivés en retard, mais leurs amis **étaient arrivés** à l'heure.

Est-ce que **vous étiez** déjà **venu** ce matin (avant mon arrivée)?

B. La conjugaison de quelques verbes au plus-que-parfait:

parler	arriver
j'avais parlé	**j'étais arrivé(-e)**
tu avais parlé	**tu étais arrivé(-e)**
il avait parlé	**il était arrivé**
elle avait parlé	**elle était arrivée**
nous avions parlé	**nous étions arrivé(-e)s**
vous aviez parlé	**vous étiez arrivé(-e) (-s)**
ils avaient parlé	**ils étaient arrivés**
elles avaient parlé	**elles étaient arrivées**

finir	venir
j'avais fini, etc.	**j'étais venu(-e)**, etc.

répondre	croire
j'avais répondu, etc.	**j'avais cru**, etc.

Remarquez: L'accord du participe passé au plus-que-parfait est le même que pour le passé composé.

4 L'infinitif complément (suite):

A. L'infinitif est presque toujours la forme du verbe à utiliser après une préposition.

    Exemples: Vous ne pouvez pas entrer **sans payer.**
                  Je dis oui **sans hésiter.**
                  J'ai l'honneur **d'accepter** votre invitation.

B. **À** + infinitif:

    1. La préposition **à** est utilisée quand l'infinitif modifie le nom et devient une sorte d'adjectif:
             Voilà **un homme à écouter.**
             Dans sa chambre, il y a **un tableau à admirer.**
             C'est **un film à voir.**
             Elle a **des choses à faire.**

    2. Quelquefois le nom modifié par l'infinitif est modifié aussi par un adjectif:
             C'est **un film extraordinaire à voir!**
             Nous apercevons **une étoile difficile à observer.**
             J'ai **un grand exercice à faire.**

    3. Certains adjectifs prennent régulièrement **à** + infinitif **(prêt, seul, dernier, premier):**
             Je suis **prêt à passer** l'examen.
             Êtes-vous **seul à faire** ce travail?
             Il est toujours le **dernier à comprendre.**
             Elle est toujours la **première à finir.**

    4. On peut naturellement substituer un pronom au nom modifié par l'adjectif + infinitif:

La musique orientale est **difficile à chanter.**	**Elle** est **difficile à chanter.**
Cet exercice est **facile à faire.**	**Il** est **facile à faire.**

C. NOM ⎫
      VERBE ⎬ + **POUR** + INFINITIF   exprime le but d'une chose ou d'une action.

    Exemples: Voilà **des vitamines pour assurer** votre santé.
                  Regardez **les illustrations pour apprécier** le texte.
                  Elle est allée dans sa chambre **pour être** plus tranquille.
                  Veux-tu **une limonade pour patienter?**

5 ADJECTIF + **DE** + NOM est une construction idiomatique—mais fréquente et utile—parce que dans ce cas **de** est l'équivalent de «with».

    Exemples: Ils sont **tremblants de rage.**
                  Les Champs-Élysées sont **scintillants de lumière.**

Elle est **folle de joie.**
Il est **ivre de bonheur.**

Remarquez: Dans ces cas, **de** + *nom* précise (explique avec plus de détail) la signification de l'adjectif et du nom qu'il modifie.

Exercices oraux

A. Dans les phrases suivantes, remplacez le nom et l'adjectif possessif par un pronom possessif approprié: (§1)
Exemple: *Voilà mon livre.*
Voilà le mien.

1. Voilà mes parents.
2. Voilà vos compositions.
3. Voilà votre université.
4. Voilà notre jardin.
5. Voilà nos places.
6. Narcisse parle à son miroir.
7. Je n'écris pas tes compositions.
8. Jean et sa femme pensent à leur maison.
9. Alice fait la cuisine dans son restaurant.
10. Je préfère mon idée; je n'aime pas ton idée.

B. Continuez les phrases suivantes et précisez la possession par l'expression **il est à (elle est à, ils sont à, elles sont à)** + pronom disjoint: (§1)
Exemple: *C'est mon livre,*
C'est mon livre, il est à moi.

1. C'est son chien,
2. Ce sont mes skis,
3. C'est votre stylo,
4. Ce sont vos amis,
5. C'est notre décision,
6. Ce sont nos problèmes,
7. C'est la bicyclette d'Anne,
8. C'est la bicyclette de Tim,
9. C'est l'idée de Paul et de Jim,
10. Ce sont les autos des Smith,

C. Répétez les questions suivantes et remplacez **qu'est-ce que** par **que**; n'oubliez pas qu'il faut changer l'ordre du verbe et du pronom: (§2)
Exemple: *Qu'est-ce que vous faites?*
Que faites-vous?

1. Qu'est-ce que vous mangez?
2. Qu'est-ce que vous lisez?
3. Qu'est-ce qu'il dit?

4. Qu'est-ce qu'ils ont acheté?
5. Qu'est-ce qu'elle avait apporté?

D. Remplacez l'adjectif interrogatif et le nom par une forme du pronom **lequel:** (§2)
   Exemple: *Quel livre lisez-vous?*
   Lequel lisez-vous?

1. Quelle classe préférez-vous?
2. Quel film avez-vous vu?
3. Quelles étudiantes sont absentes?
4. Quel autobus prenez-vous?
5. À quelle classe allez-vous?
6. À quel professeur parlez-vous?
7. À quel restaurant mangez-vous?
8. À quel problème pensez-vous?
9. De quelles amies parlez-vous?
10. De quel pays viennent-ils?

E. Mettez les phrases suivantes au plus-que-parfait: (§3)
   Exemple: *J'ai lu la lettre.*
   J'avais lu la lettre.

1. Il nous a parlé.
2. Nous avons discuté avec ce professeur.
3. Elles ont posé une question intelligente.
4. Je suis parti très tôt ce matin.
5. Tu as compris aussi, n'est-ce pas?
6. Ils ont dîné ensemble.
7. Êtes-vous monté dans ce nouvel avion?
8. On a bien dormi.
9. Nous avons étudié très longtemps.
10. Elle est arrivée en avance.

F. Devinettes: Demandez à un autre étudiant ou à une autre étudiante:

1. ce qui est noir et blanc et tout rouge.
2. ce que Benjamin Franklin a dit quand il a découvert l'électricité.
3. ce qui est à Brooklyn et qui n'est pas à Manhattan.
4. ce que la mère sardine a dit au bébé sardine quand ils ont vu un sous-marin («submarine»).

4. «N'aie pas peur, ce n'est qu'une boîte de personnes.»
3. l'autre côté du pont de Brooklyn
2. Il n'a rien dit: il était trop choqué!
1. un zèbre gêné

Vingt et unième Leçon 325

G. Posez les questions suivantes:

1. Regardez la photo à la page 317. Demandez à un autre
    étudiant ou à une autre étudiante:
    a. quel homme a le hoquet.
    b. ce qu'il fait.
    c. ce qui a causé le hoquet.
    d. ce qui est sur la table.
2. Regardez la photo à la page 329. Demandez à un autre
    étudiant ou à une autre étudiante:
    a. ce que l'homme à gauche lit.
    b. si l'autre homme a quelque chose à lire.
    c. ce que le jeune homme dit à son ami.
    d. si l'homme à droite est prêt à sortir de l'eau.

Exercices écrits

A. Faites par écrit les exercices oraux B, D et E.

B. Remplacez les mots en italique par un pronom possessif
    approprié: (§1)
    Exemple: *Georges adore le café de Madame Olsen mais il
                déteste* mon café.
                *Georges adore le café de Madame Olsen mais il
                déteste le mien.*

1. Mon chien est plus grand que *ton chien.*
2. Votre maison est ancienne, mais *notre maison* est moderne.
3. J'ai besoin de ton crayon parce que j'ai perdu *mon crayon.*
4. Maintenant vous savez mon numéro de téléphone. Quel
    est *votre numéro de téléphone?*
5. La famille Osmond est plus grande que *ma famille.*
6. Je parle de mes auteurs préférés, et mes amis me parlent *de
    leurs auteurs préférés.*
7. J'adore ta personnalité et tu adores *ma personnalité!*
8. Comme il nous fallait un appartement pour la réunion, elle
    nous a offert *son appartement.*
9. Tout le monde a des défauts; pensez-vous quelquefois *à
    vos défauts?*
10. Après avoir écouté les anecdotes de tout le monde, Melvin
    veut toujours raconter *son anecdote* aussi. Mais *ses
    anecdotes* n'amusent jamais personne.

C. Voilà des réponses. Posez une question appropriée et employez un pronom interrogatif; il faut commencer la question avec une préposition: (§2)

Exemple: *C'est à sa petite amie qu'il téléphone.*
            À qui téléphone-t-il?

1. C'est à notre professeur que je parle.
2. Je discute avec mes parents.
3. J'écris avec un stylo.
4. Au cinéma, j'étais derrière Catherine.
5. Notre maison est derrière ce parc.
6. J'écris cette composition pour mon professeur d'anglais.
7. J'ai mis la composition sur son bureau.
8. Il est assis à côté de Jeanne.
9. Elle est assise à côté de la porte.
10. Nous avons travaillé avec ces étrangers.

D. Voilà des réponses. Posez une question logique pour ces réponses; employez **qui** ou **que** dans la question: (§2)

Exemple: *C'est Archibald.*
            Qui est-ce?

1. C'est Marie.
2. Ma mère a fait ce gâteau.
3. Ce soir j'irai au cinéma.
4. J'ai écrit cette composition avec mon professeur.
5. Elle aime faire du ski en hiver.
6. Nous avons discuté le problème des minorités.
7. C'est moi qui ai répondu.
8. Je lis le journal avant de dormir.
9. Il préfère aller au concert.
10. Paul a bien étudié.

E. Voilà des réponses. Pour chaque réponse posez deux questions logiques. Utilisez **qu'est-ce que, qu'est-ce qui, qui est-ce que** ou **qui est-ce qui:** (§2)

Exemple: *Les lunettes roses changent la perception du monde.*
            Qu'est-ce qui change la perception du monde?
            Qu'est-ce que les lunettes roses changent?

1. Le succès de ce film a surpris les critiques.
2. Christophe Colomb a découvert l'Amérique.
3. Roméo déclarait son amour à Juliette.
4. Mes amis adorent votre sens de l'humour.
5. Le costume de Madame Godiva a scandalisé les Anglais.

F. Mettez **à, de, sans,** ou **pour** dans les tirets seulement si c'est nécessaire: (§4, 5)

Cher Jean,

J'ai quelque chose _____ te dire. Je suis enfin prête _____ révéler mes sentiments. Je suis tremblante _____ émotion. Après six ans, j'ai envie _____ terminer notre liaison amoureuse. Tu es un homme _____ admirer, c'est vrai, mais j'ai un très grand désir _____ aller au Tibet _____ étudier avec le Dalai Lama. C'est inutile _____ me demander pourquoi j'ai décidé _____ faire ce voyage. Ne sois pas triste _____ me voir partir. Ce n'est pas très difficile _____ être seul, mais, de toute façon, tu es sûr _____ trouver une autre femme _____ aimer.

Notre vie ensemble va _____ finir demain. Ce n'est pas une vie _____ oublier, et il me sera impossible _____ oublier notre amour. Mais, enfin, j'ai des choses essentielles _____ faire toute seule. Aujourd'hui je vais _____ acheter mon billet _____ aller au Tibet, et j'ai l'intention _____ partir _____ te dire au revoir. Bon courage, mon amour.

Amitiés,
Agathe

G. Mettez le verbe entre parenthèses au passe composé ou au plus-que-parfait: (§3)

1. Pauvre Albert! Quand il est arrivé tout le monde _____ (dîner), alors il a dîné tout seul.

2. Nous sommes allés voir ce nouveau film parce que nos amis nous _____ (dire) que c'était excellent.

3. À minuit nous avons terminé la discussion et tout le monde _____ (partir).

4. Quand j'ai reçu votre lettre, j' _____ (écrire) une longue réponse à toutes vos questions.

5. Quand les astronautes sont rentrés sur la terre après leur voyage à la vitesse de la lumière, ils ont trouvé que la vie terrestre _____ (changer) énormément.

Lecture

Le vôtre, le sien, le nôtre, le leur, cela n'a aucune importance

Nous sommes à la plage, au bord de la mer. Il fait très beau, et comme c'est le week-end il y a un monde fou[4] sur le sable. Le soleil brille dans le ciel, et la mer reflète la lumière du soleil. Jean-Louis, confortablement installé sur un matelas pneumatique, flotte sur les vagues. Tout d'un coup une main tire le matelas de Jean-Louis et interrompt sa douce somnolence. Jean-Louis réagit brusquement et rétablit son équilibre.

Jean-Louis: *Qui* est-ce?

Monsieur Nimbus: Jean... Jean... Jean-Louis! (Jean-Louis voit un monsieur qui a le hoquet et qui est *tremblant de peur* et *bleu de froid.*) C'est moi!... Jean... Jean... Jean-Louis!

PEAU DE BANANE, Marcel Ophuls, 1963; sur la photo: Jean-Paul Belmondo et Gert Froebe.

Sujet policier, intrigues bizarres, humour, surprises. On prend Belmondo pour un ingénieur allemand milliardaire qui achète tout: une île ou la tour Eiffel. Jeanne Moreau, sa femme, va-t-elle en profiter? Elle n'aime pas ses nouvelles manières: Belmondo lit son journal dans la piscine et fume un gros cigare: elle trouve ça choquant.

Quelle surprise! Monsieur Nimbus! Qu'est-ce que vous faites ici?

---

4. *Un monde fou* = beaucoup de gens.

Jean-Louis: Quelle surprise! Monsieur Nimbus! (Jean-Louis a reconnu le visage affolé de son professeur de physique, Prix Nobel de sciences de 1937.) *Qu'est-ce que* vous faites ici?

Monsieur Nimbus: Jean... Jean... Jean-Louis! J'ai... j'ai... j'ai perdu... mon... mon... mon maillot!

Jean-Louis: *Quoi?* Mais *avec quoi* êtes-vous entré dans l'eau? Comment l'avez-vous perdu?

Monsieur Nimbus: J'ai nagé jusqu'à la petite île là-bas!

Jean-Louis: *Laquelle?* De quelle île parlez-vous? *À laquelle* êtes-vous allé?

Et le professeur raconte une *histoire impossible à croire, ridicule à entendre* et pas trop intéressante...

Monsieur Nimbus: Mais *qu'est-ce que* je vais faire? *Qu'est-ce qui* va m'arriver, mon Dieu! *Qui est-ce qui* va m'aider? Avec quel maillot est-ce que je vais sortir de l'eau... Avec *le vôtre,* peut-être... mais non, il sera trop petit.

Jean-Louis décide d'aller voir le maître-nageur *pour* lui *demander* si quelqu'un n'a pas trouvé le maillot de Monsieur Nimbus. Le voilà maintenant au bureau des objets trouvés:

Jean-Louis: Monsieur, Monsieur, avez-vous trouvé un maillot? Est-ce qu'on vous a rapporté un maillot?

Le maître-nageur: *Quoi?* Quel maillot? *Lequel? Le vôtre?*

Jean-Louis: Non, pas *le mien,* le maillot de Monsieur Nimbus, c'est *le sien* qu'il a perdu!

Le maître-nageur: Quelle histoire me racontez-vous, Monsieur? J'ai beaucoup de maillots mais j'ai *des renseignements supplémentaires à* vous *demander* avant de continuer.

Jean-Louis pense au pauvre Professeur Nimbus qui attend dans l'eau, *prêt à mourir* de froid.

Le maître-nageur: Voici *le formulaire à remplir.* Répondez à toutes les questions: D'abord, le jour où vous avez perdu votre maillot? À quelle heure l'avez-vous perdu?

Jean-Louis: Mais, je vous dis que ce n'est pas *le mien!*

Le maître-nageur: *Le vôtre, le sien, le nôtre, le leur,* cela n'a aucune importance... Répondez! Ensuite, *avec qui* étiez-vous quand vous l'avez perdu? Et après, de quelle couleur était le maillot? Ensuite, le magasin: dans *lequel* l'avez-vous acheté et le prix que vous avez payé? Ensuite, les marques d'identification: *lesquelles* pouvez-vous reconnaître sur votre maillot? Enfin, *lesquels* de vos amis peuvent vérifier que vos déclarations sont exactes et nous assurer que c'est vraiment votre maillot... vraiment *le vôtre!*

Jean-Louis *(furieux):* Mais je vous dis que ce n'est pas *le mien...* C'est *le sien,* c'est le maillot de mon professeur...

Le maître-nageur: Aucune importance, Monsieur, c'est la consigne, c'est le règlement. *Sans obtenir* la réponse à ces questions, je ne peux rien faire pour vous! La consigne, c'est la consigne! Un point, c'est tout![5]

En réalité le professeur Nimbus, toujours dans les nuages, *avait oublié* qu'il avait son maillot sur lui et *il avait fait* ce rêve ridicule pendant qu'il était allongé au soleil sur la plage d'une petite île.

Questions sur la lecture

1. Pourquoi y a-t-il beaucoup de monde sur la plage?
2. Où est Jean-Louis?
3. Comment est le professeur Nimbus?
4. Qu'est-ce qu'il a perdu?
5. Qu'est-ce que Jean-Louis fait pour aider Monsieur Nimbus?
6. Qu'est-ce que le maître-nageur ne comprend pas?
7. Mentionnez deux questions sur le formulaire.
8. Pourquoi est-ce que Jean-Louis devient furieux?
9. Pourquoi est-ce que le maître-nageur n'aide pas Jean-Louis?

Discussion/Composition

1. Imaginez ce que le professeur Nimbus a raconté à Jean-Louis. Utilisez beaucoup de verbes au plus-que-parfait et la construction nom ou adjectif + préposition + infinitif.
2. Vous avez perdu quelque chose à l'université, à la plage, dans la rue, ou ailleurs.[6] Vous allez au bureau des objets trouvés. Racontez la conversation.

---

5. *Un point, c'est tout* = «... period!!»'(indique la fin d'une discussion).
6. *Ailleurs* = dans un autre endroit.

Vocabulaire actif

noms

amitié f.	marque f.
appréciation f.	nuage m.
avocate f.	pâtisserie f.
bateau à voiles m.	peintre m.
billet m.	peinture f.
condition f.	phénomène m.
coup de soleil m.	privilège m.
critique f.	rage f.
déclaration f.	règlement m.
défaut m.	renseignement m.
équilibre f.	réunion f.
exploration f.	révision f.
fortune f.	santé f.
grammaire f.	scandale m.
gymnase m.	surface f.
horizon m.	surprise f.
humour m.	tache f.
île f.	Tibet m.
joie f.	vague f.
maillot m.	vitesse f.

adjectifs

choquant(-e)
choqué(-e)
émouvant(-e)
innocent(-e)
intellectuel(-le)
minuscule
mondial(-e)
mutuel(-le)
oriental(-e)
prêt(-e)
supplémentaire
tremblant(-e)

verbes

accuser
approfondir
assurer
consister
enseigner
flotter
interrompre
nager
protester
provoquer
rapporter
surprendre
tirer
vérifier

adverbes

ailleurs
brusquement
confortablement

autres expressions

à la mode
un monde fou
un point, c'est
  tout

Vocabulaire passif

noms

amélioration f.	hoquet m.
baba au rhum m.	maître-nageur m.
basket	matelas
(basket-ball) m.	pneumatique m.
boule f.	microbe m.
bureau des objets	microscope m.
trouvés m.	notion f.
championnat m.	perception f.
chimpanzé m.	radium m.
consigne f.	sardine f.
duo m.	somnolence f.
éclair m.	sous-marin m.
esthétique f.	zèbre m.

adjectifs

affolé(-e)
atmosphérique
cinématographique
écologique
estival(-e)
innombrable
révoqué(-e)
scintillant(-e)
terrestre
triangulaire

verbe

accentuer

22 Vingt-deuxième Leçon

Le futur antérieur

Les pronoms relatifs (suite et fin)

Les pronoms démonstratifs

Les pronoms indéfinis:
quelques-uns, chacun
quelque chose de bon, rien de bon
quelqu'un d'intéressant, personne d'intéressant

Lecture: *La Femme en France*

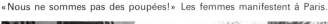
«Nous ne sommes pas des poupées!» Les femmes manifestent à Paris.

Présentation

Que ferez-vous **quand vous aurez fini** vos cours?

Quand j'aurai fini mes cours, je rentrerai chez moi.

Que ferez-vous **lorsque vous aurez fini** cette année scolaire?

Lorsque j'aurai fini, je partirai en vacances.

Est-ce que Louise sera médecin **quand elle aura obtenu** son premier diplôme universitaire?

Non, elle ne sera pas encore médecin **quand elle aura obtenu** son premier diplôme.

Que fera Mark **dès qu'il aura gagné** la coupe du championnat de golf?

Dès qu'il aura gagné la coupe, il la mettra sur la cheminée.

Voici un vers de poésie célèbre. **Aussitôt que je** vous l'**aurai lu,** vous me direz si c'est Balzac ou Victor Hugo qui l'a écrit: «Être ou ne pas être. Voilà la question.»

Mais ce n'est pas Balzac **qui** l'a écrit. Ce n'est pas Victor Hugo **qui** l'a écrit non plus. C'est Shakespeare **qui** l'a écrit!

Avez-vous lu des pièces de Shakespeare **qui** sont très célèbres?

Oui, j'ai lu des pièces de lui **qui** sont très célèbres.

Quelle est la pièce de Shakespeare **que** vous préférez?

La pièce **que** je préfère est *Jules César.*

Y a-t-il des écrivains français **que** vous connaissez bien?

Voltaire, Flaubert et Camus sont des écrivains français **que** je connais.

Y a-t-il dans l'histoire de France des personnages célèbres **que** vous connaissez?

Oui, il y a des personnages **que** je connais: Jeanne d'Arc et Napoléon, par exemple.

Savez-vous **contre qui** Jeanne d'Arc est partie en guerre? Contre les Russes?

Non, ce sont les Anglais **contre qui** elle est partie en guerre.

C'est exact. Est-ce Napoléon **pour qui** elle combattait ou est-ce le roi de France **pour qui** elle combattait?

C'est le roi de France, Charles VII, **pour qui** elle combattait au 15ᵉ siècle.

Très bien. Quelle est la bataille **dans laquelle** Napoléon a connu la défaite?

La bataille **dans laquelle** Napoléon a connu la défaite est la bataille de Waterloo.

—De quels sujets parlez-vous?
—Les sujets dont je parle sont la politique, le sport et l'amour. *(Le Grand amour)*

Comment s'appelle l'objet **avec lequel** vous prenez vos notes extraordinaires? Comment s'appelle l'objet **sur lequel** vous les écrivez?

L'objet **avec lequel** je prends mes notes s'appelle un stylo. L'objet **sur lequel** je les écris s'appelle un cahier.

Quel est le restaurant **auquel** vous allez le plus souvent?

Le restaurant **auquel** je vais le plus souvent est le self-service de l'université.

Elizabeth, à quelle étudiante avez-vous téléphoné hier soir?

J'ai téléphone à Leslie. Leslie est l'étudiante **à laquelle** j'ai téléphoné. Leslie est l'étudiante **à qui** j'ai téléphoné.

De quelle étudiante avez-vous parlé?

L'étudiante **dont** nous avons parlé, c'est Pam.

De quel étudiant avez-vous parlé?

L'étudiant **dont** nous avons parlé, c'est Bill.

De quels sujets parlez-vous souvent?

Les sujets **dont** je parle sont la politique, le sport et l'amour.

Qu'est-ce qui vous intéresse dans la politique?

Ce qui m'intéresse, c'est la politique internationale.

Qu'est-ce que vous avez fait en sport?

Ce que j'ai fait en sport, ce n'est pas très remarquable. Pourtant, j'aime presque tous les sports, **ce que** je ne peux pas dire pour toutes les matières que j'étudie.

De quoi avez-vous besoin? De quelle chose avez-vous besoin?

Ce dont j'ai besoin, c'est d'assez de temps pour réfléchir tranquillement.

Voici deux livres. Lequel voulez-vous, **celui qui** est rose ou **celui qui** est vert?

Je veux **celui qui** est rose. C'est le livre de français. Je ne veux pas **celui qui** est vert.

Regardez cette phrase au tableau. Est-ce **celle que** j'ai écrite hier?

Oui, c'est **celle que** vous avez écrite hier. C'est **celle qui** avait une faute.

Gary, quelle est la firme **pour laquelle** vous travaillez?

Celle pour laquelle je travaille est une société d'assurances.

Voilà un sweater. Est-ce **celui de** Charlie ou **celui de** Carlyle?

C'est **celui de** Carlyle.

Voilà vos exercices écrits. Est-ce que ce sont **ceux sur** les interrogatifs ou **ceux sur** les démonstratifs?

Ce sont **ceux sur** les démonstratifs.

Et voilà des compositions. Est-ce que ce sont **celles sur** le professeur Nimbus ou **celles sur** l'expérience cosmique?

Ce sont **celles sur** le professeur Nimbus, naturellement!

Vous ai-je dit la date de l'examen? Ou est-ce que **cela** ne vous intéresse pas?

Cela nous intéresse beaucoup! **Ça**, c'est une date importante.

Maintenant, est-ce que je vous signale quelques aspects grammaticaux particulièrement importants pour l'examen?

Dites-nous-en seulement **quelques-uns.**

Est-ce que je vous signale quelques explications essentielles?

Oui, s'il vous plaît, signalez-nous-en **quelques-unes.**

Très bien. Alors, est-ce que chaque étudiant va préparer **cela?**

Naturellement, **chacun** va le préparer parce que **chacun** sait que c'est important.

Est-ce que chaque explication est aussi importante que l'autre?

Chacune est importante, mais **chacune** n'est pas toujours aussi importante que l'autre.

Sandra, y a-t-il **quelque chose d'intéressant** dans le journal d'aujourd'hui?

Oui, il y a **quelque chose d'intéressant:** on a inauguré la statue du sénateur Jones dans Willowby Park.

Est-ce que c'était **quelqu'un de remarquable?**

C'était **quelqu'un de très remarquable.** C'est lui qui a fondé le parc.

Tim, avez-vous **quelque chose à faire** après la classe? Avez-vous **quelqu'un à voir?**

Non, je n'ai **rien à faire.** Je n'ai **rien d'urgent à faire.** Je n'ai **personne à voir.** Je n'ai **personne d'important à voir.**

LE PROCÈS, Orson Welles, 1962; sur la photo: Anthony Perkins.
 Arrêté sans savoir pourquoi, Joseph K. est emmené de procès en tribunal, de hall en bibliothèque, de palais en terrains vagues. Partout, les hommes ne sont plus que des numéros.

On a inauguré la statue du sénateur Jones dans Willowby Park.

Explications

1 Le futur antérieur:

A. Le futur antérieur indique une action future *avant* une autre action future:

présent	*futur antérieur*	*futur*
J'étudie le français maintenant.	**J'aurai appris** le français avant l'été prochain.	**Je parlerai** français en France l'été prochain.

B. Le futur antérieur est un temps relatif, c'est-à-dire qui existe seulement par rapport à un autre temps futur, explicite ou implicite.

Exemples: Quand **vous aurez terminé, vous** me le **direz.** *(futur explicite)*
Enfin, **j'aurai** bientôt **fini!** *(futur implicite)*
Lorsque Madame Walters **sera arrivée, elle inspectera** les contrats. *(futur explicite)*
Dès que **nous serons partis, ils commenceront** à parler de nous. *(futur explicite)*

Remarquez: Pour une action future les conjonctions **quand, lorsque, dès que, aussitôt que** sont suivies du futur ou du futur antérieur.

C. Formation du futur antérieur:

> futur de l'auxiliaire:
> *avoir:* **j'aurai,** etc. ⎫
> *être:* **je serai,** etc. ⎬ + participe passé

donner

j'aurai donné	**nous aurons donné**
tu auras donné	**vous aurez donné**
il aura donné	**ils auront donné**
elle aura donné	**elles auront donné**

finir

j'aurai fini	**nous aurons fini**
tu auras fini	**vous aurez fini**
il aura fini	**ils auront fini**
elle aura fini	**elles auront fini**

aller

je serai allé(-e)	**nous serons allé(-e)s**
tu seras allé(-e)	**vous serez allé(-e) (-s)**
il sera allé	**ils seront allés**
elle sera allée	**elles seront allées**

2 Les pronoms relatifs (suite et fin):

A. Vous avez déjà appris certains pronoms relatifs simples: **qui, que, où** (§4, pp. 141—42) et certains relatifs composés: **ce qui, ce que,** (§2, p. 189). Voici un tableau des emplois des pronoms relatifs *simples:*

Fonction dans la phrase subordonnée:	*antécédant*	
	personne ☺	*chose* ☐
Sujet:	qui	qui
Objet:	que	que
Après une préposition:	qui lequel	lequel

Exemples: C'est Shakespeare **qui** l'a écrit. *(antécédent: personne; fonction: sujet)*

J'ai lu une pièce **qui** est très célèbre. *(antécédent: chose; fonction: sujet)*

Voltaire et Camus sont des écrivains français **que** je connais. *(antécédent: personnes; fonction: objet)*

Quelle est la pièce **que** vous préférez? *(antécédent: chose; fonction: objet)*

C'est le roi de France pour **qui** Jeanne d'Arc combattait. *(antécédent: personne; fonction: complément prépositionnel)*

Leslie est l'étudiante à **laquelle** j'ai téléphoné. *(antécédent: personne; fonction: complément prépositionnel)*

L'objet avec **lequel** j'écris s'appelle un stylo. *(antécédent: chose; fonction: complément prépositionnel)*

B. **Lequel** relatif:

Exemples: Voilà le revolver **avec lequel** l'assassin a tué la victime.

L'architecture est la profession **à laquelle** Raymond est destiné.

Les théorèmes **sur lesquels** il fonde sa théorie sont élémentaires.

1. **Lequel, laquelle, lesquels** ou **lesquelles** sont généralement précédés d'une préposition.

Exemples:
auquel	**auxquelles**	**devant lesquels**
à laquelle	**avec lequel**	**derrière lesquelles**
auxquels	**pour laquelle**	**dans lequel**

2. L'*antécédent* est généralement une *chose:*

Exemples: Voilà **la salle dans laquelle** nous avons notre classe.

C'est **le stylo avec lequel** j'écris.

Voici **la chaise sur laquelle** j'ai mis mes livres.

3. Remarquez que très souvent une *préposition de lieu* (**dans, sur,** etc.) + *relatif* → **où.**

Exemples:　Voilà la salle **où** (dans laquelle) nous avons notre classe.

Les touristes admirent le petit lit **où** (sur lequel) Napoléon dormait.

C.　Le relatif **dont:**

1. **De + lequel** → **dont**[1] («of which», «of whom», «whose»).

Exemples:　J'ai vu une pièce de théâtre **dont** le succès est vraiment mérité.

L'archéologue a découvert des ruines **dont** les origines sont inconnues.

Le professeur **dont** je parle donne souvent de mauvaises notes.

De quel film parlez-vous? Le film **dont** je parle est intitulé *Une Femme douce.*

De quelle revue avez-vous besoin? Le *Newsweek* du 15 janvier est la revue **dont** j'ai besoin.

2. **Dont** est un relatif qui incorpore la préposition **de. Dont** est utilisé avec le possessif (le succès du film → le film **dont** le succès) ou avec le complément d'un verbe qui est toujours employé avec **de (avoir besoin de..., parler de...).**

Exemple:　J'ai besoin de vos notes. Elles sont particulièrement claires.

Vos notes, **dont** j'ai besoin, sont particulièrement claires.

3. Remarquez que la place de **dont** dans la phrase est invariable. L'*antécédent* peut être une *chose* ou une *personne:*

(1)	(2)	(3)
antécédent	+ **dont** +	*sujet de la proposition subordonnée*
Il a une auto	**dont**	le prix est astronomique.
J'aime les gens	**dont**	l'humour est caustique.

D.　Les relatifs composés n'ont pas d'antécédent précis et se réfèrent à une chose (ou à des choses) sans genre. Ils s'appellent «composés» parce qu'ils contiennent deux éléments **(ce + qui, que** ou **dont).**

1. **Ce qui** = la chose (les choses) qui [*sujet du verbe de la proposition subordonnée*]:

Exemples:　Je ne comprends pas **ce qui** cause ce phénomène.

(Je ne comprends pas *la chose qui* cause ce phénomène.)

Ils ont vu **ce qui** est important.

(Ils ont vu *la chose qui* est importante.)

1.　Les relatifs *duquel, de laquelle, desquels, desquelles* et *de qui* existent, mais ils sont employés dans des circonstances syntaxiques relativement rares.

Remarquez que **ce qui** peut introduire une proposition subordonnée entièrement en *apposition* à toute la proposition principale:

Ce qui m'intéresse, ⎨c'est la politique.

2. **Ce que** = la chose (les choses) que [*objet du verbe de la proposition subordonnée*]:

Exemples: Je ne comprends pas **ce que** vous dites.
(Je ne comprends pas *la chose que* vous dites.)
Ils ont vu **ce que** Pierre avait fait.
(Ils ont vu *la chose que* Pierre avait faite.)

Remarquez que **ce que** peut introduire une proposition subordonnée entièrement en *apposition* à toute la proposition principale:

Ce que j'ai fait en sport, ⎯ ce n'est pas très remarquable.

J'aime presque tous les sports, ⎯ **ce que** je ne peux pas dire pour toutes les matières que j'étudie.

3. **Ce dont** = la chose (les choses) dont [*complément de la préposition* **de**]:

Exemples: parler **de**: Je ne comprends pas **ce dont** elle parle.
(Je ne comprends pas *la chose dont* elle parle.)
avoir envie **de**: Ils nous proposent exactement **ce dont** nous avons envie.
(Ils nous proposent exactement *la chose dont* nous avons envie.)
avoir besoin **de**: Jeanne-Marie ne sait pas **ce dont** vous avez besoin.
(Jeanne-Marie ne sait pas *la chose dont* vous avez besoin.)

Remarquez que **ce dont** peut introduire une proposition subordonnée entièrement en *apposition* à toute la proposition principale:

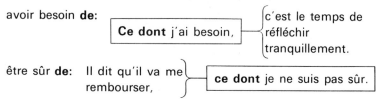

avoir besoin **de**: **Ce dont** j'ai besoin, ⎨c'est le temps de réfléchir tranquillement.

être sûr **de**: Il dit qu'il va me rembourser, ⎯ **ce dont** je ne suis pas sûr.

3 Les pronoms démonstratifs:

singulier	pluriel
celui	**ceux**
celle	**celles**

A. Ils sont généralement suivis d'un pronom relatif ou d'une préposition.

Exemples: le sweater de Bill = **celui de** Bill

le monsieur qui parle = **celui qui** parle

les chanteuses que j'aime = **celles que** j'aime

la firme pour laquelle je travaille = **celle pour laquelle** je

travaille

le restaurant auquel nous pensons = **celui auquel** nous pensons

le théâtre où nous allons = **celui où** nous allons

B. À la troisième personne, on peut aussi utiliser un pronom démonstratif + **de** + nom propre pour exprimer la possession:

singulier   *pluriel*

celui de...   **ceux de...**

celle de...   **celles de...**

Exemples: J'aime le sweater de Carlyle. J'aime **celui de** Carlyle.

Je vais à la classe du Professeur Nimbus. Je vais à **celle du**
Professeur Nimbus.

Les exercices de Leslie sont excellents. **Ceux de** Leslie sont
excellents.

Je suis assis sur les lunettes de Georgette. Je suis assis sur
celles de Georgette.

C. Les suffixes -**ci** et -**là** permettent de distinguer entre deux antécédents selon leur *proximité relative:*

Celui-**ci**
Celle-**ci**
Ceux-**ci**   indique l'objet ou la personne *plus près de vous.*
Celles-**ci**

Celui-**là**
Celle-**là**
Ceux-**là**   indique l'objet ou la personne *moins près de vous.*
Celles-**là**

Exemple: Voilà deux étudiants: celui-**ci** est français et celui-**là** est américain.

D. Théoriquement il y a une distinction de proximité entre les pronoms démonstratifs neutres **ceci** et **cela**:

Ceci m'intéresse beaucoup.   **Cela** m'intéresse encore plus.

Ces pronoms sont dits «neutres» parce que leur antécédent est vague, général, sans genre. L'antécédent de **ceci** est *plus près;* l'antécédent de **cela** est *plus loin.* En réalité, **cela** est plus fréquemment employé. **Cela** correspond à **ce** (c'est, ce sont), mais il est employé surtout devant des verbes autres que **être**:

C'est beau.   **Cela** semble beau.

C'est intéressant.   **Cela** m'intéresse.

Dans la langue parlée, **cela** est souvent remplacé par **ça:**

> **Ça** m'intéresse.
>
> Est-ce que **ça** vous paraît raisonnable?

Ça peut être employé en apposition avec **ce:**

> **Ça, c'**est extraordinaire!
>
> **C'**est fini, **ça?**

4 Les pronoms indéfinis: **quelques-uns (quelques-unes), chacun (chacune):**

A. **Quelques-uns (quelques-unes)** est le pronom qui correspond à l'adjectif *quelques.* Remarquez que le pronom **en** s'emploie souvent dans des constructions avec **quelques-uns:**

Exemples:	Est-ce que je vous signale *quelques* aspects grammaticaux de la leçon?	Signalez-nous seulement **quelques-uns** *de ces aspects.*
		Signalez-nous **en** seulement **quelques-uns.**
	Il nous a présenté à *quelques* actrices sympathiques.	**Quelques-unes** étaient sympathiques.
	Est-ce que je vous signale *quelques* explications essentielles?	Oui, signalez-nous-**en quelques-unes.**
	Quelques pièces de monnaie sont très précieuses.	**Quelques-unes** sont très précieuses.
	Je vois *quelques* gangsters.	J'**en** vois **quelques-uns.**

B. **Chacun (chacune)** est le pronom qui correspond à l'adjectif *chaque.*

Exemples:	Est-ce que *chaque* étudiant va préparer cela?	Naturellement, **chacun** va préparer cela.
	Est-ce que *chaque* étudiante est présente?	Oui, **chacune** est présente.
	Est-ce que *chaque* explication est claire?	Oui, **chacune** est claire.

5 Les pronoms indéfinis: **quelque chose / ne...rien**   **à**   *adjectif*
ou   +   ou   +   ou
quelqu'un / ne...personne   **de**   *infinitif*

A.

quelque chose **quelqu'un** } + **de** + adjectif	**ne... rien** **ne... personne** } + **de** + adjectif

Exemples:	Il y a **quelque chose de bon** dans le réfrigérateur.	Il n'y a **rien de bon** dans le réfrigérateur.
	C'est **quelqu'un d'intéressant.**	Ce n'est **personne d'intéressant.**

B.

| quelque chose | |
| quelqu'un | + **à** + infinitif |

| ne... rien | |
| ne... personne | + **à** + infinitif |

Exemples: J'ai **quelque chose à faire.**   Je n'ai **rien à faire.**
Nous avons **quelqu'un à voir.**   Nous n'avons **personne à voir.**

C.

quelque chose	
quelqu'un	
ne... rien	+ **de** + adjectif + **à** + infinitif
ne... personne	

Exemples: C'est **quelque chose d'intéressant à faire.**
Je **ne** vois **rien d'intéressant à faire.**
Elle va inviter **quelqu'un de fascinant à connaître.**
Il **ne** fréquente **personne d'amusant à connaître.**

Exercices oraux

A. Remplacez le nom par le pronom démonstratif
     approprié: (§3)
     Exemple: *C'est le sweater de Bill.*
                       C'est celui de Bill.

  1. Voilà la femme qui parle russe.
  2. Voilà le monsieur qui est invité.
  3. Voilà la voiture que j'ai achetée.
  4. C'est l'université où nous étudions.
  5. C'est l'avion dans lequel il est monté.
  6. C'est le cinéma où on voit de vieux films.
  7. Voici les étudiants qui ont une bourse.
  8. Voici les jeunes filles qui font du ski.
  9. Voici les livres que j'ai lus.
 10. Voici les classes qui sont intéressantes.

B. Employez le futur antérieur dans vos réponses aux questions
     suivantes: (§1)
     Exemple: *Regarderez-vous la télé aussitôt que vous aurez*
                       terminé vos devoirs?
                       Non, aussitôt que j'aurai terminé mes devoirs,
                       j'irai parler avec mes amis.

  1. Que ferez-vous quand vous aurez gagné un million de
     dollars?
  2. Où irez-vous ce soir dès que vous aurez dîné?

3. Chercherez-vous un travail dès que vous aurez obtenu votre diplôme?
4. Connaîtrez-vous mieux le monde quand vous aurez beaucoup voyagé?
5. Dormirez-vous dès que vous serez rentré chez vous?

C. Voilà deux phrases. Utilisez un pronom relatif pour en faire une: (§2)

Exemple: *C'est un stylo. J'écris avec ce stylo.*
C'est le stylo avec lequel j'écris.

1. Joseph a un portefeuille. Il met son argent dans son portefeuille.
2. Regardez le bâtiment. Il y a une manifestation devant le bâtiment.
3. Voulez-vous fermer la porte? Mon ami est sorti par la porte.
4. Dans ma chambre il y a un bureau. J'ai tous mes papiers sur le bureau.
5. J'ai acheté des bottes. Je ne veux plus sortir sans mes bottes.
6. Tu as vu un film. Tout le monde parle de ce film.

D. Dites **Voilà ce que, Voilà ce qui** ou **Voilà ce dont** et finissez la phrase: (§2)

Exemple: *J'ai besoin d'un stylo.*
Voilà ce dont j'ai besoin.

1. Nous écoutons la radio.
2. Il parle du mariage.
3. Tu as peur des avions.
4. Le lait a des vitamines.
5. Vous avez l'air d'un acteur.
6. Cet arbre verdit au printemps.
7. J'adore ton chapeau.
8. Mon livre est tombé.
9. J'avais honte de mon erreur.
10. Elle avait envie de partir.

E. Dans les phrases suivantes remplacez **quelques...** par **quelques-uns** ou par **quelques-unes**: (§4)

Exemple: *J'ai vu quelques accidents.*
J'en ai vu quelques-uns.

1. J'ai vu quelques tableaux.
2. Quelques pommes sont vertes.
3. Quelques Français font du yoga.
4. Elles ont fait quelques sets de tennis.
5. Quelques voitures américaines utilisent beaucoup d'essence.

F. Dans les phrases suivantes remplacez **chaque...** par **chacun** ou par **chacune**: (§4)

Exemple: *Chaque possibilité est absurde.*
Chacune est absurde.

1. Chaque enveloppe a une adresse.
2. Chaque étudiant parle français.
3. Chaque porte restait fermée.
4. Chaque homme a son goût.
5. Chaque plante a besoin d'eau.

G. Répondez aux questions suivantes.
1. Regardez la photo à la page 335.
   a. Ces dames parlent-elles de quelque chose d'important?
   b. Parlent-elles de quelque chose d'intéressant?
   c. Imaginez ce dont elles parlent.
   d. Indiquez celle dont le costume est le plus élégant.
2. Regardez la photo à la page 337.
   a. Est-ce une statue de quelqu'un d'intéressant? Qui est-ce?
   b. Imaginez ce que font les hommes qui sont par terre.
   c. Imaginez ce dont ils ont besoin.
   d. Que fait celui qui est debout?
   e. Indiquez quelqu'un dont vous avez pitié; quelqu'un dont vous avez peur; quelqu'un avec qui vous voulez sortir.

Exercices écrits

A. Écrivez les exercices oraux C, D et E.

B. Mettez les verbes entre parenthèses au futur et au futur antérieur: (§1)
   Exemple: *Quand vous me _____ (dire) votre secret, je vous _____ (dire) le mien.*

   Quand vous m'aurez dit votre secret, je vous dirai le mien.

1. Quand il _____ (voir) la surprise, il _____ (être) content.
2. J'espère que vous _____ (choisir) leur cadeau avant leur anniversaire.
3. L'année prochaine nous _____ (faire) un grand voyage. Naturellement, avant notre départ nous _____ (organiser) ce voyage.
4. Lorsqu'ils _____ (rentrer) de l'école, nous leur _____ (annoncer) la bonne nouvelle.
5. Vous _____ (revenir) d'Europe, n'est-ce pas, à temps pour assister au congrès du Rotary International?

C. Remplacez les mots en italique par le pronom démonstratif approprié: (§3)

Exemple: *J'ai acheté une nouvelle voiture parce que la voiture que j'avais ne marchait plus.*

J'ai acheté une nouvelle voiture parce que celle que j'avais ne marchait plus.

1. Je parle trois langues mais *la langue* que je préfère c'est le sanskrit.
2. Quand Henri n'a plus de shampooing il utilise *le shampooing* de sa femme.
3. De tous les pays africains, nous voulons surtout visiter *les pays* où on parle français.
4. Monsieur, je pourrais vous montrer plusieurs pull-overs: voudriez-vous voir *les pull-overs* d'hiver, *les pull-overs* qu'on met pour être chic ou *les pull-overs* qu'on met sur son chien?
5. Nous avons trois fils: *le fils* qui a les yeux verts s'appelle Simon, *le fils* qui travaille dans un bar s'appelle Jules et *le fils* qui est professeur de français, Gérard, est *le fils* que vous connaissez.

D. Utilisez un pronom relatif pour faire une seule phrase: (§2)

Rappel: **en** < **de** + quelque chose

y < **à** + quelque chose

lui
leur } < **à** + quelqu'un

Exemple: *Je veux vous présenter à mon grand-père. Ses cheveux sont encore bruns.*

Je veux vous présenter à mon grand-père, dont les cheveux sont encore bruns.

1. La belle-mère de Blanche-Neige adore son miroir. Elle parle toujours à ce miroir.
2. Les Martiens ont des antennes. Ils ne peuvent rien entendre sans leurs antennes.
3. J'admire ces gens. Ils n'ont pas de prétentions.
4. Samson avait de longs cheveux. Sans ses cheveux il n'était plus fort.
5. À Avignon il y a un pont. On danse sur ce pont.
6. Regardez la fenêtre. Il y a quelqu'un derrière la fenêtre.
7. Françoise et Marie sont des étudiantes françaises. Melvin leur écrit des lettres absurdes.
8. Je n'ai fait qu'une petite erreur. J'y ai pensé toute la nuit.
9. Un gâteau aux asperges est quelque chose. Personne n'en a envie.
10. Voilà le pauvre Ferdinand. On lui a vendu une maison au milieu du lac Champlain.

Lecture

La Femme en France

S'il est vrai que la femme américaine revient de loin, la femme française de son côté ne revient pas de plus près; elle a simplement pris une direction légèrement différente. Depuis le Moyen Âge et même avant, on trouve dans l'histoire de la civilisation française des femmes *dont* l'influence sur leurs contemporains a été très grande.

Commençons au cinquième siècle par Clotilde, *dont* l'intelligence et la bonté ont inspiré la conversion de Clovis au christianisme. Ensuite, il y a eu, au douzième siècle, Aliénor d'Aquitaine, *celle qui* a su jouer si intelligemment sur le clavier politique de son époque. Au treizième siècle: Blanche de Castille, mère de Saint Louis, *pour qui* elle a été non seulement une mère vénérée mais aussi un modèle et une inspiration. Enfin, au quinzième siècle, n'oublions pas *celle qui* a empêché la France de devenir anglaise: Jeanne d'Arc, symbole de courage et de foi. De toutes les gloires de la France, c'est peut-être *celle de* Jeanne d'Arc *qu'*on connaît le mieux. Sa destinée contient des aspects *dans lesquels* nous reconnaissons certaines affinités avec la lutte des femmes d'aujourd'hui.

Dans l'histoire littéraire de la France, les femmes aussi ont eu un rôle actif. Déjà au Moyen Âge, Marie de France et Christine de Pisan, par exemple, sont de grands poètes.[2] Pendant la Renaissance, Marguerite d'Angoulême, reine de Navarre, était humaniste et femme de lettres. C'est elle *qui* a dirigé la France pendant la captivité de son frère, François Ier, à Madrid. Au dix-septième siècle c'est Madame de La Fayette *à qui* on attribue le premier roman psychologique. On admire aussi, à la même époque, Madame de Sévigné, *celle qui,* par ses lettres spirituelles, nous renseigne sur les mœurs du grand siècle.[3] Au dix-huitième siècle ce sont souvent les femmes *chez qui* les philosophes allaient pour discuter. C'est une époque où il y avait de nombreux salons *parmi lesquels* il faut mentionner *celui de* la Duchesse du Maine, *celui de* la Marquise de Lambert et *celui de* Madame de Tencin. Au dix-neuvième siècle *celle à laquelle* tout le monde pense, c'est George Sand *dont* le vrai nom était Aurore Dupin. Une grande romancière, elle nous a laissé une œuvre *dont* l'inspiration est souvent sociale. Enfin, à l'époque actuelle, il ne faut pas oublier *celle qui* a réveillé le mouvement féministe grâce à son livre remarquable, *Le Deuxième Sexe:* Simone de Beauvoir.

---

2. *Poétesse* (femme poète) est un mot archaïque.
3. *Le grand siècle* = le 17e siècle.

Il y a bien d'autres grands écrivains féminins, *dont* Marguerite Duras, Marguerite Yourcenar et surtout Nathalie Sarraute occupent une place prépondérante dans la littérature du vingtième siècle.

Simone de Beauvoir à la «foire des femmes» (manifestation féministe).

Malgré cette participation très importante à l'activité politique et littéraire de la France, *ce dont* les femmes françaises ont besoin maintenant c'est de l'égalisation totale des salaires: un salaire égal pour *chacun* sans distinction de sexe. Malgré certaines améliorations récentes dans ce domaine, il y a encore beaucoup de progrès à faire.

Dans le cadre familial, il y a les allocations familiales[4] et la sécurité sociale (assurance médicale garantie par l'État) auxquelles tout le monde a droit. Quant à la femme mariée, elle n'a plus l'obligation de fournir l'autorisation maritale[5] *dont* elle avait besoin jusqu'en 1975 pour effectuer certaines transactions bancaires ou administratives. Un enfant *dont* le père a disparu et *dont* on ignore le nom peut adopter *celui de* sa mère. Il n'est plus forcé de rester *quelqu'un d'*anonyme. L'avortement est légal avec une autorisation médicale. Dans les universités 40% des étudiants sont des femmes y compris[6] en médecine et en droit. Le pourcentage des avocates et des femmes médecins est très important; *celui des* femmes de sciences est presqu'aussi fort. Les grandes écoles,[7] longtemps le privilège des hommes d'élite, sont maintenant aussi *celui des* femmes d'élite.

Dans le gouvernement actuel de la France, le poste de Secrétaire d'État aux Universités est occupé par une femme, de même que[8] *celui de* Ministre de la Santé Publique et *celui de* Secrétaire d'État à la Condition Féminine. L'existence même de ce poste est *quelque chose de très important à considérer.*

L'activité culturelle, sociale et politique de la France, *dont* les femmes ont toujours fait partie intégrante, admet de plus en plus de femmes aux postes importants.

Les écrivains, poètes et artistes femmes, les salons littéraires et politiques ont toujours exercé une influence *dont* tout le monde reconnaît le rôle dans la vie et l'histoire de la nation française. Lorsqu'*on aura réalisé* l'intégration totale des femmes françaises à toutes les fonctions de commande de la vie politique, économique, artistique et sociale, on pourra dire enfin que les femmes sont citoyennes à part entière. Voilà ce que la femme française veut et peut obtenir, et elle a raison.

----

4. *Allocations familiales* = argent donné par le gouvernement français pour subvenir aux besoins des familles avec beaucoup d'enfants.
5. *Marital(-e)* = du mari.
6. *Y compris* = inclus.
7. *Grandes écoles* = établissements d'enseignement (éducation) supérieur et spécialisé: Polytechnique, Navale, Normale Supérieure, etc.
8. *De même que* = aussi bien que.

1. Mentionnez quelques femmes qui ont influencé la civilisation française. Qu'est-ce qu'elles ont fait?
2. Pourquoi Jeanne d'Arc est-elle importante pour les Français?
3. Mentionnez quelques femmes qui ont joué un rôle dans la vie littéraire.
4. Qu'est-ce que la femme française veut maintenant?
5. Qu'est-ce qu'une femme mariée avait besoin de fournir jusqu'en 1975 pour effectuer des transactions bancaires ou administratives?
6. Est-ce que l'avortement est légal en France? Êtes-vous pour ou contre la légalisation de l'avortement? Pourquoi?
7. Quelle réforme concerne les enfants dont le père a disparu?
8. Quelles sont les possibilités universitaires pour les femmes?
9. Quels postes importants du gouvernement sont occupés par des femmes en France?
10. Quels postes du gouvernement de votre pays sont occupés par des femmes?

Discussion/Composition

1. Écrivez votre opinion sur les progrès réalisés par les femmes dans la société que vous connaissez le mieux.
2. Est-ce qu'il y a dans l'histoire de votre pays des femmes qui ont eu un rôle essentiel pour lequel elles sont admirées aujourd'hui? Lesquelles? Expliquez ce qu'elles ont fait.
3. Y a-t-il une femme écrivain, une femme politique, une femme de science ou une artiste qui vous inspire particulièrement? Dites laquelle, ce qu'elle fait, et pourquoi vous l'admirez.

Vocabulaire actif

noms

artiste m. ou f.
bataille f.
bonté f.
cadre m.
christianisme m.
civilisation f.
côté m.
courage m.
destinée f.
direction f.
enseignement m.
foi f.
fonction f.
influence f.
inspiration f.
intégration f.
intelligence f.
mœurs f. pl.
Moyen Âge m.
œuvre f.
personnage m.
poésie f.
possibilité f.
poste m.
profession f.
progrès m.
Renaissance f.
rôle m.
romancière f.
ruine f.
salon m.
secrétaire m. ou f.
sexe m.
siècle m.
théorie f.
vers m.

adjectifs

absurde
actuel(-le)
artistique
différent(-e)
égal(-e)
essentiel(-le)
féministe
inconnu(-e)
international(-e)
légal(-e)
littéraire
spirituel(-le)
total(-e)
urgent(-e)

verbes

adopter
assister
causer
combattre
considérer
contenir
diriger
empêcher
fonder
forcer
influencer
inspirer
occuper
réaliser
signaler

adverbes

entièrement
légèrement
simplement

prépositions

contre
parmi
quant à

autres expressions

à part
de même que
faire partie de
y compris

Vocabulaire passif

noms

allocation f.
apposition f.
archéologue m.
asperge f.
assassin m.
autorisation f.
avortement m.
captivité f.
clavier m.
commande f.
congrès m.
contrat m.
conversion f.
coupe f.
défaite f.
distinction f.
égalisation f.
élite f.
établissement m.
firme f.
gloire f.
humaniste m. ou f.
légalisation f.
lutte f.
manifestation f.
miroir m.

obligation f.
participation f.
pourcentage m.
proximité f.
sanskrit m.
sécurité f.
self-service m.
set (de tennis) m.
théorème m.
transaction f.
yoga m.

adjectifs

administratif /
 administrative
astronomique
bancaire
caustique
garanti(-e)
grammatical(-e)
intégrant(-e)
marital(-e)
médical(-e)
prépondérant(-e)
subordonné(-e)
vénéré(-e)

verbes

attribuer
correspondre
effectuer
exercer
fréquenter
inaugurer
incorporer
introduire
se référer
rembourser
subvenir

adverbes

fréquemment
intelligemment
théoriquement

══════════════dizain

Marguerite de Navarre
1492-1549

Plus j'ai d'amour plus j'ai de fâcherie,
Car je n'en vois nulle autre réciproque;
Plus je me tais et plus je suis marrie,
Car ma mémoire, en pensant, me révoque
Tous mes ennuis, dont souvent je me moque
Devant chacun, pour montrer mon bon sens;
À mon malheur moi-même me consens,
En le célant, par quoi donc je conclus
Que, pour ôter la douleur que je sens,
Je parlerai mais je n'aimerai plus.

23 Vingt-troisième Leçon

Les verbes pronominaux, principe et conjugaison:
- interrogatif
- négatif
- impératif
- impératif négatif
- sens idiomatique
- sens réciproque
- sens passif
- avec les parties du corps
- l'expression *il s'agit de*

Lecture: *La Découverte du feu*

Il se regarde. (Palais de Versailles, la galerie des glaces)

Présentation

David, regardez Cliff!

Je regarde Cliff. Je le regarde.

Bon, maintenant, voici un petit miroir. **Regardez-vous** dans ce miroir.

Voilà, **je me regarde.**

Qu'est-ce que David fait, Cliff?

Il se regarde.

Tous les matins, **je me réveille** à sept heures et demie; ensuite, **je me lève, je me lave** dans la salle de bain, **je me rase** avec un rasoir électrique, **je me peigne, je m'habille,** je prends mon petit déjeuner à la salle à manger ou à la cuisine, je prépare mes affaires et **je me prépare.** Ensuite, je monte dans mon auto et **je me mets en route** pour l'université. Et vous, Anne et Pat?

Oh! **Nous ne nous réveillons pas** à sept heures et demie parce que nous n'avons pas de classe avant onze heures. Alors, **nous nous réveillons** à neuf heures, **nous nous levons, nous nous lavons, nous ne nous rasons pas** parce que nous sommes des filles et nous n'avons pas de barbe, mais **nous nous maquillons** avec des produits de beauté: de la crème, de la poudre, du rouge. **Nous nous coiffons** avec un peigne, **nous nous parfumons** quelquefois, **nous nous habillons** et **nous nous préparons;** nous prenons aussi notre petit déjeuner. Quand nous arrivons à la classe, **nous nous installons,** c'est-à-dire que **nous nous asseyons** à notre place et nous attendons le professeur.

Quand la journée et la soirée sont finies, que faites-vous, Robert?

Je me couche, je lis un peu et **je m'endors** facilement. Si je bois du café, **je m'endors** difficilement. Quand je dors bien, **je me repose** bien. **Je me repose** des fatigues de la journée et de la soirée.

Quel est le contraire de **s'habiller?**

Se déshabiller.

Quel est le contraire de **s'amuser?**

S'ennuyer.

ELLE BOIT PAS, ELLE FUME PAS, ELLE DRAGUE PAS MAIS... ELLE CAUSE, Michel Audiard, 1970; sur la photo: Bernard Blier et Annie Girardot.

L'auteur de ce film est un humoriste qui a écrit beaucoup de dialogues de films avant de devenir lui-même metteur en scène. Le titre fait référence à de «mauvaises habitudes» françaises: boire, fumer, draguer et causer. *Draguer* est un mot d'argot qui signifie «courir après les filles ou après les garçons». L'absence de *ne* dans la négation est aussi argotique. *Causer* se réfère au fait que les Français parlent beaucoup.

—Comment se promène-t-on?
—On se promène à pied, en voiture, à cheval, à bicyclette, etc.

Donnez des exemples concrets!	Dans la classe de français, **je m'amuse**; dans la classe d'astrologie nucléaire, **je m'ennuie. Nous nous amusons** à un pique-nique, à la plage; **nous nous ennuyons** quand nous n'avons rien d'intéressant à faire.
Où **se promène-t-on?**	**On se promène** à la campagne, au bord de la mer, en ville.
Comment **se promène-t-on?**	**On se promène** à pied, en voiture, à cheval, à bicyclette, etc.
Vous dépêchez-vous quand vous êtes en retard?	Oui, **je me dépêche** ou **je me presse.** Quelquefois, je cours pour ne pas être en retard.

Qu'est-ce qu'il faut faire pour ne pas avoir besoin de **se dépêcher?**

Il ne faut pas être en retard. Il faut **se réveiller** à temps, **se préparer** à temps, **se mettre en route** à temps. Alors, on n'a pas besoin de **se dépêcher** parce qu'on a le temps.

Qu'est-ce qu'il faut faire pour ne pas **s'ennuyer?**

Il faut **s'amuser,** il faut aussi **s'intéresser à** ce qu'on fait ou **à** ce que les autres disent ou font.

Le verbe **s'en aller** est synonyme de **partir. Je m'en vais,** c'est-à-dire je pars. **Nous nous en allons,** c'est-à-dire nous partons. Quelles sont les formes de l'impératif affirmatif et négatif?

Va-t'en! Ne t'en va pas! Allons-nous-en! Ne nous en allons pas! Allez-vous-en! Ne vous en allez pas!

Comment **vous appelez-vous,** Monsieur?

Je m'appelle Philippe, Philippe Martin.

Comment **s'appelle-t-elle?**

Elle s'appelle Leslie Dobson.

Bon, maintenant des questions de mémoire.

Vous rappelez-vous votre enfance, David?

Oui, **je me la rappelle.**

Vous souvenez-vous de votre enfance?

Oui, **je m'en souviens.**

Êtes-vous toujours d'accord avec Pat, Leslie?

Pas toujours, mais généralement nous sommes d'accord: **nous nous entendons** bien.

Et vous, Leslie?

Oh! **Je m'entends** assez bien avec Pat. Moi, **je m'occupe du** ménage et **elle s'occupe de la** cuisine, c'est un bon arrangement. Le loyer de notre appartement est raisonnable quand il y a deux personnes pour le payer.

Vous disputez-vous quelquefois?

Oh! oui, quelquefois. **Elle se rend compte que** je n'ai pas fait le ménage pendant toute la semaine ou **je me rends compte qu'**elle n'a rien fait pour le dîner et **qu'**il n'y a rien dans le réfrigérateur. Alors, je suis furieuse, **je me mets en colère, je me fâche.** Elle fait la même chose et **nous nous disputons.** Mais nous ne sommes pas rancunières[1] et généralement **nous nous réconcilions** très vite.

LA FLÛTE À SIX SCHTROUMPFS, Peyo (dessin animé), 1975.
À l'occasion des fêtes au château du Roi, Johan affronte, en tournoi, le sire de Bois-Pendard. Let mot *schtroumpf,* inventé par Peyo, peut remplacer n'importe quel mot du vocabulaire français. Devinez lequel il remplace ici. Les schtroumpfs sont aussi des petits personnages bleus dans les bandes dessinées de Peyo.

Vous disputez-vous quelquefois?

---

1. *Rancunier/rancunière,* adjectif; quand on se souvient d'une mauvaise action ou d'une insulte d'une autre personne.

Quand on obéit aux règles de la société **on se conduit** bien, mais quand on n'obéit pas à ces règles, **on se conduit** mal. **Vous conduisez-vous** bien ou mal, David?

Pour mes parents, **je me conduis mal,** mais pour mes amis, **je me conduis bien.**

Si je dis que 3 + 4 font 6, je fais une erreur, **je me trompe.** Mais, **je m'aperçois de** mon erreur, **je me rends compte de** mon erreur. Est-ce que **je me trompe** souvent?

Non, Monsieur, **vous ne vous trompez jamais**… ou presque jamais.

Un jeune homme regarde une jeune fille et la jeune fille (que le jeune homme regarde) regarde aussi le jeune homme. Qu'est-ce qu'ils font?

Le jeune homme regarde la jeune fille, la jeune fille regarde le jeune homme: alors, **ils se regardent.**

Le jeune homme parle à la jeune fille et la jeune fille parle au jeune homme. Qu'est-ce qu'ils font?

Ils se parlent.

Le jeune homme plaît à la jeune fille et la jeune fille plaît au jeune homme.

Ils se plaisent.

Imaginez le reste de l'histoire.

Le jeune homme embrasse la jeune fille et naturellement la jeune fille embrasse le jeune homme. **Ils s'embrassent.** Le jeune homme aime la jeune fille, la jeune fille aime aussi le jeune homme. **Ils s'aiment, ils se fiancent, ils se marient** et ils ont beaucoup d'enfants. Quelle belle histoire d'amour!

Est-ce que le français **se parle** en Afrique?

Oui, **il se parle** en Afrique.

Où **se joue** ce film?

Il se joue au Royal-Cinéma.

Est-ce que «bon matin» **se dit** en français?

Non, **ça ne se dit pas,** on dit «bonjour».

Est-ce qu'on parle en même temps qu'on mange? Est-ce que ça **se fait?**	Non, **ça ne se fait pas**, ce n'est pas convenable, ce n'est pas joli.
Où **se trouvent** les kangourous?	**Ils se trouvent** en Australie.
Qu'est-ce qui **se passe?**	Rien **ne se passe** et **nous nous ennuyons.**

Explications

1 Le principe des verbes pronominaux:

A. Ces verbes indiquent une action *réfléchie, réciproque, passive* ou simplement *idiomatique.* On utilise beaucoup de verbes pronominaux en français pour exprimer des actions qui ne sont pas nécessairement réfléchies dans d'autres langues.

Exemples: **Nous nous dépêchons.** = «We hurry.»
Vous vous conduisez[2] bien. = «You behave well.»

B. Le *sujet* et l'*objet* d'un verbe pronominal réfléchi sont *identiques,* c'est-à-dire la même personne ou la même chose. Donc, il faut utiliser un pronom objet réfléchi. Voici la liste des pronoms objets réfléchis:

je → **me**   nous → **nous**
tu → **te**   vous → **vous**
il (elle, on) → **se**   ils (elles) → **se**

Exemples: *forme simple*   *forme pronominale*

Je lave la voiture.	**Je me lave.**
Il regarde la maison.	**Il se regarde** dans un miroir.
Nous demandons la clé à la concierge.	**Nous nous demandons** si elle a la clé.
Vous habillez votre fils.	**Vous vous habillez.**
Tu mets ton chapeau.	**Tu te mets** en route.
Les coiffeurs rasent leurs clients.	Les hommes **se rasent**, mais les femmes **ne se rasent pas.**

Remarquez: Grammaticalement, presque tous les verbes *transitifs* peuvent exister à la forme pronominale, mais le sens ne le permet pas toujours.

---

2. *Se conduire* < conduire (*conduire, produire, introduire* se conjuguent au présent comme *lire,* p. 108).

2 La conjugaison des verbes pronominaux:

A. À l'affirmatif:

se rappeler	s'endormir	se prendre au sérieux
je me rappelle	je m'endors	je me prends au sérieux
tu te rappelles	tu t'endors	tu te prends au sérieux
il se rappelle	il s'endort	il se prend au sérieux
elle se rappelle	elle s'endort	elle se prend au sérieux
nous nous rappelons	nous nous endormons	nous nous prenons au sérieux
vous vous rappelez	vous vous endormez	vous vous prenez au sérieux
ils se rappellent	ils s'endorment	ils se prennent au sérieux
elles se rappellent	elles s'endorment	elles se prennent au sérieux

se voir	s'asseoir	se blondir les cheveux
je me vois	je m'assieds	je me blondis les cheveux
tu te vois	tu t'assieds	tu te blondis les cheveux
il se voit	il s'assied	il se blondit les cheveux
elle se voit	elle s'assied	elle se blondit les cheveux
nous nous voyons	nous nous asseyons	nous nous blondissons les cheveux
vous vous voyez	vous vous asseyez	vous vous blondissez les cheveux
ils se voient	ils s'asseyent	ils se blondissent les cheveux
elles se voient	elles s'asseyent	elles se blondissent les cheveux

B. À l'interrogatif:

forme simple	*forme pronominale*
Demandez-vous la clé à Jacques?	**Vous demandez-vous** si Jacques a la clé?

1. Remarquez l'inversion du pronom sujet et du verbe, comme dans la forme simple, mais le *pronom objet reste devant le verbe:*

Exemples: Ils s'aperçoivent de leur erreur.
S'aperçoivent-ils de leur erreur?

Nous nous réveillons à huit heures.
À quelle heure **nous** réveillons-nous?

2. Avec **est-ce que**, l'ordre des mots ne change pas.

Exemples: Est-ce que **vous vous demandez** si Jacques a la clé?
Est-ce qu'**ils s'aperçoivent** de leur erreur?

C. Au négatif: **Ne** est entre le sujet et le pronom objet; **pas** est après le verbe.

Exemples:
Nous nous rasons.	**Nous ne nous rasons pas.**
Les femmes se maquillent.	**Les garçons ne se maquillent pas.**
Vous vous préparez.	**Vous ne vous préparez pas.**
Les étudiants s'amusent.	**Les étudiants ne s'amusent pas.**
Tu te fatigues.	**Tu ne te fatigues jamais.**

3 Impératif des verbes pronominaux:

A. On utilise les pronoms disjoints **toi, nous** et **vous** après le verbe.

Exemples: **Réveille-toi!**
Lavons-nous!
Regardez-vous dans le miroir!
Couche-toi!
Asseyons-nous!
Levez-vous!
Va-t'en!
Allez-vous-en!

Attention: Ne confondez pas l'impératif des verbes pronominaux avec la forme interrogative normale de **vous** et **nous**!

question
Regardez-vous la télévision?

ordre
Regardez-vous dans ce miroir!

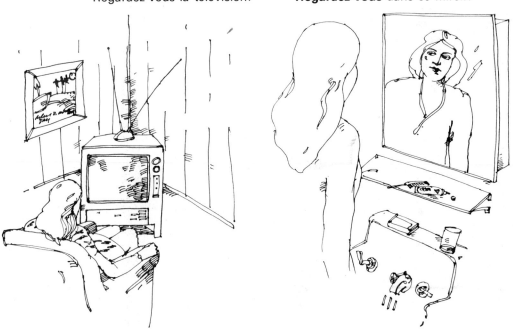

B. Impératif négatif: Avec **ne** + pronom objet dans l'ordre normal:

Exemples: **Ne te réveille pas** si tôt!
Ne nous lavons pas!
Ne vous regardez pas dans ce miroir tout le temps!
Ne te couche pas!
Ne nous asseyons pas ici!
Ne vous levez pas!
Ne t'en va pas!
Ne vous dérangez pas!

4 La forme pronominale idiomatique:

A. Certains verbes ont un sens particulier quand ils sont pronominaux. Il y a une différence totale de signification entre la forme simple et la forme pronominale.

Exemples: J'appelle mon amie au téléphone.
mais
Je m'appelle Georges.

Nous rendons les livres à la bibliothèque.
mais
Nous nous rendons compte de nos erreurs.
(Nous réalisons nos erreurs.)

Je porte un imperméable quand il pleut.
mais
Je me porte bien. (Je vais bien.)

Vous allez chez des amis.
mais
Vous vous en allez. (Vous partez.)

Nous entendons le moteur des avions.
mais
Jack et moi, **nous nous entendons bien.** (Nous sommes toujours d'accord.)

Elle conduit sa voiture.
mais
Elle se conduit bien. (Elle se comporte bien.)

Je cherche un livre et je le trouve sur mon bureau.
mais
Je me trouve à Paris. (Je suis à Paris.)

B. Voici une petite liste des verbes dont la forme pronominale n'a pas la même signification que la forme non-pronominale. Vous avez déjà remarqué certains de ces verbes dans la Présentation de cette leçon. Voici les plus utilisés:

s'en aller	s'apercevoir	se taire
s'entendre	se fâcher	se porter
se conduire	s'occuper	s'arrêter
s'appeler	se serrer (la main)	se rappeler
se tromper	se servir	se souvenir
se mettre	se moquer	se trouver

5 La forme pronominale réciproque: Quand un verbe représente une *action réciproque* entre deux ou plusieurs personnes, on utilise la forme pronominale de ce verbe.

Exemples: Marie m'aime et j'aime Marie. → **Nous nous aimons.**
Il écrit à ses parents et ses parents lui écrivent. → **Ils s'écrivent.**

Vous parlez à vos amis et vos amis vous parlent. → **Vous vous parlez.**

Ils rencontrent leurs amis à la bibliothèque et leurs amis les rencontrent à la bibliothèque. → **Ils se rencontrent** à la bibliothèque.

6 La forme pronominale à sens passif:

A.   On utilise aussi la forme pronominale pour exprimer une idée *passive*.

Exemples: Le français est parlé en Belgique. = On parle français en Belgique. = **Le français se parle** en Belgique.

B.   En général, le français emploie moins que l'anglais le vrai passif; il préfère utiliser la forme impersonnelle avec **on** ou la forme pronominale avec **se** pour exprimer une idée passive.

Exemples: On fait ça. = **Ça se fait.**
On dit ça. = **Ça se dit.**
On parle espagnol au Mexique. = **L'espagnol se parle** au Mexique.
On vend ces journaux dans la rue. = **Ces journaux se vendent** dans la rue.
On trouve ça partout. = **Ça se trouve** partout.
On voit beaucoup de bicyclettes sur le campus. = **Beaucoup de bicyclettes se voient** sur le campus.

7 La forme pronominale réfléchie + une partie du corps:

Exemples: **Elle se lave les mains.** = Elle lave ses mains.
Nous nous rasons la barbe. = Nous rasons notre barbe.
Vous vous touchez le nez. = Vous touchez votre nez.

Vous remarquez que lorsqu'on utilise un verbe pronominal pour une action réfléchie avec un autre complément (partie du corps), l'adjectif possessif n'est plus nécessaire parce que la possession est exprimée par le pronom réfléchi.

8 L'expression **il s'agit de** = il est question de.

A.   Cette expression pronominale est très pratique pour expliquer une situation ou une idée ou pour raconter une histoire, un roman, un film, etc.

Exemples: **Il s'agit de** vous, **de** nous, **de** moi, **d'**eux, etc.
Il s'agit d'argent.
Il s'agit d'amour.
Il s'agit de votre bonheur.
Il s'agit de notre amitié.
Dans ce film, **il s'agit de** Bob, **de** Carole, **de** Ted et **d'**Alice.
Dans ce roman, **il s'agit d'**un conflit entre l'amour et le patriotisme.

B. Cette expression *n'a pas de conjugaison* et on l'utilise toujours avec le pronom **il**. Elle existe à tous les temps:

> **il s'agit de**
> **il s'agissait de**
> **il s'agira de**

Récapitulation des verbes pronominaux

1. *Verbes ordinaires qui ont une forme pronominale, où le pronom objet est logiquement un complément d'objet direct ou indirect:*

s'amuser	s'endormir	se prendre (au sérieux)
s'appeler	s'ennuyer	se préparer
s'arrêter	se fâcher	se presser
s'asseoir	s'habiller	se promener
se coiffer	s'installer	se rappeler
se coucher	se laver	se raser
se demander	se lever	se regarder
se dépêcher	se maquiller	se reposer
se déranger	se mettre (à)	se réveiller
se déshabiller	se parfumer	se suicider
se disputer	se peigner	se tromper

2. *Verbes pronominaux idiomatiques:*

s'agir (de) = être question (de)
s'appeler = avoir comme nom
s'apercevoir = se rendre compte, remarquer, prendre conscience
se conduire = se comporter
s'en aller = partir
s'entendre (avec) = être d'accord (avec), fraterniser
se porter (bien ou mal) = aller (bien ou mal)
se taire = s'arrêter de parler

3. *Verbes pronominaux employés avec les parties du corps:*

se blondir (les cheveux)
se laver (les mains, les cheveux, etc.)
se serrer (la main)

4. *Verbes pronominaux souvent employés au sens réciproque:*

s'aimer	se fiancer	se réconcilier
s'écrire	se marier	se regarder
s'embrasser	se parler	se rencontrer
s'entendre	se plaire	se voir

5. *Verbes pronominaux souvent employés au sens passif:*

se dire	se jouer	se passer	se vendre
se faire	se parler	se trouver	

6. *Verbes pronominaux qui prennent une préposition avec un complément d'objet ou un infinitif:*

    a. *Verbe + **à** + objet:*

        s'intéresser (à) = prendre intérêt. Exemple: Je m'intéresse **à** la science politique.

        se mettre (à) = commencer. Exemple: Je me mets **au** travail.

    b. *Verbe + **en** + objet:*

        se mettre en colère = se fâcher. Exemple: Mon père se met **en** colère quand je rentre tard.

        se mettre en route = commencer à partir. Exemple: Le bus se met **en** route.

    c. *Verbe + **à** + infinitif:*

        s'amuser (à) = se distraire agréablement. Exemple: Je m'amuse **à** faire des dessins pendant la classe.

        se mettre (à). Exemple: Je me mets **à** étudier.

    d. *Verbe + **de** + infinitif:*

        s'arrêter (de) = cesser (de). Exemple: Je m'arrête **de** fumer.

        s'occuper (de) = s'appliquer (à). Exemple: Je m'occupe **de** réparer mon auto.

    e. *Verbe + **de** + objet:*

        s'apercevoir (de). Exemples: Je m'aperçois maintenant **de** mon erreur. Je m'**en** aperçois.

        se moquer (de) = rire (de), tourner en ridicule, être indifférent. Exemples: Je me moque **de** son attitude! Je m'**en** moque!

        s'occuper (de). Exemples: Je m'occupe **de** la réparation de mon auto. Je m'**en** occupe.

        se rendre compte (de) = s'apercevoir (de). Exemples: Je me rends compte **de** sa sincérité. Je m'**en** rends compte.

        se servir (de) = utiliser. Exemples: Je me sers **de** sa machine à écrire. Je m'**en** sers.

        se souvenir (de) = se rappeler. Exemples: Je me souviens bien **de** mon enfance. Je m'**en** souviens bien.

        se tromper (de) = faire une erreur. Exemple: Je me trompe **de**[3] numéro. («I have the wrong number.»)

---

3. Remarquez l'absence d'article dans cette construction. Seule la préposition *de* précède le complément: Je me trompe *de* salle. Il se trompe *d'*adresse.

7. *Verbes pronominaux* + *proposition subordonnée:*

se demander + **si**: Je me demande **si** elle va venir.

s'apercèvoir + **que**: Je m'aperçois **que** vous comprenez le français.

se rendre compte + **que**: Je me rends compte **que** nous avons exagéré.

se rappeler + **ce que**: Je me rappelle **ce que** vous avez dit.

mais

se souvenir + **de** + **ce que**: Je me souviens **de ce que** vous avez dit.

s'intéresser + **à** + **ce que**: Je m'intéresse **à ce que** vous faites.

Exercices oraux

A. Demandez à un autre étudiant ou à une autre étudiante: (§2)
   Exemple: *s'il se lève de bonne heure.*
             Te lèves-tu de bonne heure?

1. s'il (si elle) se réveille de bonne heure.
2. s'il (si elle) se lave les cheveux tous les jours.
3. s'il (si elle) s'habille vite le matin.
4. s'il (si elle) s'ennuie souvent.
5. s'il (si elle) se couche de bonne heure le samedi soir.
6. s'il (si elle) s'endort facilement.
7. s'il (si elle) se repose bien le soir.

B. Répétez ces questions, mais employez l'inversion: (§2)
   Exemple: *Est-ce qu'il se lève tôt?*
             Se lève-t-il tôt?

1. Est-ce qu'on se repose bien ici?
2. Est-ce qu'elle se fatigue facilement?
3. Est-ce qu'ils s'amusent en classe?
4. Est-ce qu'il lave sa voiture tous les week-ends?
5. Est-ce que vous vous endormez maintenant?
6. Est-ce qu'il fait une promenade avec elle?
7. Est-ce qu'elle se promène avec lui?
8. Est-ce qu'ils se marient bientôt?
9. Est-ce qu'il est marié?
10. Est-ce que vous vous dépêchez souvent?

C. Mettez ces phrases à l'impératif: (§3)
   Exemple: *Nous nous levons.*
                 Levons-nous!

 1. Nous nous dépêchons.
 2. Vous vous amusez bien.
 3. Tu te rases maintenant.
 4. Vous parlez assez fort.
 5. Tu te laves.
 6. Vous mettez votre manteau.
 7. Nous nous mettons à travailler.
 8. Tu vas à la bibliothèque.
 9. Nous nous asseyons.
10. Vous vous en allez.

D. Indiquez la réciprocité par l'emploi de la forme pronominale:
   (§5)
   Exemple: *Il la voit et elle le voit.*
                 Ils se voient.

 1. Je la connais et elle me connaît.
 2. Tu écris à tes parents et tes parents t'écrivent.
 3. Il la verra demain et elle le verra demain.
 4. Je lui téléphone et elle me téléphone.
 5. Vous la rencontrez et elle vous rencontre.
 6. Il aidera ses amis et ses amis l'aideront.
 7. Je l'attends et elle m'attend.
 8. Vous le comprendrez et il vous comprendra.

E. Demandez à un autre étudiant ou à une autre étudiante:
   (§1, 2, 4, 6, 8)
   Exemple: *s'il se rappelle le sujet du devoir.*
                 Te rappelles-tu le sujet du devoir?

 1. de quoi il s'agit dans cette leçon.
 2. s'il (si elle) se peigne tous les matins.
 3. si l'auto-stop se fait en Europe.
 4. si le chinois se parle à San Francisco.
 5. si le vin rouge se boit avec la viande rouge.
 6. s'il se rase tous les matins.
 7. s'il (si elle) conduit bien les voitures.
 8. s'il (si elle) se met à travailler.
 9. s'il (si elle) se dépêche tous les matins.
10. s'il (si elle) s'entend bien avec ses professeurs.
11. s'il (si elle) fait des erreurs quelquefois.
12. s'il (si elle) se trompe quelquefois.
13. s'il (si elle) se mariera un jour.

F.   Répondez aux questions suivantes:
   1. Regardez la photo à la page 357.
      a.   Vous promenez-vous dans un véhicule similaire?
      b.   Où se trouvent-ils?
      c.   S'ennuient-ils?
      d.   Qui conduit le véhicule?
   2. Regardez la photo à la page 359.
      a.   Pourquoi les gens se disputent-ils?
      b.   Est-ce qu'ils s'entendent bien?
      c.   S'aperçoivent-ils de la présence des spectateurs?
      d.   Se parlent-ils? (Si oui, qu'est-ce qu'ils se disent?)
      e.   Vous habillez-vous comme ça quand vous vous disputez?

Exercices écrits

A.   Répondez par écrit aux exercices oraux C et D.

B.   Répondez par écrit aux questions de l'exercice oral E.

C.   Mettez les phrases suivantes à la forme pronominale pour
     exprimer le sens passif: (§6)
     Exemple: *On parle italien en Italie.*
                L'italien se parle en Italie.
   1. On vend le *New York Times* à Paris.
   2. On trouve ces gens partout.
   3. On ne lit pas facilement l'écriture des Français.
   4. On comprend difficilement ce film.
   5. On voit ces voitures sur le campus.

D.   Répondez à ces questions: (§2, 4, 5, 6)
   1. À quelle heure vous réveillez-vous?
   2. Vous endormez-vous en classe quelquefois?
   3. Est-ce que vous vous entendez bien avec votre professeur?
   4. Vous trompez-vous quelquefois?
   5. Où aimez-vous vous promener?
   6. À quelle heure venez-vous à l'université?
   7. Est-ce que les Américains se serrent souvent la main?
   8. Comment vous portez-vous aujourd'hui?
   9. Pour écrire une composition, de quoi vous servez-vous?
   10. Est-ce que le français se parle en Haïti?

E. Écrivez les phrases suivantes et donnez un synonyme pour les expressions soulignées: (Récapitulation des verbes pronominaux):

Exemple: *Nous nous apercevons de nos erreurs.*
   Nous nous rendons compte de nos erreurs.

1. Il est question d'une histoire de science fiction.
2. Je ne me rappelle pas ce que le professeur a dit.
3. Pourquoi te mets-tu en colère?
4. Tous les matins, je me dépêche un peu.
5. Il ne part pas avec eux.

Pour les phrases suivantes, donnez le contraire des expressions soulignées:

6. Je m'endors à minuit.
7. Les enfants se couchent de bonne heure.
8. On s'ennuie à Las Vegas.
9. Vous oubliez tout.
10. Il ne faut pas s'habiller devant la fenêtre.

Lecture

La Découverte du feu

Nous sommes en pleine préhistoire. C'est une époque intéressante mais un peu mystérieuse et obscure pour tout le monde. Pourtant, les gens qui vivent à cette époque ont certainement des sensations et des émotions, et ils ont probablement des rapports avec les autres membres de leur famille ou de leur tribu.

La vie quotidienne de Cro Magnon, homme préhistorique, est très active, et *il ne s'ennuie* jamais. Tous les matins, *il se réveille* très tôt (ou plutôt, le soleil le réveille parce qu'il n'a pas de réveille-matin). *Il se prépare* vite pour une journée très chargée, parce qu'*il s'occupe de* beaucoup de choses. *Il se lève, il se lave* rapidement avec de l'eau mais sans savon. *Il ne se regarde pas* dans un miroir (les miroirs n'existent pas encore), et *il ne se peigne pas. Il ne se rase pas* non plus, parce que *ça ne se fait pas* dans la préhistoire et aussi parce que sa femme, Marie Magnon, née Derthal, adore sa barbe et sa moustache. *Il ne se parfume pas* et il n'a pas besoin de *s'habiller* parce que, quand *il se couche, il ne se déshabille* jamais!

Les Magnon ont une très grande famille, mais *ils ne se souviennent pas* des noms de tous leurs enfants. Le dimanche tous les Magnon *se promènent* dans la nature avec leur dinosaure domestique, «Fido». Quand ils sont fatigués, ils montent sur le dos de Fido, et *ils se reposent.* Comme Fido est très grand, ils sont bien plus haut que les arbres de la forêt vierge, et quand il fait beau la vue est magnifique.

Aujourd'hui, les Magnon ne vont pas *se promener.* Tout le monde reste à la caverne pour la visite du grand-père Néant Derthal, père de Madame Magnon. Il a promis d'amener l'ancêtre maternel de toute la famille, le vieil Australo Pithèque. Madame Magnon voudrait servir un bon dîner (froid naturellement, parce que le feu n'existe pas encore); mais Cro, qui a des prétentions d'artiste et d'inventeur *se met à* dessiner sur les murs de la caverne avec un morceau de bois.

—*Dépêche-toi,* Cro! *Va-t-en* vite! Est-ce que *tu te rends compte de* l'heure qu'il est? Mon père, Néant, sera là dans quelques minutes et nous n'avons rien à lui mettre dans la mâchoire! *Va-t-en* vite chercher des animaux très tendres. *Rappelle-toi* qu'il n'a plus de dents à son âge, le pauvre! Il nous faut aussi du lait pour notre ancêtre Australo, qui est retombé en enfance il y a bien longtemps!

Pendant qu'elle parle, Cro continue à dessiner des animaux. Il les colore avec de la terre et *il se félicite* du résultat. *Il se dit* aussi qu'il y a tant de choses à inventer: le feu, la roue, la fusion des métaux, une machine à mesurer le temps... *Il se demande* quand il aura le temps de *s'en occuper.* C'est un illuminé, un rêveur, un sentimental...!

—Cro! Je te dis de *t'en aller!* Quand vas-tu *t'arrêter de* dessiner ces graffiti grotesques, puérils et ridicules?

Alors Cro, insulté, sort de sa rêverie:

—Je veux marquer notre passage ici pour la postérité et montrer à nos futurs descendants que leur ancêtre Cro n'était pas si primitif qu'*ils s'imaginent*—qu'en fait c'était un très grand artiste!

À ce moment Marie *se met en colère.* Comme tout le monde dans la préhistoire, elle a tendance à *se fâcher* facilement et à devenir violente. *Elle s'aperçoit* qu'une grosse pierre *se trouve* à côté de son pied et elle la jette sur son mari.

Heureusement pour Cro (et pour la postérité) la pierre ne le touche pas et va *s'écraser* contre le mur de la caverne. Alors, une grande étincelle apparaît devant toute la famille et éclaire toute la caverne, qui est normalement très sombre. Tout le monde *s'arrête*

À DOUBLE TOUR, Claude Chabrol, 1959; sur la photo: Jeanne Valerie, Jean-Paul Belmondo, Jacques Dacqmine, Madeleine Robinson.

Ce joli portrait de famille reflète bien le drame bourgeois si courant dans le cinéma français. Un beau cadre, une jolie villa. La fille mécontente, le futur beau-fils mal élevé, la mère négligée par son mari. On se tourmente, on se déteste, on se réconcilie.

Ce jour-là les Magnon, Néant Derthal et leur ancêtre maternel Australo Pithèque ont savouré leur premier repas chaud, le premier de tous les temps.

de parler. Émerveillés par l'étincelle, les enfants *se mettent à* jeter des pierres contre le mur et sur les dessins du pauvre Cro pour essayer de provoquer le même phénomène. Tout le monde *s'amuse* beaucoup!

Les Magnon ont continué à *se disputer,* mais ce jour-là les Magnon, Néant Derthal et leur ancêtre maternel Australo Pithèque ont savouré leur premier repas chaud, le premier de tous les temps! … C'était une grande sensation! Après cet incident, Marie Magnon prétendait qu'elle avait créé le feu et Cro *se flattait* aussi d'en être l'inventeur. Ni la préhistoire ni l'histoire n'ont éclairci ce mystère.

Questions sur la lecture

1. Qui est Cro Magnon?
2. Que fait-il tous les matins?
3. Pourquoi ne se rase-t-il pas?
4. Qu'est-ce que les Magnon font le dimanche?
5. Pourquoi les Magnon ne vont-ils pas se promener aujourd'hui?
6. Qu'est-ce que Marie dit à Cro de faire?
7. Que fait Cro pendant que Marie parle?
8. Qu'est-ce qu'il y a à inventer?
9. Pourquoi Cro est-il insulté?

10. Quand Marie se met en colère, qu'est-ce qu'elle fait?
11. Qu'est-ce qui arrive quand la pierre s'écrase contre le mur? Quelle est la réaction de la famille?
12. À votre avis, qui a inventé le feu?

Discussion/Composition

1. Comment est-ce que votre vie quotidienne est différente de celle de Cro et de Marie? Est-elle aussi intéressante que la leur?
2. Imaginez la vie quotidienne d'une personne célèbre ou d'une personne imaginaire. Racontez une journée typique de cette vie et utilisez beaucoup de verbes pronominaux.

Vocabulaire actif

noms

barbe f.
conduite f.
conflit m.
écriture f.
émotion f.
fatigue f.
feu m.
inventeur m.
loyer m.
membre m.
mémoire f.
moustache f.
passage m.
postérité f.
poudre f.
rasoir m.
réveille-matin m.
rêverie f.
rêveur m.
roue f.
visite f.

adjectifs

arbitraire
chargé(-e)
concret / concrète
convenable
futur(-e)
insulté(-e)
maternel(-le)
obscur(-e)
primitif / primitive
puéril(-e)
sombre
tendre
violent(-e)

verbes

s'*amuser*
s'apercevoir (de)
s'arrêter
s'asseoir
se brosser
se coiffer

colorer
conduire
se conduire
confondre
se coucher
se demander
se dépêcher
se déshabiller
dessiner
se *disputer*
éclairer
s'écraser
s'en aller
s'endormir
s'ennuyer
s'entendre
se fâcher
se *fatiguer*
se féliciter
se fiancer
se *flatter*

s'habiller
s'*installer*
s'*intéresser* (à)
introduire
inventer
laver
se laver
se lever
se maquiller
se *marier*
mesurer
se mettre (à)
se mettre en
  colère
se mettre *en route*
se *moquer* (de)
s'*occuper* (de)
se passer

se peigner
plaire (à)
se porter
se prendre au
  sérieux
se presser
se promener
se rappeler
se raser
se *réconcilier*
se rendre compte
se *reposer*
résoudre
se réveiller
se serrer (la main)
se servir (de)
se souvenir (de)
se *suicider*

se taire
se tromper
se trouver

adverbes

haut
là
tôt
tout le temps

autres expressions

avoir tendance à
ce jour-là
faire le ménage
il s'agit de
retomber en
  enfance

Vocabulaire passif

noms

astrologie f.
casque m.
caverne f.
concierge m. ou f.
descendant m.
dinosaure m.
étincelle f.
fusion f.
graffiti m. pl.
kangourou m.
mâchoire f.
patriotisme m.
préhistoire f.
rebelle m.
rouge m.
science fiction f.
spectateur m.
tribu f.

adjectifs

idiomatique
nucléaire
préhistorique
rancunier/
  rancunière
réciproque
romain(-e)
surhumain(-e)
vénérable

verbes

se blondir (les
  cheveux)
se déranger
éclaircir
se *parfumer*
savourer

les enfants qui s'aiment

Jacques Prévert
1900-

Les enfants qui s'aiment s'embrassent debout
Contre les portes de la nuit
Et les passants qui passent les désignent du doigt
Mais les enfants qui s'aiment
Ne sont là pour personne
Et c'est seulement leur ombre
Qui tremble dans la nuit
Excitant la rage des passants
Leur rage leur mépris leurs rires et leur envie
Les enfants qui s'aiment ne sont là pour personne
Ils sont ailleurs bien plus loin que la nuit
Bien plus haut que le jour
Dans l'éblouissante clarté de leur premier amour.

Spectacle
© Éditions Gallimard

24 Vingt-quatrième Leçon

Le passé composé des verbes pronominaux

L'imparfait des verbes pronominaux

Le futur des verbes pronominaux

Verbe + verbe pronominal

Avant de ou *après* + verbe pronominal

Lecture: *La Belle Histoire de Tristan et Iseult*

Vie de la noblesse au Moyen Âge *(Les Très riches Heures du Duc de Berry)*

Présentation

Avez-vous lavé votre voiture, David?

Oui, j'ai lavé ma voiture. Je l'ai lavée.

Vous êtes-vous lavé ce matin?

Oui, **je me suis lavé.**

À quelle heure **vous êtes-vous levée,** Leslie?

Je me suis levée à huit heures.

Vous êtes-vous rasées ce matin, Barbara et Leslie?

Non, **nous ne nous sommes pas rasées,** mais **nous nous sommes lavées, nous nous sommes maquillées** et **nous nous sommes coiffées.**

Qu'est-ce que vous avez fait **avant de vous lever?**

Avant de nous lever, nous nous sommes réveillées.

Qu'est-ce que vous avez fait **après vous être levées?**

Après nous être levées, nous nous sommes lavées.

Qu'est-ce que vous avez fait **après vous être lavées, maquillées, coiffées, habillées?**

Après nous être lavées, maquillées, coiffées et habillées, nous avons pris notre petit déjeuner.

Qu'est-ce qu'on fait généralement **avant de se coucher,** Philippe?

Avant de se coucher, on se déshabille, on se lave et on met son pyjama.

Qu'est-ce que vous avez fait **avant de vous coucher** et **après vous être couché** hier soir?

Hier soir, **avant de me coucher, je me suis déshabillé** et **lavé** et **après m'être couché,** j'ai lu un peu et **je me suis endormi.**

Est-ce que **je me suis** souvent **trompé?**

Non, **vous ne vous êtes pas** souvent **trompé,** mais les étudiants **se sont** souvent **trompés.**

Vous êtes-vous bien conduits avec moi?

Oui, **nous nous sommes bien conduits** avec vous.

Vous êtes-vous lavé les cheveux ce matin, Nathalie?

Oui, **je me suis lavé** les cheveux. **Je me les suis lavés** et **après m'être lavé** les cheveux **je me suis coiffée.**

LA COURSE DU LIÈVRE À TRAVERS LES CHAMPS, René Clément, 1972; sur la photo: Lea Massari et Jean-Louis Trintignant.

Cette femme a-t-elle l'air d'une épouse de ganster? Jean-Louis Trintignant a-t-il l'air d'un homme qui commet des hold-ups? Trintignant joue souvent, comme Humphrey Bogart le faisait, des rôles de gangsters ou de commissaires de police.

Vous êtes-vous lavé ce matin?

Vous êtes-vous lavé les mains ce matin, Cliff?

Oui, **je me suis lavé** les mains, **je me les suis lavées**, et puis **je me suis lavé** la figure aussi; **je me la suis lavée.**

Est-ce que Nathalie **s'est lavé** les mains?

Oui, **elle s'est lavé** les mains, **elle se les est lavées.**

Pouvez-vous **vous lever** de bonne heure?

Oui, moi, je peux **me lever,** mais mon amie, elle, déteste **se lever** avant dix heures.

Avez-vous fini par **vous habituer à** parler français?

Oui, nous avons fini par **nous y habituer,** mais c'est encore difficile.

Explications

1 Le passé composé des verbes pronominaux:

A. Le passé composé de tous les verbes pronominaux est avec l'auxiliaire **être**:

laver		se laver	
présent	*passé composé*	*présent*	*passé composé*
je lave	j'ai lavé	je me lave	**je me suis lavé(-e)**
tu laves	tu as lavé	tu te laves	**tu t'es lavé(-e)**
il lave	il a lavé	il se lave	**il s'est lavé**
elle lave	elle a lavé	elle se lave	**elle s'est lavée**
nous lavons	nous avons lavé	nous nous lavons	**nous nous sommes lavé(-e)s**
vous lavez	vous avez lavé	vous vous lavez	**vous vous êtes lavé(-e) (-s)**
ils lavent	ils ont lavé	ils se lavent	**ils se sont lavés**
elles lavent	elles ont lavé	elles se lavent	**elles se sont lavées**

regarder		se regarder	
présent	*passé composé*	*présent*	*passé composé*
je regarde	j'ai regardé	je me regarde	**je me suis regardé(-e)**
tu regardes	tu as regardé	tu te regardes	**tu t'es regardé(-e)**
il regarde	il a regardé	il se regarde	**il s'est regardé**
elle regarde	elle a regardé	elle se regarde	**elle s'est regardée**
nous regardons	nous avons regardé	nous nous regardons	**nous nous sommes regardé(-e)s**
vous regardez	vous avez regardé	vous vous regardez	**vous vous êtes regardé(-e) (-s)**
ils regardent	ils ont regardé	ils se regardent	**ils se sont regardés**
elles regardent	elles ont regardé	elles se regardent	**elles se sont regardées**

B. L'accord du participe passé suit la règle des verbes avec l'auxiliaire **avoir**:

1. Le participe passé s'accorde avec le complément d'objet direct quand ce complément est placé devant le verbe. Quand le complément d'objet direct est placé après le verbe, le participe passé reste invariable. Le participe passé reste invariable aussi quand le complément n'est pas direct.

Exemples: J'ai mangé la pomme.
Je l'ai mang**ée**.
La pomme que j'ai mang**ée**...

J'ai parlé à Marie.
Je lui ai parl**é**.
De même avec les verbes pronominaux:

Exemples: Nous nous sommes lav**és**.
Elles se sont prépar**ées**.
Elles se sont écout**ées**.
mais
Elles se sont parl**é**.

Attention: Dans le dernier exemple, le participe passé reste invariable parce que **se** ne représente pas l'objet direct, mais l'*objet indirect* (on parle **à** quelqu'un).
Exemple: Ils se sont vus et ils se sont plu. (**Plu** est sans **-s** parce qu'on plaît **à** quelqu'un.)

2. Quelquefois, il y a *deux compléments d'objet.* Dans ce cas, on considère l'*objet non-réfléchi* comme le *seul complément d'objet direct* et l'*objet réfléchi* comme le *complément d'objet indirect.* On applique le règle de l'accord du participe passé des verbes avec l'auxiliaire **avoir**.

Exemples: Elle s'est lav**é les mains**.
Elle se **les** est lav**ées**.

Il s'est fractur**é la tête**.
Il se **l'**est **fracturée**.

Nous nous sommes bross**é les dents**.
Nous nous **les** sommes bross**ées**.

Je me suis maquill**é les yeux**.
Je me **les** suis maquill**és**.

2 L'imparfait des verbes pronominaux est régulier:

se laver	s'inquiéter	s'en faire[1]
je me lavais	je m'inquiétais	je m'en faisais
tu te lavais	tu t'inquiétais	tu t'en faisais
il se lavait	il s'inquiétait	il s'en faisait
nous nous lavions	nous nous inquiétions	nous nous en faisions
vous vous laviez	vous vous inquiétiez	vous vous en faisiez
ils se lavaient	ils s'inquiétaient	ils s'en faisaient

3 Le futur des verbes pronominaux est régulier aussi:

se laver	s'inquiéter	s'en faire
je me laverai	je m'inquiéterai	je m'en ferai
tu te laveras	tu t'inquiéteras	tu t'en feras
il se lavera	il s'inquiétera	il s'en fera
nous nous laverons	nous nous inquiéterons	nous nous en ferons
vous vous laverez	vous vous inquiéterez	vous vous en ferez
ils se laveront	ils s'inquiéteront	ils s'en feront

---

1. *S'en faire* = s'inquiéter.

4 Verbe + verbe pronominal: Quand un autre verbe précède un verbe pronominal, on utilise l'infinitif du verbe pronominal, *précédé du pronom qui correspond au sujet.*

Exemples: se lever: Nous venons de **nous lever**. (passé immédiat)

s'habituer: Vous commencez à **vous habituer** à votre nouvelle vie.

s'ennuyer: Les étudiants détestent **s'ennuyer** en classe.

se mettre à: Je vais **me mettre** à étudier. (futur immédiat)

se préparer: Nous finissons de **nous préparer**.

s'associer: Il m'a proposé de **m'associer** avec lui.

se mettre en: Tu as commencé à **te mettre** en colère.

se fâcher: J'ai fini par **me fâcher**.

se marier: Elle ira **se marier** à Paris.

5 **Avant de** + verbe pronominal; **après** + verbe pronominal:

Comparez: **Avant de dîner**, nous prenons un apéritif.

Avant de nous habiller, nous nous lavons.

Prenez quelque chose **avant de partir**.

Prenez quelque chose **avant de vous en aller**.

Après être arrivés, ils ont repris leur travail.

Après s'être reposés, ils ont repris leur travail.

Après avoir fait une halte pour déjeuner, nous avons continué notre promenade.

Après nous être arrêtés pour déjeuner, nous avons continué notre promenade.

Remarquez: La règle **avant de** + infinitif et **après** + infinitif passé est respectée, mais on conserve le pronom objet correspondant.

Exercices oraux

A. Mettez ces phrases au passé composé: (§1)
Exemple: *Je me lave.*
Je me suis lavé(-e).

1. Je me réveille.
2. Elle s'habille.
3. Nous nous installons.
4. Elles s'endorment.
5. Vous vous promenez.
6. Tu te dépêches.
7. Il ne s'amuse pas.
8. Nous nous reposons.
9. Je ne me marie pas.
10. Tu t'en souviens.
11. Elle s'inquiète.
12. Elle s'assied.
13. Ils se fiancent.

B. Demandez à un autre étudiant ou à une autre étudiante:
    (§1, 4)
    Exemple: *s'il s'est lavé ce matin.*
               T'es-tu lavé ce matin?

 1. à quelle heure il (elle) s'est levé(-e) ce matin.
 2. s'il (si elle) aime se baigner[2] en été.
 3. s'il (si elle) s'est pressé(-e) ce matin.
 4. quand il (elle) s'est assis(-e) à sa place.
 5. s'il (si elle) s'est amusé(-e) hier soir.
 6. s'il (si elle) aime se promener à cheval.
 7. s'il (si elle) s'est couché(-e) de bonne heure hier soir.
 8. s'il (si elle) s'est fiancé(-e) récemment.
 9. s'il (si elle) s'est habitué(-e) à parler français.
10. à quelle heure il (elle) s'en est allé(-e) de la maison ce matin.

C. Mettez ces verbes pronominaux au futur: (§3)
    Exemple: *Elle se maquille.*
               Elle se maquillera.

 1. Elle se coiffe.
 2. Vous vous parlez.
 3. Nous ne nous ennuyons pas.
 4. Tu ne t'en vas pas.
 5. Je m'inquiète.
 6. Il ne se met pas en route.

D. Mettez ces phrases à l'imparfait: (§2)
    Exemple: *Ça se voit.*
               Ça se voyait.

 1. Ça ne se fait pas.   5. Ils ne se parlent pas.
 2. Nous nous en souvenons.   6. Je m'en sers.
 3. Je m'amuse.   7. Il s'agit de Dick et Jane.
 4. Elle se blondit les cheveux.

E. Mettez ces phrases au futur immédiat (**aller** au présent +
    infinitif) et puis, au passé immédiat (**venir de** au présent
    + infinitif): (§4)
    Exemple: *Nous nous reposons.*
               Nous allons nous reposer.
               Nous venons de nous reposer.

 1. Nous nous fatiguons.   4. Je me mets à travailler.
 2. Vous vous arrêtez là-bas.   5. Tu te promènes à cheval.
 3. Ils se rasent très vite.   6. Elle se moque de toi.

---

2. *Se baigner* = faire de la natation, nager.

7. Ils se disputent.
8. Vous vous installez.
9. Ils se fâchent.
10. Je m'en vais.
11. Tu te trompes.

12. Ils se comprennent.
13. Nous nous réconcilions.
14. Vous vous habillez.
15. Je me mets en colère.

F. Regardez la photo à la page 379 et répondez aux questions suivantes:

1. Pourquoi est-ce que la femme s'est mise à faire ça?
2. L'homme s'amuse-t-il?
3. Va-t-il se fâcher?
4. Peut-il se lever?

Exercices écrits

A. Répondez par écrit aux exercices oraux, A, C, D et E.

B. Répondez par écrit aux questions de l'exercice oral B.

C. Dans les phrases suivantes, remplacez les expressions soulignées par les pronoms convenables; attention à l'accord possible au passé composé: (§1)

1. Elle s'est lavé les cheveux.
2. Je ne me suis pas brossé les dents.
3. Il s'est rasé la barbe.
4. Nous nous sommes rappelé ce poème.
5. Nous ne nous sommes pas souvenus de ce poème.
6. Je me suis rappelé son adresse.
7. Je me suis souvenu de son adresse.
8. Nous nous sommes amusés au cinéma.
9. Tu t'es occupé de tes études.
10. Il s'est servi de mon auto.

D. Répondez à ces questions: (§1, 5)

1. Que faites-vous après vous être installé en classe?
2. Que faites-vous avant de vous asseoir dans un cinéma?
3. Que faites-vous pour vous amuser le week-end?
4. Avec quels gens ne vous entendez-vous pas bien?
5. Où aimez-vous vous promener?
6. Quand vous ennuyez-vous?

E. Dites ce que vous avez fait ce matin, avant d'arriver en
    classe (employez **avant de** + infinitif): (§5)
    Exemple: *Avant d'arriver en classe, je me suis mis en route.*
              Avant de me mettre en route, je me suis préparé.
              Avant de me préparer, je me suis lavé. Avant de...

F. Dites ce que vous avez fait ce matin après vous être réveillé
    (employez **après** + infinitif passé): (§5)
    Exemple: *Après m'être réveillé, je me suis levé. Après*
              m'être levé, je me...

G. Mettez les verbes entre parenthèses au passé composé ou
    à l'imparfait:

    Eliza Doolittle (vend) des fleurs à Londres. Elle (n'est) ni
    riche ni chic. Le professeur Higgins, expert en phonétique, la
    (voit) un jour et (l'invite) chez lui pour lui apprendre à
    s'exprimer comme une dame bien-élevée. Eliza (vient) chez
    le professeur. Chaque jour elle (se lève) et tout de suite elle
    (se met) à travailler. Après plusieurs mois le professeur
    Higgins (invente) un test pour mesurer son succès: Eliza
    (s'habille) et (se coiffe) élégamment, et ils (vont) ensemble à
    un bal où (se trouvent) beaucoup d'aristocrates. Le
    professeur la (présente) et (dit) que (c'est) une duchesse.
    Personne ne (se rend compte) de la véritable origine d'Eliza,
    et le professeur (se félicite). Eliza (se fâche) à cause de
    l'égoïsme du professeur. Elle (s'en va) pour se marier
    avec un garçon qui (l'aime). Quand le professeur (s'aperçoit)
    de l'absence d'Eliza, il (se dit): «Je (m'habitue) à son
    visage.» Pourtant, Eliza (décide) bientôt de ne pas se marier
    avec le garçon, parce que le professeur lui (manque). Alors
    elle (revient) chez lui.

Lecture

La Belle Histoire de Tristan et Iseult

Vous connaissez certainement les histoires d'amour les plus célèbres:
Daphnis et Chloë, Antoine et Cléopâtre, Roméo et Juliette, et vous
avez été probablement, vous-même, le protagoniste d'une histoire
d'amour aussi romantique, mais moins fameuse. Pourtant, il existe
un roman d'amour dont les circonstances romanesques et miracu-

leuses surpassent celles de tous les autres, c'est *Le Roman de Tristan et Iseult.* Il faut *se souvenir* que ce roman *se situe* au milieu du douzième siècle, au commencement de l'époque de la littérature courtoise, c'est-à-dire celle du roi Arthur et des chevaliers de la Table ronde. À cette époque, les nobles dames de France, dont les maris *s'en étaient allés* aux croisades, *s'ennuyaient* dans leurs châteaux. Il leur fallait une diversion. Quelquefois, des troupes de trouvères ou de troubadours[3] passaient par là et *s'installaient* dans les châteaux pour quelque temps. C'étaient de très beaux jeunes gens et jeunes filles aux cheveux longs, acrobates, musiciens et poètes qui jouaient du luth, de la flûte à bec, de la cornemuse et bien d'autres instruments qui *ne se font* plus aujourd'hui. Pendant les soirées d'hiver, tout le monde *s'installait* dans la grande salle du château, on racontait de longues histoires romanesques et *on s'accompagnait* en musique.

Or, Tristan était un jeune homme très vaillant et courageux dont l'oncle, Marc, était roi de Cornouaille. Tristan aimait beaucoup son oncle pour lequel il avait une véritable dévotion. Pourtant, les circonstances allaient rendre difficiles les rapports entre l'oncle et le neveu.

Deux hirondelles ont apporté un cheveu blond et on a demandé à Tristan d'aller chercher la jeune fille à qui appartenait ce cheveu pour la donner en mariage à son oncle. En effet, Tristan connaissait la jeune fille. *Elle s'appelait* Iseult et habitait en Irlande. Mais quand il est arrivé chez elle, tout le pays avait peur d'un dragon qui dévorait toutes les jeunes filles. Après avoir tué le dragon, Tristan a demandé la main de la jeune fille pour son oncle. Iseult trouvait Tristan très séduisant, mais à cette époque, les jeunes filles obéissaient à leurs parents pour les questions de mariage. Les deux jeunes gens *se préparaient* à partir pour la Cornouaille lorsque la mère d'Iseult a mis dans le bateau un flacon dans lequel il y avait une potion magique pour sa fille et son futur mari.

Les deux jeunes gens *se sont mis en route.* Pendant le voyage, ils avaient soif et ils ont bu, par erreur, la potion magique. Alors, Tristan est tombé amoureux d'Iseult et Iseult *s'est sentie* transportée par un amour sans limite vers Tristan. Les jeunes gens *se sont aperçus* qu'*ils s'étaient trompés* de flacon et que désormais *ils s'aimaient* pour toujours, dans la vie et dans la mort.

Arrivés en Cornouaille, ils ont essayé de *se séparer* et Iseult et Marc *se sont mariés.* Iseult est devenue reine, mais la passion des deux jeunes gens était plus forte que tout et ils ont continué à *se voir*

---

3. *Troubadour* est un terme originaire du sud de la France. Dans le nord, on les appelait les «trouvères».

Malgré son affection et son respect pour son mari, elle ne pensait qu'à Tristan.

LE PETIT POUCET, Michel Boisrond, 1972; sur la photo: Jean-Luc Bideau et Marie Laforêt.
    Cela pourrait être Tristan et Iseult. C'est une autre légende, un autre conte de fées, d'après le conte de Charles Perrault. Il était une fois . . . Tom Pouce, un petit garçon pas plus haut que le pouce (pouce = le plus gros doigt de la main), le plus jeune des sept fils d'un pauvre bûcheron. Il était une fois . . . un beau château très riche où vivaient un roi très grand (Jean-Luc Bideau sur la photo), une reine très belle (Marie Laforêt) et la plus jolie petite princesse du monde, Rosemonde. Il était une fois un méchant ogre très gros, très fort et qui mange tous les petits enfants. Heureusement, l'histoire se termine bien, comme tous les contes de fées, et Tom Pouce et la petite princesse se marieront, seront heureux et ils auront beaucoup d'enfants.

en secret. Quand le roi *s'est aperçu* de leur liaison, il les a condamnés à être brûlés vifs.

Mais Tristan et Iseult *se sont sauvés* et *se sont réfugiés* dans la forêt. Là, ils avaient une existence très dure: ils n'avaient pas de maison, ils mangeaient les animaux que Tristan chassait et quelques racines, mais *ils s'aimaient* et c'était l'essentiel. Un jour, le roi Marc, qui chassait par là, les a surpris endormis, l'un à côté de l'autre et alors, *il s'est rendu compte de* leur amour et *de* leur souffrance. Tristan, plein de remords, *s'est inquiété* quand *il s'est aperçu* que le roi les avait vus et leur avait pardonné. Alors il a rendu Iseult à son oncle et *s'en est allé* en exil.

Le roi Marc, qui avait pardonné, *ne s'est pas fâché* avec Iseult; pourtant celle-ci, malgré son affection et son respect pour son mari, ne pensait qu'à Tristan, dont elle n'avait aucune nouvelle. *Elle s'inquiétait* beaucoup. De con côté, Tristan, pour oublier Iseult la Blonde, *s'était marié* avec une autre Iseult, Iseult la Brune, mais il ne pouvait pas oublier Iseult la Blonde.

Un jour, il est blessé par une arme empoisonnée et il ne veut pas mourir sans revoir Iseult.[4] Il envoie son beau-frère chercher la reine. S'il la ramène, la voile du bateau sera blanche; sinon, elle sera noire. Iseult accepte sans hésitation. Tristan attend; il va mourir. En mer, une tempête empêche le bateau d'aborder. Tristan, qui se meurt,[5] demande à Iseult la Brune si la voile est blanche. En effet, elle est blanche, mais, perfide et jalouse, elle lui répond qu'elle est noire et Tristan meurt sans revoir Iseult. Quand celle-ci arrive devant le corps de son bien-aimé, *elle se rend compte* qu'elle ne pourra plus vivre sans lui car la potion les a réunis pour la vie et pour la mort. Alors, *elle s'allonge* à côté de Tristan et elle meurt.

On les enterre, l'un à côté de l'autre, et alors, ô merveille! un rosier sauvage sort du tombeau de Tristan et va *se mettre à* fleurir sur le tombeau d'Iseult.

> *Belle amie, ainsi est de nous,*
> *Ni vous sans moi, ni moi sans vous.*

Questions sur la lecture

1. À quelle époque se situe l'histoire de Tristan et Iseult?
2. Que faisaient les troubadours et les trouvères?
3. Pourquoi Tristan est-il allé en Irlande?
4. Pourquoi Tristan et Iseult se sont-ils aimés?
5. Avec qui Iseult était-elle obligée de se marier?
6. Qu'est-ce que Marc a fait quand il a vu qu'Iseult aimait Tristan?
7. Où Tristan et Iseult se sont-ils réfugiés? Comment était leur vie?
8. Pourquoi Marc a-t-il pardonné aux deux amants?
9. Pourquoi Tristan s'est-il marié avec Iseult la Brune?
10. Pourquoi Tristan est-il mort sans revoir Iseult la Blonde?
11. Pourquoi Iseult est-elle morte, à son tour?

---

4. Remarquez que cet emploi de présent, qu'on appelle le «présent historique», donne une force particulière à la narration du passé.
5. *Se mourir* (verbe littéraire) = être sur le point de mourir.

Discussion/Composition

1. Toutes les histoires d'amour ont un côté miraculeux, sinon féerique: coïncidences, hasard ou prédestination. Quelquefois deux êtres les plus éloignés se trouvent et s'aiment.
   Racontez une histoire réelle ou fictive où ces événements se sont passés.
2. Racontez l'histoire d'un couple célèbre ou d'un couple que vous connaissez (peut-être vos parents). Où et comment se sont-ils rencontrés, pourquoi se sont-ils aimés? S'entendaient-ils bien? Se sont-ils disputés par la suite? Ont-ils divorcé ou sont-ils encore ensemble?
3. Racontez une de vos nombreuses histoires d'amour.
   Exemple: C'était le coup de foudre («love at first sight»). Nous nous sommes plu, nous nous sommes revus, nous nous sommes aimés tout de suite...

Vocabulaire actif

noms	adjectifs	verbes	adverbes
affection f.	bien-élevé(-e)	s'allonger	ainsi
arme f.	brûlé(-e)	appartenir	désormais
bal m.	courtois(-e)	se baigner	récemment
bateau m.	dur(-e)	chasser	vif
circonstance f.	éloigné(-e)	condamner	
contraire m.	empoisonné(-e)	*divorcer*	**préposition**
coup de foudre m.	endormi(-e)	s'en faire	sinon
expert m.	*jaloux / jalouse*	s'exprimer	
figure f.	*réel(-le)*	se féliciter	**conjonction**
hasard m.		s'habituer (à)	car
Londres		*inventer*	
merveille f.		*mesurer*	**autres expressions**
passion f.		*pardonner*	or
racine f.		ramener	par erreur
respect m.		rencontrer	par la suite
souffrance f.		réunir	tout de suite
synonyme m.		se sauver	
troupe f.			

Vocabulaire passif

noms

acrobate m. ou f.
aristocrate m. ou f.
bien-aimé m.
chevalier m.
cornemuse f.
Cornouaille f.
croisade f.
dévotion f.
diversion f.
dragon m.
duchesse f.

égoïsme m.
flacon m.
flûte à bec f.
halte f.
hirondelle f.
luth m.
phonétique f.
prédestination f.
protagoniste m.
   ou f.
remords m.

rosier m.
troubadour m.
trouvère m.
voile f.

adjectifs

fictif / fictive
romanesque
transporté(-e)
vaillant(-e)

verbes

aborder
s'associer
dévorer
enterrer
fleurir
fracturer
se réfugier
se situer
surpasser

adverbe

élégamment

25 Vingt-cinquième Leçon

Le conditionnel:
    formation du présent et du passé
    usage

Lecture: *Une Heureuse Coïncidence*

David va dans une agence de voyages.

Présentation

Voudriez-vous faire un voyage en Europe?

Oui, **je voudrais** bien faire un voyage en Europe.

Où **iriez-vous?**

J'irais en Angleterre, en France, en Italie, en Grèce.

Que **feriez-vous** dans ces pays?

En Angleterre, je **visiterais** le British Museum et Westminster, mais c'est en France que **je voudrais** rester le plus longtemps. **Je parlerais** avec les gens, **je visiterais** Paris et quelques villes de Province, **je m'amuserais** sur la Côte d'Azur.

Aimeriez-vous y aller seul ou avec des amis? Si vous vouliez, **j'irais** avec vous.

Non, merci. **On dirait** peut-être que je suis antisocial, mais je pense que **je préférerais** y aller seul. Si on est accompagné, on a moins d'occasions de parler avec les gens du pays qu'on visite.

Resteriez-vous en France si vous pouviez?

Oui, si je pouvais, **je resterais** en France. **Je m'installerais** dans un appartement, si j'avais la chance d'en trouver un; naturellement, **il me faudrait** de l'argent. **Je suivrais** quelques cours et surtout **j'essayerais** de vivre comme les Français pendant mon séjour en France.

Si vous aviez le choix, **préféreriez-vous** prendre vos vacances au printemps ou en été?

Si nous avions le choix, **nous préférerions** prendre nos vacances au printemps parce qu'il ne fait pas trop chaud et parce qu'il y a moins de touristes.

Si vous viviez en France, est-ce que **vous vous entendriez** bien avec les Français?

Certainement. Si je me conduisais bien avec eux, **ils se conduiraient** bien avec moi et **il n'y aurait pas** de problème. **Je les respecterais** et ils me **respecteraient. Ce serait** une situation idéale.

Si vous aviez trouvé un autre professeur devant la classe, qu'**auriez-vous pensé?**

J'aurais pensé que **vous aviez eu** un accident ou que **vous étiez tombé** malade.

Si les Russes **étaient allés** sur la lune avant les Américains, **auriez-vous été** aussi satisfait?

Si les Russes y **étaient allés** avant les Américains, **je n'aurais pas été** aussi content, mais **j'aurais été** heureux de voir un être humain pénétrer le secret d'une planète.

Si vos parents **avaient été** plus sévères avec vous, **auriez-vous été** différent?

Je ne sais pas. **J'aurais** peut-être **été** différent, **j'aurais** peut-être **été** le même.

Si vous aviez pu choisir vos parents, **auriez-vous choisi** les mêmes parents?

C'est une question un peu ridicule, mais je crois que **j'aurais choisi** les mêmes parents, parce que **j'aurais eu** peur de tomber plus mal.

Si vous aviez su qu'il y **aurait** un examen, **seriez-vous venu** en classe?

Non! **Si j'avais su, je ne serais pas venu! Je serais resté** à la maison.

Si on vous **avait dit** que **vous aviez gagné** trois millions de dollars à la loterie, l'**auriez-vous cru?**

Oui, **je l'aurais cru!** Je crois toujours les choses agréables.

Explications

1 *Le conditionnel est un mode.*[1] Il y a deux temps conditionnels: le *conditionnel présent* et le *conditionnel passé.*

A. Pour former le *conditionnel présent,* on prend le radical du futur, mais on remplace les terminaisons du futur par les terminaisons de l'imparfait: **-ais, -ais, -ait, -ions, -iez, -aient.**

Exemples: *futur*   *conditionnel*

parler

je parler**ai**	**je** parler**ais**
tu parler**as**	**tu** parler**ais**
il parler**a**	**il** parler**ait**
nous parler**ons**	**nous** parler**ions**
vous parler**ez**	**vous** parler**iez**
ils parler**ont**	**ils** parler**aient**

finir

je finir**ai**	**je** finir**ais**
tu finir**as**	**tu** finir**ais**
il finir**a**	**il** finir**ait**
nous finir**ons**	**nous** finir**ions**
vous finir**ez**	**vous** finir**iez**
ils finir**ont**	**ils** finir**aient**

rendre

je rendr**ai**	**je** rendr**ais**
tu rendr**as**	**tu** rendr**ais**
il rendr**a**	**il** rendr**ait**
nous rendr**ons**	**nous** rendr**ions**
vous rendr**ez**	**vous** rendr**iez**
ils rendr**ont**	**ils** rendr**aient**

s'installer

je m'installer**ai**	**je** m'installer**ais**
tu t'installer**as**	**tu** t'installer**ais**
il s'installer**a**	**il** s'installer**ait**
nous nous installer**ons**	**nous** nous installer**ions**
vous vous installer**ez**	**vous** vous installer**iez**
ils s'installer**ont**	**ils** s'installer**aient**

---

1. Le mode que vous avez le plus employé jusqu'ici est l'indicatif (présent, passé composé, futur, imparfait, plus-que-parfait, futur antérieur). L'impératif est aussi un mode, mais qui n'a qu'un seul temps—le présent.

B. Naturellement, les verbes qui ont un *radical irrégulier* au futur ont la même irrégularité au conditionnel. *Les terminaisons sont toujours régulières.*

Exemples:

futur	*conditionnel*

avoir
j'aurai	j'aurais
tu auras	tu aurais
il aura	il aurait
nous aurons	nous aurions
vous aurez	vous auriez
ils auront	ils auraient

être
je serai	je serais
tu seras	tu serais
il sera	il serait
nous serons	nous serions
vous serez	vous seriez
ils seront	ils seraient

aller
j'irai	j'irais
tu iras	tu irais
il ira	il irait
nous irons	nous irions
vous irez	vous iriez
ils iront	ils iraient

venir
je viendrai	je viendrais

faire
je ferai	je ferais

voir
je verrai	je verrais

savoir
je saurai	je saurais

vouloir
je voudrai	je voudrais

pouvoir
je pourrai	je pourrais

C. Pour former le *conditionnel passé,* on met l'*auxiliaire au conditionnel présent* et on ajoute le *participe passé.*

parler	arriver
j'aurais parlé	je serais arrivé(-e)
tu aurais parlé	tu serais arrivé(-e)
il aurait parlé	il serait arrivé
elle aurait parlé	elle serait arrivée
nous aurions parlé	nous serions arrivé(-e)s
vous auriez parlé	vous seriez arrivé(-e) (-s)
ils auraient parlé	ils seraient arrivés
elles auraient parlé	elles seraient arrivées

finir	partir
j'aurais fini	je serais parti(-e)
tu aurais fini	tu serais parti(-e)
il aurait fini	il serait parti
elle aurait fini	elle serait partie
nous aurions fini	nous serions parti(-e)s
vous auriez fini	vous seriez parti(-e) (-s)
ils auraient fini	ils seraient partis
elles auraient fini	elles seraient parties

rendre	s'installer
j'aurais rendu	je me serais installé(-e)
tu aurais rendu	tu te serais installé(-e)
il aurait rendu	il se serait installé
elle aurait rendu	elle se serait installée
nous aurions rendu	nous nous serions installé(-e)s
vous auriez rendu	vous vous seriez installé(-e) (-s)
ils auraient rendu	ils se seraient installés
elles auraient rendu	elles se seraient installées

D. Voici le conditionnel de certaines expressions impersonnelles:

présent	*futur*	*conditionnel*
c'est	ce sera	**ce serait**
il y a	il y aura	**il y aurait**
il faut	il faudra	**il faudrait**
il fait (beau, mauvais)	il fera	**il ferait**
il s'agit	il s'agira	**il s'agirait**
il paraît	il paraîtra	**il paraîtrait**

2 Usage du mode conditionnel:

A. On utilise le mode conditionnel quand l'action exprimée par le verbe dépend d'une condition ou d'une supposition hypothétiques. Cette condition ou cette supposition est introduite généralement par:

> **si** + imparfait
> *ou*
> **si** + plus-que-parfait

> Exemples: **Si vous veniez** avec nous,...   **Si tu voulais,**...
> **Si vous étiez venu** avec nous,...   **Si tu avais voulu,**...

B. Quand la condition ou la supposition hypothétiques sont introduites par un verbe à l'*imparfait,* l'autre verbe est au *conditionnel présent.*

> Exemples: Si **vous veniez** avec nous, **nous serions** très contents.
> Si **tu voulais** vraiment étudier, **tu apprendrais** facilement.

Remarquez que le résultat de la situation hypothétique est encore une possibilité future. On emploie l'imparfait après **si** pour exprimer l'hypothèse et le conditionnel pour en exprimer le résultat.

C. Quand la condition ou la supposition hypothétiques sont introduites par un verbe au *plus-que-parfait,* l'autre verbe est au *conditionnel passé.*

> Exemples: Si **vous étiez venu** avec nous, **nous aurions été** très contents.
> Si **tu avais voulu** étudier, **tu m'aurais fait** plaisir.

Remarquez que le résultat de la situation hypothétique est seulement une possibilité du passé. On emploie le plus-que-parfait pour exprimer l'hypothèse du passé et le conditionnel passé pour en exprimer le résultat.

D. Vous savez que quand la condition ou la supposition hypothétiques sont introduites par un verbe au *présent,* l'autre verbe est au *futur.*

> Exemples: Si **vous voulez** le savoir, **je** vous le **dirai.**
> Si **elles viennent** la semaine prochaine, **nous serons** contents.

Remarquez que la situation hypothétique, exprimée au présent, est déjà presque réelle et que le résultat, exprimé au futur, est une probabilité immédiate.

> Résumé:
> | |
> |---|
> | **si** + *présent,* l'autre verbe est au *futur* |
> | **si** + *imparfait,* l'autre verbe est au *conditionnel présent* |
> | **si** + *plus-que-parfait,* l'autre verbe est au *conditionnel passé* |

Remarquez qu'il n'y a ni futur, ni conditionnel après **si** hypothétique.

E. La condition ou la supposition peuvent être placées avant ou après l'autre verbe.

> Exemples: **Nous serons** contents **si vous venez.**
> **Si tu voulais** étudier, **tu** me **ferais** plaisir.
> **Nous aurions été** contents **si vous étiez venu.**
> **Si tu avais voulu** étudier, **tu m'aurais fait** plaisir.

F. Quand **si** n'introduit pas une condition ou une supposition hypothétiques (c'est-à-dire quand **si** a le sens de «whether») on peut utiliser le futur, le conditionnel ou les autres temps quand ils sont nécessaires, particulièrement avec les verbes qui posent une question indirecte **(savoir, demander, se demander):**

Exemples: Il me demande **si je viendrai** demain.
Il m'a demandé **si je viendrais.**
Il m'a demandé **si je j'étais allé** voir ce film.
Antoinette voulait savoir **si Louis dirait** la vérité.
Je me suis demandé **si vous reconnaîtriez** notre maison.

G. On utilise aussi le conditionnel pour être plus poli ou plus gentil.

Exemples: **Je voudrais** un peu de sucre, s'il vous plaît.
Voudriez-vous me passer le sel?
Pourriez-vous venir me voir?
Auriez-vous la bonté de m'accompagner?
Seriez-vous assez aimable pour m'expliquer la règle?

H. L'expression **on dirait (on aurait dit):** C'est une expression très utile pour exprimer une comparaison, une probabilité, ou l'apparence d'une personne, d'un sentiment, d'une situation, d'un fait.

Exemples: Elle a l'air pâle, **on dirait** qu'elle est malade.
Elle avait l'air pâle, **on aurait dit** qu'elle était malade.
Ces animaux sont très intelligents, **on dirait** des êtres humains.
Votre grand-mère était très belle hier soir; **on aurait dit** une jeune femme.

Exercices oraux

A. Mettez les phrases suivantes au conditionnel présent: (§1)
Exemple: *Il parlera plus fort.   Il parlerait plus fort.*

1. Il parlera plus fort.
2. Vous obéirez aux règles.
3. Elles répondront à cette question.
4. Nous voudrons faire un voyage.
5. Ils s'entendront mieux.
6. Je voudrai partir maintenant.
7. Elle viendra chez vous plus tôt.
8. Vous pourrez entrer bientôt.
9. Nous nous en irons avec eux.
10. Il fera un grand effort.

B. Mettez ces phrases au conditonnel présent (Attention: les verbes sont maintenant au présent de l'indicatif.): (§1)
Exemple: *Il mange au restaurant.*
Il mangerait au restaurant.

1. Il mange au restaurant.
2. Tu t'entends bien avec ton professeur.
3. Je me sers de leurs disques.
4. Ils ont la bonté de nous aider.
5. Vous revenez avec elle.
6. Nous ne nous disputons plus.
7. Elle est enchantée d'aller avec moi.
8. Je vois mes amis.
9. Nous savons la bonne réponse.
10. On se met au travail maintenant.

C. Demandez à un autre étudiant ou à une autre étudiante: (§1, 2)
Exemple: *s'il (si elle) saurait répondre.*
Saurais-tu répondre?

1. s'il (si elle) saurait répondre.
2. s'il (si elle) pourrait étudier avec vous.
3. s'il (si elle) se réveillerait plus tôt si c'était nécessaire.
4. s'il (si elle) voudrait continuer à étudier ici.
5. s'il (si elle) irait en Grèce si c'était possible.
6. s'il (si elle) aurait la gentillesse de vous aider.
7. s'il (si elle) viendrait vous voir si vous étiez malade.
8. s'il (si elle) ferait de la natation en hiver.
9. s'il (si elle) aimerait voir ses amis en France.
10. s'il faudrait obéir aux autorités.

D. Continuez ces phrases: (§2)
Exemple: *Si j'avais su,...*
Si j'avais su, j'aurais étudié davantage.

1. Si j'avais su,...
2. Si elle m'avait aimé,...
3. Si nous avions étudié,...
4. Si on nous avait aidés,...
5. Elle serait restée avec ses parents si...
6. Il aurait été content si...
7. Nous serions allés avec vous si...
8. Si tu avais voulu,...
9. Ils seraient partis si...
10. J'aurais écrit une lettre si...

E. Ajoutez **on dirait...** ou **on aurait dit...** aux phrases suivantes
pour exprimer une comparaison: (§2)
Exemple: *Comme tu es obèse!*
Comme tu es obèse, on dirait un éléphant!

1. Mon chat est féroce.
2. Quel nez énorme!
3. Il chantait très bien.
4. Oh! Quel idiot!
5. Vous avez préparé une soupe extraordinaire.

F. Répondez aux questions suivantes:

1. Regardez la photo à la page 402.
    a. Qu'est-ce qui se passe?
    b. Si cet accident vous arrivait, que feriez-vous?
    c. Se vous aviez été à côté de ce monsieur, comment
        auriez-vous réagi?
    d. Ce monsieur prend-il de la crème dans son café?
2. Regardez la photo à la page 404.
    a. Qu'est-ce que cet homme voudrait?
    b. S'il n'avait pas de masque, auriez-vous peur de lui?
        Serait-il beau?
    c. Est-ce un étudiant qui aimerait faire partie d'une
        fraternité?
    d. Si c'était un étudiant qui voulait faire partie d'une
        fraternité, qu'est-ce qu'il aurait besoin de faire?

Exercices écrits

A. Répondez par écrit aux exercices oraux A, B, D et E.

B. Répondez par écrit aux questions de l'exercice oral C.

C. Répondez à ces questions par des phrases complètes: (§1, 2)
Exemple: *Quelles langues parleriez-vous si vous étiez belge?*
Si j'étais belge, je parlerais français et flamand.

1. Quelles langues parleriez-vous si vous étiez suisse?
2. Que feriez-vous si vous étiez président des États-Unis?
3. Où iriez-vous si vous aviez un hélicoptère?
4. Si on voyage en bateau, faut-il plus de temps que si on
   voyage en avion?

5. Si vous aviez été à Paris l'été dernier, quels monuments auriez-vous visités? (Notre-Dame, Versailles, l'Arc de Triomphe, etc.)
6. Iriez-vous au cinéma le soir avant un examen si on vous donnait deux billets?
7. Que feriez-vous si vous n'étiez pas étudiant?
8. Si vous étiez malade, iriez-vous à vos cours?
9. Si vous avez un cours à midi, mangez-vous avant ou après?
10. Que feriez-vous si le Père Noël vous donnait cent dollars?

D. Dans les phrases suivantes, mettez le présent à l'imparfait et faites les autres changements nécessaires: (§2)
Exemple: *Si j'ai le temps, j'irai au concert.*
            Si j'avais le temps, j'irais au concert.

1. S'il pleut, je resterai chez moi.
2. Elle achètera beaucoup de disques si elle va en France.
3. Je parlerai de vous si je rencontre votre professeur.
4. Si j'ai un chien je l'appelerai Fido.
5. Il sera triste s'il ne la voit pas.
6. S'ils insistent, nous obéirons.
7. Si nous faisons bien attention au conférencier, nous comprendrons sa conférence.
8. Il ira en Europe s'il a assez d'argent.
9. Si je sais la réponse, je répondrai à la question.
10. Si on ne dépense rien, on sera millionnaire.

E. Complétez ces phrases: (§2)
Exemple: *S'il y avait des habitants sur Mars,...*
            S'il y avait des habitants sur Mars, nous voudrions les connaître.

1. S'il pleut aujourd'hui,...
2. Si j'avais de l'argent,...
3. Je me serais endormi si...
4. Si j'avais été dans le jardin d'Éden,...
5. Si je pouvais recommencer ma vie,...
6. Nous aurions réussi à l'examen si...
7. Cet enfant serait gentil si...
8. Je rougirais si...
9. Si j'étais le président de notre université,...
10. Si j'étais le professeur de cette classe,...

Mais on ne sait jamais ce qui peut arriver en voyage. *(Les Malheurs d'Alfred)*

Lecture

Une Heureuse Coïncidence

David, qui travaille depuis deux ans pour se payer un voyage en Europe, va enfin à l'agence de voyages de l'université pour retenir sa place. C'est son premier voyage en dehors des États-Unis et il a toutes sortes de questions.

David: Bonjour, Monsieur. *Je voudrais* faire un voyage en Europe. *Si c'était* possible, *j'aimerais* trouver un avion «charter». Ils sont tellement meilleur marché.

L'agent: *Si vous vouliez partir* le 15 juillet et revenir le 30 août, *j'aurais* une place dans un «charter». C'est un avion qui passe par le pôle Nord et va directement à Londres sans escale.

David: *Ce serait* parfait pour moi, mais dites donc, *si je pars* le 15 juillet, *j'arriverai* trop tard à Paris pour célébrer le 14 juillet. *Auriez-vous* un autre avion avant le 15?

L'agent: *Si j'en avais eu* un, *je* vous l'*aurais proposé,* Monsieur. Je sais que les étudiants aiment bien partir dès le commencement des vacances. Il y a bien un «charter» qui part le 5, mais il est déjà complet.

David: Oh, tant pis! Je manquerai le 14 juillet. *J'aurais bien voulu* voir ça! *Si j'avais su, j'aurais réservé* ma place à l'avance, mais c'est la vie! C'est mon premier voyage en Europe. *Pourriez-vous* me donner quelques renseignements sur les régions à visiter, les prix, les choses à faire? *Je voudrais* passer la plupart de mon temps en France, mais *j'aimerais* aussi voir d'autres pays comme l'Angleterre, l'Espagne, l'Italie…

L'agent: *Si vous ne passez* qu'un mois et demi en Europe, *il faudra* choisir. Sinon, *vous risqueriez* de voyager sans arrêt et de ne rien voir. Vous avez décidé de voir la France; alors, *je vous conseillerais* d'y rester au moins un bon mois.[2] Il y a assez d'endroits à visiter et de choses à faire pour vous occuper.

David: *Je voudrais* bien y rester plus longtemps, *si j'avais* assez d'argent, mais le voyage est le fruit de mes économies de deux ans et j'ai tout juste assez pour un mois et demi.

L'agent: *Je* vous *conseillerais* aussi de prendre un «Eurailpass». C'est un billet de train qui vous *permettrait* de voyager autant qu'*il* vous *plairait* en France et dans d'autres pays pendant un mois, deux mois ou trois mois, mais comme vous ne restez qu'un mois et demi, le billet d'un mois vous *suffirait*.

David: Oui, *ce serait* parfait. Où puis-je le prendre?

L'agent: Ici, même.

David: Parfait, alors donnez-m'en un! Me conseillez-vous d'acheter des chèques de voyage?

L'agent: Sans aucun doute. On ne sait jamais ce qui peut arriver en voyage. *Si vous perdiez* votre argent, *ce serait* une catastrophe. Alors que, *si vous perdiez* vos chèques de voyage, *vous n'auriez* qu'à vous présenter au bureau de l'American Express à Paris, ou ailleurs, et *on* vous les *rembourserait* immédiatement.

David: À propos d'argent, que pensez-vous de ce livre, *Europe on Ten Dollars a Day?*

L'agent: Ça dépend de vous. Le livre est plein de bonnes suggestions. *Si vous* les *suivez* et *si* vos goûts *ne sont pas* extravagants, *vous pourrez* très bien vous débrouiller avec dix dollars par jour, c'est-à-dire cinquante francs environ.

David: *Si je pouvais, j'aimerais* dépenser plus, mais malheureusement je ne peux pas. Mais je pense que je m'amuserai bien tout de même. *Si c'était* possible, *j'aimerais* acheter une voiture en Europe. On dit qu'on peut aller très vite sur les autoroutes: *ce serait* idéal pour moi qui adore la vitesse. Y a-t-il beaucoup d'accidents?

L'agent: Pas beaucoup, mais quand il y en a, ils sont très graves… Mais excusez-moi un instant. Mademoiselle, vous désirez?

---

2. *Un bon mois* = tout un mois, un mois entier; une bonne semaine = toute une semaine, une semaine entière.

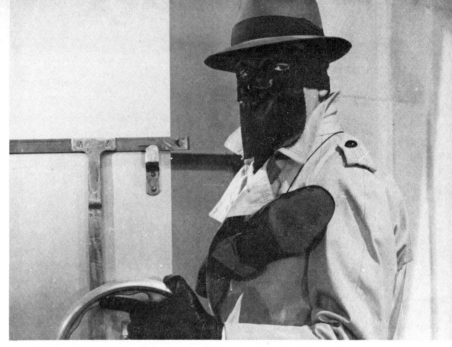

Si vous perdiez vos chèques de voyage, vous n'auriez qu'à vous présenter au bureau de l'American Express, et on vous les rembourserait immédiatement. *(Le Cercle rouge)*

(Une jeune femme vient d'entrer.)

La jeune femme: Oui. *Je voudrais* changer la date de ma réservation. J'avais réservé une place sur le «charter» du 5 juillet, mais une de mes très bonnes amies se marie le 8 et *je me demande s'il vous serait* possible de changer ma réservation pour plus tard. Il paraît qu'il y a un autre «charter» qui part le 15.

L'agent: En effet, j'ai encore quelques places pour le 15. Mais justement, ce monsieur *aurait voulu* partir avant...

La jeune femme: Oh! alors très bien, *nous pourrions* échanger nos billets.

David: Vous dites que votre amie se marie le 8? Est-ce que, par hasard, *il ne s'agirait pas* de Leslie Dobson qui se marie avec Paul Donavon?

La jeune femme: Mais oui! Les connaissez-vous?

David: Très bien. Leslie et moi étions dans la même classe de français et je connais très bien Paul!

La jeune femme: Ah! quelle coïncidence! Et vous allez en France... seul?

David: Oui, enfin[3] je pensais...

---

3. *Enfin*, terme d'hésitation = «well».

L'agent: Alors très bien. *Vous pourriez* prendre la place de mademoiselle?

David: À la réflexion... je pense que *j'aimerais* aussi assister au mariage de Paul et Leslie et puisqu'il y a d'autres places, je...

La jeune femme: Chic alors! *Nous pourrions* voyager ensemble.

L'agent *(souriant):* On *dirait* que ce voyage s'annonce très bien!...

Questions sur la lecture

1. Pourquoi David est-il allé à l'agence de voyages?
2. Pourquoi voulait-il un avion «charter»?
3. Pourquoi préférait-il ne pas retenir une place dans l'avion qui partait le 15 juillet?
4. Quand les étudiants aiment-ils partir? Et vous? Est-ce que vous partez normalement dès le commencement des vacances?
5. Si David avait su que l'avion du 5 juillet était complet, qu'est-ce qu'il aurait fait?
6. Pourquoi l'agent a-t-il suggéré à David de limiter son voyage à un seul pays? Êtes-vous d'accord avec lui?
7. Pourquoi David ne pouvait-il pas passer plus d'un mois et demi en Europe?
8. Quels sont les avantages d'un «Eurailpass»? Quels sont les avantages des chèques de voyage?
9. Pourquoi David voulait-il acheter une voiture en Europe?
10. Pourquoi la jeune femme voulait-elle changer la date de sa réservation?
11. Pourquoi David n'a-t-il pas pris la place de la jeune femme? Quels sont ses motifs? Ses espoirs?
12. Si vous aviez été à la place de David, auriez-vous fait la même chose que lui?

Discussion/Composition

1. Si on vous donnait $1.000 pour faire un voyage, où iriez-vous? Que verriez-vous? Que feriez-vous? Avec qui voyageriez-vous?
2. Si vous n'étiez pas étudiant, que feriez-vous? Seriez-vous paysan? Ouvrier dans une usine? Seriez-vous marié? Auriez-vous des enfants?

3. Si vous pouviez être étudiant dans une université idéale, comment serait-elle? Comment seraient les professeurs? La vie des étudiants?
4. Si vous pouviez recommencer votre vie, feriez-vous les mêmes choses? Les mêmes erreurs? Auriez-vous les mêmes amours? Les mêmes parents? Préféreriez-vous être dans un autre pays? Vivre à une autre époque? Quelle époque? Passée ou future? Pourquoi?

Vocabulaire actif

noms

agence de
  voyages f.
gentillesse f.
paysan m.
réflexion f.
séjour m.
vitesse f.

adjectifs

aimable
belge
enchanté(-e)
pâle
satisfait(-e)
sévère

verbes

célébrer
conseiller
se débrouiller
dépendre
dépenser
rembourser
réserver
retenir
risquer
suffir

adverbes

directement
tellement

conjonction

puisque

autres expressions

autant
chic alors!
dites donc!
faire plaisir à
  quelqu'un
il paraît que
la plupart de
on dirait
tant pis
tomber mal
tomber malade
tout juste
un bon mois

Vocabulaire passif

noms

conférencier m.
fraternité f.
hélicoptère m.
hypothèse f.

loterie f.
millionnaire m.
Père Noël m.

adjectifs

antisocial(-e)
extravagant(-e)
hypothétique
obèse

26 Vingt-sixième Leçon

Le verbe *devoir:*
  devoir + nom
  devoir + infinitif

Les verbes comme *craindre* et *peindre*

Les verbes *rire* et *sourire*

Lecture: *Une Histoire de fantômes*

Ce château était autrefois le château de Laure (Château de Gratot, Manche).

Présentation

Devoir + *nom* = *dette*

J'ai oublié mon portefeuille et j'ai besoin d'un dollar pour déjeuner. Qui aurait un dollar? Je voudrais emprunter un dollar.

Voici, Monsieur.

Ah, merci infiniment, Patrick. Alors, maintenant j'ai une dette: **je dois un dollar** à Patrick. **Je vous dois un dollar,** Patrick.

Est-ce que **vous devez de l'argent,** Ted?

Oui, **j'en dois. J'en dois** à mes parents, **j'en dois** à la banque, **j'en dois** aussi à des amis.

Qu'est-ce qu'**on doit** quelquefois dans la vie?

On doit quelquefois **de l'argent, des excuses, des livres** à la bibliothèque ou à des amis, **on doit une invitation** à des gens qui vous ont invité et bien d'autres choses encore.

Devoir + *infinitif* = *obligation*

Je suis votre professeur. J'ai l'obligation d'être ici tous les jours, je suis obligé d'être ici, j'ai besoin d'être ici, **je dois être** ici. Et vous? Avez-vous besoin d'être ici? **Devez-vous être** présent?

Oui, Monsieur, **nous devons être** présents.

Quelles sont les actions, les choses que **vous devez faire** et celles que **vous ne devez pas faire?**

Nous ne devons pas être absents, **nous devons faire attention** à vos explications, **nous devons étudier** nos leçons, **nous devons écrire** nos exercices, **nous devons répondre** à vos questions et **nous devons écrire** des compositions.

Alice, à quelle heure **devez-vous vous réveiller** pour être ici à dix heures?

Je dois me réveiller à huit heures et demie pour être à l'heure.

Devoir + *infinitif = probabilité*

Quelle heure est-il?

Je ne sais pas exactement, mais il est probablement onze heures. **Il doit être** onze heures.

Ted et Alice sont absents. Ils sont probablement malades. **Ils doivent être** malades ou **ils doivent être** à la plage.

Je crois qu'**ils doivent avoir peur** d'être en classe parce qu'**ils ne doivent pas avoir fait** leur composition et **ils doivent penser** que le reste de la classe l'a faite.

Devoir *(à l'imparfait) + infinitif = obligation, probabilité ou éventualité (dans le passé)*

Vous deviez écrire une composition pour aujourd'hui, n'est-ce pas?

Oui, **nous devions** en **écrire** une, mais il faisait si beau que nous sommes allés à la plage et nous ne l'avons pas terminée.

Pamela **devait venir** à mon bureau à onze heures et demie hier. Elle est finalement arrivée, mais il était midi et **je devais déjeuner** avec un autre professeur.

Elle savait qu'**elle devait venir** à onze heures et demie, mais il y avait un concert en plein air et elle a oublié de regarder sa montre. Elle vous doit des excuses.

Devoir *(au passé composé) + infinitif = probabilité (dans le passé)*

Je viens de téléphoner à des amis, mais il n'y a pas de réponse; ils sont probablement allés se promener; **ils ont dû aller** se promener.

Dites une phrase équivalente avec le verbe **devoir**: Je me suis probablement trompé de numéro.

J'ai dû me tromper de numéro.

Elle est probablement venue.

Elle a dû venir.

Il vous a probablement écrit.　**Il a dû vous écrire.**

Vous avez probablement rêvé.　**Vous avez dû rêver.**

Devoir *(au conditionnel)* + *infinitif* = *recommandation présente; déclaration d'une chose nécessaire ou désirable maintenant ou à l'avenir; avis, conseil*

Nous voulons faire ce voyage mais nous n'avons pas assez d'argent. Si nous faisions ce voyage, il nous serait nécessaire de faire des économies.　**Nous devrions faire** des économies.

Je voudrais avoir des nouvelles de mes amis. Il serait donc désirable de leur écrire.　**Je devrais écrire** à mes amis.

Il a très envie de cette voiture de sport italienne. Hélas! Elle est chère et il n'a pas beaucoup d'argent.　**Il ne devrait pas acheter** cette voiture.

LA MOUTARDE ME MONTE AU NEZ, 1975; sur la photo: Pierre Richard (l'homme qui lève les bras).

Pierre Richard n'aurait pas dû acheter une vieille voiture: c'est un modèle qu'on ne fabrique plus depuis vingt ans: on l'appelle une «4 chevaux». Ici, il y a un cheval, celui d'un Indien. Pierre Richard est amoureux d'une grande vedette de cinéma et il est venu lui rendre visite à l'endroit où on tourne le film, un western. Mais il dérange le tournage et l'Indien lui demande poliment de sortir.

Il n'aurait pas dû acheter cette voiture.

Devoir *(au conditionnel passé)* + *infinitif* = *recommandation rétrospective; déclaration d'une chose nécessaire ou désirable au passé; avis ou conseil tardifs; regret*

Nous voulions faire ce voyage, mais comme nous n'avions pas assez d'argent, c'était impossible. Il était trop tard.

Nous aurions dû faire des économies.

Je voulais recevoir des nouvelles de mes amis. Mais j'étais paresseux et je ne leur ai pas écrit. Alors ils ne m'ont pas écrit non plus. Je regrette d'avoir été si paresseux.

J'aurais dû écrire à mes amis.

Il avait très envie de cette voiture de sport italienne. Il l'a achetée à crédit. Mais elle était bien trop chère pour lui. Il travaille tout le temps pour la payer et il n'a même pas d'argent pour vivre.

Il n'aurait pas dû acheter cette voiture.

Craignez-vous les tremblements de terre?

Oh oui, **je** les **crains. Je crains de** recevoir une maison sur la tête.

Quand vous avez rencontré le professeur Nimbus **avez-vous ri?**

Non, **je n'ai pas ri,** j'ai simplement **souri.**

Explications

1 **Devoir:**

A.   La conjugaison du verbe **devoir:**

présent	*futur*	*conditionnel*	*imparfait*
je dois	**je devrai**	**je devrais**	**je devais**
tu dois	**tu devras**	**tu devrais**	**tu devais**
il doit	**il devra**	**il devrait**	**il devait**
nous devons	**nous devrons**	**nous devrions**	**nous devions**
vous devez	**vous devrez**	**vous devriez**	**vous deviez**
ils doivent	**ils devront**	**ils devraient**	**ils devaient**

passé composé	plus-que-parfait	conditionnel passé
j'ai dû	j'avais dû	j'aurais dû
tu as dû	tu avais dû	tu aurais dû
il a dû	il avait dû	il aurait dû
nous avons dû	nous avions dû	nous aurions dû
vous avez dû	vous aviez dû	vous auriez dû
ils ont dû	ils avaient dû	ils auraient dû

B. **Devoir +** *nom* exprime une dette financière ou morale.

Exemples: *présent*

On doit de l'argent à la banque, à un ami.

On doit un livre à la bibliothèque.

On doit du respect à ses parents.

imparfait

Mon père **devait de l'argent** à ma grand-mère.

futur

Quand nous aurons fini de payer la voiture et la maison, **nous ne devrons plus rien** à personne.

C. **Devoir +** *infinitif* exprime une obligation, une probabilité ou une éventualité.

1. Obligation:

Exemples: *présent*

Vous devez avoir votre passeport quand vous voyagez à l'étranger.

Les soldats **doivent saluer** quand ils rencontrent un officier.

Il doit dire la vérité devant la commission d'enquête du Sénat.

imparfait

Vous deviez avoir votre passeport quand vous voyagiez à l'étranger.

Les soldats **devaient saluer** quand ils rencontraient un officier.

Il devait dire la vérité devant la commission d'enquête du Sénat.

futur

Vous devrez avoir votre passeport quand vous voyagerez à l'étranger.

Les soldats **devront saluer** quand ils rencontreront un officier.

Il devra dire la vérité devant la commission d'enquête du Sénat.

2. Probabilité (généralement au présent ou au passé composé):

Exemples: Charles est absent, **il doit être** malade.

Vous n'avez pas déjeuné, **vous devez avoir** faim.

Vous avez dû vous amuser pendant les vacances.

Elles ont dû trouver ce film remarquable.

La mort de Marie Stuart **a dû être horrible.**

Ils ne sont pas encore arrivés, **ils ont dû se tromper** de route.

3. Éventualité (généralement au présent ou à l'imparfait):

Exemples: Paul et Leslie **doivent se marier** le 8 juillet.

Nous devons faire ce voyage ensemble.

Nous devions aller à la plage, mais il a plu; alors, nous sommes restés à la maison.

Ils devaient venir, mais ils n'ont pas pu.

D. **Devoir** *au mode conditionnel:*

1. **Devoir** *(au conditionnel présent)* + *infinitif* indique un avis («advice»), une recommandation, un conseil ou une suggestion.

Exemples: **Vous ne devriez pas fumer.**

Je devrais manger régulièrement.

Ils devraient faire ce voyage.

Nous devrions nous préparer pour l'examen.

2. **Devoir** *(au conditionnel passé)* + *infinitif* indique un avis, une recommandation rétrospective, un conseil ou une suggestion tardifs au passé.

Exemples: **Vous n'auriez pas dû fumer.**

J'aurais dû manger régulièrement.

Ils auraient dû faire ce voyage.

Nous aurions dû nous préparer pour l'examen.

2 Les verbes comme **craindre, peindre, éteindre,**[1] **atteindre, joindre, rejoindre, repeindre, plaindre** (*voyelle nasale -ein, -ain, -oin + dre*) constituent un groupe de verbes assez nombreux avec le même système de conjugaison.

craindre		peindre	
je crains	**nous craignons**	**je peins**	**nous peignons**
tu crains	**vous craignez**	**tu peins**	**vous peignez**
il craint	**ils craignent**	**il peint**	**ils peignent**

Les participes passés de ces verbes sont: **craint, peint, éteint, atteint, joint, rejoint, repeint, plaint.**

Remarquez: **Craindre** + nom; **craindre de** + verbe

Je crains la bombe atomique. = J'ai peur de la bombe atomique.

Elle craignait d'être malade. = Elle avait peur d'être malade.

3 Les verbes **rire** et **sourire** ont une conjugaison spéciale.

rire		sourire	
je ris	**nous rions**	**je souris**	**nous sourions**
tu ris	**vous riez**	**tu souris**	**vous souriez**
il rit	**ils rient**	**il sourit**	**ils sourient**

---

1. *Éteindre* ≠ allumer.

Les participes passés de ces verbes sont: **ri** et **souri**.

Exemples: **J'ai ri.**
Mata Hari n'a pas ri.
Quand il a vu son père, le bébé lui **a souri.**

Exercices oraux

A. Mettez une forme du verbe **devoir** dans les phrases suivantes pour exprimer une action obligatoire: (§1)
Exemple: *Je suis obligé d'étudier pour cet examen.*
Je dois étudier pour cet examen.

1. Je suis obligé d'étudier pour cet examen.
2. ·Nous sommes obligés de parler français.
3. Vous êtes obligé de vous souvenir de vos rendez-vous.
4. On est obligé d'être poli quand on parle à ses professeurs.
5. Elles ont besoin de voir leur grand-mère.
6. Ils auront besoin d'aller en ville ce soir.
7. J'aurai besoin de faire bien attention.
8. Vous serez obligé de répondre à cette lettre.
9. Ils seront obligés de finir avant une heure.
10. Nous aurons besoin de nous réveiller de bonne heure.

B. Utilisez le verbe **devoir** pour exprimer «probablement» ou «sans doute»:[2] (§1)
Exemple: *Cet exercice est probablement trop facile pour lui.*
Cet exercice doit être trop facile pour lui.

1. Cet exercice est probablement trop facile pour lui.
2. Ils se promènent sans doute maintenant.
3. Elle est probablement venue ce matin.
4. Il a probablement oublié notre réunion.
5. Elle lui a sans doute écrit cette nouvelle.
6. Ils s'en sont probablement allés avant notre arrivée.
7. Ils s'inquiètent sans doute de notre absence.
8. Elle lui a probablement parlé.
9. Nous sommes probablement en avance.
10. Ils ont sans doute vu ce film.

---

2. En français, *sans doute* a un sens faible, c'est-à-dire «probablement». Quand on veut insister, on dit «sans aucun doute» (certainement).

C. Imaginez les explications possibles pour les situations suivantes et formulez une déduction probable avec une forme du verbe **devoir**: (§1)

Exemple: *J'entends toujours de la musique.*
Je dois être amoureux.

1. Tu as beaucoup d'énergie aujourd'hui!
2. Ce petit garçon a mal à l'estomac.
3. Jacques Spratt est maigre.[3]
4. Carol ne peut pas s'endormir.
5. Les étudiants sont brillants aujourd'hui.

D. Donnez un conseil à un ami ou à une amie et employez **devoir** au conditionnel: (§1)

Exemple: *Conseillez-lui d'être plus souvent en classe.*
Tu devrais être plus souvent en classe.

1. Conseillez-lui d'être plus souvent en classe.
2. Conseillez-lui de faire ce voyage.
3. Conseillez-lui de voir ce film.
4. Conseillez-lui d'étudier avant l'examen final.
5. Conseillez-lui d'écrire à ses parents.
6. Conseillez-lui de se coucher plus tôt.
7. Conseillez-lui de manger régulièrement.
8. Conseillez-lui d'aller au laboratoire.
9. Conseillez-lui de finir sa composition.
10. Conseillez-lui de s'exprimer logiquement.

E. Réagissez aux situations suivantes avec un conseil. Utilisez le verbe **devoir** au conditionnel ou au conditionnel passé: (§1)

Exemple: *J'ai manqué mon train.*
J'aurais dû partir à l'heure.

1. Marilyn a perdu tout son argent à Las Vegas.
2. Je ne comprends pas la leçon.
3. Mes plantes viennent de mourir.
4. J'ai froid.
5. Papa s'est mis en colère!
6. Archibald a perdu ses cheveux.
7. Nixon n'est plus président.
8. Monsieur Scrooge n'a pas d'amis.

F. Demandez à un autre étudiant ou à une autre étudiante: (§1)

1. s'il (si elle) doit de l'argent à quelqu'un.
2. s'il devra parler français quand il sera en France.

---

3. *Maigre* ≠ obèse.

3. s'il devra être présent le jour de l'examen.
4. à quelle heure il doit se réveiller pour arriver à une heure.
5. si on devrait regarder la télévision.
6. si on devrait fumer en classe.
7. s'il aurait dû étudier hier soir.
8. s'il aurait dû faire attention à ce que ses parents lui disaient.
9. s'il aurait dû répondre en français.
10. s'il doit faire ce voyage.

G. Demandez à un autre étudiant ou à une autre étudiante:
   (§2, 3)

1. s'il (si elle) craint les examens oraux.
2. s'il (si elle) craint de voyager en auto-stop.
3. s'il (si elle) a peint un tableau surréaliste.
4. s'il (si elle) rit quand il (elle) voit un film de Woody Allen.
5. s'il (si elle) sourit quand on prend sa photo.

H. Regardez la photo à la page 420 et répondez aux questions
   suivantes:

1. Que doit être le rapport entre la femme et l'homme?
2. Qu'est-ce qu'il a dû faire pour provoquer ces regards
   sévères?
3. Qu'est-ce que la femme doit penser?
4. Qu'est-ce que le chien doit penser?
5. Qu'est-ce qu'ils devraient faire maintenant?

Exercices écrits

A. Répondez par écrit aux exercices oraux A et B.

B. Répondez par écrit aux questions de l'exercice oral F.

C. Complétez le paragraphe suivant en employant les formes
   correctes du verbe **devoir**: (§1)

   Mon Dieu, c'est une question sur le verbe **devoir!** Je ne
   savais pas que nous _____ étudier ça. Je _____ être
   absent le jour où on a parlé de ça en classe. Mais, si le
   professeur s'était aperçu de mon absence ce jour-là, il _____
   répéter l'explication le lendemain. Eh bien, que faut-il faire
   maintenant? Peut-être que je _____ expliquer au professeur
   que je ne connais pas le verbe **devoir** parce que je ne savais

pas qu'il fallait l'étudier. Non, je ne peux pas. Le professeur n'a pas l'air sympathique aujourd'hui; il _____ être fatigué.

D. Traduisez les phrases suivantes: (§1)

1. You must study.
2. You should study.
3. You were supposed to study yesterday.
4. Did you have to study last night?
5. You must have studied.
6. You should have studied more.
7. We must get ready.
8. We ought to get ready.
9. We were supposed to get ready.
10. We had to get ready.

E. Répondez aux questions suivantes: (§2, 3)

1. Qu'est-ce que vous craignez?
2. Souriez-vous souvent?
3. Quand riez-vous?
4. Qui a peint la chapelle Sixtine?
5. Éteignez-vous les lampes avant de vous coucher ou après vous être couché?

F. Répondez à la question qui accompagne chaque photo. Utilisez le verbe **devoir** dans vos réponses:

1. Hier soir ces gens sont allés à une grande soirée où ils ont trop mangé et trop bu. Aujourd'hui ils en souffrent. Qu'est-ce qu'ils devraient faire pour diminuer leur souffrance?

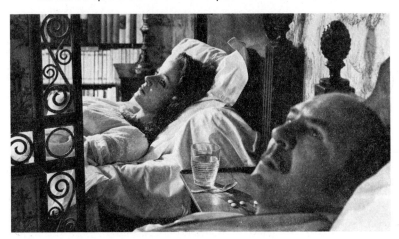

SANS MOBILE APPARENT, Philippe Labro, 1971; sur la photo: Jean-Pierre Marielle et Laura Antonelli.

2. Louise vient de répondre au téléphone. La voix qu'elle entend n'est pas celle d'un de ses amis. C'est celle d'une personne qui vient d'enlever[4] son chien, Roméo, que Louise aime beaucoup. La voix lui demande une somme astronomique d'argent pour lui rendre Roméo; sinon, la voix menace d'envoyer le chien en Sibérie! Qu'est-ce que Louise devrait faire?

NATHALIE GRANGER, Marguerite Duras, 1972; sur la photo: Jeanne Moreau.

Lecture

Une Histoire de fantômes

Avant de partir pour la France, David a invité ses amis Jean-Louis, Philippe, Catherine, Leslie et François à une petite réunion. Philippe, qui vient de revenir d'Europe, parle de son voyage et donne à David beaucoup de conseils très utiles pour voyager économiquement et agréablement. Ce qu'il dit sur les auberges de jeunesse intéresse particulièrement David. Voilà ce qu'il dit:

Quelquefois les auberges de jeunesse sont installées dans de vieux châteaux. Il n'y fait pas très chaud, il y a des courants d'air et les installations sanitaires ne sont pas très modernes, mais l'idée de dormir dans un château médiéval vaut[5] bien ces petits inconvénients.

---

4. *Enlever* = kidnapper.
5. *Vaut* < valloir = «to be worth».

Après avoir passé deux semaines à Paris, *nous devions visiter* les châteaux de la Loire et la Normandie, mais nous avons préféré aller dans le Midi, sur la Côte d'Azur. Nous avons décidé de faire le voyage en quatre jours et de nous arrêter dans tous les endroits intéressants. Nous étions dans deux voitures parce qu'*il devait* y avoir une dizaine de jeunes gens dans notre groupe. Dans la voiture tout le monde s'amusait et racontait des histoires plaisantes. Moi, je jouais quelquefois de la guitare et chantais en américain, pour le plus grand plaisir des Français, qui adoraient les chansons américaines et mon accent exotique... La nuit, nous descendions dans des auberges de jeunesse où nous dormions dans des dortoirs propres mais sans luxe. La veille du jour où *nous devions* arriver sur la Côte, un incident peu ordinaire s'est produit et j'en ai été bouleversé. Ce soir-là nous venions de visiter Avignon, son Palais des Papes, son pont fameux. Tout le monde était en excellente forme et avait dansé et chanté gaiement «Sur le pont d'Avignon». Mais quand nous sommes arrivés à l'auberge de jeunesse, nous l'avons trouvée fermée. Tout le monde *craignait de* dormir à la belle étoile.

«*Il doit* bien y avoir une autre auberge!» a dit Pierre.

«*Ils ont dû* déménager,» a dit Valérie. «*Ils doivent* avoir trop de monde! Les gendarmes *doivent* certainement savoir leur nouvelle adresse.»

Et nous voilà au Commissariat de Police. En effet, l'auberge de jeunesse avait déménagé dans un immense château médiéval sur la route de Gordes.

Arrivés au château, nous avons pris une douche rapide et nous nous sommes couchés parce que *nous devions* nous lever tôt le lendemain. J'étais dans mon lit mais je ne dormais pas. L'idée de me trouver dans un château féodal me fascinait. Tout d'un coup, j'ai entendu un bruit de chaînes accompagnés de cris sinistres. J'étais terrifié par les bruits et je ne voulais pas ouvrir les yeux.

Je me suis dit: «*Je dois* rêver. Ce n'est pas possible, *ce doit* être la fatigue de la route! Non, *je ne dois pas* avoir peur, *je dois* faire face à toute éventualité.» J'ai ouvert les yeux et j'ai vu devant moi une forme blanche avec une bougie allumée dans la main.

«Qui es-tu?» a dit la forme.

J'ai répondu, la voix tremblante: «Je m'appelle Philippe.»

«*Tu dois* être étranger,» a dit la forme blanche qui avait une voix féminine.

Pauvre Laure! Venez un peu plus près! Approchez, approchez
... Laure! Ma chère Laure!

L'AMOUR L'APRÈS-MIDI, Eric Rohmer, 1972; sur la photo: Haydée Politoff et Bernard Verley.
    Comme nous l'avons vu, «le monde est polarisé entre le masculin et le féminin». C'est vrai aussi pour les films d'Eric Rohmer. Dans la rue, un jour, passe une tentation pour Bernard Verley, mari modèle: une femme étrange avec un chien. Mais la morale conformiste gagne toujours dans les films d'Eric Rohmer. Une fois la tentation passée, tout rentre dans l'ordre. Le mari revient vers sa femme. Le cinéma d'Eric Rohmer est dans la tradition du roman d'analyse psychologique du XIXème siècle.

«Oui, je suis a... a... amé... américain,»... et je bégayais de peur.

«Américain? Où est ce royaume? *Ce doit* être une contrée exotique d'Afrique ou d'Asie?»

Je reprenais un peu de courage et j'ai dit: «Qui êtes-vous?»

Et la voix a répondu: «Je m'appelle Laure. Je suis née il y a plusieurs siècles, en 1457, dans ce château, et je suis morte à seize ans. Il n'y avait dans ma vie que des misères et des tourments. Mon père était le plus grand seigneur de la région et ma mère était la plus belle et noble dame. Mais quand je suis née, un ennemi redoutable menaçait notre domaine et mon père a fait un pacte avec lui. Lorsqu'ils ont conclu leur pacte, mon père a promis de me donner à cet ennemi quand j'aurais l'âge de seize ans. Quand il est venu me réclamer, j'ai été si terrifiée que j'ai pris un poison. Dès que je l'ai avalé, je suis morte et depuis, je traîne ces chaînes lourdes dans les longs corridors du château de mon enfance...»

Maintenant je commençais à comprendre que c'était une farce de mes amis. Alors j'ai joué le jeu: «Pauvre Laure! Venez un peu plus près! Je voudrais voir votre visage, *il doit* être très beau... Approchez, approchez... Laure! Ma chère Laure!»

À ce moment, tout le monde s'est mis à *rire,* et moi, je regrettais un peu de ne pas avoir connu un vrai fantôme.

Questions sur la lecture

1. Où les jeunes gens sont-ils allés? Où se sont-ils arrêtés?
2. Pourquoi les Français aimaient-ils les chansons de Philippe?
3. Qu'est-ce que c'est qu'une auberge de jeunesse? Y en a-t-il aux États-Unis?
4. Comment était la nouvelle auberge? Où était-elle?
5. Pourquoi les jeunes gens se sont-ils couchés tôt?
6. Quelles étaient les premières manifestations de la présence du fantôme?
7. Croyez-vous aux fantômes? En avez-vous vu? Les craignez-vous?
8. Si vous aviez été Philippe, qu'est-ce que vous auriez fait?
9. Pourquoi Laure a-t-elle pris du poison?
10. Après un moment, de quoi Philippe s'est-il rendu compte?
11. Pourquoi Philippe regrettait-il de ne pas avoir vu un véritable fantôme?

Discussion/Composition

1. Qu'est-ce que vous devriez faire pour réussir à l'université? Dans la vie? Est-ce que vous faites ces choses? Pourquoi?
2. Qu'est-ce que Philippe aurait dû faire, à votre avis, quand il a vu la forme blanche? Aurait-il dû la toucher? Aurait-il dû courir pour se sauver? Aurait-il dû continuer la conversation? Qu'est-ce qu'il aurait dû lui dire?
3. Faites-vous beaucoup de choses que vous ne devriez pas faire ou ne faites-vous pas les choses que vous devriez faire? Dans votre vie passée, y a-t-il des faits ou des actions que vous regrettez? Expliquez.

Vocabulaire actif

noms

action f.
Asie f.
auberge de
  jeunesse f.
bougie f.
chaîne f.
château m.
conseil m.
Côte d'Azur f.
courant m.
cri m.
douche f.
énergie f.
enquête f.
éventualité f.
farce f.
gendarme m.
habitude f.
inconvénient m.
installation f.
invitation f.
jeu m.
luxe m.
manifestation f.
misère f.

mort f.
obligation f.
pape m.
passeport m.
poison m.
présence f.
regret m.
royaume m.
suggestion f.
veille f.

adjectifs

accompagné(-e)
amoureux /
  amoureuse
bouleversé(-e)
désirable
équivalent(-e)
lourd(-e)
maigre
paresseux /
  paresseuse
plaisant(-e)
poli(-e)

redoutable
sinistre
surréaliste
terrifié(-e)

verbes

approcher
atteindre
avaler
craindre
déménager
devoir
éteindre
intéresser
peindre
plaindre
pleurer
réclamer
rejoindre
rêver
sourire
toucher
traîner

adverbes

agréablement
économiquement
gaiement
infiniment
logiquement
régulièrement
surtout

autres expressions

à crédit
à la belle étoile
à l'étranger
en plein *air*
faire *face* à
jouer le jeu

Vocabulaire passif

noms

chapelle f.
commission f.
contrée f.
dizaine f.
dortoir m.
officier m.
pacte m.
probabilité f.
seigneur m.
Sibérie f.
souffrance f.
tourment m.
tremblement de
   terre m.

adjectifs

allumé(-e)
féodal(-e)
médiéval(-e)
rétrospectif /
   rétrospective
sanitaire
tardif / tardive

verbes

bégayer
fasciner
joindre
kidnapper
saluer
valoir

le chat

Guillaume Apollinaire
1880-1918

Je souhaite dans ma maison:
Une femme ayant sa raison,
Un chat passant parmi les livres,
Des amis en toute saison
Sans lesquels je ne peux pas vivre.

la puce

Puces, amies, amantes même,
Qu'ils sont cruels ceux qui nous aiment!
Tout notre sang coule pour eux.
Les bien-aimés sont malheureux.

Œuvres poétiques
© Éditions Gallimard

Vingt-septième Leçon

Le subjonctif présent:
   Il faut que + subjonctif

Le participe présent

Lecture: *Une Lettre d'une mère à sa fille et la réponse de la fille*

Les universités sont pleines de jeunes gens de toutes sortes: arrivée des trains de banlieue à l'Université de Nanterre.

Présentation

Il faut faire des économies quand on veut voyager. Moi, je dois faire des économies pour aller en Europe. Je suis obligé de faire des économies. J'ai besoin de faire des économies.

Il faut que **je fasse** des économies.

Qu'est-ce qu'*il faut que* **vous fassiez** pour avoir une bonne note?

Il faut que **nous fassions** nos exercices. *Il faut que* **nous préparions** nos leçons. *Il faut que* **nous écrivions** de bonnes compositions et *que* **nous parlions** bien français.

Faut-il que **vous puissiez** réciter des dialogues?

Non, *il ne faut pas que* **nous puissions** en réciter, mais *il faut que* **nous puissions** répondre aux questions du professeur et pour cela, *il faut que* **nous sachions** la réponse en français.

LIZA, Marco Ferreri, 1972; sur la photo: Catherine Deneuve et Marcello Mastroianni.

Mastroianni est une sorte de Robinson Crusoe vivant seul dans une île. Catherine, une riche snob faisant une croisière en bateau, passe au large de l'île et décide d'y débarquer. Mais elle ne peut pas marcher car elle s'est tordu la cheville. Mastroianni se change en porteur, et la belle bourgeoise, toute vêtue de blanc, se laisse promener ainsi. Marco Ferreri est aussi réalisateur de *La Grande Bouffe.* Deneuve et Mastroianni ont joué ensemble déjà dans plusieurs films.

Il faut faire des économies quand on veut voyager.

Faut-il que **vous ayez** de meilleures notes, Monsieur Hill?

Oui, *il faut que* **j'aie** de meilleures notes.

Faut-il que **vous soyez** moins souvent absent?

Oui, *il faut que* **je sois** moins souvent absent, mais pour cela, *il faudrait qu'***il y ait** moins de classes et *qu'***elles ne soient pas** si tôt le matin.

Il faudrait que **vous vous leviez** plus tôt, *que* **vous vous prépariez** vite, *que* **vous preniez** votre petit déjeuner à neuf heures pour arriver ici à l'heure.

Mais, Monsieur, *il faut que* **je finisse** mes devoirs avant de venir, *il faut que* **j'apprenne** une leçon, que **je prenne** de l'essence pour ma voiture à la station-service et tout cela prend beaucoup de temps et d'énergie; alors, je préfère être absent.

Il faudrait aussi *que* Monsieur Stamm **ait** une meilleure prononciation, *il faudrait qu'***il aille** plus souvent au laboratoire. En fait, *il aurait fallu qu'***il aille** au laboratoire avant, car le cours est presque terminé.

Oui, *il aurait fallu que* **j'y aille,** mais *il aurait fallu que* **j'aie** le temps de le faire.

Mais quand vous irez en France, *il faudra* bien *que* **vous parliez** correctement français et *il faudra que* les gens vous **comprennent** quand vous leur parlerez.

Il faudra que les gens **aient** beaucoup de patience avec moi, *il faudra qu'***ils soient** tolérants et *qu'***ils veuillent** faire un effort pour me comprendre.

Qu'est-ce qu'*il faut que* **vous fassiez** avant de partir?

Il faut que **je prenne** mes billets d'avion, *il faut que* **je choisisse** des vêtements, *que* **je fasse** mes valises, et *il faut que* **je dise** au revoir à ma famille et à mes amis.

Faut-il que **vous** leur **écriviez?**

Naturellement, *il faut* aussi *que* **je** leur **écrive** des cartes postales quand je serai en France. *Il faut que* **je** leur **donne** mon adresse et *que* **je** leur **dise** de m'expédier mon courrier.

En voyageant, envoyez-vous beaucoup de cartes postales?

En voyageant, je trouve toujours le temps d'écrire. **En voyant** et **en admirant** les paysages et les monuments, j'ai envie de partager ma joie avec mes amis.

En pensant si fidèlement à vos amis, pensez-vous vraiment à apprécier ce que vous voyez? Pouvez-vous vraiment faire deux choses à la fois?

Bien sûr que je peux faire deux choses à la fois! Par exemple, je fais souvent mes devoirs **en écoutant** de la musique. Je lis **en mangeant,** je chante **en travaillant** et je rêve **en dormant.**

Et vous pensez en français **en le parlant** et **en l'écrivant!**

Naturellement, j'ai appris le français **en le parlant** et **en l'écrivant...** et **en me forçant** à l'utiliser... et **en n'ayant pas** peur de l'utiliser.

Explications

1 Le subjonctif d'obligation:

A. Le subjonctif est un mode verbal[1] employé dans certaines propositions subordonnées. Quand la proposition principale exprime une idée subjective (désir, opinion, recommandation personnels, etc.) le verbe de la proposition subordonnée est souvent au subjonctif. Par exemple, le subjonctif est obligatoire après un verbe ou une expression de nécessité comme **Il est nécessaire que..., Il est essentiel que..., Il est indispensable que..., Il faut que...,** parce qu'en général ces expressions signifient implicitement:

c'est mon opinion
c'est mon idée personnelle
c'est ma conclusion   } qu'**il faut...**
c'est mon impression
c'est ma recommandation

---

1. Les autres modes verbaux que vous avez appris sont l'*indicatif,* qui exprime ou suppose une réalité objective (Il fait beau. Vous avez des amis. J'ai vu ce film.); le *conditionnel,* qui exprime le résultat probable d'une situation hypothétique (André ferait ce voyage s'il avait assez d'argent.); l'*impératif,* qui exprime un ordre direct (Faites vos devoirs! Fais ton lit! Écoutons bien!).

	proposition principale	*proposition subordonnée*
	il faut	**que** + sujet + verbe au subjonctif

	Exemples:	*proposition principale*	*proposition subordonnée*	

indicatif présent	Il faut qu'**elle finisse** aujourd'hui.	*subjonctif présent*
	Il faut que **vous répondiez** correctement.	
	Il faut que **je lise** ce livre.	
	Il faut que **nous disions** la vérité.	
	Il faut que **nous n'oubliions pas** ce détail.	
	Il ne faut pas qu'**ils** le **sachent**.	

indicatif imparfait	Il fallait qu'**elle finisse** hier.	*subjonctif présent*
	Il fallait que **vous répondiez** correctement.	
	Il fallait que **je lise** ce livre.	
	Il fallait que **nous disions** la vérité.	
	Il fallait que **nous n'oubliions pas** ce détail.	
	Il ne fallait pas qu'**ils** le **sachent**.	

indicatif futur	Il faudra qu'**elle finisse** demain.	*subjonctif présent*
	Il faudra que **vous répondiez** correctement.	
	Il faudra que **je lise** ce livre.	
	Il faudra que **nous disions** la vérité.	
	Il faudra que **nous n'oubliions pas** ce détail.	
	Il ne faudra pas qu'**ils** le **sachent**.	

conditionnel présent	Il faudrait qu'**elle finisse** aujourd'hui ou demain.	*subjonctif présent*
	Il faudrait que **vous répondiez** correctement.	
	Il faudrait que **je lise** ce livre.	
	Il faudrait que **nous disions** la vérité.	
	Il faudrait que **nous n'oubliions pas** ce détail.	
	Il ne faudrait pas qu'**ils** le **sachent**.	

B. Formation du subjonctif présent:

1. Le radical de la majorité des verbes est celui de la troisième personne du pluriel (**ils, elles**) du présent de l'indicatif:

infinitif	*3ᵉ personne du pluriel du présent de l'indicatif*		*radical du subjonctif*
parler	(ils) parl~ent~	⟶	**parl-**
rendre	(ils) rend~ent~	⟶	**rend-**
finir	(ils) finiss~ent~	⟶	**finiss-**
connaître	(ils) connaiss~ent~	⟶	**connaiss-**
dormir	(ils) dorm~ent~	⟶	**dorm-**
dire	(ils) dis~ent~	⟶	**dis-**

2. Les terminaisons du subjonctif présent sont:

je	**e**	nous	**ions**	il (elle, on)	**e**
tu	**es**	vous	**iez**	ils (elles)	**ent**

3. Voici la conjugaison complète de quelques verbes au présent du subjonctif:

parler	rendre
il faut que **je parle**	il faut que **je rende**
il faut que **tu parles**	il faut que **tu rendes**
il faut qu'**il parle**	il faut qu'**il rende**
il faut que **nous parlions**	il faut que **nous rendions**
il faut que **vous parliez**	il faut que **vous rendiez**
il faut qu'**ils parlent**	il faut qu'**ils rendent**

finir	connaître
il faut que **je finisse**	il faut que **je connaisse**
il faut que **tu finisses**	il faut que **tu connaisses**
il faut qu'**il finisse**	il faut qu'**il connaisse**
il faut que **nous finissions**	il faut que **nous connaissions**
il faut que **vous finissiez**	il faut que **vous connaissiez**
il faut qu'**ils finissent**	il faut qu'**ils connaissent**

dormir	dire
il faut que **je dorme**	il faut que **je dise**
il faut que **tu dormes**	il faut que **tu dises**
il faut qu'**il dorme**	il faut qu'**il dise**
il faut que **nous dormions**	il faut que **nous disions**
il faut que **vous dormiez**	il faut que **vous disiez**
il faut qu'**ils dorment**	il faut qu'**ils disent**

C. Certains verbes irréguliers avec deux radicaux à l'indicatif présent donnent deux radicaux au subjonctif présent (**reçoivent, recevons, viennent, venons**).
À cause de cette double formation, il est plus simple de considérer irrégulière toute la conjugaison et de faire particulièrement attention au **nous** et au **vous**:

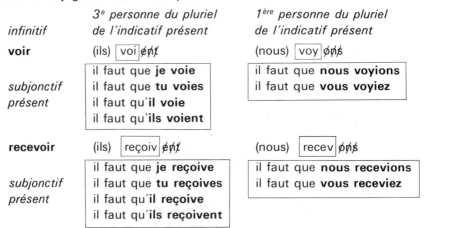

infinitif	3ᵉ personne du pluriel de l'indicatif présent	1ᵉʳᵉ personne du pluriel de l'indicatif présent
voir	(ils) ⌐voi⌐øṇṭ	(nous) ⌐voy⌐øṇ$
subjonctif présent	il faut que **je voie** / il faut que **tu voies** / il faut qu'**il voie** / il faut qu'**ils voient**	il faut que **nous voyions** / il faut que **vous voyiez**
recevoir	(ils) ⌐reçoiv⌐øṇṭ	(nous) ⌐recev⌐øṇ$
subjonctif présent	il faut que **je reçoive** / il faut que **tu reçoives** / il faut qu'**il reçoive** / il faut qu'**ils reçoivent**	il faut que **nous recevions** / il faut que **vous receviez**

prendre   (ils) prenn~~ent~~   (nous) pren~~ons~~

il faut que **je prenne**	il faut que **nous prenions**
subjonctif il faut que **tu prennes**	il faut que **vous preniez**
présent il faut qu'**il prenne**	
il faut qu'**ils prennent**	

venir   (ils) vienn~~ent~~   (nous) ven~~ons~~

il faut que **je vienne**	il faut que **nous venions**
subjonctif il faut que **tu viennes**	il faut que **vous veniez**
présent il faut qu'**il vienne**	
il faut qu'**ils viennent**	

D.   Les radicaux des trois verbes suivants sont des formes entièrement nouvelles, mais les terminaisons sont régulières:

faire	savoir	pouvoir
il faut que **je fasse**	il faut que **je sache**	il faut que **je puisse**
il faut que **tu fasses**	il faut que **tu saches**	il faut que **tu puisses**
il faut qu'**il fasse**	il faut qu'**il sache**	il faut qu'**il puisse**
il faut que **nous fassions**	il faut que **nous sachions**	il faut que **nous puissions**
il faut que **vous fassiez**	il faut que **vous sachiez**	il faut que **vous puissiez**
il faut qu'**ils fassent**	il faut qu'**ils sachent**	il faut qu'**ils puissent**

E.   Au subjonctif, les verbes **aller** et **vouloir** contiennent un radical irrégulier (**aill-, veuill-**) et un autre radical qui dérive de la première personne du pluriel de l'indicatif présent (**all-, voul-**):

aller	vouloir
il faut que **j'aille**	il faut que **je veuille**
il faut que **tu ailles**	il faut que **tu veuilles**
il faut qu'**il aille**	il faut qu'**il veuille**
il faut que **nous allions**	il faut que **nous voulions**
il faut que **vous alliez**	il faut que **vous vouliez**
il faut qu'**ils aillent**	il faut qu'**ils veuillent**

F.   Il y a seulement deux verbes dont le radical et les terminaisons sont irréguliers:

être	avoir
il faut que **je sois**	il faut que **j'aie**
il faut que **tu sois**	il faut que **tu aies**
il faut qu'**il soit**	il faut qu'**il ait**
il faut que **nous soyons**	il faut que **nous ayons**
il faut que **vous soyez**	il faut que **vous ayez**
il faut qu'**ils soient**	il faut qu'**ils aient**

G.   Quelques expressions impersonnelles au subjonctif:

c'est	il faut que **ce soit**
il y a	il faut qu'**il y ait**
il fait beau	il faut qu'**il fasse beau**

2 Le participe présent:

   A.   Emploi: Le participe présent est une forme verbale généralement employée dans une phrase adverbiale pour indiquer le temps ou la manière. Le suffixe -**ant** est le signe du participe présent. En général, la préposition **en** le précède. (**En** est la seule préposition du français employée avec le participe présent.)[2]

      1. Le participe présent indique une action faite en même temps que ou immédiatement après le temps du verbe. Le même sujet détermine donc les deux actions:

      Exemples: Jeanne chante **en travaillant**. = Jeanne chante et travaille.

              En écoutant cette conférence sur = Les étudiants ont écouté la «métaphysiconigologie», et se sont endormis. les étudiants se sont endormis.

      2. Le participe présent peut indiquer aussi comment est accomplie l'action du verbe principal. Il répond donc à la question «comment?»

      Exemples: Comment avez-vous appris le français?   J'ai appris le français **en parlant.**

                Comment avez-vous ouvert la porte sans la clé?   J'ai ouvert la porte **en mettant** une épingle à cheveux dans la serrure.

   B.   Formation:

      1. Le participe présent des verbes réguliers et irréguliers se forme avec la terminaison -**ant** attachée au radical. Le radical est celui de la première personne du pluriel **(nous)** de l'indicatif présent.

infinitif	1ère personne du pluriel de l'indicatif présent	radical	participe présent
parler	(nous) parl~ons~	parl-	**parlant**
choisir	(nous) choisiss~ons~	choisiss-	**choisissant**
rendre	(nous) rend~ons~	rend-	**rendant**
prendre	(nous) pren~ons~	pren-	**prenant**
vouloir	(nous) voul~ons~	voul-	**voulant**

      Attention aux verbes réguliers en -**ger** et -**cer**:

manger	(nous) mange~ons~	mange-	**mangeant**
commencer	(nous) commenç~ons~	commenç-	**commençant**

      2. Il y a seulement trois verbes exceptionnels:

infinitif	participe présent
être	**étant**
avoir	**ayant**
savoir	**sachant**

---

2. L'infinitif est la forme du verbe qu'il faut employer avec toutes les autres prépositions: Je m'amuse *à* regarder les chimpanzés. Je passe le temps *à* lire. J'essaie *de* skier. Il a fini *par* comprendre.

C. Le participe présent avec des pronoms objets et des adverbes:

1. Le négatif du participe présent est le même que pour un verbe conjugué: **ne** devant et **pas** (ou un autre mot de négation) après.

Exemples: **En ne voyant pas** cette erreur, je me suis trompé complètement.
En n'ayant pas peur de parler, j'ai pu pratiquer mon français oral.
En ne faisant jamais rien, il est devenu très paresseux.

2. Les pronoms objets précèdent le participe présent.

Exemples: **En vous voyant,** Monsieur, je vous ai reconnu immédiatement.
En ne lui écrivant pas, elle lui a fait du mal.

3. Le pronom objet d'un verbe pronominal, naturellement, s'accorde avec le sujet:

Exemples: **En me réveillant, j'**ai regardé l'heure.
En te levant, tu as cherché tes chaussons.
En se rasant, Maurice s'est coupé.
En vous habillant, vous avez mis votre chemise à l'envers.

4. Les adverbes qui modifient le participe présent viennent après, mais l'adverbe **tout** se place devant la préposition **en** et renforce l'idée de simultanéité, souvent de deux actions contradictoires:

Exemples: Elle suit un régime **tout en mangeant beaucoup.**
Il vous répond **tout en ne comprenant pas très bien** ce que vous dites.
Tout en nous levant très tôt, nous nous sommes aperçu que nous n'avions pas assez de temps.

Exercices oraux

A. Mettez les phrases suivantes au subjonctif et commencez-les par **Il faut que:** (§1)
Exemple: *Je suis présent.*
Il faut que je sois présent.

1. Je suis présent.
2. Il est à l'heure.
3. Nous sommes au théâtre à huit heures.
4. Vous êtes logique.
5. Vous avez du courage.
6. Nous avons assez de temps.
7. Ils ont un bon professeur.
8. Tu vas à ce concert.
9. Je vais chez moi maintenant.
10. Vous allez plus vite.

Maintenant, commencez ces phrases avec **Il faudrait que:**

11. Je fais mes exercices.
12. Nous faisons attention.
13. Elle fait un grand effort.
14. Tu sais la réponse.
15. Vous savez leur adresse.
16. Ils savent conduire une voiture.

Maintenant, commencez ces phrases avec **Il fallait que:**

17. Je peux réussir à cet examen.
18. Nous pouvons voir ce programme.
19. Il peut voyager avec nous.
20. Vous voulez réussir.
21. Elles veulent vraiment faire un effort.
22. Tu veux travailler pour recevoir une bonne note.

B. Demandez à un autre étudiant ou à une autre étudiante: (§1)

1. s'il faut qu'il (elle) déjeune à midi.
2. s'il faut qu'il (elle) vende son auto.
3. s'il faut qu'il (elle) réfléchisse à ce problème.
4. s'il faudrait qu'il (elle) apprenne le subjonctif.
5. s'il faudra qu'il (elle) dise son opinion.
6. s'il faut qu'il (elle) attende encore pour se marier.
7. s'il fallait qu'il (elle) écrive une composition hier soir.
8. s'il faudrait que vous veniez en classe plus tôt.
9. s'il faudrait qu'il (elle) se mette à étudier.
10. s'il aurait fallu qu'il y ait une soirée pour les étudiants.

C. Répétez les phrases suivantes et exprimez l'idée d'obligation par **Il faut que** + le subjonctif ou **Il faudrait que** + le subjonctif: (§1)
    Exemple: *Les étudiants doivent être présents pour l'examen.*
              Il faut que les étudiants soient présents pour
              l'examen.

1. Les étudiants doivent être présents pour l'examen.
2. Je dois obéir à mes parents.
3. Nous devons rentrer immédiatement après les vacances.
4. Il doit faire attention aux explications du professeur.
5. Ils doivent conduire prudemment.
6. Vous devez recevoir une bonne note.
7. Je dois me préparer pour l'examen.
8. Je dois avoir un passeport pour voyager à l'étranger.
9. Nous devrions faire du sport régulièrement.
10. Je devrais aller voir mes grands-parents.

D. Répondez aux questions suivantes: (§1)

1. Que faut-il que vous fassiez quand vous avez mal à la gorge?
2. Que faut-il que vous fassiez avant de vous coucher?
3. Que fallait-il que vous fassiez quand vous étiez petit(-e)?
4. Que faudra-t-il qu'une personne fasse pour être votre ami?
5. Que faudrait-il que les politiciens fassent pour protéger l'environnement?

E. Changez un des verbes en participe présent: (§2)
   Exemple: *Je travaille et je chante.*
             Je travaille en chantant.

1. Je comprends et j'écoute.
2. Il regarde et il admire.
3. Elle cherche et elle espère.
4. Vous riez et vous parlez.
5. Vous vous plaignez et vous finissez.
6. Tu es modeste et tu réussis.
7. Les soldats détestent le général; ils lui obéissent.
8. Je m'habille; je me lève.
9. Je me couche; je m'endors.
10. Vous regardez les gens et vous vous promenez.

F. Répondez aux questions suivantes:

1. Regardez la photo à la page 426.
   a. Où faut-il que ces gens aillent?
   b. Pourquoi faut-il qu'ils soient à pied?
   c. Qu'est-ce qu'il aurait fallu qu'ils fassent avant de commencer leur voyage?
2. Regardez la photo à la page 439.
   a. Est-ce que ces gens se reposent en travaillant ou travaillent en se reposant?
   b. Faudra-t-il qu'ils changent leurs vêtements pour aller dîner?
   c. Que faudrait-il qu'ils fassent pour avoir l'air plus dynamique?
   d. Quand faudra-t-il qu'ils recommencent à travailler sérieusement?

Exercices écrits

A. Répondez par écrit aux exercices oraux A, C et D.

B. Répondez par écrit aux questions de l'exercice oral B.

C. Mettez une forme du subjonctif du verbe indiqué dans ces
    phrases: (§1)
    Exemple: *(répondre) Il faut que nous _____ à ces questions.*
                  *Il faut que nous répondions à ces
                  questions.*

  1. (répondre)   Il faut que nous _____ à ces questions.
  2. (dire)   Il fallait qu'elle _____ ce qui s'était passé.
  3. (prendre)   Il a fallu que vous _____ votre temps.
  4. (choisir)   Il faut que je _____ un autre cours.
  5. (savoir)   Il faudra que vous _____ lui répondre.
  6. (faire)   Il faudrait qu'ils _____ de l'auto-stop.
  7. (aller)   Il faut que j'_____ à ma prochaine classe.
  8. (avoir)   Il fallait qu'elle _____ de la bonne
                  volonté.
  9. (être)   Il faudrait que vous _____ au match de
                  football.
10. (mettre)   Il faut que nous _____ notre imperméable
                  aujourd'hui.
11. (se tenir)   Il faudra que tu _____ debout.
12. (écrire)   Il a fallu qu'il m'_____ avant la fin de la
                  semaine.
13. (venir)   Il aurait fallu que vous _____ à cette
                  conférence.
14. (dormir)   Il faudrait que je _____ pendant huit
                  heures.
15. (s'en aller)   Il fallait qu tu _____ bientôt.
16. (lire)   Il a fallu que nous _____ cent pages par
                  jour.
17. (se mettre)   Il aurait fallu qu'elle _____ au travail.
18. (se conduire)   Il faudrait que je _____ bien chez mes
                  parents.
19. (recevoir)   Il aurait fallu que vous _____ de meilleures
                  notes.
20. (se servir)   Il fallait que tu _____ de ma stéréo.

D. Utilisez une forme de l'expression **il faut que** et le
    subjonctif pour répondre à la question qui accompagne
    chaque photo: (§1)

1. Cette petite fille vient de demander à son papa des
   renseignements sur son origine. Le papa est très puritain
   mais il croit qu'il faut dire la vérité aux enfants. C'est une
   situation gênante pour le pauvre père. Que faudrait-il qu'il
   fasse? Comment faudrait-il qu'il réagisse?

LA PEAU DOUCE, François
Truffaut, 1963; sur la photo:
Jean Desailly et Sabine
Haudepin.

2. Chaque fois que Mathilde et Bernard (au piano) vont voir
   leur cousin Maurice (celui qui n'a pas l'air content), ils
   restent très longtemps et ils insistent pour passer des
   heures au piano à chanter et à jouer pour le pauvre Maurice.
   Il déteste ces visites et il déteste leur musique (ils ne sont
   pas très forts en musique). Mais Maurice est trop poli pour
   leur dire de ne pas venir ou de ne pas chanter et jouer.
   Qu'est-ce qu'il aurait fallu que Maurice fasse pour éviter
   cette visite particulièrement désagréable?

CE CHER VICTOR, Robin
Davis, 1975; sur la photo:
Jacques Dufilho, Bernard Blier
et Alida Valli.

Lecture

Une Lettre d'une mère à sa fille
et la réponse de la fille

le 5 octobre

Ma chérie,

Il y a maintenant plus d'une semaine que tu as quitté la maison et tu nous manques déjà beaucoup. Il faut absolument que *tu nous écrives* souvent *en donnant* tous les détails de ta vie à l'université, car il faut que *nous sachions* comment tu vis pour pouvoir supporter cette première séparation.

J'espère que tu as assez d'argent pour payer ton inscription, tes livres, ta chambre et ta pension. Écris-moi s'il faut que *nous* t'en *envoyions* davantage

Tu sais que ton père et moi, nous faisons de gros sacrifices *en t'envoyant* à l'université (il faut bien que *tu* le *saches*). Il faut donc que *tu puisses* bénéficier pleinement de tes cours et de tes rapports avec les autres étudiants.

Les universités sont pleines de jeunes gens de toutes sortes et il y a beaucoup de mauvaises tentations pour une jeune fille pure comme toi. Il faut donc que *tu sois* très prudente en ce qui concerne le choix de tes amis.

Je n'ai pas besoin de te dire d'autre part, que c'est souvent à l'université qu'on trouve à se marier.[3] Il y a certainement des quantités de jeunes gens sérieux et de bonne famille qui cherchent à connaître des jeunes filles. C'est *en allant* à l'université que j'ai connu ton père. Donc il faut que *tu penses* à cela. On n'est pas toujours jeune et il faut que *tu considères* l'avenir. Ton bonheur et ta sécurité doivent te préoccuper autant que tes études.

Pour faire une bonne impression *en te présentant* aux gens, il faut que *tu sois* toujours correctement habillée et que *tu sois* nette. Si tu fais la connaissance d'un jeune homme intéressant, sérieux, qui t'aime et te respecte, écris-moi vite!

Je t'envoie le bonjour de nos voisins, les Martin. Il faudrait que *tu* leur *envoies* une carte postale de ton campus.

Écris-moi vite, ma chérie! Je t'embrasse affectueusement,

Ta maman

---

3. *Trouver à se marier* = trouver quelqu'un à épouser.

MAX ET LES FERRAILLEURS,
Claude Sautet, 1971.
    Dans la production ciné-
matographique française, le
film policier a une grande place.
On imite les «thrillers» américains. L'intérêt du film réside
dans l'interprétation de Michel
Piccoli (rôle de Max) et Romy
Schneider, qui incarne une
femme de mauvaise vie. Un
«ferrailleur» est un marchand
de toutes sortes d'objets en
fer: vieilles carcasses de voiture, vieux carburateurs, etc.

Il y a certainement des quantités de jeunes gens sérieux de
bonne famille qui cherchent à connaître des jeunes filles.

le 15 octobre

Ma chère petite maman,

    J'ai bien reçu ta lettre du 5 octobre. Vous me manquez tous
beaucoup, mais cette séparation était nécessaire et nous fera réciproquement beaucoup de bien. J'ai vécu jusqu'à maintenant dans le
cadre familial; maintenant il faut que *je sache* qui je suis vraiment,
il faut que mon identité et ma personnalité *puissent* se définir
librement.

    Il faut que *tu comprennes,* ma chère maman, que je sais, mieux
que personne, ce qui est bon pour moi et il faut que *tu admettes* que
j'ai ma vie à vivre comme tu as eu (et tu as encore) la tienne. Je
prends note de tous tes conseils et je les apprécie et il ne faut pas que
tu sois inquiète pour moi.

    Il faut aussi que *tu te rendes* compte de mon âge. Je ne suis plus
une enfant. Je suis une femme. Il faudrait que papa et toi, *vous soyez*
conscients de cette réalité et que *vous l'acceptiez!* Les temps ont
changé, ma petite maman! Quant au mariage, il faut bien que *je* te
dise que je n'y pense pas: c'est la moindre de mes préoccupations.

    Ce qui importe, c'est ce qu'il faut que *je fasse* pour avoir une
vie, une carrière, des intérêts à moi, indépendants de ceux de ma
famille et de ceux de mon mari (si je me marie).

LA ROUTE DE CORINTHE, Claude Chabrol, 1967; sur la photo: Jean Seberg.

Les Français sont amoureux des westerns et des policiers du cinéma américain. Dans ce film abracadabrant, il y a des agents doubles, des enquêtes, une mystérieuse boîte saisie à la frontière. Il y a aussi des paysages bizarres comme ici, où le metteur en scène suspend son actrice principale dans le vide au bout d'un fil. Mais juste au bon moment, son fiancé Dex surgit, tue l'espion... et ils partent ensemble pour être heureux et avoir beaucoup d'enfants...

Quant au mariage, c'est la moindre de mes préoccupations!

Voilà, ma chère maman, mais il faut aussi que *vous sachiez,* papa et toi, que j'ai besoin de votre affection et de votre confiance sans lesquelles il me serait difficile de réaliser mes aspirations. Je t'embrasse affectueusement,

Julie

P.S. La vie est très chère ici et il faut que *j'achète* beaucoup de livres qui coûtent très cher. Pourriez-vous m'envoyer un peu d'argent pour subsister en attendant que je trouve un emploi?

Questions sur la lecture

1. Pourquoi faut-il que Julie écrive souvent à ses parents?
2. Quelle est votre opinion de la mère? Est-elle différente de votre mère? Cette mère ressemble-t-elle à la vôtre?
3. Selon la mère, pourquoi Julie doit-elle être prudente en ce qui concerne le choix de ses amis?
4. Pourquoi faut-il qu'elle commence à chercher un mari?
5. D'après la mère, qu'est-ce qu'il faut faire pour faire une bonne impression? Êtes-vous d'accord avec elle?
6. Comment doit être la situation sociale et économique de cette famille?
7. Pourquoi cette séparation était-elle nécessaire?
8. Comment sont les rapports entre Julie et ses parents? Sont-ils similaires à ceux qui existent entre vous et vos parents?
9. Quelles différences d'opinion remarquez-vous entre la mère et la fille? Correspondent-elles aux différences entre vos opinions et celles de votre mère?

Discussion/Composition

1. Écrivez une lettre à une journaliste comme Ann Landers ou Abigail Van Buren. Expliquez un problème réel ou imaginaire que vous avez et écrivez sa réponse. (Employez beaucoup de subjonctifs!)
2. Qu'est-ce qu'il faut faire pour réussir à l'université? Est-ce qu'il faut que vous fassiez vos études seulement, ou est-ce qu'il y a d'autres choses à faire? Qu'est-ce qu'il faut que vous fassiez pour votre vie sociale à l'université? (Employez beaucoup de subjonctifs!)
3. Qu'est-ce qu'il faut que vous fassiez ou que vous ne fassiez pas pour plaire à vos parents? À la société? À vos amis? Etc.

Vocabulaire actif

noms

carte postale f.
courrier m.
dialogue m.
impression f.
journaliste m. ou f.
patience f.
paysage m.
sacrifice m.
sécurité f.
séparation f.
tentation f.
volonté f.

adjectifs

gênant(-e)
imaginaire
inquiet / inquiète
net(-te)
obligé(-e)

verbes

arranger
coûter
expédier
partager
se plaindre
réciter
ressembler
supporter

adverbes

davantage
pleinement

autres expressions

à l'envers
bien sûr
d'autre part
en ce qui concerne
faire du mal à
   quelqu'un
faire une *valise*
tout à l'heure
trouver à se
   marier

Vocabulaire passif

noms

aspiration f.
chausson m.
épingle à
   cheveux f.
politicien m.
régime m.
serrure f.
version f.

adjectifs

moindre
puritain(-e)
verbal(-e)

verbe

bénéficier

adverbes

affectueusement
fidèlement
prudemment
réciproquement

28 Vingt-huitième Leçon

Le subjonctif (suite):
    autres emplois du subjonctif
    le passé du subjonctif

Lecture: *Une Lettre d'un père à son fils et la réponse du fils*

J'ai souvent peur que tu sois influencé par ces gens qu'on voit sur le campus qui ne sont pas là pour étudier.

Présentation

Je veux être juste. Voilà pourquoi *je veux que* tout le monde **ait** une demi-heure pour écrire la composition. Je veux assurer l'égalité! *Je veux que* chaque étudiant **commence** à écrire à dix heures. *Je veux que* chacun **écrive** en même temps. *Je veux que* chacun **finisse** à dix heures trente.

Je veux bien réfléchir à votre problème, mais *je voudrais* aussi *que* **vous réfléchissiez** au mien! *Je recommande que* **vous fassiez** un effort pour comprendre mon point de vue. Comment *voulez-vous que* **je sache** qui a besoin de temps supplémentaire? Quelle confusion!... Finalement, *je permets que* chaque étudiant **prenne** le temps nécessaire, mais *je propose que* **vous choisissiez** un sujet simple et *j'ordonne que* **vous finissiez** avant la fin de l'heure!

Je suis très heureux que **vous soyez** aussi satisfaits de votre professeur. D'ailleurs, je suis très heureux d'être votre professeur. Je serais triste d'avoir des étudiants moins doués que vous. *Je m'étonne que* **vous travailliez** toujours avec tant d'énergie. *Je serais désolé que* **vous soyez** moins enthousiastes.

Nous voulons obéir. Cependant, *nous voulons que* **vous compreniez** la difficulté. Certains étudiants veulent écrire une bonne composition mais ils écrivent lentement. *Ils veulent que* **vous** leur **donniez** cinq minutes de plus.

Naturellement nous voulons être raisonnables, mais *nous voudrions que* **vous soyez** raisonnable aussi. *Nous demandons que* tous les professeurs **soient** aussi rationnels, tolérants, justes et gentils que vous!

Et nous sommes ravis d'être vos étudiants. Nous aimons étudier. *Nous aimons que* **vous nous enseigniez** des choses intéressantes. *Nous préférons,* bien sûr, *que* **vous ne nous donniez pas** trop de grammaire difficile. Par exemple, nous avons déjà peur d'oublier toutes les formes du subjonctif!

UN HOMME QUI ME PLAÎT,
Claude Lelouch, 1969.

Claude Lelouch est très célèbre et très efficace. Son film *Un Homme et une femme* est un immense succès international et financier, Oscar de la production étrangère en 1966. *Un Homme qui me plaît* est très intéressant pour un étudiant de français comme vous, parce que c'est l'aventure d'un jeune homme et d'une jeune fille qui découvrent l'Amérique et, pendant le voyage, ils découvrent aussi l'amour.

Je recommande que vous fassiez un effort pour comprendre mon point de vue.

Et moi aussi, *j'ai peur que* **vous ne les oubliiez!** *Je crains de* présenter des concepts trop subtils. *Je crains que* **vous ne** les **compreniez** mal, *que* **vous ne fassiez** des fautes. *Je serais fâché que* **vous fassiez** des fautes stupides.

Et *pour qu'*un professeur **fasse** un bon cours, *il faut que* les étudiants **s'intéressent** à la matière! Afin de préparer ma leçon, *il faut que* **je tienne compte** de vos capacités d'assimilation. *Afin que* **vous puissiez** assimiler la grammaire, je vous présente de nouveaux phénomènes dans un ordre très logique.

Et nous aussi, nous serions fâchés de faire des fautes stupides... ce qui est très rare. *Nous regrettons que* **vous n'ayez pas** confiance en nous! Quelle sorte de professeur êtes-vous? *Pour qu'*un étudiant **apprenne** bien, *il faut que* son professeur **croie** en ses aptitudes.

Mais *bien que* **vous soyez** parfaitement organisé, la matière semble toujours très complexe. *Quoique* le français **soit** logique, nous le trouvons difficile.

Il deviendra plus facile, *à condition que* **vous soyez** intelligents, attentifs, appliqués et infatigables. Je vous promets une bonne note, *pourvu que* **vous parliez** bien, *que* **vous écriviez** bien, et *que* **vous fassiez** bien à l'examen.

Avant que **vous parliez** du système des notes, je voudrais parler de votre vraie motivation! *Jusqu'à ce que* **vous appreniez** les choses pour le plaisir de les apprendre, les notes ne seront qu'une motivation très discutable. Si vous n'êtes pas motivés par la beauté des sciences humaines, vous n'apprendrez rien! *À moins que* **vous ne soyez** motivés par la valeur intrinsèque du cours, le cours n'aura pas de valeur!

Je doute que **vous** me **compreniez!** *Je doute que* les étudiants **veuillent** comprendre. *Je ne crois pas que* **vous soyez** assez souples intellectuellement.

Il est possible que **je n'aie pas vu** ce que vous vouliez dire. *Il est possible que* **je n'aie pas su** vous comprendre. Mais j'espère avoir tort... et j'espère que vous me comprenez.

Voilà de la modération! C'est *le plus beau* principe *que* **je connaisse!** Il *n'y* a *rien qui* **soit** aussi prudent que la modération! Vous êtes les étudiants *les plus intelligents qui* **soient venus** à cette école! *Je suis content que* **vous vous soyez inscrits** à mon cours.

Avant que **vous parliez** de notre note dans ce cours, nous voudrions parler du système des notes en général. *Jusqu'à ce que* le système **soit** réformé, il y aura des injustices!

Quels discours! *À moins que* **nous ne vous interrompions,** vous continuerez toute l'heure à parler de valeurs abstraites. *Nous doutons que* **vous** nous **compreniez.**

Nous ne pensons pas que **vous jugiez** avec votre logique habituelle. *Nous ne trouvons pas que* **vous distinguiez** entre le principe et la pratique.

Nous sommes certains que les étudiants veulent vous comprendre. *Nous ne sommes pas sûrs que* **vous ayez compris** les étudiants. Enfin, dialoguons!

Vous êtes le professeur *le plus extraordinaire que* **nous ayons eu.** Nous avons besoin *d'autres professeurs qui* **soient** aussi modérés que vous. Malheureusement, nous *n'avons personne qui* **soit** aussi large d'esprit que vous.

Explications

1 Le subjonctif s'emploie dans la proposition subordonnée quand son sujet est différent du sujet de la proposition principale. S'il y a un seul sujet, on emploie un verbe avec un infinitif dans une phrase simple:

un seul sujet	*deux sujets différents*
phrase simple	*phrase complexe*
verbe + infinitif	*subjonctif dans la proposition subordonnée*

Exemples:

Je veux **être** juste.	**Je** veux que **vous soyez** juste.
Elle est heureuse de **venir** chez nous.	**Nous** sommes heureux qu'**elle vienne** chez nous.
Vous avez peur de **savoir** la vérité.	**Vous** avez peur que **nous ne**[1] **sachions** la vérité.
Elle travaille pour **pouvoir** vivre confortablement.	**Elle** travaille pour qu'**ils puissent** vivre confortablement.
Elles ne pensent pas **recevoir** la lettre à temps.	**Elles** ne pensent pas que **je reçoive** la lettre à temps.

Attention: Si le subjonctif ne s'emploie généralement que dans la proposition subordonnée, il ne faut pas supposer que le subjonctif s'emploie dans toutes les propositions subordonnées. Vous avez déjà appris à employer l'indicatif dans des propositions subordonnées quand il s'agit d'un fait réel ou très probable:

Exemples: Je sais qu'**ils sont** arrivés.
Je remarque que le vent **vient** souvent de l'est.
Elle se rend compte pourquoi **nous** la **cherchons**.

2 Il faut donc une raison précise pour employer le subjonctif. Voici plusieurs catégories différentes qui vous permettront d'étudier et d'apprendre l'usage du subjonctif:

A. Dans les propositions subordonnées introduites par les verbes qui expriment *la volonté:*

vouloir	**commander**	**recommander**	**suggérer**
ordonner	**demander**	**proposer**	**permettre**, etc.

---

1. Le verbe est affirmatif. Le *ne* pléonastique est une redondance négative qui vient s'ajouter à l'aspect déjà négatif du sens du verbe. Ce *ne* pléonastique devant le verbe de la proposition subordonnée est causé par certains verbes dans la proposition principale (p. e., avoir peur, craindre), par certaines conjonctions de subordination (à moins que, avant que), et par certaines constructions de comparaison (Elle est *plus* intelligente que vous *ne* pensez. Nous avons *moins* d'argent que vous *ne* supposez).

Exemples: *Je veux que* chaque étudiant **finisse** la composition à dix heures trente.

Les étudiants *veulent que* le professeur leur **donne** cinq minutes de plus.

Ma mère *voudrait que* **je fasse** mon lit tous les matins.

Il recommande que **vous arriviez** à l'heure.

On suggère que **nous sachions** toutes les dates de la guerre de sécession.

B. Après les verbes et les expressions qui expriment *un sentiment, une attitude, une opinion* ou *une émotion:*

aimer	**avoir peur**	**se fâcher**	**être heureux**
préférer	**craindre**	**être fâché**	**être triste**
regretter	**s'étonner**	**être content**	**être désolé**

Exemples: *J'aime qu'*elle **vienne** ici.

Elle préfère que **j'aille** chez elle.

*Vous regrettez qu'*il **ne soit pas** avec nous.

Sa mère *a peur qu'*elle ne[1] **choisisse** un mauvais mari.

Je crains que **vous n'ayez** déjà envie de partir.

Je m'étonne que **vous ayez** déjà envie de partir.

*Nous sommes très fâchés qu'*ils **ne puissent pas** se libérer.

Je suis heureux que **vous soyez** avec moi.

Vous êtes content que sa famille vous **reçoive.**

*Il est triste qu'*elle **ne** lui **écrive plus.**

Remarquez: Avec le verbe **espérer**, on utilise l'indicatif.

J'espère que **vous** me **comprenez.**

*Nous espérons qu'*il **n'y aura pas** de problèmes.

C. Après certaines *conjonctions de subordination:*

1. Les prépositions **sans, pour, afin de, avant de, à condition de, à moins de** + infinitif deviennent les conjonctions **sans que** («without»), **pour que** («for»), **afin que** («in order that»), **avant que** («before»), **à condition que** («provided that»), **à moins que** («unless») + subjonctif quand il y a un changement de sujet.

sans changement de sujet	*avec changement de sujet*
Il parle *sans* **dire** beaucoup.	Je l'écoute *sans qu'*il **dise** beaucoup.
Je me dépêche *pour* **finir** à l'heure.	Je me dépêche *pour que* **nous finissions** à l'heure.
Le roi porte une couronne *afin d'***être** reconnu par ses sujets.	Le roi porte une couronne *afin que* ses sujets le **reconnaissent.**
Roméo se tue *avant de* **pouvoir** parler à Juliette.	Roméo se tue *avant que* Juliette **ne reprenne** conscience.

Elle considérera ce projet *à condition d'**avoir** un dossier complet.
(= Elle considérera ce projet seulement si elle a un dossier complet.)

Elle considérera ce projet *à condition qu'**on** lui **fournisse** un dossier complet.

Tu seras sans doute à l'heure *à moins d'**avoir** un accident en route.
(= Tu seras sans doute à l'heure si tu n'as pas d'accident en route.)

Tu seras sans doute à l'heure *à moins qu'**il n'y ait** un accident sur la route.

2. Les conjonctions **pourvu que** («provided that»), **bien que** («although»), **quoique** («although»), **jusqu'à ce que** («until»), **qui que** («who[whom]ever»), **quoi que** («whatever») et **où que** («wherever») prennent *toujours* le subjonctif:

sans changement de sujet

Nous sommes sympathiques *pourvu que* **nous soyons** en forme.
(= Nous sommes sympathiques à condition d'être en forme.)

avec changement de sujet

Nous sommes sympathiques *pourvu que* notre santé **soit** bonne.

Bien que **je fasse** des efforts, je ne réussis pas.
(= Je fais des efforts mais je ne réussis pas.)

Bien que **je fasse** des efforts, c'est toujours impossible à faire.

Quoique **je fasse** des efforts, je ne réussis pas.
(= Bien que je fasse des efforts je ne réussis pas.)

Quoique **je fasse** des efforts, c'est toujours impossible à faire.

Nous nous parlerons *jusqu'à ce que* **nous nous endormions.**
(= Nous nous parlerons jusqu'au moment où nous nous endormirons.

Nous nous parlerons *jusqu'à ce que* le soleil **apparaisse** à l'horizon.

Qui que **vous soyez**, vous ne comprendrez jamais le secret de la chambre bleue.

Qui que **vous soyez**, je ne vous dirai jamais le secret de la chambre bleue.

Quoi que **nous décidions**, nous réussirons.

Quoi que **nous décidions** de faire, j'espère que nous le ferons.

Où que **j'aille**, je ne t'oublierai jamais.

Où que **j'aille**, tu resteras toujours dans mon esprit.

D. Après certains verbes et certaines expressions qui expriment *un doute, une opinion négative ou interrogative, une incertitude, une possibilité:*

douter	**ne pas trouver, trouver?**
sembler	**ne pas être sûr, être sûr?**
ne pas croire, croire?	**ne pas être certain, être certain?**
ne pas penser, penser?	**être possible**

Exemples: *Je doute que* Charles **reconnaisse** cette dame.
Il semble que Georges **ait** des difficultés.
mais
Il **me** *semble que* Georges **a** des difficultés.

Ils ne croient pas que **je dise** la vérité.
Croient-ils que **je dise** la vérité?
mais
Ils croient que **je dis** la vérité.

Elle ne pense pas que Louis **se rende compte** du prix de son
màriteau.
Pense-t-elle que Louis **se rende compte** du prix de son manteau?
mais
Elle pense que Louis **se rend compte** du prix de son manteau.

Je ne trouve pas que votre tableau **soit** très original.
Trouvez-vous que mon tableau **soit** très original?
mais
Je trouve que votre tableau **est** très original.

Nous ne sommes pas sûrs que **vous soyez** d'accord.
*Es-tu sûr qu'***ils soient** d'accord?
mais
*Nous sommes sûrs qu'***ils sont** d'accord.

Il n'est pas certain que Martin le **fasse.**
Est-il certain que Martin le **fasse?**
mais
Il est certain que Martin le **fait.**

Il est possible que **je puisse** vous accompagner.
mais
Il est probable que **je peux** vous accompagner.

E. Le subjonctif peut s'employer dans une proposition subordonnée introduite par un pronom relatif si l'antécédent du pronom relatif a une existence douteuse ou des caractéristiques exclusives ou superlatives.

1. **Rien** ou **personne:**

Exemples: Ce musée *ne* contient *rien qui* **puisse** vous intéresser.
Je *ne* vois *personne qui* **soit** capable de le faire mieux que moi.

2. Une personne ou une chose recherchées ou désirées dont les caractéristiques données font qu'elles sont peut-être introuvables:

Exemples: Il cherche *une petite auto de sport italienne, rouge, dernier modèle, qui* **soit** *bon marché.*
            (Si elle existe, peut-elle être bon marche?)
            Je voudrais trouver *un chien qui* **soit** *fidèle et sympathique et qui* **obéisse** *à tous mes ordres.* (Existe-t-il? Est-ce possible?)

Mais: Il cherche sa voiture, qui **est** ancienne et beige, et qu'**on a volé** la semaine dernière. (Elle existe!)
            Je voudrais trouver mon chien, qui **est** petit et gris et qui **s'appelle** Rover. (Il existe!)

3. Un nom modifié par **seul, unique,** ou par un *adjectif superlatif* (exclusivité douteuse):

Exemples: C'est le professeur *le plus intelligent qu'*il y ait à cette école.
            (C'est une opinion excessivement subjective. Il y a peut-être d'autres professeurs aussi intelligents.)
            Vous êtes l'*unique femme du monde qui* **sache** l'alchimie.
            Vous êtes *la seule femme qui* **comprenne** ces choses-là!
            (C'est douteux! Il y a peut-être d'autres femmes alchimistes.)

Mais: La Chine est le pays *le plus peuplé qu'***il y a** sur la terre.
            (C'est un fait réel.)
            Vous êtes *l'unique femme qu'***il y a** dans la salle.
            (C'est un fait indiscutable.)

3 Le passé du subjonctif:

A. Le passé du subjonctif est formé du subjonctif présent de l'auxiliaire (**être** ou **avoir**) + le participe passé:

donner	venir
...que **j'aie donné**	...que **je sois venu(-e)**
...que **tu aies donné**	...que **tu sois venu(-e)**
...qu'**il ait donné**	...qu'**il soit venu**
...qu'**elle ait donné**	...qu'**elle soit venue**
...que **nous ayons donné**	...que **nous soyons venu(-e)s**
...que **vous ayez donné**	...que **vous soyez venu(-e)(-s)**
...qu'**ils aient donné**	...qu'**ils soient venus**
...qu'**elles aient donné**	...qu'**elles soient venues**

se lever

...que **je me sois levé(-e)**
...que **tu te sois levé(-e)**
...qu'**il se soit levé**
...qu'**elle se soit levée**
...que **nous nous soyons levé(-e)s**
...que **vous vous soyez levé(-e)(-s)**
...qu'**ils se soient levées**
...qu'**elles se soient levées**

B. Le passé du subjonctif s'emploie quand l'action de la proposition subordonnée est antérieure à (qui vient avant) l'action de la proposition principale:

Je ne crois pas que **vous** leur **ayez donné** l'argent!

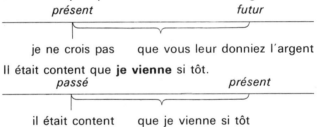

Il était content que **je sois venu** si tôt.

C. Si l'action de la proposition subordonnée est simultanée avec (qui arrive en même temps) ou postérieure à (qui vient après) l'action de la proposition principale, on emploie le présent du subjonctif:

Je ne crois pas que **vous** leur **donniez** l'argent.

Il était content que **je vienne** si tôt.

Exercices oraux

A. Répondez aux questions suivantes: (§1, 2)

1. Aimez-vous être chez vous à Noël?
2. Aimez-vous que le professeur soit à l'heure?
3. Voudriez-vous boire un café maintenant?
4. Voudriez-vous qu'on ne reçoive pas de notes?
5. Est-il préférable que nous parlions français en classe?
6. Regrettez-vous qu'il n'y ait pas de roi aux États-Unis?
7. Avez-vous peur qu'il y ait un examen final?
8. Voudriez-vous que vos parents sachent tout ce que vous faites?
9. Êtes-vous heureux que le professeur puisse vous comprendre en français?
10. Doutez-vous que le français soit une langue logique?

B. Répondez à l'affirmatif et puis au négatif (Attention: Quand
    il y a deux sujets dans une phrase, à l'affirmatif il faut
    employer l'indicatif, mais au négatif il faut employer le
    subjonctif.): (§1, 2)
    Exemple: *Croyez-vous que le français soit utile?*
              Oui, je crois que le français est utile.
              Non, je ne crois pas que le français soit utile.

  1. Trouvez-vous que la vie d'étudiant soit compliquée?
  2. Êtes-vous sûr que cette université vous convienne?
  3. Êtes-vous certain que les Français sachent employer le
     subjonctif?
  4. Pensez-vous que cette leçon soit compliquée?
  5. Croyez-vous que quelqu'un ici se souvienne de la guerre de
     sécession?

C. Demandez à un autre étudiant ou à une autre étudiante:
    (§1, 2)
    Exemple: *s'il (si elle) pense qu'il est utile de parler une autre
              langue.*
              *Penses-tu qu'il soit utile de parler une autre
              langue?*

  1. s'il (si elle) pense qu'il est utile de parler une autre langue.
  2. s'il (si elle) veut que les professeurs fassent attention aux
     questions des étudiants.
  3. s'il (si elle) a peur qu'une guerre nucléaire n'ait lieu.
  4. s'il (si elle) regrette qu'en classe nous ne parlions pas
     anglais.
  5. s'il (si elle) regrette de ne pas avoir étudié avant l'examen.
  6. s'il (si elle) pense que le français est une langue pratique.
  7. s'il (si elle) pense avoir toujours raison.
  8. s'il (si elle) doute qu'on puisse apprendre une langue en une
     année.
  9. s'il (si elle) s'étonne que le hamburger américain réussisse
     en Europe.
 10. s'il est préférable qu'il (elle) fasse attention aux explications.

D. Finissez les phrases suivantes: (§2)
    Exemple: *Nous irons au cinéma ce soir à condition que...*
              *Nous irons au cinéma ce soir à condition qu'il y
              ait un bon film.*

  1. Vous irez à Honolulu ce week-end à moins que...
  2. Simon ne comprend jamais rien bien que...
  3. Tu seras mon meilleur ami pourvu que...
  4. Nous resterons ensemble jusqu'à ce que...

5. Josette est partie sans que...
6. Je me suis dépêché afin que...
7. On nous donne des vitamines pour que...
8. Personne n'a trouvé le message secret quoique...
9. Nous avons pris un café avant que...
10. Vous pouvez partir maintenant à condition que...

E.   Répondez aux questions suivantes:
  1. Regardez la photo à la page 445.
      a.   Qu'est-ce que le cowboy de droite a suggéré que l'autre fasse?
      b.   Avez-vous peur que le cowboy au centre meure?
      c.   Faut-il que le sheriff intervienne?
      d.   Suggérez quelque chose pour que cette dispute finisse.
      e.   Pensez-vous que les westerns français soient très authentiques?
  2. Regardez la photo à la page 458.
      a.   L'homme qui est debout, pourquoi est-il content que le jeune homme soit là?
      b.   Qu'est-ce que la femme recommande que le jeune homme fasse?
      c.   Qu'est-ce qu'il semble que le jeune homme pense?
      d.   Veut-il que les autres s'en aillent?

Exercices écrits

A.   Répondez par écrit aux exercices oraux A, B et D.

B.   Répondez par écrit aux questions de l'exercice oral C.

C.   Avec deux phrases, faites-en une. Utilisez le subjonctif quand il est nécessaire: (§1, 2)
     Exemple: *Nous sommes contents. L'année scolaire est finie.*
                Nous sommes contents que l'année scolaire soit finie.

  1. Nous sommes ravis. La semaine des examens est finie.
  2. Cet étudiant est désolé. Il ne comprend pas le subjonctif.
  3. Étiez-vous surpris? Elle n'est pas venue à votre soirée.
  4. Il désire. Il a toujours raison.
  5. Elle est enchantée. Vous voulez bien sortir avec elle.
  6. Le roi veut. Son peuple lui obéit.
  7. Bernard regrette. Il a manqué un bon film.

8. Je ne pense pas. Il va en France cet été.
9. Nous espérons. Vous passerez de bonnes vacances.
10. Je suis sûr. Vous réussirez.
11. Je ne crois pas. Cette histoire est vraie.
12. Je veux. Il apprend à se conduire bien.
13. Thérèse a honte. Elle a oublié son rendez-vous.
14. Mon frère est désolé. Vous ne voulez pas sortir avec lui.
15. Je suis persuadé. Ce film vous plaira.
16. Il est possible. Il viendra demain.
17. Êtes-vous surpris? Ils ont gagné tant d'argent.
18. Ses parents veulent. Ses parents font un voyage.
19. Nous regrettons. Il vend sa maison.
20. J'aime mieux. Nous discutons ce film en anglais.
21. Tout le monde craint. Il y a un tremblement de terre.

D. Selon le sens de la phrase, remplacez les tirets par une forme de l'indicatif ou du subjonctif du verbe entre parenthèses: (§2)

1. (comprendre) Nous discutons ce roman en français pour que cette personne ne _____ pas.
2. (pouvoir) Nous voulons une démocratie afin que tout le monde _____ exprimer son opinion.
3. (être) Je vous aime parce que vous _____ séduisant.
4. (se sentir) Nous ferons du ski jusqu'à ce que vous _____ fatigué.
5. (arriver) Essayez de vous dépêcher pour que nous _____ à l'heure.
6. (être) Nous aimons faire de la natation parce que nous _____ sportifs.
7. (vouloir) Je ne peux pas le faire, bien que le professeur le _____.
8. (être) Je m'en irai à moins que vous ne _____ très gentil avec moi.
9. (ne pas parler) Bien que nous _____ la même langue, nous nous comprenons.
10. (dire) Quoi qu'il _____, moi, je vous dis qu'il a tort!
11. (savoir) Ils se marient sans que leurs parents le _____.
12. (finir) Ils savent quand elle _____ son travail.
13. (pouvoir) Vous êtes si difficile qu'il n'y a rien au monde qui _____ vous contenter!

14. (être) J'ai besoin de quelqu'un d'intelligent qui _____ capable de m'aider à faire mes devoirs ce soir.

15. (vouloir) Il n'y a personne d'intelligent ici qui _____ bien vous aider ce soir.

E. Mettez le verbe au temps voulu: le présent ou le passé du subjonctif: (§3)

1. (partir) J'ai peur que son chien _____ pour toujours hier quand la porte était ouverte.

2. (partir) J'avais peur que son chien _____ hier quand la porte était ouverte, mais, finalement, il est resté dans la maison.

3. (recevoir) Je parlerai avec mon professeur au sujet de ma mauvaise note avant que mon père _____ sa lettre officielle.

4. (avoir) Ils s'étonneraient que nous _____ une idée originale.

5. (avoir) Ils s'étonnent que nous _____ l'idée d'organiser notre voyage il y a si longtemps.

F. Inventez un commencement approprié aux phrases suivantes et écrivez toute la phrase: (§1, 2, 3)
    Exemple: *...qu'elle soit tombée.*
              Je suis désolé qu'elle soit tombée.

1. ...qu'il fasse beau.
2. ...que nous nous trompions.
3. ...qu'il se souvienne de moi.
4. ...que vous rougissiez.
5. ...que tu sais la différence entre un cheval et un zèbre.
6. ...que nous ayons essayé de vendre des brosses à dents.
7. ...que Raymond soit parti avant la fin de la soirée.
8. ...que Monsieur Poirot ait trouvé le criminel.
9. ...que vous avez bien dormi.
10. ...que je sois né en Mongolie.

Lecture

Une Lettre d'un père à son fils
et la réponse du fils

le 10 octobre

Mon cher fils,

Je voudrais tout d'abord te remercier de nous avoir écrit cette longue lettre pleine de détails sur ton arrivée à l'université. Ta mère et moi, nous sommes très heureux que *tu aies trouvé* un appartement si près du campus. C'est une chance aussi que *tu sois* avec Jack et Paul Stuart dont je connais si bien le père avec qui j'étais moi-même à l'université, il y a bien longtemps. Mais les choses ont changé depuis ce temps-là!

Tout en reconnaissant nos différences, j'aurais voulu que *tu sois* dans ma fraternité «Sigma Epsilon», mais puisque ce n'est pas dans tes idées, je ne veux pas t'influencer. Je voudrais quand même que *tu ailles* visiter ma fraternité et que *tu dises* aux jeunes gens qui y habitent que tu es le fils d'un des membres. Donne-leur ton adresse et ton numéro de téléphone pour qu'*ils puissent* t'inviter à leurs soirées—elles étaient formidables de mon temps et il est probable que cela n'a pas changé.

Tu sais que ta mère et moi, nous avons la plus grande confiance en toi et nous sommes persuadés que tu feras de ton mieux[2] pour réussir dans tes études. Nous ne nous étonnons pas que *tu ne saches pas* encore quelle spécialité tu voudrais choisir, pourtant nous voudrions que *tu prennes* une décision.[3] Je n'ai pas besoin de te dire que j'aimerais que *tu choisisses* les affaires, mais ta mère préférerait que *tu deviennes* médecin. Il est vrai que les médecins sont très recherchés aujourd'hui et il est certain qu'ils gagnent tous beaucoup d'argent.

Je suis surpris que *tu ne fasses pas* de sport car au lycée tu aimais beaucoup le football et le basket-ball. Il est possible qu'*il y ait* bien d'autres choses à faire à l'université mais n'oublie pas le proverbe: «Un esprit sain dans un corps sain».

J'ai souvent peur aussi que *tu sois influencé* par tous ces gens qu'on voit sur les campus aujourd'hui. Il y en a beaucoup qui ne sont

---

2. *Faire de son mieux,* expression idiomatique = faire tout son possible.

3. Remarquez qu'on *prend une décision* en français.

J'aimerais que tu choisisses les affaires mais ta mère préférerait
que tu deviennes médecin. *(Aimez-vous les femmes?)*

pas là pour étudier et choisir une carrière. Sois[4] donc fort en toute
occasion et ne te laisse pas influencer par ceux-là.

Je sais que tu tiens à financer tes propres études mais je voudrais
que *tu n'hésites pas* à me demander de l'argent si tu en as besoin —
raisonnablement, bien sûr! Je voudrais que *tu puisses* consacrer
tout ton temps à tes études jusqu'à ce que *tu obtiennes* ton diplôme.

_____

4. *Sois* est ici l'impératif familier du verbe *être*.

Toute notre famille se porte bien — nous espérons te lire bientôt. Je souhaite que *tu t'adaptes* bien à ta nouvelle vie et que *tu réussisses* à tous tes examens.

Écris-nous quand tu pourras.

Bien affectueusement,

Ton père

le 15 novembre

Mon cher papa,

Ta lettre du 10 octobre est bien arrivée. Je voulais te répondre tout de suite afin que maman et toi, *vous sachiez* que je ne vous oublie pas complètement, mais mes copains voulaient que *j'aille* avec eux faire une excursion de quelques jours en montagne. Nous y sommes allés en auto-stop. Il n'y avait pas encore assez de neige pour que *nous puissions* skier, mais nous nous sommes bien amusés.

Tu voulais que *j'aille* à ta fraternité mais je n'ai pas eu le temps de le faire. Mon emploi du temps est très chargé. Je joue beaucoup au tennis et je cours tous les matins autour du campus pour me garder en pleine forme physique.

Je regrette de t'annoncer que, pour le moment, ni les affaires ni la médecine ne m'intéressent particulièrement. J'aime de plus en plus lire des poèmes et en écrire. Je me suis donc inscrit dans un cours de littérature anglaise. J'ai aussi décidé de faire du français car j'aime tant la littérature et la langue françaises. J'aime aussi de plus en plus le cinéma. Je regrette que tous ces nouveaux intérêts *ne soient pas* conformes à vos désirs et à vos aspirations pour moi, mais c'est ma vie et j'ai l'intention de faire ce qui me plaît.

Dis à maman que je vais lui écrire.

Affectueusement,

Bill

P.S. Puisque tu veux bien m'aider jusqu'à ce que *je réussisse* à trouver un boulot,[5] envoie-moi un peu d'argent.

---

5. *Boulot* (terme familier) = travail, poste, situation.

1. Pourquoi les parents sont-ils heureux que leur fils ait trouvé un appartement?
2. Pourquoi le père veut-il que son fils aille voir sa fraternité? Pensez-vous que le fils ait la même opinion vis-à-vis des fraternités que son père? Pensez-vous qu'il veuille la visiter, comme son père suggère? Pourquoi pensez-vous que le fils n'a pas la même opinion? Que pensez-vous des fraternités?
3. Pourquoi les parents veulent-ils que leur fils choisisse bientôt une spécialité? Est-ce nécessaire qu'un étudiant de première année en choisisse une?
4. Quelle profession le père envisage-t-il pour son fils? Et la mère? Quelle carrière vos parents veulent-ils que vous choisissiez? Et vous, quelle carrière voulez-vous choisir?
5. À quelles disciplines est-ce que Bill s'intéresse?
6. A-t-il répondu tout de suite à la lettre de son père? Pourquoi?
7. Qui finance les études de Bill? Qui finance les vôtres?
8. Est-ce que vous recevez quelquefois des lettres semblables? Sur quelles choses vos parents insistent-ils?

Discussion/Composition

1. Imaginez la réaction des parents de Bill à sa lettre et écrivez la réponse du père. (Employez beaucoup de subjonctifs.)
2. Écrivez une lettre typique réelle ou imaginaire de vos parents et écrivez votre réponse. (Employez beaucoup de subjonctifs.)
3. Pensez-vous que le choix d'une carrière soit important? Quand devrait-on le faire? Quels critères faut-il considérer pour prendre une décision? Pensez-vous qu'on doive écouter les conseils de ses parents? Avez-vous déjà choisi votre carrière? Laquelle? Pourquoi l'avez-vous choisie?

Vocabulaire actif

noms

boulot m.
capacité f.
concept m.
confusion f.
couronne f.
discours m.
égalité f.
injustice f.
logique f.
membre m.
modération f.
point de *vue* m.
pratique f.

adjectifs

abstrait(-e)
chargé(-e)
conforme
désolé(-e)
douteux / douteuse
enthousiaste
fâché(-e)
fidèle
habituel(-le)
indiscutable
influencé(-e)
insupportable
juste
large
logique

modéré(-e)
organisé(-e)
peuplé(-e)
préférable
rationnel(-le)
sain(-e)
secret / secrète
surpris(-e)
tolérant(-e)

verbes

contenter
distinguer
douter
s'étonner
hésiter
s'inscrire
juger
ordonner
recommander
remercier
souhaiter

adverbes

affectueusement
parfaitement
raisonnablement

prépositions

à *condition* de
afin de
à moins de

conjonctions

à *condition* que
afin que
à moins que
avant que
bien que
cependant
jusqu'à ce que
où que
pour que
pourvu que
puisque
qui que
quoi que
quoique
sans que

autres expressions

ce temps-là
de plus en plus
faire de son mieux
prendre une
    décision
tenir à
tenir compte de

Vocabulaire passif

noms	adjectifs	verbes
alchimie f.	appliqué(-e)	*assimiler*
aptitude f.	discutable	*dialoguer*
assimilation f.	doué(-e)	*financer*
critère m.	infatigable	fournir
hamburger m.	*intrinsèque*	
Mongolie f.	motivé(-e)	
motivation f.	*persuadé(-e)*	**adverbe**
sécession f.	*réformé(-e)*	intellectuellement

29 Vingt-neuvième Leçon

Le discours direct → le discours indirect

Les expressions *entendre parler de, entendre dire que,* et *il paraît que*

Lecture: *Les Appréhensions de David*

On m'a dit que les Français aimaient bien discuter.

Présentation

«Allez au tableau, Alice!»
Qu'est-ce que *j'ordonne* à
Alice?

Vous lui ordonnez d'aller au
tableau.

Qu'est-ce que *je lui ai*
ordonné?

Vous lui avez ordonné d'aller
au tableau.

«Soyez toujours présents!»
Qu'est-ce que *je vous dis?*

Vous nous dites d'être
toujours présents.

Qu'est-ce que *je vous ai dit?*

Vous nous avez dit d'être
toujours présents.

«C'est une leçon sur le
discours indirect.» Qu'est-ce
que *je vous dis?*

Vous nous dites que c'est
une leçon sur le discours
indirect.

Qu'est-ce que *j'ai dit?*

Vous nous avez dit que
c'était une leçon sur le
discours indirect.

«Il faut faire attention à mes
explications.» Qu'est-ce que
j'ai dit?

Vous avez dit qu'il fallait
faire attention à vos
explications.

«Nous allons étudier les
changements de temps au
discours indirect.» Qu'est-ce
que *j'ai dit?*

Vous avez dit que nous
allions étudier les
changements de temps au
discours indirect.

«Est-ce lundi ou mardi
aujourd'hui? Y a-t-il un
examen? Où est-il et à quelle
heure est-il?» Qu'est-ce que *je*
vous ai demandé?

Vous nous avez demandé si
c'était lundi ou mardi, **s'il**
y avait un examen; ensuite,
vous nous avez demandé où
il était et à quelle heure **il**
était.

«Hier *nous avons fait* une
dictée et beaucoup d'étudiants
ont fait des fautes stupides!»
Qu'est-ce que *j'ai dit?*

Vous avez dit qu'hier nous
avions fait une dictée et **que**
beaucoup d'étudiants **avaient**
fait des fautes stupides.

«*Je voudrais* redonner la
même dictée demain et de
cette manière *on verra* quels
étudiants *auront étudié.*»
Qu'est-ce que *j'ai dit?*

Vous avez dit que vous
voudriez redonner la même
dictée demain et **que** de cette
manière **on verrait** quels
étudiants **auraient étudié.**

L'AMÉRICAIN, Marcel Bozzuffi, 1969; sur la photo: Jean-Louis Trintignant et Bernard Fresson.

Trouvez-vous que ce Français ait l'air d'un Américain et qu'il soit habillé comme un Américain? Son chapeau, sa cravate et sa chemise sont «made in U.S.A.». C'est ainsi que les Français en 1969 voyaient un de leurs compatriotes qui avait vécu quinze ans aux U.S.A.

Est-ce lundi ou mardi aujourd'hui? Y a-t-il un examen? Où est-il et à quelle heure est-il?

«*Je ne veux pas qu'on fasse* les mêmes erreurs demain.» Qu'est-ce que j'ai dit?

Vous avez dit que vous ne vouliez pas qu'on fasse les mêmes erreurs demain.

«*Regardez-moi* quand *je vous parle,* Philippe. *Vous ne faites pas* vos exercices de laboratoire. *C'est* pourquoi votre prononciation *n'est pas* bonne. *Demain venez* à mon bureau, *nous ferons* ensemble tous les exercices que *vous avez manqués* et *j'espère* que *vous comprendrez* pourquoi *je vous demande* de travailler.» Qu'est-ce que *je vous ai dit?*

Vous m'avez dit de vous regarder quand **vous me parliez** et **vous avez dit que je ne faisais pas** les exercices de laboratoire et **que c'était** pourquoi ma prononciation **n'était pas** bonne. **Vous m'avez ensuite demandé de venir** à votre bureau demain et **vous avez précisé que nous ferions** ensemble les exercices que **j'avais manqués** *et* **vous avez conclu que vous espériez** que **je comprendrais** pourquoi **vous me demandiez de travailler.**

Il lui a dit que ce jour-là il l'aimait plus que la veille et bien moins que le lendemain.

«J'espère que *vous aurez étudié* toute la grammaire avant lundi prochain. *J'espère* que *vous l'aurez* bien *assimilée* et que *vous l'aurez pratiquée* correctement dans les exercices que *vous aurez faits.»* Qu'est-ce que j'ai dit?

Vous avez dit que vous espériez que nous aurions étudié toute la grammaire avant lundi prochain. **Vous avez dit que vous espériez que nous l'aurions bien assimilée et que nous l'aurions pratiquée** correctement dans les exercices que **nous aurions faits.**

Jill a dit à Jacques: *«Je suis triste que nous soyons tombés et je regrette que nous n'ayons plus* d'eau. *Il faut que nous remontions* la colline.» Qu'est-ce qu'elle a dit à Jacques?

Elle lui a dit qu'elle était triste qu'ils soient tombés et elle a continué à dire qu'elle regrettait qu'ils n'aient plus d'eau. **Elle a conclu qu'il fallait qu'ils remontent** la colline.

Roméo a dit à Juliette: «Oh mon amour! **aujourd'hui** je t'aime plus qu'**hier** et bien moins que **demain**.» Qu'est-ce qu'il lui a dit?

Il lui a dit que **ce jour-là** il l'aimait plus que **la veille** et bien moins que **le lendemain**.

Explications

1 Le discours indirect, comme son nom l'indique, est utilisé pour exprimer ce que quelqu'un dit ou a dit. Dans ce cas, on incorpore la citation dans la phrase.

A. Le discours indirect est *présent* ou *passé*.

Exemples: *Discours direct présent:* Nathalie **dit:** «**Je suis** fatiguée.»
Discours direct passé: Nathalie **a dit:** «**Je suis** fatiguée.»
Discours indirect présent: Nathalie **dit** qu'**elle est** fatiguée.
Discours indirect passé: Nathalie **a dit** qu'**elle était** fatiguée.

B. Quand la citation directe est un impératif, utilisez l'infinitif, précédé par **de**, dans le discours indirect présent et passé.

Exemples: *Discours direct:* Il me **dit:** «**Dites-lui** bonsoir!»
Discours indirect présent: Il me **dit de lui dire** bonsoir.
Discours indirect passé: Il m'**a dit de lui dire** bonsoir.

Discours direct: Il nous **dit:** «Partez!»
Discours indirect présent: Il nous **dit de partir.**
Discours indirect passé: Il nous **a dit de partir.**

C. Au discours indirect présent les temps ne changent pas.

Exemples: **Elle dit:** «**Je suis** fatiguée maintenant.» **Elle dit** qu'**elle est** fatiguée maintenant.
Elle dit: «**J'étais** fatiguée hier.» **Elle dit** qu'**elle était** fatiguée hier.
Elle dit: «**Je serai** fatiguée demain.» **Elle dit** qu'**elle sera** fatiguée demain.

D. Voici les changements de temps au discours indirect passé:

le présent → l'imparfait
le passé composé → le plus-que-parfait
le futur → le conditionnel
le futur antérieur → le conditionnel passé

Remarquez: Les temps suivants ne changent pas au discours indirect passé:
l'imparfait   le subjonctif présent
le conditionnel   le subjonctif passé

Exemple:	*Discours direct:*	François **dit**: «**Je préfère** rester chez moi, mais quand **j'étais** enfant, **j'adorais** aller chez mes grands-parents.»
	Discours indirect présent:	François **dit** qu'il **préfère** rester chez lui, mais que quand **il était** enfant, **il adorait** aller chez ses grands-parents.
	Discours indirect passé:	François **a dit** qu'il **préférait** rester chez lui, mais que quand **il était** enfant, **il adorait** aller chez ses grands-parents.
Exemple:	*Discours direct:*	Catherine **dit**: «**J'ai mangé, j'ai fait** mes devoirs et **je me suis couchée.**»
	Discours indirect présent:	Catherine **dit** qu'**elle a mangé,** qu'**elle a fait** ses devoirs et qu'**elle s'est couchée.**
	Discours indirect passé:	Catherine **a dit** qu'**elle avait mangé,** qu'**elle avait fait** ses devoirs et qu'**elle s'était couchée.**
Exemple:	*Discours direct:*	Vous **dites**: «**J'irai** en Europe l'année prochaine. **J'aurai appris** le français avant. **J'aimerais** aussi apprendre l'allemand. **Il faut** que **je m'y mette** tout de suite.»
	Discours indirect présent:	Vous **dites** que **vous irez** en Europe l'année prochaine, que **vous aurez appris** le français avant, que **vous aimeriez** aussi apprendre l'allemand et qu'**il faut** que **vous vous y mettiez** tout de suite.
	Discours indirect passé:	Vous **avez dit** que **vous iriez** en Europe l'année prochaine, que **vous auriez appris** le français avant, que **vous aimeriez** aussi apprendre l'allemand et **qu'il fallait** que **vous vous y mettiez** tout de suite.

E.   Voici un petit tableau récapitulatif:

discours direct	discours indirect présent	discours indirect passé
impératif (ordre)	de + infinitif	de + infinitif
présent	présent	imparfait
imparfait	imparfait	imparfait
passé composé	passé composé	plus-que-parfait
conditionnel	conditionnel	conditionnel
futur	futur	conditionnel
futur antérieur	futur antérieur	conditionnel passé
subjonctif présent	subjonctif présent	subjonctif présent
subjonctif passé	subjonctif passé	subjonctif passé

F.   Quand on explique ce que quelqu'un **dit** ou **a dit**, on utilise des *expressions verbales* comme:

dire de + *infinitif* (ordre)   **écrire que** (information)

demander de + *infinitif* (ordre)   **expliquer que** (explication)

demander que + *subjonctif* (ordre) **préciser que** (détail exact)

ordonner de + *infinitif* (ordre)   **ajouter que** (information supplémentaire)

dire que (déclaration)   **demander si** (question)

déclarer que (déclaration)   **répondre que** (réponse)

G.   Au discours indirect on utilise particulièrement ces *termes de liaison* que vous avez déjà appris: **d'abord, ensuite, et puis, et alors, finalement.**

Exemple: Le professeur dit: «*Vous arrivez* toujours en retard!
Asseyez-vous! Vous êtes un mauvais étudiant. *Vous faites* toujours des fautes et *c'est* dommage parce que *vous avez* des dispositions pour les langues.»
Je réponds: «*J'ai* de bonnes excuses.»
Le professeur demande: «*Venez* me voir dans mon bureau après la classe si *ça ne* vous *dérange pas.*»

D'abord, il m'**a dit** que **j'arrivais** toujours en retard. **Ensuite, il m'a ordonné** de m'asseoir **et puis il m'a dit** que **j'étais** un mauvais étudiant et que **je faisais** toujours des fautes. **Il a ajouté** que **c'était** dommage parce que **j'avais** des dispositions pour les langues; **alors, je** lui **ai répondu** que **j'avais** de bonnes excuses. **Finalement, il a demandé** que **je vienne** le voir dans son bureau après la classe si **ça ne** me **dérangeait pas.**

H.   Remarquez les *changements de personne* dans la transposition du discours direct en discours indirect.

1. Voici des changements de sujet (pronom, forme du verbe).

discours direct	discours indirect	changements de personne — pronoms sujets
Tu dis: «*Je pars.*»	Tu dis que **tu** pars.	je → tu
Il dit: «*Je pars.*»	Il dit qu'**il** part.	je → il
Elle dit: «*Je pars.*»	Elle dit qu'**elle** part.	je → elle
Vous dites: «*Je pars.*»	Vous dites que **vous** partez.	je → vous
Ils disent: «*Nous partons.*»	Ils disent qu'**ils** partent.	nous → ils
Elles disent: «*Nous partons.*»	Elles disent qu'**elles** partent.	nous → elles

2. Remarquez qu'il n'y a pas toujours un changement de personne:

Je dis: «*Je pars.*»	Je dis que j**e** pars.	je = je
Nous disons: «*Nous partons.*»	Nous disons que **nous** partons.	nous = nous

3. Remarquez aussi l'adaptation du pronom objet:

Elle nous dit: «Je vais *vous écrire.*» → Elle nous dit qu'elle va **nous** écrire.

Ils me demandent: «Pouvez-vous *nous* aider?» → Ils me demandent si je peux **les** aider.

I. Les adverbes de temps comme **aujourd'hui, hier, demain** et **maintenant** ne sont pas employés au discours indirect passé.

1. On utilise:

maintenant → **à ce moment-là**
aujourd'hui → **ce jour-là**
hier → **la veille**
demain → **le lendemain**

Exemples: *Discours direct:*   Anne dit: «*Aujourd'hui* il est ici, mais *hier* il était absent et on ne sait pas s'il viendra *demain.*»

Discours indirect passé: Anne a dit que **ce jour-là** il était ici, mais que **la veille** il était absent et qu'on ne savait pas s'il viendrait **le lendemain.**

2 Pour exprimer *une rumeur,* il y a trois expressions:

entendre parler de + nom   **J'ai entendu parler de** + nom
entendre dire que +   **J'ai entendu dire que** +
  sujet et verbe   sujet et verbe
Il paraît que + sujet et verbe

Exemples: *Passé:*   **J'ai entendu parler de** ce film.
       Passé: **J'ai entendu dire que** ce film était excellent.
       Présent: **Il paraît que** ce film est excellent.
       Passé: **J'ai entendu parler de** votre mariage.
       Passé: **J'ai entendu dire que** vous vous étiez marié.
       Présent: **Il paraît que** vous vous êtes marié.

Exercices oraux

A. Voici des phrases au discours indirect présent; mettez-les au discours direct: (§1)
   Exemple: *Je lui demande de parler plus fort.*
          «Parlez plus fort!»
          «Parle plus fort!»

  1. Je lui demande de faire attention à cet exercice.
  2. Je lui demande de venir me voir.
  3. Je lui demande de finir l'examen avant midi.
  4. Je lui demande s'il est malade.
  5. Je lui demande pourquoi il sait toujours les réponses.
  6. Je lui demande à quelle heure il se couche le soir.

B. Voici des phrases au discours direct; mettez-les au discours indirect passé: (§1)
   Exemple: *«Fermez la porte!»*
          Qu'est-ce que j'ai dit?
          Vous avez dit de fermer la porte.

  1. «Répondez à la question!»
    Qu'est-ce que j'ai dit?
  2. «Prenez vos billets au cinéma!»
    Qu'est-ce que j'ai dit?
  3. «Ma voiture est rouge.»
    Qu'est-ce que j'ai dit?
  4. «Je me couche à minuit.»
    Qu'est-ce que j'ai dit?
  5. «Nous comprenons bien le style indirect.»
    Qu'est-ce que nous avons dit?

C. Faites deux phrases différentes; mettez la première phrase au discours indirect et commencez par **J'ai entendu dire que** + sujet et verbe; commencez la deuxième phrase par **J'ai entendu parler de** + nom: (§1, 2)

Exemple: *Les Américains sont hospitaliers.*
l'hospitalité des Américains
J'ai entendu dire que les Américains étaient hospitaliers.
J'ai entendu parler de l'hospitalité des Américains.

1. Pierre est très avare.
l'avarice de Pierre
2. Ils vont se marier.
leur mariage
3. Il y a un match de football.
le match de football
4. Vous avez visité la Floride.
votre visite en Floride
5. Vous travaillez dans cette librairie.
votre travail dans cette librairie

D. Refaites les phrases suivantes; commencez les nouvelles phrases par **Il paraît que:** (§2)

Exemple: *Elle est malade.*
Il paraît qu'elle est malade.

1. Ils iront à ce concert.
2. Il était en Espagne.
3. Elle parlait français quand elle était jeune.
4. Ils ne vont pas être en classe aujourd'hui.
5. Nous avons bien réussi à cet examen.
6. Il ne part pas en vacances cet été.

E. Les phrases suivantes sont au discours direct passé. Dites-les au discours indirect passé: (§1)

Exemple: *Le petit chaperon rouge a dit: «Grand-mère, tu as des yeux énormes!»*
Le petit chaperon rouge a dit à sa grand-mère qu'elle avait des yeux énormes.

1. Horace Greeley a dit: «Allez vers l'ouest, jeune homme.»
2. Dionne Warwick a demandé: «Connaissez-vous le chemin de San José?»
3. Arlo Guthrie a dit: «Je ne veux pas de cornichon. Je veux seulement me promener à motocyclette.»

4. Mademoiselle Clairol a dit: «Puisque je n'ai qu'une vie, je voudrais être blonde.»
5. Louis XIV a dit: «L'état, c'est moi.»
6. Porgy a dit: «Bess, tu es maintenant ma femme.»
7. Pierre, Paul et Marie ont dit: «Puff, le dragon magique habitait au bord de la mer.»
8. Paul Revere a crié: «Les manteaux rouges arrivent!»
9. Ève a dit: «Adam, je suis désolée que nous n'ayons pas obéi à Dieu.»
10. Le général MacArthur a dit: «Je reviendrai.»

F. Répondez aux questions suivantes:
1. Regardez la photo à la page 465.
   a. Qu'est-ce que l'homme assis a dit à son ami?
   b. Qu'est-ce qu'il lui a ordonné de faire?
   c. Qu'est-ce que l'homme au chapeau répond?
2. Regardez la photo à la page 466.
   a. Pendant la cérémonie, qu'est-ce que le maire leur a demandé? (C'est un mariage civil; il n'y a ni prêtre ni rabbin.)
   b. Qu'est-ce qu'ils lui ont répondu?
   c. Qu'est-ce que le maire leur a dit de faire? Qu'est-ce qu'ils ont fait?
   d. Qu'est-ce que la mère de la femme a dit au père?
   e. Qui est l'homme à droite? Qu'est-ce qu'il a dit pendant la cérémonie?

Exercices écrits

A. Répondez par écrit aux exercices oraux B et C.

B. Mettez les phrases suivantes au discours indirect présent ou passé (Attention: l'impératif devient l'infinitif, précédé par **de**.): (§1)
   Exemple: *Il me dit: «Faites attention à l'explication!»*
   Il me dit de faire attention à l'explication.

1. On vous ordonne: «Soyez sage en Europe!»
2. Je vous ai demandé: «Apportez-moi encore un café!»
3. Elles m'ont dit: «Ayez de la patience!»

4. Il nous a conseillé: «Réveillez-vous de bonne heure demain!»
5. On vous a écrit: «Répondez vite!»

C. Mettez les phrases suivantes au discours indirect passé
(Attention aux changements de sujet et de pronom objet
direct ou indirect.): (§1)
Exemple: *Elles ont dit: «Nous sommes contentes de vous revoir.»*
Elles ont dit qu'elles étaient contentes de nous revoir.

1. Il a indiqué: «J'habite à Chicago.»
2. Je lui ai demandé: «Pouvez-vous m'aider?»
3. On nous a demandé: «Êtes-vous belges?»
4. Il m'a écrit: «J'adore Paris.»
5. Elle nous a répondu: «Je ne suis pas américaine.»
6. On nous a répété: «Vous avez beaucoup de talent.»
7. Vous avez expliqué: «Nous regrettons d'être en retard.»

D. Mettez ces phrases au discours indirect passé (Attention aux
changements de sujet et d'objet direct ou indirect.): (§1)
Exemple: *Ils ont ajouté: «Nous irons au cinéma vendredi.»*
Ils ont ajouté qu'ils iraient au cinéma vendredi.

1. Je leur ai dit: «Je parlerai de mes aventures bientôt.»
2. Nous avons déclaré: «Nous voyagerons en bateau.»
3. Il m'a répondu: «D'abord, je visiterai Versailles.»
4. Elle nous a expliqué: «Je ne serai pas en classe mardi.»
5. Il m'a dit: «Je viendrai vous voir.»

E. Mettez ces phrases au discours indirect passé (Attention aux
changements de sujet et d'objet direct ou indirect.): (§1)
Exemple: *Ils ont dit: «Si nous étions en Europe, nous*
voyagerions à bicyclette.»
Ils ont dit que s'ils étaient en Europe, ils
voyageraient à bicyclette.

1. Je leur ai dit: «Si j'avais assez d'argent, j'irais au Mexique.»
2. Il lui a téléphoné et il a dit: «Si vous vouliez, je viendrais
vous chercher.»
3. Elle a expliqué: «Si vous m'aidiez, je pourrais faire cet
exercice.»
4. Vous avez écrit: «Je serais heureux de vous revoir, si vous
étiez dans la région.»
5. Nous avons ajouté: «Si on nous donnait de l'argent, nous
irions au théâtre.»

F. Mettez ces phrases au discours indirect passé (Attention aux
changements de pronoms sujets et objets et d'adverbes de
temps.): (§1)

Exemple: *Elle m'a dit: «Je suis venue vous voir.»*
Elle m'a dit qu'elle était venue me voir.

1. Elle a expliqué: «J'ai déjà téléphoné à François aujourd'hui.»
2. Nous avons répondu: «Nous avons pris nos billets à l'aéroport ce matin.»
3. Ils m'ont dit: «Nous avons vu ce film hier.»
4. On m'a demandé: «À quelle heure vous êtes-vous réveillé ce matin?»
5. Ils nous ont demandé: «Ne vous êtes-vous jamais trompés?»

G. Mettez ces phrases au discours indirect passé (Attention aux changements de pronoms et d'adverbes de temps.): (§1)
Exemple: *Marie nous a dit: «Je m'étonne que vous ayez tout terminé hier.»*
Marie nous a dit qu'elle s'étonnait que nous ayons tout terminé la veille.

1. Il nous a dit: «Je veux que vous sachiez pourquoi j'ai pris votre argent.»
2. J'ai déclaré: «Mes parents sont contents que je sois revenu aujourd'hui.»
3. Le dentiste m'a dit: «Il faut que vous vous arrêtiez de manger des bonbons.»
4. Elle leur a répété: «J'ai peur que vous ne sachiez pas ce dont il s'agit.»
5. Il m'a dit: «J'ordonne que tu viennes me voir maintenant!»

H. Écrivez le texte suivant au discours indirect passé (Attention: N'oubliez pas de transformer les fragments de phrases en phrases complètes.): (§1)
Exemple: *Pierre: Comment ça va?*
Marie: Bien, merci.
Pierre a demandé à Marie comment ça allait et elle lui a répondu en le remerciant que ça allait bien.

Hector: Félicitations, Pâris. Tu as bien occupé notre absence.
Pâris: Pas mal. Merci.
Hector: Alors? Quelle est cette histoire d'Hélène?
Pâris: Hélène est une très gentille personne. N'est-ce pas, Cassandre?
Cassandre: Assez gentille.
Pâris: Pourquoi ces réserves, aujourd'hui? Hier encore tu disais que tu la trouvais très jolie.
Cassandre: Elle est très jolie, mais assez gentille.

Pâris:	Elle n'a pas l'air d'une gentille petite gazelle?
Cassandre:	Non.
Pâris:	C'est toi-même qui m'as dit qu'elle avait l'air d'une gazelle!
Cassandre:	Je m'étais trompée. J'ai revue une gazelle depuis.

Jean Giraudoux, *La Guerre de Troie n'aura pas lieu*
© Livre de Poche

I. Imaginez ce que Ferdinand et Ernestine disent et racontez leur conversation au discours indirect passé:

Lecture

Les Appréhensions de David

Nous sommes dans l'avion «charter» de l'université. David est assis à côté de la jeune femme dont il a fait la connaissance à l'agence de voyages. Ils se sont revus depuis et sont devenus copains. Elle s'appelle Wendy.

Wendy, dont le père est diplomate, a vécu en France pendant plusieurs années, elle y a même suivi des cours à l'école secondaire et à l'université. C'est une chance pour David qui a toutes sortes de questions.

L'hôtesse de l'air vient d'annoncer le départ et *a recommandé aux passagers d'attacher* leur ceinture et *de ne pas fumer*.

David: L'agent de voyage m'*a dit qu'il n'y avait pas* de limite de vitesse en France pour les automobiles. Est-ce vrai?

Wendy: Pas tout à fait. Il y a une limite de vitesse, mais on peut quand même rouler très vite sur les autoroutes. Il faudra que tu fasses attention si tu conduis. Les gens sur l'autoroute conduisent comme des fous.

David: *J'ai entendu dire qu'il y avait* des disputes continuelles entre automobilistes, *qu'ils n'étaient pas* du tout courtois et *qu'ils s'insultaient.* Mais je ne crois pas que les Français soient comme ça: après tout, la courtoisie est une des qualités primordiales des Français.

Wendy: Peut-être dans le monde, entre hommes et femmes, oui, mais dans leurs autos, les Français sont impossibles; on t'a bien renseigné.

David: *On m'a dit* aussi *qu'*après le 14 juillet, tous les théâtres, tous les restaurants, les hôtels, les magasins *étaient* fermés pour un mois. J'ai peur de mourir de faim et de dormir dans la rue...

Wendy: Je suis sûre qu'il y aura au moins un hôtel et un restaurant pour toi, mon pauvre David! De toute façon, j'ai quelques parents et amis à Paris et nous pourrions descendre chez eux. Pour quelques jours cela ne les dérangerait pas trop, j'espère! Les Français ne sont pas les gens les plus hospitaliers du monde, tu sais! Mais quand on les connaît, ils sont épatants.

David: En effet, *j'ai aussi entendu parler de ça. On m'a dit qu'il était* difficile d'être invité dans une famille en France et *que les gens n'aimaient pas* recevoir les étrangers.

Wendy: Ce n'est pas tout à fait vrai. Surtout en province où les gens sont ravis de te recevoir chez eux. À Paris les gens sont toujours pressés et ils n'ont pas le temps de s'intéresser aux étrangers. Mais quand un Parisien devient ton ami, les portes de sa maison sont ouvertes et il fait tout ce qu'il peut pour te faire apprécier sa ville.

David: Un ami *m'a écrit qu'il suivait* un cours de civilisation française à la Sorbonne et *il m'a conseillé de m'y inscrire,* mais *j'ai décidé que* les vacances *n'étaient pas* faites pour être enfermé dans une salle de classe et *que j'apprendrais* la civilisation dans la vie, avec les gens et... qui sait?... peut-être?

On m'a dit qu'il était difficile d'être invité dans une famille en
France et que les gens n'aimaient pas recevoir les étrangers.

OPHÉLIA, Claude Chabrol, 1962; sur la photo: Juliette Mayniel, Alida Valli, Claude Cerval, et, de dos, André
Jocelyn.
    Claude Chabrol ne craint rien ni personne. Il transpose ici Hamlet dans la sinistre atmosphère d'une famille
bourgeoise de province. Parce que son père est décédé et sa mère épouse le frère du mort, Yvan (de dos sur la
photo) se prend pour Hamlet. Il crée les coïncidences, il déforme la réalité pour y faire entrer son rêve. Il *est* Hamlet,
et Lucie, (à gauche sur la photo) sera Ophélia. Mais celle-ci refuse. Elle le sauvera de la maladie mentale qui le
menace. Claude Chabrol, l'ancien «enfant prodige» de la Nouvelle Vague, est devenu—avec François Truffaut—le
plus solide des réalisateurs français. Il est toujours insolent et non-conformiste. Il tourne ce qu'il veut et risque
parfois la revanche de la censure française. Mais il tourne régulièrement un ou deux films par an.

Wendy: Tu as bien raison, David! D'ailleurs, *j'ai écrit* à quelques amis
parisiens *que nous arriverions* bientôt et *ils m'ont répondu* immédiatement *qu'ils seraient* ravis de faire ta connaissance et *qu'ils
étaient* en train de préparer tout un itinéraire pour te montrer
Paris et même faire un petit voyage en Normandie et en Touraine.

David: Vraiment, Wendy, tu as fait ça? Tu es ma providence! Tu es
formidable! Comme je suis heureux de t'avoir rencontrée ce
jour-là. Quand je pense que *la veille* du jour où nous nous
sommes connus, je pensais avec un mélange de joie et d'appréhension à mon voyage...

Wendy: Joie et appréhension? Pourquoi?

David: Parce que *je pensais que je serais* seul. *Je pensais* à tout ce *que* mes amis *m'avaient dit,* par exemple *que* les gens *ne faisaient* aucun effort pour comprendre et aider les étrangers, *qu'il n'y aurait* peut-être *pas* de place dans les hôtels, *qu'on essaierait* de me tromper, *que je ne rencontrerais* personne, etc....

Wendy: Ah! Mon pauvre David, comme tu es soucieux. Écoute: *J'ai demandé* à mon ami Jacques Dubois *de venir* nous chercher et *il m'a promis de t'amener* visiter Paris. *Il m'a écrit* aussi *qu'ils avaient fait* le projet d'aller faire du camping sur une plage de la Côte d'Azur au mois d'août... Mais en tout cas, *il m'a dit* aussi *qu'il avait* l'intention d'organiser une petite soirée en notre honneur *le lendemain* de notre arrivée à Paris. C'est d'ailleurs pourquoi j'ai apporté une quantité considérable de disques de musique américaine.

David: *J'ai entendu dire,* en effet, *que* les jeunes Français *adoraient* notre musique et *que* lorsque les groupes américains allaient en Europe, *ils avaient* un succès énorme.

Wendy: C'est tout à fait vrai.

David: J'ai bien fait d'apporter ma guitare! Ah! comme je me sens mieux maintenant, grâce à ton aide!

Questions sur la lecture

1. Pourquoi Wendy connaît-elle la France?
2. Quelle est l'opinion de Wendy sur les automobilistes français?
3. Pourquoi David a-t-il envie de conduire en France?
4. Qu'est-ce qu'on a dit à David au sujet des théâtres et des restaurants à Paris après le 14 juillet?
5. Selon Wendy, pourquoi les Parisiens ne semblent-ils pas trop hospitaliers?
6. Mais que dit Wendy au sujet des Parisiens quand ils deviennent vos amis?
7. Qu'est-ce que David a dit quand il a appris qu'il pouvait s'inscrire à la Sorbonne?
8. Que feront les amis de Wendy pour accueillir David?
9. Pourquoi David a-t-il dit qu'il pensait à son voyage avec joie et appréhension?
10. Pourquoi Wendy a-t-elle apporté une quantité considérable de disques?

Discussion/Composition

1. Imaginez que vous avez eu une conversation avec un jeune Français au sujet de la télévision américaine. Racontez votre conversation au discours indirect passé. Parlez des programmes que vous aimez ou que vous détestez. Parlez des spectacles qu'on peut voir, des actualités, de la qualité artistique des programmes, etc.

2. Racontez au discours indirect passé votre première rencontre avec une jeune femme (un jeune homme) que vous avez beaucoup aimé(-e) ensuite. Exemple: Quand je l'ai vu(-e) pour la première fois, j'ai pensé immédiatement qu'elle (il) était très charmant(-e). Je lui ai demandé si... Elle m'a répondu que... Alors, je lui ai proposé de..., etc.

3. Racontez au discours indirect passé une dispute que vous avez eue, une discussion tumultueuse ou une conversation très animée. Utilisez les expressions verbales comme: **Il a déclaré que..., Je lui ai demandé si..., Il m'a répliqué que... et que... et que..., J'ai répondu que..., etc.**

4. Écoutez une conversation entre deux personnes que vous ne connaissez pas. Racontez au discours indirect passé la conversation que vous avez écoutée.

Vocabulaire actif

noms

appréhension f.
automobiliste m.
  ou f.
ceinture f.
cérémonie f.
courtoisie f.
diplomate m.
fragment m.
hospitalité f.
maire m.
manière f.
passager m.
rencontre f.
richesse f.
style m.

adjectifs

continuel(-le)
direct(-e)
indirect(-e)
soucieux /
  soucieuse

verbes

accueillir
ajouter
attacher
déclarer
déranger
préciser
répliquer

adverbes

à ce moment-là
ce jour-là
ce soir-là
fort

autres expressions

d'ailleurs
entendre dire que
entendre parler de
en tout *cas*
félicitations
tout à fait

Vocabulaire passif

noms	adjectifs	verbes
actualité f.	avare	conclure
citation f.	enfermé(-e)	redonner
cornichon m.	hospitalier/	
Floride f.	hospitalière	
gazelle f.	primordial(-e)	
limite de vitesse f.	tumultueux/	
mélange m.	tumultueuse	
prêtre m.		
providence f.		
rabbin m.		
Touraine f.		

épigramme

Voltaire
1694-1778

L'autre jour, au fond d'un vallon,
Un serpent piqua Jean Fréron.
Que pensez-vous qu'il arriva?
Ce fut le serpent qui creva.

30 Trentième Leçon

Le passé simple

Le passé antérieur

La voix passive

Les autres temps du subjonctif

Lecture: *L'Ermite* (d'après Voltaire, *Zadig*)

Houdon: buste de Voltaire

Présentation

Le passé simple (un peu d'histoire)

Le pape Léon III **couronna** Charlemagne empereur d'Occident en 800 A.D.
= Le pape Léon III **a couronné** Charlemagne empereur d'Occident en 800 A.D.

Guillaume le Conquérant **débarqua** en Angleterre en 1066 et **vainquit** les Saxons à Hastings.
= Guillaume le Conquérant **a débarqué** en Angleterre en 1066 et **a vaincu** les Saxons à Hastings.

Christophe Colomb **découvrit** l'Amérique en 1492.
= Christophe Colomb **a découvert** l'Amérique en 1492.

Les Parisiens **prirent** la Bastille le 14 juillet 1789.
= Les Parisiens **ont pris** la Bastille le 14 juillet 1789.

Louis XVI et Marie Antoinette **eurent** une destinée horrible: **ils furent guillotinés.**
= Louis XVI et Marie Antoinette **ont eu** une destinée horrible: **ils ont été guillotinés.**

Napoléon **naquit** à Ajaccio et **devint** empereur des Français. **Il gagna** beaucoup de batailles, mais finalement **il perdit** la bataille de Waterloo.
= Napoléon **est né** à Ajaccio et **est devenu** empereur des Français. **Il a gagné** beaucoup de batailles, mais finalement **il a perdu** la bataille de Waterloo.

Les armées prussiennes **envahirent** la France et **entrèrent** dans Paris en 1871.
= Les armées prussiennes **ont envahi** la France et **sont entrées** dans Paris en 1871.

Les Alliés et l'Allemagne **signèrent** l'armistice le 11 novembre 1918.
= Les Alliés et l'Allemagne **ont signé** l'armistice le 11 novembre 1918.

Le passé antérieur

Dès que Henri VIII **eut divorcé** d'avec Catherine d'Aragon, il épousa Anne Boleyn.
= Dès son divorce, Henri VIII a épousé Anne Boleyn.

Quand les astronautes **furent arrivés** sur la lune, ils plantèrent le drapeau américain.
= Une fois arrivés sur la lune, les astronautes ont planté le drapeau américain.

La voix passive

Les résultats **sont annoncés**.	=	On annonce les résultats.
Ces gâteaux **ont été faits** par Pascale.	=	Pascale a fait ces gâteaux.
La voix passive **est** peu **employée**.	=	La voix passive s'emploie peu.

L'imparfait du subjonctif

Je me fâchais qu'**elle fût** toujours en retard.	=	Je me fâchais qu'**elle soit** toujours en retard.
Elle regrettait que **je fusse** mécontent.	=	Elle regrettait que **je sois** mécontent.
Il voulait que **j'allasse** le voir.	=	Il voulait que **j'aille** le voir.
Nous voudrions que **vous acceptassiez** ce cadeau.	=	Nous voudrions que **vous acceptiez** ce cadeau.
Je les vis avant qu'**ils ne quittassent** la maison.	=	Je les ai vus avant qu'**ils quittent** la maison.

Le plus-que-parfait du subjonctif

Nous étions heureux qu'**il eût fini** ses études avant d'accepter ce poste.	=	Nous étions heureux qu'**il ait fini** ses études avant d'accepter ce poste.
Ne vouliez-vous pas que **nous eussions préparé** la leçon avant la classe?	=	Ne vouliez-vous pas que **nous ayons préparé** la leçon avant la classe?
J'aurais préféré qu'**ils fussent arrivés** avant les autres invités.	=	J'aurais préféré qu'**ils soient arrivés** avant les autres invités.
Il fallait que **vous l'eussiez terminé** avant la réunion.	=	Il fallait que **vous l'ayez terminé** avant la réunion.

Explications

1 Le passé simple:

    A.   Le passé simple n'est plus utilisé dans la conversation ordinaire; on utilise le passé composé qui a la même valeur. Mais le passé simple reste très important comme temps du passé historique. Dans la langue écrite et littéraire, il exprime une action assez distante dans le passé: le passé simple donne à l'action un caractère officiel et unique, utile pour la narration.

Exemples: *style historique*

Napoléon **vainquit** les Autrichiens à Austerlitz, mais **il fut vaincu** par Wellington à Waterloo.

Les Parisiens **furent surpris** quand Napoléon **revint** de l'île d'Elbe, mais malheureusement **il recommença** la guerre.

style narratif

Cette année-là, **nous passâmes** nos vacances en Bretagne, et par bonheur, **il fit beau** presque tout le temps; pourtant en septembre, **il y eut** un orage horrible et le beau temps ne **revint plus: nous repartîmes** pour Paris.

B. Quelques expressions fréquentes au passé simple:

c'est	**ce fut**
il y a	**il y eut**
il faut	**il fallut**

C. La conjugaison des verbes au passé simple: En général il vous sera probablement plus utile d'avoir une connaissance passive plutôt qu'active du passé simple.

1. Pour les verbes *réguliers* en -**er**, -**ir** ou -**re**, le radical est le même que le radical de l'infinitif (**parl/er, fin/ir, rend/re**). Il y a deux sortes de terminaisons:

	verbes réguliers en -**er**	*verbes réguliers en* -**ir** *et* -**re**
je	-**ai**	-**is**
tu	-**as**	-**is**
il, elle, on	-**a**	-**it**
nous	-**âmes**	-**îmes**
vous	-**âtes**	-**îtes**
ils, elles	-**èrent**	-**irent**

2. On doit apprendre le radical des verbes irréguliers avec chaque verbe. Les terminaisons sont souvent les mêmes que pour les verbes réguliers en -**ir** et -**re** (-**is**, -**is**, -**it**, etc.). Pour certains verbes irréguliers il y a une troisième sorte de terminaison:

je	-**us**
tu	-**us**
il, elle	-**ut**
nous	-**ûmes**
vous	-**ûtes**
ils, elles	-**urent**

3. Voici quelques conjugaisons au passé simple:

avoir	être	porter	manger
j'eus	je fus	je portai	je mangeai
tu eus	tu fus	tu portas	tu mangeas
il eut	il fut	il porta	il mangea
nous eûmes	nous fûmes	nous portâmes	nous mangeâmes
vous eûtes	vous fûtes	vous portâtes	vous mangeâtes
ils eurent	ils furent	ils portèrent	ils mangèrent

finit	rendre	prendre	mourir
je finis	je rendis	je pris	je mourus
tu finis	tu rendis	tu pris	tu mourus
il finit	il rendit	il prit	il mourut
nous finîmes	nous rendîmes	nous prîmes	nous mourûmes
vous finîtes	vous rendîtes	vous prîtes	vous mourûtes
ils finirent	ils rendirent	ils prirent	ils moururent

naître	aller	faire	savoir
je naquis	j'allai	je fis	je sus
tu naquis	tu allas	tu fis	tu sus
il naquit	il alla	il fit	il sut
nous naquîmes	nous allâmes	nou fîmes	nous sûmes
vous naquîtes	vous allâtes	vous fîtes	vous sûtes
ils naquirent	ils allèrent	ils firent	ils surent

croire	voir	vouloir	venir
je crus	je vis	je voulus	je vins
tu crus	tu vis	tu voulus	tu vins
il crut	il vit	il voulut	il vint
nous crûmes	nous vîmes	nous voulûmes	nous vînmes
vous crûtes	vous vîtes	vous voulûtes	vous vîntes
ils crurent	ils virent	ils voulurent	ils vinrent

2 Le passé antérieur:

A. Le passé antérieur est aussi un temps littéraire. Il indique un rapport entre deux actions successives assez proches dans le passé:

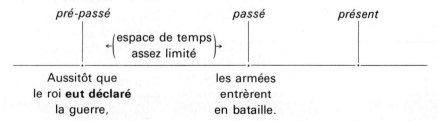

Le passé antérieur se trouve généralement dans une proposition subordonnée introduite par une conjonction de temps: **aussitôt que, dès que, quand, lorsque.** La proposition principale est normalement au passé simple:

Exemples: Dès que le président **eut parlé** avec l'ambassadeur, les négociations commencèrent.

Quand la reine **fut arrivée,** elle fit un discours au parlement.

B. Le passé antérieur se forme avec l'auxiliaire (**être** ou **avoir**) au passé simple + le participe passé:

donner	venir
lorsque **j'eus donné**...	quand **je fus venu(-e)**...
lorsque **tu eus donné**...	quand **tu fus venu(-e)**...
lorsqu'**il eut donné**...	quand **il fut venu**...
lorsqu'**elle eut donné**...	quand **elle fut venue**...
lorsque **nous eûmes donné**...	quand **nous fûmes venu(-e)s**...
lorsque **vous eûtes donné**...	quand **vous fûtes venu(-e)(-s)**...
lorsqu'**ils eurent donné**...	quand **ils furent venus**...
lorsqu'**elles eurent donné**...	quand **elles furent venues**...

C. Dans la langue courante, l'idée de deux actions successives au passé est exprimée par d'autres constructions:

Dès que le président eut parlé avec l'ambassadeur, les négociations commencèrent.

Après les conversations du président avec l'ambassadeur, les négociations ont commencé.

Quand la reine fut arrivée, elle fit un discours au parlement.

Immédiatement après son arrivée, la reine a fait un discours au parlement.

3 La voix passive:

A. Tous les verbes transitifs ont une voix passive à tous les temps (présent, futur, passé composé, etc.). La voix passive se forme avec l'*auxiliare* **être** + *le participe passé.* Le participe passé s'accorde avec le sujet.

Exemples: *Présent:* **Je suis observé(-e).**
Ils sont regrettés.
Elle est frappée.

Passé composé: **J'ai été observé(-e).**
Ils ont été regrettés.
Elle a été frappée.

Passé simple: **Je fus observé(-e).**
Ils furent regrettés.
Elle fut frappée.

Remarquez: Un complément d'agent peut être implicite ou explicite:

Ils ont été arrêtés (par la police).

Vous serez découvert (par vos parents).

Elle fut élue présidente (par les autres étudiants).

David a été bouleversé (par l'incident).

Ils furent admis (dans la maison par le maître de maison).

Ils furent servis (à table par les domestiques).

B. On emploie la voix passive beaucoup moins en français qu'en anglais parce qu'on préfère d'autres constructions:

1. Avec **on:**

On annonce les résultats.	= Les résultats sont annoncés.
On a examiné son projet.	= Son projet a été examiné.
On étudiera votre dossier.	= Votre dossier sera étudié.

2. Avec un verbe pronominal:

La voix passive **s'emploie** peu.	= La voix passive est peu employée.
Un voyage à la lune **se réalisa** pour la première fois en 1969.	= Un voyage à la lune fut réalisé pour la première fois en 1969.

3. Avec la voix active:

Pascale **a fait** ces gâteaux.	= Ces gâteaux ont été faits par Pascale.
Les frères Wright **fabriquèrent** un avion primitif.	= Un avion primitif fut fabriqué par les frères Wright.

4 Les autres temps du subjonctif:

A. *L'imparfait du subjonctif* est un temps littéraire (Il y a deux temps passés du subjonctif qui sont littéraires.):

1. Le radical de l'imparfait du subjonctif est celui de la deuxième personne du singulier **(tu)** du passé simple de l'indicatif:

infinitif	*2ᵉ personne du singulier du passé simple*		*radical de l'imparfait du subjonctif*
donner	(tu) donnas	⟶	**donna-**
finir	(tu) finis	⟶	**fini-**
rendre	(tu) rendis	⟶	**rendi-**
voir	(tu) vis	⟶	**vi-**
recevoir	(tu) reçus	⟶	**reçu-**
venir	(tu) vins	⟶	**vin-**
être	(tu) fus	⟶	**fu-**
avoir	(tu) eus	⟶	**eu-**

2. Les terminaisons de l'imparfait du subjonctif de tous les verbes sont:

je **sse**   nous **ssions**
tu **sses**   vous **ssiez**
il **ˆt**   ils **ssent**

3. Voici la conjugaison de quelques verbes à l'imparfait du subjonctif:

donner	finir
…que **je donnasse**	…que **je finisse**
…que **tu donnasses**	…que **tu finisses**
…qu'**il donnât**	…qu'**il finît**
…que **nous donnassions**	…que **nous finissions**
…que **vous donnassiez**	…que **vous finissiez**
…qu'**ils donnassent**	…qu'**ils finissent**

rendre	voir
…que **je rendisse**	…que **je visse**
…que **tu rendisses**	…que **tu visses**
…qu'**il rendît**	…qu'**il vît**
…que **nous rendissions**	…que **nous vissions**
…que **vous rendissiez**	…que **vous vissiez**
…qu'**ils rendissent**	…qu'**ils vissent**

recevoir	venir
…que **je reçusse**	…que **je vinsse**
…que **tu reçusses**	…que **tu vinsses**
…qu'**il reçût**	…qu'**il vînt**
…que **nous reçussions**	…que **nous vinssions**
…que **vous reçussiez**	…que **vous vinssiez**
…qu'**ils reçussent**	…qu'**ils vinssent**

être	avoir
…que **je fusse**	…que **j'eusse**
…que **tu fusses**	…que **tu eusses**
…qu'**il fût**	…qu'**il eût**
…que **nous fussions**	…que **nous eussions**
…que **vous fussiez**	…que **vous eussiez**
…qu'**ils fussent**	…qu'**ils eussent**

4. L'usage moderne de l'imparfait du subjonctif est assez limité, même dans un contexte littéraire, parce que ses formes ne sont pas très euphoniques. Il ne s'emploie en général qu'à la troisième personne:

Il voulait qu'**elle vînt** très tôt.
J'aimerais qu'**il fût** parmi nous ce soir.

Dans la langue courante, l'imparfait du subjonctif est remplacé simplement par le présent du subjonctif:

Il voulait qu'**elle vienne** très tôt.
J'aimerais qu'**il soit** parmi nous ce soir.

B. *Le plus-que-parfait du subjonctif:*

1. Le plus-que-parfait du subjonctif est aussi un temps littéraire. Il est formé de l'imparfait du subjonctif de l'auxiliaire (**être** ou **avoir**) **+** le participe passé:

donner	venir
...que **j'eusse donné**	...que **je fusse venu(-e)**
...que **tu eusses donné**	...que **tu fusses venu(-e)**
...qu'**il eût donné**	...qu'**il fût venu**
...qu'**elle eût donné**	...qu'**elle fût venue**
...que **nous eussions donné**	...que **nous fussions venu(-e)s**
...que **vous eussiez donné**	...que **vous fussiez venu(-e)(-s)**
...qu'**ils eussent donné**	...qu'**ils fussent venus**
...qu'**elles eussent donné**	...qu'**elles fussent venues**

se lever	
...que **je me fusse levé(-e)**	...que **nous nous fussions levé(-e)s**
...que **tu te fusses levé(-e)**	...que **vous vous fussiez levé(-e)(-s)**
...qu'**il se fût levé**	...qu'**ils se fussent levés**
...qu'**elle se fût levée**	...qu'**elles se fussent levées**

2. L'usage moderne du plus-que-parfait du subjonctif se limite en général à la troisième personne:

Il était content qu'**elle fût venue** très tôt.

Dans la langue courante, le plus-que-parfait du subjonctif est remplacé par le passé du subjonctif (voir §3, p. 451).

Il était content qu'**elle soit venue** très tôt.

Exercices oraux

A. Dites au passé composé: (§1)
   Exemple: *Nous parlâmes.*
   Nous avons parlé.

1. Nous parlâmes.
2. Il finit.
3. Elles mangèrent.
4. Vous crûtes.
5. Ils voulurent.
6. Il fut.
7. Il fit.
8. Je vins.
9. Je vis.
10. Nous écrivîmes.
11. Il eut.
12. Elles moururent.
13. Je naquis.
14. Tu pris.
15. Il alla.
16. Ils firent.
17. Ils furent.
18. Ils surent.
19. Ils vinrent.
20. Nous vîmes.

B. Dites en langue courante: (§4)

Exemple: *Il fallait que j'allasse à leur soirée.*
Il fallait que j'aille à leur soirée.

1. Il fallait que nous fissions la vaisselle.
2. Il fallait que tu fusses calme.
3. Il fallait que je dansasse.
4. Il fallait qu'ils eussent vingt et un ans.
5. Il fallait qu'elle mangeât.
6. Il fallait que vous dormissiez.
7. Il fallait qu'elles connussent la ville.
8. Il fallait que j'acceptasse l'invitation.
9. Il fallait que nous chantassions.
10. Il fallait qu'ils reçussent sa lettre.

C. Dites à la voix active: (§3)

Exemple: Hamlet *a été écrit par Shakespeare.*
Shakespeare a écrit Hamlet.

1. L'électricité a été découverte par Benjamin Franklin.
2. Les exercices sont faits par les étudiants.
3. La politique internationale sera discutée par les diplomates.
4. L'histoire de l'affaire Watergate a été racontée par Messieurs Woodward et Bernstein.
5. Les impôts sont payés par tout le monde.

D. Dites à la voix active: (§3)

Exemple: *Une bonne soupe a été préparée.*
On a préparé une bonne soupe.

1. Vos livres ont été publiés.
2. Les chiens sont aimés.
3. Cette robe est vendue en ville.
4. Ma voiture a été réparée.
5. L'examen final sera donné vendredi.

E. Répondez aux questions suivantes:

1. Regardez la photo à la page 499.
   a. D'où vient ce monsieur?
   b. Quand disparaîtra-t-il?
   c. Qu'est-ce qu'il veut faire à Paris?
2. Regardez la photo à la page 500.
   a. Où va cet homme?
   b. Pourquoi est-il à bicyclette?
   c. Se promène-t-il dans un quartier élégant?
   d. Pense-t-il qu'il va pleuvoir aujourd'hui?

Exercices écrits

A.   Répondez par écrit à l'exercice oral A.

B.   Copiez le passage suivant et changez les verbes qui sont au
     passé simple, en utilisant le passé composé (Attention à la
     place des adverbes.): (§1)

Il me fallut longtemps pour comprendre d'où il venait. Le
petit prince, qui me posait beaucoup de questions, ne
semblait jamais entendre les miennes... Ainsi, quand il
aperçut pour la première fois mon avion,... il me demanda:
    — Qu'est-ce que c'est que cette chose-là?...
    Et j'étais fier de lui apprendre que je volais. Alors il s'écria:
    — Comment! tu es tombé du ciel!...
    Et le petit prince eut un très joli éclat de rire qui m'irrita
beaucoup... Puis il ajouta:
    — Alors, toi aussi tu viens du ciel! De quelle planète
es-tu?...
    J'interrogeai brusquement:
    — Tu viens donc d'une autre planète?
    Mais il ne me répondit pas...

Antoine de Saint-Exupéry, *Le Petit Prince*
© Harcourt Brace Jovanovich, Inc.

C.   Refaites les phrases suivantes: substituez le passé composé
     au passé simple et employez une construction de langue
     courante pour remplacer le passé antérieur (utilisez des
     prépositions comme **après** et **dès**): (§1, 2)
     Exemple: *Quand Édouard VIII eut abdiqué, son frère Georges*
                VI devint roi.
                Après l'abdication d'Édouard VIII, son frère
                Georges VI est devenu roi.

  1. Lorsque l'ancien ministre de la justice fut parti, les sénateurs
     exprimèrent leurs doutes.
  2. Dès que les Démocrates eurent déclaré leur politique, les
     Républicains s'y opposèrent.
  3. Quand les armées se furent avancées jusqu'à la frontière, la
     Slobavie dénonça les agresseurs.
  4. Aussitôt que nous fûmes arrivées, nous nous installâmes au
     château.
  5. Lorsque j'eus affirmé mes intentions, on m'accorda tout ce
     que je voulais.

D. Changez le temps littéraire en un temps employé dans la langue courante. (§1, 2, 4)

Exemple: *Nous voudrions que Cécile sût la vérité.*
Nous voudrions que Cécile sache la vérité.

1. Ils ne voulaient pas qu'elle fît le travail toute seule.
2. Jean-Luc était surpris qu'elle se fût fâchée avec vous.
3. Madame Cruchet aurait voulu que je me misse à étudier plus facilement.
4. Je connaissais vos parents avant que vous ne vinssiez au monde.
5. Nous étions stupéfaits qu'ils se fussent déjà levés!

E. Remplacez la voix passive par une construction alternative: (§3)

Exemple: *Sa demande d'admission sera sérieusement considérée.*
On considérera sérieusement sa demande d'admission.

1. Leurs idées sont toujours écoutées avec respect.
2. Albert a été choisi pour représenter l'association.
3. Maximilien fut tué par les Mexicains.
4. Cette réforme sera accomplie dans quelques années.
5. Le français est encore parlé aujourd'hui au Liban.

L'AÎNÉ DES FERCHAUX, Jean-Pierre Melville, 1962; sur la photo: Charles Vanel et Jean-Paul Belmondo.

L'amitié entre deux hommes est un sujet «emprunté» par les Français au cinéma américain. Melville est d'ailleurs considéré «le plus américain» des cinéastes français. Le jeune homme a volé l'argent qui est dans la valise. Va-t-il abandonner le vieil homme mourant?

Les deux voyageurs arrivèrent le soir à un château superbe.

Lecture

L'Ermite

Dans cette histoire célèbre, à la fois sérieuse et amusante, Voltaire, écrivain célèbre du dix-huitième siècle, pose certaines questions philosophiques éternelles: l'existence du mal et surtout le conflit entre la liberté humaine et la destinée. Ce chapitre, qui se trouve dans un petit roman philosophique de Voltaire intitulé justement Zadig, ou la destinée, *raconte une des aventures les plus significatives du héros, Zadig, un jeune Babylonien.*

Zadig *rencontra* en marchant un ermite,[1] dont la barbe blanche et vénérable lui descendait jusqu'à la ceinture. Il tenait en main un livre qu'il lisait attentivement. Zadig *s'arrêta,* et lui *fit* une profonde inclination. L'ermite le *salua* d'un air si noble et si doux que Zadig *eut* la curiosité de converser avec lui. *Il* lui *demanda* quel livre il lisait. «C'est le livre des destinées, *dit* l'ermite; voulez-vous en lire quelque chose?» *Il mit* le livre dans les mains de Zadig, qui, bien qu'*il fût* instruit dans plusieurs langues, *ne put pas* déchiffrer un seul caractère du livre. Cela *redoubla* encore sa curiosité. Zadig *se sentit* du respect pour l'air, pour la barbe, et pour le livre de l'ermite. *Il trouva* dans sa conversation des lumières supérieures. L'ermite parlait de la destinée, de la justice, de la morale, du souverain bien, de la faiblesse humaine, des vertus et des vices, avec une éloquence si vive et si touchante que Zadig *se sentit* entraîné vers lui par un charme invincible. L'ermite lui

---

1. *Ermite* = personne (souvent d'un ordre religieux) qui vit seul.

demanda de ne pas le quitter jusqu'à ce qu'*ils fussent* de retour à Babylone. «Je vous demande moi-même cette grâce, lui *dit* le vieillard;[2] promettez-moi que vous ne vous séparerez pas de moi d'ici quelques jours, quoi que je fasse.» Zadig *jura*, et *ils partirent* ensemble.

Les deux voyageurs *arrivèrent* le soir à un château superbe. L'ermite *demanda* l'hospitalité pour lui et pour Zadig. Le portier, qu'on aurait pris pour un grand seigneur,[3] les *introduisit* avec une sorte de bonté dédaigneuse. *On* les *présenta* à un domestique, qui leur *montra* les appartements magnifiques du maître. *Ils furent admis* à sa table sans que le seigneur du château les *honorât* d'un regard; mais *ils furent servis* comme les autres avec délicatesse et profusion. Pour qu'*ils se lavassent, on* leur *donna* un bassin d'or garni d'éme-raudes et de rubis. *On* les *amena* dans un bel appartement, et le lendemain matin, après qu'un domestique leur *eut apporté* à chacun une pièce d'or, *ils partirent*.

«Le maître de la maison, *dit* Zadig en chemin, me paraît être un homme généreux, quoique un peu fier; il exerce noblement l'hos-pitalité.» Dès qu'*il eut prononcé* ces paroles, il aperçut qu'une poche très large de l'ermite paraissait énorme: *il y vit* le bassin d'or que celui-ci avait volé. *Il ne dit* rien; mais il était dans une étrange surprise.

Vers midi, l'ermite *se présenta* à la porte d'une maison très petite où logeait un riche avare;[4] *il y demanda* l'hospitalité pour quelques heures. Un vieux valet mal habillé le *reçut* d'un ton rude et *fit* entrer l'ermite et Zadig dans l'écurie,[5] où *on* leur *donna* quelques olives pourries,[6] du mauvais pain et de la bière gâtée.[7] L'ermite *but* et *mangea* d'un air aussi content que la veille. Puis s'adressant à ce vieux valet qui les observait tous deux pour voir s'ils ne volaient rien et qui voulait qu'*ils partissent* sans délai, *il* lui *donna* les deux pièces d'or qu'il avait reçues le matin et le *remercia* de toutes ses attentions. «Je vous prie, *ajouta-t-il,* conduisez-moi à votre maître.» Le valet, étonné, *introduisit* les deux voyageurs: «Magnifique seigneur, *dit* l'ermite, je ne puis[8] que vous rendre de très humbles grâces de la manière noble dont vous nous avez reçus: daignez accepter ce bassin d'or comme un faible tribut de ma reconnaissance.» L'avare *fut*

---

2. *Vieillard* = vieil homme.

3. *Seigneur* = titre donné à certaines personnes nobles («Lord»).

4. *Avare* = personne qui aime accumuler l'argent et qui a peur de le dépenser.

5. *Écurie* = l'endroit où on garde les chevaux.

6. *Pourri(-e)* = décomposé(-e).

7. *Gâté(-e)* = vieux, fétide.

8. *Puis* = peux.

près de tomber à la renverse.[9] L'ermite *ne* lui *donna pas* le temps de revenir de sa surprise; *il partit* vite avec son jeune voyageur. «Mon père, lui *dit* Zadig, qu'est-ce que tout ce que je vois? Vous ne me paraissez ressembler en rien aux autres hommes: vous volez un bassin d'or à un seigneur qui vous reçoit magnifiquement, et vous le donnez à un avare qui vous traite avec indignité. —Mon fils, *répondit* le vieillard, cet homme magnifique, qui ne reçoit les étrangers que par vanité et pour faire admirer ses richesses, deviendra plus sage; l'avare apprendra à exercer l'hospitalité: ne vous étonnez de rien, et suivez-moi.»

Ils arrivèrent le soir à une maison agréablement bâtie, mais simple, où rien ne sentait ni la prodigalité ni l'avarice. Le maître était un philosophe retiré du monde, qui cultivait en paix la sagesse et la vertu et qui cependant ne s'ennuyait pas. Il avait bâti cette retraite dans laquelle il recevait les étrangers avec une noblesse qui n'avait rien de l'ostentation. Lorsqu'*il fut allé* lui-même recevoir les deux voyageurs, *il* les *amena* se reposer dans un appartement commode. Ensuite, *il vint* les prendre lui-même pour les inviter à un repas propre pendant lequel *il parla* avec discrétion des dernières révolutions de Babylone. *Il souhaita*[10] que Zadig *eût paru* parmi les candidats pour disputer la couronne. «Mais les hommes, *ajouta-t-il,* ne méritent pas d'avoir un roi comme Zadig.» Celui-ci rougissait et sentait redoubler ses douleurs. *On se mit* d'accord dans la conversation que les choses de ce monde n'allaient pas toujours selon le désir des plus sages. L'ermite *insista* toujours qu'on ne connaissait pas les voies de la Providence, et que les hommes avaient tort de juger d'un tout dont ils n'apercevaient que la plus petite partie.

On parla des passions. *On parla* du plaisir, et l'ermite *prouva* que c'était un présent de la Divinité. «Car, dit-il, l'homme ne peut se donner ni sensation ni idées, il reçoit tout; la peine et le plaisir lui viennent d'ailleurs comme son être.»

Zadig admirait comment un homme qui avait fait des choses si extravagantes pouvait raisonner si bien. Enfin, après une conversation aussi instructive qu'agréable, l'hôte *reconduisit* ses deux voyageurs dans leur appartement, en bénissant[11] le Ciel qui lui avait envoyé deux hommes si sages et si vertueux. *Il* leur *offrit* de l'argent d'une manière aisée et noble qui ne pouvait pas déplaire.[12] L'ermite le *refusa* et lui *dit* qu'il voulait partir pour Babylone avant le jour. Leur séparation *fut* tendre, Zadig surtout se sentait plein d'estime et d'inclination pour un homme si aimable.

---

9. *Tomber à la renverse* = «to fall over backwards».
10. *Souhaiter* = désirer, ou désirer pour quelqu'un d'autre.
11. *Bénir* = appeler la protection du ciel.
12. *Déplaire* ≠ plaire.

Quand l'ermite et lui *furent rentrés* dans leur appartement, *ils firent* longtemps l'éloge le leur hôte. Le vieillard au point du jour[13] *réveilla* son camarade. «Il faut partir, *dit-il;* mais pendant que tout le monde dort encore, je veux laisser à cet homme un témoignage de mon estime et de mon affection.» En disant ces mots, *il prit* un flambeau[14] et *mit* le feu à la maison. Zadig, épouvanté,[15] *jeta* des cris et *voulut* l'empêcher de commettre une action si affreuse. L'ermite l'entraînait par une force supérieure; la maison était enflammée. L'ermite, qui était déjà assez loin avec son compagnon, la regardait brûler tranquillement. «Dieu merci! *dit-il,* voilà la maison de mon cher hôte détruite! L'heureux homme!» À ces mots Zadig *fut* tenté à la fois d'éclater de rire,[16] de dire des injures au révérend père, de le battre et de s'enfuir,[17] mais *il ne fit* rien de tout cela, et, toujours subjugué par l'ermite, *il le suivit* malgré lui.

Ils s'arrêtèrent ensuite chez une veuve[18] charitable et vertueuse qui avait un gentil neveu de quatorze ans, son unique espérance.[19] *Elle fit* du mieux qu'*elle put* les honneurs de sa maison. Le lendemain, *elle ordonna* à son neveu d'accompagner les voyageurs jusqu'à un pont qui, étant rompu,[20] était devenu un passage dangereux. Le jeune homme *marcha* devant eux. Quand *ils furent* sur le pont: «Venez, dit l'ermite au jeune homme, il faut que je marque ma reconnaissance à votre tante.» Il le prend[21] alors par les cheveux et le jette dans la rivière. L'enfant tombe, reparaît un moment sur l'eau, et *est engouffré* dans le torrent. «O monstre! ô le plus scélérat[22] de tous les hommes! *s'écria* Zadig. —Vous m'aviez promis plus de patience, lui *dit* l'ermite en l'interrompant; apprenez que sous les ruines de cette maison où la Providence a mis le feu, le maître a trouvé un trésor immense; apprenez que ce jeune homme aurait assassiné sa tante dans un an, et vous dans deux. —Qui te l'a dit, barbare? *cria* Zadig; et même si tu avais lu cet événement dans ton livre des destinées, t'est-il permis de noyer[23] un enfant qui ne t'a pas fait de mal?»

---

13. *Point du jour* = commencement du jour.
14. *Flambeau* = torche.
15. *Épouvanté(-e)* = terrifié(-e).
16. *Éclater de rire* = «to burst out laughing».
17. *S'enfuir* = échapper.
18. *Veuve* = femme dont le mari est mort.
19. *Espérance* = objet de ce qu'on espère.
20. *Rompre* = casser.
21. *Il le prend:* présent historique.
22. *Scélérat* = de caractère perfide.
23. *Noyer* = causer la mort dans l'eau.

DAGUERRÉOTYPES, Agnès Varda, 1975; sur la photo: Mystag, le magicien.

Ce mystérieux personnage est un magicien dans la vie réelle. Il fait disparaître les billets de cent francs de la poche des commerçants, il endort le boucher et, quand cela l'amuse, il fait même disparaître la tour Eiffel.

Ô envoyé du ciel! Ô ange divin.

Pendant que Zadig parlait, *il aperçut* que le vieillard n'avait plus de barbe, que son visage prenait les traits de la jeunesse. Son habit d'ermite *disparut;* quatre belles ailes[24] couvraient un corps majestueux et resplendissant de lumière. «Ô envoyé du ciel! ô ange divin! *s'écria* Zadig en se prosternant, tu es donc descendu des sphères célestes pour apprendre à un faible mortel à se soumettre aux ordres éternels? —Les hommes, *dit* l'ange Jesrad, jugent de tout sans rien connaître: tu étais celui de tous les hommes qui méritait le plus d'être éclairé.» Zadig lui *demanda* la permission de parler. «N'aurait-on pas dû rendre cet enfant vertueux plutôt que de le noyer?» Jesrad *répondit:* «S'il avait été vertueux, et s'*il eût vécu,*[25] son destin était d'être assassiné lui-même avec la femme qu'il devait épouser, et le fils qui devait en naître. —Mais quoi! *dit* Zadig, il est donc nécessaire qu'il y ait des crimes et des malheurs? et les malheurs tombent sur les gens innocents! —Les méchants,

---

24. *Ailes* = «wings».

25. *S'il eût vécu* = s'il avait vécu. «If he might have lived.» En littérature le plus-que-parfait du subjonctif s'emploie après *si* pour rendre encore plus hypothétique la supposition.

MON ONCLE, Jacques Tati, 1957; sur la photo: Jacques Tati.

Aussi célèbre que *Les Vacances de Monsieur Hulot* (1952), *Mon oncle* traite d'une confrontation entre la tradition passéiste et le monde moderne. Jacques Tati, le plus grand réalisateur comique français, reprend son rôle de poète, d'homme un peu gauche, de rebelle à la civilisation. Il va continuer ce rôle avec *Playtime* et *Traffic*. Il est confronté dans *Mon oncle* par une famille experte en machines, en gadgets, en voitures et en appareils de toutes sortes. Lui, il préfère son vieux vélo, son parapluie et son petit chapeau.

Prends ton chemin vers Babylone.

répondit Jesrad, sont toujours malheureux: ils servent à vérifier les qualités d'un petit nombre de justes sur la terre, et il n'y a pas de mal dont il ne naisse un bien. —Mais, *dit* Zadig, s'il n'y avait que du bien, et pas de mal?» «Alors, *continua* Jesrad, cette terre serait une autre terre, l'enchaînement des événements serait un autre ordre de sagesse; et cet ordre, qui serait parfait, ne peut être que dans la demeure éternelle de l'Être suprême, de qui le mal ne peut pas approcher. Il a créé des millions de mondes, dont aucun ne peut ressembler à l'autre. Cette immense variété est un attribut de sa puissance immense. Il n'y a ni deux feuilles d'arbre sur la terre, ni deux globes dans les champs infinis du ciel, qui soient semblables, et tout ce que tu vois sur le petit atome où tu es né devait être dans sa place et dans son temps fixe, selon les ordres immuables de celui qui embrasse tout. Les hommes pensent que cet enfant qui vient de périr est tombé dans l'eau par hasard, que c'est par un même hasard que cette maison est brûlée; mais il n'y a pas de hasard: tout est expérience ou punition, ou récompense, ou prévoyance.[26] Faible mortel! cesse de disputer contre ce qu'il faut adorer.» «Mais, *dit* Zadig...» Comme il disait mais, l'ange prenait déjà son vol vers la dixième sphère. Zadig, à genoux, *adora* la Providence et *se soumit*. L'ange lui *cria* du haut des airs: «Prends ton chemin vers Babylone.»

D'après Voltaire
Zadig, ou la destinée (1748)

Questions/Discussion sur la lecture

1. Comparez les deux réceptions de Zadig et l'ermite chez le premier hôte et chez l'avare. Essayez d'expliquer les réactions de l'ermite.
2. Auriez-vous accepté aussi docilement que Zadig la raison de la mort de l'enfant? Quelle aurait été votre réaction?
3. Êtes-vous d'accord avec l'ermite quand il dit qu'il n'y a pas de mal dont il ne naisse un bien?
4. Doit-on accepter sans discuter les caprices de la destinée (tremblements de terre, éruptions volcaniques, assassinats, guerres, révolutions, etc., etc....)?
5. Quelle est, à votre avis, la véritable pensée de Voltaire devant le problème de la destinée?

---

26. *Prévoyance* = faculté de «prévoir» les événements futurs.

Vocabulaire actif

noms

admission f.
aile f.
ange m.
armée f.
association f.
avare m.
caractère m.
charme m.
compagnon m.
délai m.
délicatesse f.
divorce m.
douleur f.
espérance f.
estime f.
faiblesse f.
feu m.
grâce f.
hôte m.
impôt m.
justice f.
maître m.
olive f.
or m.
orage m.
passage m.
peine f.
puissance f.
reconnaissance f.
sagesse f.
trésor m.
vertu f.
veuve f.
vice m.
vieillard m.
vol m.

adjectifs

affreux/affreuse
divin(-e)
éclairé(-e)
épouvanté(-e)
étrange
garni(-e)
gâté(-e)
mécontent(-e)
pourri(-e)
sage
suprême
vif/vive

verbes

adresser
bouleverser
brûler
déplaire
s'écrier
s'enfuir
envahir
frapper
honorer
irriter
jurer
loger
marquer
noyer
s'*opposer* (à)
périr
planter
représenter
rompre
saluer
séparer
suivre
tenter
traiter
vaincre

autres expressions

d'ici quelques
   jours
éclater de rire
point du jour

Vocabulaire passif

noms

ambassadeur m.
astronaute m.
atome m.
attribut m.
avarice f.
Babylone f.
Babylonien m.
barbare m.
bassin m.
bien m.
caprice f.
champs m.
conquérant m.
demande f.
demeure f.
discrétion f.
domestique
  m. ou f.
dossier m.
éclat m.
écurie f.
éloge m.
émeraude f.
enchaînement m.
envoyé m.
ermite m.
éruption f.
flambeau m.
globe m.
inclination f.
indignité f.
injure f.
mal m.
morale f.
mortel m.
négociation f.
noblesse f.
occident m.
ostentation f.

parlement m.
portier m.
portion f.
présent m.
prévoyance f.
prodigalité f.
profusion f.
récompense f.
retraite f.
rubis m.
Saxon m.
sphère f.
témoignage m.
trait m.
tribut m.
voie f.

adjectifs

aisé(-e)
charitable
dédaigneux/
  dédaigneuse
immuable
infini(-e)
instructif/
  instructive
instruit(-e)
invincible
primitif/primitive
prussien(-ne)
resplendissant(-e)
retiré(-e)
rude
scélérat(-e)
significatif/
  significative
souverain(-e)
stupéfait(-e)
touchant(-e)
vertueux/
  vertueuse
volcanique

verbes

abdiquer
accorder
s'avancer
bénir
converser
couronner
daigner
débarquer
déchiffrer
détruire
élire
enflammer
engouffrer
entraîner
guillotiner
interroger
intituler
se prosterner
raisonner
reconduire
redoubler
reparaître
subjuger

adverbe

noblement

autre expression

tomber à la
  renverse

═══════════élégie

Marceline Desbordes-Valmore
1786-1859

J'étais à toi peut-être avant de t'avoir vu.
Ma vie, en se formant, fut promise à la tienne;
Ton nom m'en avertit par un trouble imprévu,
Ton âme s'y cachait pour éveiller la mienne.
Je l'entendis un jour et je perdis la voix;
Je l'écoutai longtemps, j'oubliai de répondre.
Mon être avec le tien venait de se confondre,
Je crus qu'on m'appelait pour la première fois...

Le Système Verbal

Les deux verbes auxiliaires et leur conjugaison *avoir* et *être*

infinitif **avoir**
participe passé eu
infinitif passé avoir eu
participe présent ayant
impératif aie, ayons, ayez

Indicatif

présent	*imparfait*	*passé simple*	*futur*
j'ai	j'avais	j'eus	j'aurai
tu as	tu avais	tu eus	tu auras
il a	il avait	il eut	il aura
nous avons	nous avions	nous eûmes	nous aurons
vous avez	vous aviez	vous eûtes	vous aurez
ils ont	ils avaient	ils eurent	ils auront

passé composé	*plus-que-parfait*	*passé antérieur*	*futur antérieur*
j'ai eu	j'avais eu	j'eus eu	j'aurai eu
tu as eu	tu avais eu	tu eus eu	tu auras eu
il a eu	il avait eu	il eut eu	il aura eu
nous avons eu	nous avions eu	nous eûmes eu	nous aurons eu
vous avez eu	vous aviez eu	vous eûtes eu	vous aurez eu
ils ont eu	ils avaient eu	ils eurent eu	ils auront eu

Conditionnel

présent	*passé*
j'aurais	j'aurais eu
tu aurais	tu aurais eu
il aurait	il aurait eu
nous aurions	nous aurions eu
vous auriez	vous auriez eu
ils auraient	ils auraient eu

Subjonctif

présent	*imparfait*	*passé*	*plus-que-parfait*
que j'aie	*que* j'eusse	*que* j'aie eu	*que* j'eusse eu
tu aies	tu eusses	tu aies eu	tu eusses eu
il ait	il eût	il ait eu	il eût eu
nous ayons	nous eussions	nous ayons eu	nous eussions eu
vous ayez	vous eussiez	vous ayez eu	vous eussiez eu
ils aient	ils eussent	ils aient eu	ils eussent eu

infinitif **être**
participe passé été
infinitif passé avoir été
participe présent étant
impératif sois, soyons, soyez

Indicatif

présent	*imparfait*	*passé simple*	*futur*
je suis	j'étais	je fus	je serai
tu es	tu étais	tu fus	tu seras
il est	il était	il fut	il sera
nous sommes	nous étions	nous fûmes	nous serons
vous êtes	vous étiez	vous fûtes	vous serez
ils sont	ils étaient	ils furent	ils seront

passé composé	*plus-que-parfait*	*passé antérieur*	*futur antérieur*
j'ai été	j'avais été	j'eus été	j'aurai été
tu as été	tu avais été	tu eus été	tu auras été
il a été	il avait été	il eut été	il aura été
nous avons été	nous avions été	nous eûmes été	nous aurons été
vous avez été	vous aviez été	vous eûtes été	vous aurez été
ils ont été	ils avaient été	ils eurent été	ils auront été

Conditionnel

présent	*passé*
je serais	j'aurais été
tu serais	tu aurais été
il serait	il aurait été
nous serions	nous aurions été
vous seriez	vous auriez été
ils seraient	ils auraient été

Subjonctif

présent	*imparfait*	*passé*	*plus-que-parfait*
que je sois	*que* je fusse	*que* j'aie été	*que* j'eusse été
tu sois	tu fusses	tu aies été	tu eusses été
il soit	il fût	il ait été	il eût été
nous soyons	nous fussions	nous ayons été	nous eussions été
vous soyez	vous fussiez	vous ayez été	vous eussiez été
ils soient	ils fussent	ils aient été	ils eussent été

Les verbes réguliers et leur conjugaison *-er, -ir, -re*

infinitif	**parler**	**finir**	**attendre**
participe passé	parlé	fini	attendu
infinitif passé	avoir parlé	avoir fini	avoir attendu
participe présent	parlant	finissant	attendant
impératif	parle	finis	attends
	parlons	finissons	attendons
	parlez	finissez	attendez
présent	je parle	je finis	j'attends
	tu parles	tu finis	tu attends
	il parle	il finit	il attend
	nous parlons	nous finissons	nous attendons
	vous parlez	vous finissez	vous attendez
	ils parlent	ils finissent	ils attendent
imparfait	je parlais	je finissais	j'attendais
	tu parlais	tu finissais	tu attendais
	il parlait	il finissait	il attendait
	nous parlions	nous finissions	nous attendions
	vous parliez	vous finissiez	vous attendiez
	ils parlaient	ils finissaient	ils attendaient
futur	je parlerai	je finirai	j'attendrai
	tu parleras	tu finiras	tu attendras
	il parlera	il finira	il attendra
	nous parlerons	nous finirons	nous attendrons
	vous parlerez	vous finirez	vous attendrez
	ils parleront	ils finiront	ils attendront
conditionnel présent	je parlerais	je finirais	j'attendrais
	tu parlerais	tu finirais	tu attendrais
	il parlerait	il finirait	il attendrait
	nous parlerions	nous finirions	nous attendrions
	vous parleriez	vous finiriez	vous attendriez
	ils parleraient	ils finiraient	ils attendraient
passé simple	je parlai	je finis	j'attendis
	tu parlas	tu finis	tu attendis
	il parla	il finit	il attendit
	nous parlâmes	nous finîmes	nous attendîmes
	vous parlâtes	vous finîtes	vous attendîtes
	ils parlèrent	ils finirent	ils attendirent

	parler	**finir**	**attendre**
passé composé	j'ai parlé	j'ai fini	j'ai attendu
plus-que-parfait	j'avais parlé	j'avais fini	j'avais attendu
passé antérieur	j'eus parlé	j'eus fini	j'eus attendu
futur antérieur	j'aurai parlé	j'aurai fini	j'aurai attendu
conditionnel passé	j'aurais parlé	j'aurais fini	j'aurais attendu
subjonctif présent	*que* je parle tu parles il parle nous parlions vous parliez ils parlent	*que* je finisse tu finisses il finisse nous finissions vous finissiez ils finissent	*que* j'attende tu attendes il attende nous attendions vous attendiez ils attendent
subjonctif passé	*que* j'aie parlé	*que* j'aie fini	*que* j'aie attendu
subjonctif imparfait	*que* je parlasse	*que* je finisse	*que* j'attendisse
subjonctif plus-que-parfait	*que* j'eusse parlé	*que* j'eusse fini	*que* j'eusse attendu

Liste des verbes irréguliers (avec leurs homologues principaux)

aller   (s'en aller)
s'asseoir
battre   (se battre, abattre, combattre, débattre)
boire
conduire   (se conduire, construire, détruire, produire, réduire, suffire, traduire)
connaître   (méconnaître, reconnaître)
conquérir   (acquérir, requérir)
courir   (accourir, discourir, parcourir, recourir)
craindre   (atteindre, éteindre, joindre, peindre, plaindre, rejoindre)
croire
cueillir   (accueillir)
devoir
dire
dormir   (s'endormir)
écrire   (décrire, prescrire)
envoyer
faire   (défaire, satisfaire, surfaire)
fuir

lire   (élire)
mentir
mettre   (admettre, omettre, permettre, promettre, remettre, soumettre, transmettre)
mourir
naître
offrir   (souffrir)
ouvrir   (couvrir, découvrir)
paraître   (apparaître, disparaître)
partir   (repartir)
plaire   (déplaire)
pouvoir
prendre   (apprendre, comprendre, reprendre, surprendre)
recevoir   (apercevoir, s'apercevoir, décevoir)
rire   (sourire)
savoir
sentir   (se sentir, consentir, pressentir)
servir   (se servir, desservir, resservir)
sortir
suivre   (poursuivre)
se taire
tenir   (appartenir, contenir, détenir, maintenir, obtenir, retenir, soutenir)
valoir
venir   (convenir, devenir, parvenir, prévenir, redevenir, revenir, se souvenir)
vivre   (revivre, survivre)
voir   (revoir)
vouloir

Conjugaison des verbes irréguliers

infinitif	aller	s'asseoir	battre
participe passé	allé(-e)	assis(-e)	battu
infinitif passé	être allé(-e)	s'être assis(-e)	avoir battu
participe présent	allant	s'asseyant	battant
impératif	va	assieds-toi	bats
	allons	asseyons-nous	battons
	allez	asseyez-vous	battez
présent	je vais	je m'assieds	je bats
	tu vas	tu t'assieds	tu bats
	il va	il s'assied	il bat
	nous allons	nous nous asseyons	nous battons
	vous allez	vous vous asseyez	vous battez
	ils vont	ils s'asseyent	ils battent

	aller	**s'asseoir**	**battre**
imparfait	j'allais	je m'asseyais	je battais
	tu allais	tu t'asseyais	tu battais
	il allait	il s'asseyait	il battait
	nous allions	nous nous asseyions	nous battions
	vous alliez	vous vous asseyiez	vous battiez
	ils allaient	ils s'asseyaient	ils battaient
futur	j'irai	je m'assiérai	je battrai
	tu iras	tu t'assiéras	tu battras
	il ira	il s'assiéra	il battra
	nous irons	nous nous assiérons	nous battrons
	vous irez	vous vous assiérez	vous battrez
	ils iront	ils s'assiéront	ils battront
conditionnel présent	j'irais	je m'assiérais	je battrais
	tu irais	tu t'assiérais	tu battrais
	il irait	il s'assiérait	il battrait
	nous irions	nous nous assiérions	nous battrions
	vous iriez	vous vous assiériez	vous battriez
	ils iraient	ils s'assiéraient	ils battraient
passé simple	j'allai	je m'assis	je battis
	tu allas	tu t'assis	tu battis
	il alla	il s'assit	il battit
	nous allâmes	nous nous assîmes	nous battîmes
	vous allâtes	vous vous assîtes	vous battîtes
	ils allèrent	ils s'assirent	ils battirent
passé composé	je suis allé(-e)	je me suis assis(-e)	j'ai battu
plus-que-parfait	j'étais allé(-e)	je m'étais assis(-e)	j'avais battu
passé antérieur	je fus allé(-e)	je me fus assis(-e)	j'eus battu
futur antérieur	je serai allé(-e)	je me serai assis(-e)	j'aurai battu
conditionnel passé	je serais allé(-e)	je me serais assis(-e)	j'aurais battu
subjonctif présent	que j'aille	que je m'asseye	que je batte
	tu ailles	tu t'asseyes	tu battes
	il aille	il s'asseye	il batte
	nous allions	nous nous asseyions	nous battions
	vous alliez	vous vous asseyiez	vous battiez
	ils aillent	ils s'asseyent	ils battent
subjonctif passé	que je sois allé(-e)	que je me sois assis(-e)	que j'aie battu
subjonctif imparfait	que j'allasse	que je m'assisse	que je battisse
subjonctif plus-que-parfait	que je fusse allé(-e)	que je me fusse assis(-e)	que j'eusse battu

infinitif	**boire**	**conduire**	**connaître**
participe passé	bu	conduit	connu
infinitif passé	avoir bu	avoir conduit	avoir connu
participe présent	buvant	conduisant	connaissant
impératif	bois	conduis	connais
	buvons	conduisons	connaissons
	buvez	conduisez	connaissez
présent	je bois	je conduis	je connais
	tu bois	tu conduis	tu connais
	il boit	il conduit	il connaît
	nous buvons	nous conduisons	nous connaissons
	vous buvez	vous conduisez	vous connaissez
	ils boivent	ils conduisent	ils connaissent
imparfait	je buvais	je conduisais	je connaissais
	tu buvais	tu conduisais	tu connaissais
	il buvait	il conduisait	il connaissait
	nous buvions	nous conduisions	nous connaissions
	vous buviez	vous conduisiez	vous connaissiez
	ils buvaient	ils conduisaient	ils connaissaient
futur	je boirai	je conduirai	je connaîtrai
	tu boiras	tu conduiras	tu connaîtras
	il boira	il conduira	il connaîtra
	nous boirons	nous conduirons	nous connaîtrons
	vous boirez	vous conduirez	vous connaîtrez
	ils boiront	ils conduiront	ils connaîtront
conditionnel présent	je boirais	je conduirais	je connaîtrais
	tu boirais	tu conduirais	tu connaîtrais
	il boirait	il conduirait	il connaîtrait
	nous boirions	nous conduirions	nous connaîtrions
	vous boiriez	vous conduiriez	vous connaîtriez
	ils boiraient	ils conduiraient	ils connaîtraient
passé simple	je bus	je conduisis	je connus
	tu bus	tu conduisis	tu connus
	il but	il conduisit	il connut
	nous bûmes	nous conduisîmes	nous connûmes
	vous bûtes	vous conduisîtes	vous connûtes
	ils burent	ils conduisirent	ils connurent
passé composé	j'ai bu	j'ai conduit	j'ai connu
plus-que-parfait	j'avais bu	j'avais conduit	j'avais connu

	boire	**conduire**	**connaître**
passé antérieur	j'eus bu	j'eus conduit	j'eus connu
futur antérieur	j'aurai bu	j'aurai conduit	j'aurai connu
conditionnel passé	j'aurais bu	j'aurais conduit	j'aurais connu
subjonctif présent	*que* je boive tu boives il boive nous buvions vous buviez ils boivent	*que* je conduise tu conduises il conduise nous conduisions vous conduisiez ils conduisent	*que* je connaisse tu connaisses il connaisse nous connaissions vous connaissiez ils connaissent
subjonctif passé	*que* j'aie bu	*que* j'aie conduit	*que* j'aie connu
subjonctif imparfait	*que* je busse	*que* je conduisisse	*que* je connusse
subjonctif plus-que-parfait	*que* j'eusse bu	*que* j'eusse conduit	*que* j'eusse connu

	conquérir	**courir**	**craindre**
infinitif			
participe passé	conquis	couru	craint
infinitif passé	avoir conquis	avoir couru	avoir craint
participe présent	conquérant	courant	craignant
impératif	conquiers conquérons conquérez	cours courons courez	crains craignons craignez
présent	je conquiers tu conquiers il conquiert nous conquérons vous conquérez ils conquièrent	je cours tu cours il court nous courons vous courez ils courent	je crains tu crains il craint nous craignons vous craignez ils craignent
imparfait	je conquérais tu conquérais il conquérait nous conquérions vous conquériez ils conquéraient	je courais tu courais il courait nous courions vous couriez ils couraient	je craignais tu craignais il craignait nous craignions vous craigniez ils craignaient

futur	je conquerrai	je courrai	je craindrai
	tu conquerras	tu courras	tu craindras
	il conquerra	il courra	il craindra
	nous conquerrons	nous courrons	nous craindrons
	vous conquerrez	vous courrez	vous craindrez
	ils conquerront	ils courront	ils craindront
conditionnel	je conquerrais	je courrais	je craindrais
présent	tu conquerrais	tu courrais	tu craindrais
	il conquerrait	il courrait	il craindrait
	nous conquerrions	nous courrions	nous craindrions
	vous conquerriez	vous courriez	vous craindriez
	ils conquerraient	ils courraient	ils craindraient
passé simple	je conquis	je courus	je craignis
	tu conquis	tu courus	tu craignis
	il conquit	il courut	il craignit
	nous conquîmes	nous courûmes	nous craignîmes
	vous conquîtes	vous courûtes	vous craignîtes
	ils conquirent	ils coururent	ils craignirent
passé composé	j'ai conquis	j'ai couru	j'ai craint
plus-que-parfait	j'avais conquis	j'avais couru	j'avais craint
passé antérieur	j'eus conquis	j'eus couru	j'eus craint
futur antérieur	j'aurai conquis	j'aurai couru	j'aurai craint
conditionnel passé	j'aurais conquis	j'aurais couru	j'aurais craint
subjonctif	*que* je conquière	*que* je coure	*que* je craigne
présent	tu conquières	tu coures	tu craignes
	il conquière	il coure	il craigne
	nous conquérions	nous courions	nous craignions
	vous conquériez	vous couriez	vous craigniez
	ils conquièrent	ils courent	ils craignent
subjonctif passé	*que* j'aie conquis	*que* j'aie couru	*que* j'aie craint
subjonctif imparfait	*que* je conquisse	*que* je courusse	*que* je craignisse
subjonctif plus-que-parfait	*que* j'eusse conquis	*que* j'eusse couru	*que* j'eusse craint

infinitif	**croire**	**cueillir**	**devoir**
participe passé	cru	cueilli	dû, due (f.)
infinitif passé	avoir cru	avoir cueilli	avoir dû
participe présent	croyant	cueillant	devant
impératif	crois	cueille	dois
	croyons	cueillons	devons
	croyez	cueillez	devez
présent	je crois	je cueille	je dois
	tu crois	tu cueilles	tu dois
	il croit	il cueille	il doit
	nous croyons	nous cueillons	nous devons
	vous croyez	vous cueillez	vous devez
	ils croient	ils cueillent	ils doivent
imparfait	je croyais	je cueillais	je devais
	tu croyais	tu cueillais	tu devais
	il croyait	il cueillait	il devait
	nous croyions	nous cueillions	nous devions
	vous croyiez	vous cueilliez	vous deviez
	ils croyaient	ils cueillaient	ils devaient
futur	je croirai	je cueillerai	je devrai
	tu croiras	tu cueilleras	tu devras
	il croira	il cueillera	il devra
	nous croirons	nous cueillerons	nous devrons
	vous croirez	vous cueillerez	vous devrez
	ils croiront	ils cueilleront	ils devront
conditionnel *présent*	je croirais	je cueillerais	je devrais
	tu croirais	tu cueillerais	tu devrais
	il croirait	il cueillerait	il devrait
	nous croirions	nous cueillerions	nous devrions
	vous croiriez	vous cueilleriez	vous devriez
	ils croiraient	ils cueilleraient	ils devraient
passé simple	je crus	je cueillis	je dus
	tu crus	tu cueillis	tu dus
	il crut	il cueillit	il dut
	nous crûmes	nous cueillîmes	nous dûmes
	vous crûtes	vous cueillîtes	vous dûtes
	ils crurent	ils cueillirent	ils durent
passé composé	j'ai cru	j'ai cueilli	j'ai dû
plus-que-parfait	j'avais cru	j'avais cueilli	j'avais dû

passé antérieur	j'eus cru	j'eus cueilli	j'eus dû
futur antérieur	j'aurai cru	j'aurai cueilli	j'aurai dû
conditionnel passé	j'aurais cru	j'aurais cueilli	j'aurais dû
subjonctif présent	*que* je croie tu croies il croie nous croyions vous croyiez ils croient	*que* je cueille tu cueilles il cueille nous cueillions vous cueilliez ils cueillent	*que* je doive tu doives il doive nous devions vous deviez ils doivent
subjonctif passé	*que* j'aie cru	*que* j'aie cueilli	*que* j'aie dû
subjonctif imparfait	*que* je crusse	*que* je cueillisse	*que* je dusse
subjonctif plus-que-parfait	*que* j'eusse cru	*que* j'eusse cueilli	*que* j'eusse dû

	dire	**dormir**	**écrire**
infinitif			
participe passé	dit	dormi	écrit
infinitif passé	avoir dit	avoir dormi	avoir écrit
participe présent	disant	dormant	écrivant
impératif	dis disons dites	dors dormons dormez	écris écrivons écrivez
présent	je dis tu dis il dit nous disons vous dites ils disent	je dors tu dors il dort nous dormons vous dormez ils dorment	j'écris tu écris il écrit nous écrivons vous écrivez ils écrivent
imparfait	je disais tu disais il disait nous disions vous disiez ils disaient	je dormais tu dormais il dormait nous dormions vous dormiez ils dormaient	j'écrivais tu écrivais il écrivait nous écrivions vous écriviez ils écrivaient

	dire	**dormir**	**écrire**
futur	je dirai	je dormirai	j'écrirai
	tu diras	tu dormiras	tu écriras
	il dira	il dormira	il écrira
	nous dirons	nous dormirons	nous écrirons
	vous direz	vous dormirez	vous écrirez
	ils diront	ils dormiront	ils écriront
conditionnel	je dirais	je dormirais	j'écrirais
présent	tu dirais	tu dormirais	tu écrirais
	il dirait	il dormirait	il écrirait
	nous dirions	nous dormirions	nous écririons
	vous diriez	vous dormiriez	vous écririez
	ils diraient	ils dormiraient	ils écriraient
passé simple	je dis	je dormis	j'écrivis
	tu dis	tu dormis	tu écrivis
	il dit	il dormit	il écrivit
	nous dîmes	nous dormîmes	nous écrivîmes
	vous dîtes	vous dormîtes	vous écrivîtes
	ils dirent	ils dormirent	ils écrivirent
passé composé	j'ai dit	j'ai dormi	j'ai écrit
plus-que-parfait	j'avais dit	j'avais dormi	j'avais écrit
passé antérieur	j'eus dit	j'eus dormi	j'eus écrit
futur antérieur	j'aurai dit	j'aurai dormi	j'aurai écrit
conditionnel passé	j'aurais dit	j'aurais dormi	j'aurais écrit
subjonctif	*que* je dise	*que* je dorme	*que* j'écrive
présent	tu dises	tu dormes	tu écrives
	il dise	il dorme	il écrive
	nous disions	nous dormions	nous écrivions
	vous disiez	vous dormiez	vous écriviez
	ils disent	ils dorment	ils écrivent
subjonctif passé	*que* j'aie dit	*que* j'aie dormi	*que* j'aie écrit
subjonctif imparfait	*que* je disse	*que* je dormisse	*que* j'écrivisse
subjonctif plus-que-parfait	*que* j'eusse dit	*que* j'eusse dormi	*que* j'eusse écrit

infinitif	**envoyer**	**faire**	**fuir**
participe passé	envoyé	fait	fui
infinitif passé	avoir envoyé	avoir fait	avoir fui
participe présent	envoyant	faisant	fuyant
impératif	envoie	fais	fuis
	envoyons	faisons	fuyons
	envoyez	faites	fuyez
présent	j'envoie	je fais	je fuis
	tu envoies	tu fais	tu fuis
	il envoie	il fait	il fuit
	nous envoyons	nous faisons	nous fuyons
	vous envoyez	vous faites	vous fuyez
	ils envoient	ils font	ils fuient
imparfait	j'envoyais	je faisais	je fuyais
	tu envoyais	tu faisais	tu fuyais
	il envoyait	il faisait	il fuyait
	nous envoyions	nous faisions	nous fuyions
	vous envoyiez	vous faisiez	vous fuyiez
	ils envoyaient	ils faisaient	ils fuyaient
futur	j'enverrai	je ferai	je fuirai
	tu enverras	tu feras	tu fuiras
	il enverra	il fera	il fuira
	nous enverrons	nous ferons	nous fuirons
	vous enverrez	vous ferez	vous fuirez
	ils enverront	ils feront	ils fuiront
conditionnel présent	j'enverrais	je ferais	je fuirais
	tu enverrais	tu ferais	tu fuirais
	il enverrait	il ferait	il fuirait
	nous enverrions	nous ferions	nous fuirions
	vous enverriez	vous feriez	vous fuiriez
	ils enverraient	ils feraient	ils fuiraient
passé simple	j'envoyai	je fis	je fuis
	tu envoyas	tu fis	tu fuis
	il envoya	il fit	il fuit
	nous envoyâmes	nous fîmes	nous fuîmes
	vous envoyâtes	vous fîtes	vous fuîtes
	ils envoyèrent	ils firent	ils fuirent
passé composé	j'ai envoyé	j'ai fait	j'ai fui

	envoyer	**faire**	**fuir**
plus-que-parfait	j'avais envoyé	j'avais fait	j'avais fui
passé antérieur	j'eus envoyé	j'eus fait	j'eus fui
futur antérieur	j'aurai envoyé	j'aurai fait	j'aurai fui
conditionnel passé	j'aurais envoyé	j'aurais fait	j'aurais fui
subjonctif *présent*	*que* j'envoie tu envoies il envoie nous envoyions vous envoyiez ils envoient	*que* je fasse tu fasses il fasse nous fassions vous fassiez ils fassent	*que* je fuie tu fuies il fuie nous fuyions vous fuyiez ils fuient
subjonctif passé	*que* j'aie envoyé	*que* j'aie fait	*que* j'aie fui
subjonctif imparfait	*que* j'envoyasse	*que* je fisse	*que* je fuisse
subjonctif plus-que-parfait	*que* j'eusse envoyé	*que* j'eusse fait	*que* j'eusse fui

	lire	**mentir**	**mettre**
infinitif			
participe passé	lu	menti	mis
infinitif passé	avoir lu	avoir menti	avoir mis
participe présent	lisant	mentant	mettant
impératif	lis lisons lisez	mens mentons mentez	mets mettons mettez
présent	je lis tu lis il lit nous lisons vous lisez ils lisent	je mens tu mens il ment nous mentons vous mentez ils mentent	je mets tu mets il met nous mettons vous mettez ils mettent
imparfait	je lisais tu lisais il lisait nous lisions vous lisiez ils lisaient	je mentais tu mentais il mentait nous mentions vous mentiez ils mentaient	je mettais tu mettais il mettait nous mettions vous mettiez ils mettaient

futur	je lirai	je mentirai	je mettrai
	tu liras	tu mentiras	tu mettras
	il lira	il mentira	il mettra
	nous lirons	nous mentirons	nous mettrons
	vous lirez	vous mentirez	vous mettrez
	ils liront	ils mentiront	ils mettront
conditionnel	je lirais	je mentirais	je mettrais
présent	tu lirais	tu mentirais	tu mettrais
	il lirait	il mentirait	il mettrait
	nous lirions	nous mentirions	nous mettrions
	vous liriez	vous mentiriez	vous mettriez
	ils liraient	ils mentiraient	ils mettraient
passé simple	je lus	je mentis	je mis
	tu lus	tu mentis	tu mis
	il lut	il mentit	il mit
	nous lûmes	nous mentîmes	nous mîmes
	vous lûtes	vous mentîtes	vous mîtes
	ils lurent	ils mentirent	ils mirent
passé composé	j'ai lu	j'ai menti	j'ai mis
plus-que-parfait	j'avais lu	j'avais menti	j'avais mis
passé antérieur	j'eus lu	j'eus menti	j'eus mis
futur antérieur	j'aurai lu	j'aurai menti	j'aurai mis
conditionnel passé	j'aurais lu	j'aurais menti	j'aurais mis
subjonctif	*que* je lise	*que* je mente	*que* je mette
présent	tu lises	tu mentes	tu mettes
	il lise	il mente	il mette
	nous lisions	nous mentions	nous mettions
	vous lisiez	vous mentiez	vous mettiez
	ils lisent	ils mentent	ils mettent
subjonctif passé	*que* j'aie lu	*que* j'aie menti	*que* j'aie mis
subjonctif imparfait	*que* je lusse	*que* je mentisse	*que* je misse
subjonctif *plus-que-parfait*	*que* j'eusse lu	*que* j'eusse menti	*que* j'eusse mis

infinitif	**mourir**	**naître**	**offrir**
participe passé	mort(-e)	né(-e)	offert
infinitif passé	être mort(-e)	être né(-e)	avoir offert
participe présent	mourant	naissant	offrant
impératif	meurs	nais	offre
	mourons	naissons	offrons
	mourez	naissez	offrez
présent	je meurs	je nais	j'offre
	tu meurs	tu nais	tu offres
	il meurt	il naît	il offre
	nous mourons	nous naissons	nous offrons
	vous mourez	vous naissez	vous offrez
	ils meurent	ils naissent	ils offrent
imparfait	je mourais	je naissais	j'offrais
	tu mourais	tu naissais	tu offrais
	il mourait	il naissait	il offrait
	nous mourions	nous naissions	nous offrions
	vous mouriez	vous naissiez	vous offriez
	ils mouraient	ils naissaient	ils offraient
futur	je mourrai	je naîtrai	j'offrirai
	tu mourras	tu naîtras	tu offriras
	il mourra	il naîtra	il offrira
	nous mourrons	nous naîtrons	nous offrirons
	vous mourrez	vous naîtrez	vous offrirez
	ils mourront	ils naîtront	ils offriront
conditionnel	je mourrais	je naîtrais	j'offrirais
présent	tu mourrais	tu naîtrais	tu offrirais
	il mourrait	il naîtrait	il offrirait
	nous mourrions	nous naîtrions	nous offririons
	vous mourriez	vous naîtriez	vous offririez
	ils mourraient	ils naîtraient	ils offriraient
passé simple	je mourus	je naquis	j'offris
	tu mourus	tu naquis	tu offris
	il mourut	il naquit	il offrit
	nous mourûmes	nous naquîmes	nous offrîmes
	vous mourûtes	vous naquîtes	vous offrîtes
	ils moururent	ils naquirent	ils offrirent
passé composé	je suis mort(-e)	je suis né(-e)	j'ai offert
plus-que-parfait	j'étais mort(-e)	j'étais né(-e)	j'avais offert

passé antérieur	je fus mort(-e)	je fus né(-e)	j'eus offert
futur antérieur	je serai mort(-e)	je serai né(-e)	j'aurai offert
conditionnel passé	je serais mort(-e)	je serais né(-e)	j'aurais offert
subjonctif présent	*que* je meure tu meures il meure nous mourions vous mouriez ils meurent	*que* je naisse tu naisses il naisse nous naissions vous naissiez ils naissent	*que* j'offre tu offres il offre nous offrions vous offriez ils offrent
subjonctif passé	*que* je sois mort(-e)	*que* je sois né(-e)	*que* j'aie offert
subjonctif imparfait	*que* je mourusse	*que* je naquisse	*que* j'offrisse
subjonctif plus-que-parfait	*que* je fusse mort(-e)	*que* je fusse né(-e)	*que* j'eusse offert

infinitif	**ouvrir**	**paraître**	**partir**
participe passé	ouvert	paru	parti(-e)
infinitif passé	avoir ouvert	avoir paru	être parti(-e)
participe présent	ouvrant	paraissant	partant
impératif	ouvre ouvrons ouvrez	parais paraissons paraissez	pars partons partez
présent	j'ouvre tu ouvres il ouvre nous ouvrons vous ouvrez ils ouvrent	je parais tu parais il paraît nous paraissons vous paraissez ils paraissent	je pars tu pars il part nous partons vous partez ils partent
imparfait	j'ouvrais tu ouvrais il ouvrait nous ouvrions vous ouvriez ils ouvraient	je paraissais tu paraissais il paraissait nous paraissions vous paraissiez ils paraissaient	je partais tu partais il partait nous partions vous partiez ils partaient

	ouvrir	**paraître**	**partir**
futur	j'ouvrirai	je paraîtrai	je partirai
	tu ouvriras	tu paraîtras	tu partiras
	il ouvrira	il paraîtra	il partira
	nous ouvrirons	nous paraîtrons	nous partirons
	vous ouvrirez	vous paraîtrez	vous partirez
	ils ouvriront	ils paraîtront	ils partiront
conditionnel présent	j'ouvrirais	je paraîtrais	je partirais
	tu ouvrirais	tu paraîtrais	tu partirais
	il ouvrirait	il paraîtrait	il partirait
	nous ouvririons	nous paraîtrions	nous partirions
	vous ouvririez	vous paraîtriez	vous partiriez
	ils ouvriraient	ils paraîtraient	ils partiraient
passé simple	j'ouvris	je parus	je partis
	tu ouvris	tu parus	tu partis
	il ouvrit	il parut	il partit
	nous ouvrîmes	nous parûmes	nous partîmes
	vous ouvrîtes	vous parûtes	vous partîtes
	ils ouvrirent	ils parurent	ils partirent
passé composé	j'ai ouvert	j'ai paru	je suis parti(-e)
plus-que-parfait	j'avais ouvert	j'avais paru	j'étais parti(-e)
passé antérieur	j'eus ouvert	j'eus paru	je fus parti(-e)
futur antérieur	j'aurai ouvert	j'aurai paru	je serai parti(-e)
conditionnel passé	j'aurais ouvert	j'aurais paru	je serais parti(-e)
subjonctif présent	*que* j'ouvre	*que* je paraisse	*que* je parte
	tu ouvres	tu paraisses	tu partes
	il ouvre	il paraisse	il parte
	nous ouvrions	nous paraissions	nous partions
	vous ouvriez	vous paraissiez	vous partiez
	ils ouvrent	ils paraissent	ils partent
subjonctif passé	*que* j'aie ouvert	*que* j'aie paru	*que* je sois parti(-e)
subjonctif imparfait	*que* j'ouvrisse	*que* je parusse	*que* je partisse
subjonctif plus-que-parfait	*que* j'eusse ouvert	*que* j'eusse paru	*que* je fusse parti(-e)

infinitif	**plaire**	**pouvoir**	**prendre**
participe passé	plu	pu	pris
infinitif passé	avoir plu	avoir pu	avoir pris
participe présent	plaisant	pouvant	prenant
impératif	plais	——	prends
	plaisons	——	prenons
	plaisez	——	prenez
présent	je plais	je peux (puis)	je prends
	tu plais	tu peux	tu prends
	il plaît	il peut	il prend
	nous plaisons	nous pouvons	nous prenons
	vous plaisez	vous pouvez	vous prenez
	ils plaisent	ils peuvent	ils prennent
imparfait	je plaisais	je pouvais	je prenais
	tu plaisais	tu pouvais	tu prenais
	il plaisait	il pouvait	il prenait
	nous plaisions	nous pouvions	nous prenions
	vous plaisiez	vous pouviez	vous preniez
	ils plaisaient	ils pouvaient	ils prenaient
futur	je plairai	je pourrai	je prendrai
	tu plairas	tu pourras	tu prendras
	il plaira	il pourra	il prendra
	nous plairons	nous pourrons	nous prendrons
	vous plairez	vous pourrez	vous prendrez
	ils plairont	ils pourront	ils prendront
conditionnel présent	je plairais	je pourrais	je prendrais
	tu plairais	tu pourrais	tu prendrais
	il plairait	il pourrait	il prendrait
	nous plairions	nous pourrions	nous prendrions
	vous plairiez	vous pourriez	vous prendriez
	ils plairaient	ils pourraient	ils prendraient
passé simple	je plus	je pus	je pris
	tu plus	tu pus	tu pris
	il plut	il put	il prit
	nous plûmes	nous pûmes	nous prîmes
	vous plûtes	vous pûtes	vous prîtes
	ils plurent	ils purent	ils prirent
passé composé	j'ai plu	j'ai pu	j'ai pris
plus-que-parfait	j'avais plu	j'avais pu	j'avais pris

	plaire	**pouvoir**	**prendre**
passé antérieur	j'eus plu	j'eus pu	j'eus pris
futur antérieur	j'aurai plu	j'aurai pu	j'aurai pris
conditionnel passé	j'aurais plu	j'aurais pu	j'aurais pris
subjonctif présent	*que* je plaise tu plaises il plaise nous plaisions vous plaisiez ils plaisent	*que* je puisse tu puisses il puisse nous puissions vous puissiez ils puissent	*que* je prenne tu prennes il prenne nous prenions vous preniez ils prennent
subjonctif passé	*que* j'aie plu	*que* j'aie pu	*que* j'aie pris
subjonctif imparfait	*que* je plusse	*que* je pusse	*que* je prisse
subjonctif plus-que-parfait	*que* j'eusse plu	*que* j'eusse pu	*que* j'eusse pris

	recevoir	**rire**	**savoir**
infinitif			
participe passé	reçu	ri	su
infinitif passé	avoir reçu	avoir ri	avoir su
participe présent	recevant	riant	sachant
impératif	reçois recevons recevez	ris rions riez	sache sachons sachez
présent	je reçois tu reçois il reçoit nous recevons vous recevez ils reçoivent	je ris tu ris il rit nous rions vous riez ils rient	je sais tu sais il sait nous savons vous savez ils savent
imparfait	je recevais tu recevais il recevait nous recevions vous receviez ils recevaient	je riais tu riais il riait nous riions vous riiez ils riaient	je savais tu savais il savait nous savions vous saviez ils savaient

futur	je recevrai	je rirai	je saurai
	tu recevras	tu riras	tu sauras
	il recevra	il rira	il saura
	nous recevrons	nous rirons	nous saurons
	vous recevrez	vous rirez	vous saurez
	ils recevront	ils riront	ils sauront
conditionnel présent	je recevrais	je rirais	je saurais
	tu recevrais	tu rirais	tu saurais
	il recevrait	il rirait	il saurait
	nous recevrions	nous ririons	nous saurions
	vous recevriez	vous ririez	vous sauriez
	ils recevraient	ils riraient	ils sauraient
passé simple	je reçus	je ris	je sus
	tu reçus	tu ris	tu sus
	il reçut	il rit	il sut
	nous reçûmes	nous rîmes	nous sûmes
	vous reçûtes	vous rîtes	vous sûtes
	ils reçurent	ils rirent	ils surent
passé composé	j'ai reçu	j'ai ri	j'ai su
plus-que-parfait	j'avais reçu	j'avais ri	j'avais su
passé antérieur	j'eus reçu	j'eus ri	j'eus su
futur antérieur	j'aurai reçu	j'aurai ri	j'aurai su
conditionnel passé	j'aurais reçu	j'aurais ri	j'aurais su
subjonctif présent	que je reçoive	que je rie	que je sache
	tu reçoives	tu ries	tu saches
	il reçoive	il rie	il sache
	nous recevions	nous riions	nous sachions
	vous receviez	vous riiez	vous sachiez
	ils reçoivent	ils rient	ils sachent
subjonctif passé	que j'aie reçu	que j'aie ri	que j'aie su
subjonctif imparfait	que je reçusse	que je risse	que je susse
subjonctif plus-que-parfait	que j'eusse reçu	que j'eusse ri	que j'eusse su

infinitif	**sentir**	**servir**	**sortir**
participe passé	senti	servi	sorti(-e)
infinitif passé	avoir senti	avoir servi	être sorti(-e)
participe présent	sentant	servant	sortant
impératif	sens	sers	sors
	sentons	servons	sortons
	sentez	servez	sortez
présent	je sens	je sers	je sors
	tu sens	tu sers	tu sors
	il sent	il sert	il sort
	nous sentons	nous servons	nous sortons
	vous sentez	vous servez	vous sortez
	ils sentent	ils servent	ils sortent
imparfait	je sentais	je servais	je sortais
	tu sentais	tu servais	tu sortais
	il sentait	il servait	il sortait
	nous sentions	nous servions	nous sortions
	vous sentiez	vous serviez	vous sortiez
	ils sentaient	ils servaient	ils sortaient
futur	je sentirai	je servirai	je sortirai
	tu sentiras	tu serviras	tu sortiras
	il sentira	il servira	il sortira
	nous sentirons	nous servirons	nous sortirons
	vous sentirez	vous servirez	vous sortirez
	ils sentiront	ils serviront	ils sortiront
conditionnel présent	je sentirais	je servirais	je sortirais
	tu sentirais	tu servirais	tu sortirais
	il sentirait	il servirait	il sortirait
	nous sentirions	nous servirions	nous sortirions
	vous sentiriez	vous serviriez	vous sortiriez
	ils sentiraient	ils serviraient	ils sortiraient
passé simple	je sentis	je servis	je sortis
	tu sentis	tu servis	tu sortis
	il sentit	il servit	il sortit
	nous sentîmes	nous servîmes	nous sortîmes
	vous sentîtes	vous servîtes	vous sortîtes
	ils sentirent	ils servirent	ils sortirent
passé composé	j'ai senti	j'ai servi	je suis sorti(-e)
plus-que-parfait	j'avais senti	j'avais servi	j'étais sorti(-e)

passé antérieur	j'eus senti	j'eus servi	je fus sorti(-e)
futur antérieur	j'aurai senti	j'aurai servi	je serai sorti(-e)
conditionnel passé	j'aurais senti	j'aurais servi	je serais sorti(-e)

subjonctif	*que*	je sente	*que*	je serve	*que*	je sorte
présent		tu sentes		tu serves		tu sortes
		il sente		il serve		il sorte
		nous sentions		nous servions		nous sortions
		vous sentiez		vous serviez		vous sortiez
		ils sentent		ils servent		ils sortent

subjonctif passé	*que*	j'aie senti	*que*	j'aie servi	*que*	je sois sorti(-e)
subjonctif imparfait	*que*	je sentisse	*que*	je servisse	*que*	je sortisse
subjonctif plus-que-parfait	*que*	j'eusse senti	*que*	j'eusse servi	*que*	je fusse sorti(-e)

infinitif	**suivre**	**se taire**	**tenir**
participe passé	suivi	tu(-e)	tenu
infinitif passé	avoir suivi	s'être tu(-e)	avoir tenu
participe présent	suivant	se taisant	tenant
impératif	suis	tais-toi	tiens
	suivons	taisons-nous	tenons
	suivez	taisez-vous	tenez
présent	je suis	je me tais	je tiens
	tu suis	tu te tais	tu tiens
	il suit	il se tait	il tient
	nous suivons	nous nous taisons	nous tenons
	vous suivez	vous vous taisez	vous tenez
	ils suivent	ils se taisent	ils tiennent
imparfait	je suivais	je me taisais	je tenais
	tu suivais	tu te taisais	tu tenais
	il suivait	il se taisait	il tenait
	nous suivions	nous nous taisions	nous tenions
	vous suiviez	vous vous taisiez	vous teniez
	ils suivaient	ils se taisaient	ils tenaient
futur	je suivrai	je me tairai	je tiendrai
	tu suivras	tu te tairas	tu tiendras
	il suivra	il se taira	il tiendra
	nous suivrons	nous nous tairons	nous tiendrons
	vous suivrez	vous vous tairez	vous tiendrez
	ils suivront	ils se tairont	ils tiendront

	suivre	**se taire**	**tenir**
conditionnel	je suivrais	je me tairais	je tiendrais
présent	tu suivrais	tu te tairais	tu tiendrais
	il suivrait	il se tairait	il tiendrait
	nous suivrions	nous nous tairions	nous tiendrions
	vous suivriez	vous vous tairiez	vous tiendriez
	ils suivraient	ils se tairaient	ils tiendraient
passé simple	je suivis	je me tus	je tins
	tu suivis	tu te tus	tu tins
	ils suivit	il se tut	il tint
	nous suivîmes	nous nous tûmes	nous tînmes
	vous suivîtes	vous vous tûtes	vous tîntes
	ils suivirent	ils se turent	ils tinrent
passé composé	j'ai suivi	je me suis tu(-e)	j'ai tenu
plus-que-parfait	j'avais suivi	je m'étais tu(-e)	j'avais tenu
futur antérieur	j'aurai suivi	je me serai tu (-e)	j'aurai tenu
conditionnel passé	j'aurais suivi	je me serais tu(-e)	j'aurais tenu
subjonctif	*que* je suive	*que* je me taise	*que* je tienne
présent	tu suives	tu te taises	tu tiennes
	il suive	il se taise	il tienne
	nous suivions	nous nous taisions	nous tenions
	vous suiviez	vous vous taisiez	vous teniez
	ils suivent	ils se taisent	ils tiennent
subjonctif passé	*que* j'aie suivi	*que* je me sois tu(-e)	*que* j'aie tenu
subjonctif imparfait	*que* je suivisse	*que* je me tusse	*que* je tinsse
subjonctif plus-que-parfait	*que* j'eusse suivi	*que* je me fusse tu(-e)	*que* j'eusse tenu

	valoir	**venir**	**vivre**
infinitif			
participe passé	valu	venu(-e)	vécu
infinitif passé	avoir valu	être venu(-e)	avoir vécu
participe présent	valant	venant	vivant
impératif	vaux	viens	vis
	valons	venons	vivons
	valez	venez	vivez

présent	je vaux	je viens	je vis
	tu vaux	tu viens	tu vis
	il vaut	il vient	il vit
	nous valons	nous venons	nous vivons
	vous valez	vous venez	vous vivez
	ils valent	ils viennent	ils vivent
imparfait	je valais	je venais	je vivais
	tu valais	tu venais	tu vivais
	il valait	il venait	il vivait
	nous valions	nous venions	nous vivions
	vous valiez	vous veniez	vous viviez
	ils valaient	ils venaient	ils vivaient
futur	je vaudrai	je viendrai	je vivrai
	tu vaudras	tu viendras	tu vivras
	il vaudra	il viendra	il vivra
	nous vaudrons	nous viendrons	nous vivrons
	vous vaudrez	vous viendrez	vous vivrez
	ils vaudront	ils viendront	ils vivront
conditionnel présent	je vaudrais	je viendrais	je vivrais
	tu vaudrais	tu viendrais	tu vivrais
	il vaudrait	il viendrait	il vivrait
	nous vaudrions	nous viendrions	nous vivrions
	vous vaudriez	vous viendriez	vous vivriez
	ils vaudraient	ils viendraient	ils vivraient
passé simple	je valus	je vins	je vécus
	tu valus	tu vins	tu vécus
	il valut	il vint	il vécut
	nous valûmes	nous vînmes	nous vécûmes
	vous valûtes	vous vîntes	vous vécûtes
	ils valurent	ils vinrent	ils vécurent
passé composé	j'ai valu	je suis venu(-e)	j'ai vécu
plus-que-parfait	j'avais valu	j'étais venu(-e)	j'avais vécu
passé antérieur	j'eus valu	je fus venu(-e)	j'eus vécu
futur antérieur	j'aurai valu	je serai venu(-e)	j'aurai vécu
conditionnel passé	j'aurais valu	je serais venu(-e)	j'aurais vécu

	valoir	**venir**	**vivre**
subjonctif présent	que je vaille	que je vienne	que je vive
	tu vailles	tu viennes	tu vives
	il vaille	il vienne	il vive
	nous valions	nous venions	nous vivions
	vous valiez	vous veniez	vous viviez
	ils vaillent	ils viennent	ils vivent
subjonctif passé	que j'aie valu	que je sois venu(-e)	que j'aie vécu
subjonctif imparfait	que je valusse	que je vinsse	que je vécusse
subjonctif plus-que-parfait	que j'eusse valu	que je fusse venu(-e)	que j'eusse vécu

	voir	**vouloir**
infinitif		
participe passé	vu	voulu
infinitif passé	avoir vu	avoir voulu
participe présent	voyant	voulant
impératif	vois	——
	voyons	——
	voyez	veuillez
présent	je vois	je veux
	tu vois	tu veux
	il voit	il veut
	nous voyons	nous voulons
	vous voyez	vous voulez
	ils voient	ils veulent
imparfait	je voyais	je voulais
	tu voyais	tu voulais
	il voyait	il voulait
	nous voyions	nous voulions
	vous voyiez	vous vouliez
	ils voyaient	ils voulaient
futur	je verrai	je voudrai
	tu verras	tu voudras
	il verra	il voudra
	nous verrons	nous voudrons
	vous verrez	vous voudrez
	ils verront	ils voudront

conditionnel *présent*	je verrais tu verrais il verrait nous verrions vous verriez ils verraient	je voudrais tu voudrais il voudrait nous voudrions vous voudriez ils voudraient
passé simple	je vis tu vis il vit nous vîmes vous vîtes ils virent	je voulus tu voulus il voulut nous voulûmes vous voulûtes ils voulurent
passé composé	j'ai vu	j'ai voulu
plus-que-parfait	j'avais vu	j'avais voulu
passé antérieur	j'eus vu	j'eus voulu
futur antérieur	j'aurai vu	j'aurai voulu
conditionnel passé	j'aurais vu	j'aurais voulu
subjonctif présent	*que* je voie tu voies il voie nous voyions vous voyiez ils voient	*que* je veuille tu veuilles il veuille nous voulions vous vouliez ils veuillent
subjonctif passé	*que* j'aie vu	*que* j'aie voulu
subjonctif imparfait	*que* je visse	*que* je voulusse
subjonctif *plus-que-parfait*	*que* j'eusse vu	*que* j'eusse voulu

Les verbes impersonnels

infinitif	**falloir**	**pleuvoir**	**neiger**
participe passé	fallu	plu	neigé
présent	il faut	il pleut	il neige
imparfait	il fallait	il pleuvait	il neigeait
futur	il faudra	il pleuvra	il neigera
conditionnel présent	il faudrait	il pleuvrait	il neigerait
passé simple	il fallut	il plut	il neigea
passé composé	il a fallu	il a plu	il a neigé
plus-que-parfait	il avait fallu	il avait plu	il avait neigé
passé antérieur	il eut fallu	il eut plu	il eut neigé
futur antérieur	il aura fallu	il aura plu	il aura neigé
conditionnel passé	il aurait fallu	il aurait plu	il aurait neigé
subjonctif présent	qu' il faille	qu' il pleuve	qu' il neige
subjonctif passé	qu' il ait fallu	qu' il ait plu	qu' il ait neigé
subjonctif imparfait	qu' il fallût	qu' il plût	qu' il neigeasse
subjonctif plus-que-parfait	qu' il eût fallu	qu' il eût plu	qu' il eût neigé

	il y a	**il s'agit (de)**
présent	il y a	il s'agit (de)
imparfait	il y avait	il s'agissait (de)
futur	il y aura	il s'agira (de)
conditionnel présent	il y aurait	il s'agirait (de)
passé simple	il y eut	il s'agit (de)
passé composé	il y a eu	il s'est agi (de)
plus-que-parfait	il y avait eu	il s'était agi (de)
passé antérieur	il y eut eu	il se fut agi (de)
futur antérieur	il y aura eu	il se sera agi (de)
conditionnel passé	il y aurait eu	il se serait agi (de)
subjonctif présent	qu' il y ait	qu' il s'agisse (de)

subjonctif passé	qu' il y ait eu	qu' il se soit agi (de)
subjonctif imparfait	qu' il y eût	qu' il s'agît (de)
subjonctif plus-que-parfait	qu' il y eût eu	qu' il se fût agi (de)

Les verbes principaux qui introduisent un autre verbe à l'infinitif précédé par *de*

Verbe + *de* + infinitif

accepter de	empêcher de	s'occuper de
accuser de	entreprendre de	offrir de
achever de	essayer de	ordonner de
admirer de	s'étonner de	oublier de
s'apercevoir de	éviter de	parler de
arrêter de	s'excuser de	se passer de
s'arrêter de	faire bien de	permettre de
blâmer de	se fatiguer de	persuader de
cesser de	féliciter de	plaindre de
charger de	finir de	se plaindre de
choisir de	forcer de	prier de
commander de	se garder de	promettre de
conseiller de	se hâter de	proposer de
se contenter de	s'impatienter de	punir de
convaincre de	indiquer de	refuser de
convenir de	interdire de	regretter de
craindre de	jouir de	remercier de
décider de	manquer de	reprocher de
défendre de	menacer de	résoudre de
demander de	mériter de	rêver de
se dépêcher de	se moquer de	risquer de
dire de	mourir de	souffrir de
se douter de	négliger de	se souvenir de
écrire de	obliger de	tâcher de
s'efforcer de	obtenir de	venir de (passé immédiat)

Les verbes principaux qui introduisent un autre verbe à l'infinitif précédé par *à*

Verbe + *à* + infinitif

aider à	continuer à	obliger à
amener à	décider à	parvenir à
s'amuser à	se décider à	se plaire à
s'appliquer à	encourager à	pousser à
apprendre à	engager à	renoncer à
arriver à	enseigner à	se résoudre à
aspirer à	se faire à	réussir à
s'attendre à	forcer à	servir à
avoir à	se forcer à	songer à
chercher à	s'habituer à	suffire à
commencer à	hésiter à	tendre à
se consacrer à	s'intéresser à	tarder à
condamner à	inviter à	tenir à
conduire à	se mettre à	travailler à
consentir à		

Lexique

A

à *(1)*[1] at, to, in, by, on
abandonné(-e) *(13)* abandoned
abandonner *(14)* to abandon
à bas (3) down with
abdiquer (30) to abdicate
à bicyclette *(11)* by bicycle
aborder *(24)* to land, make land
absence *f.* (7) absence
absent(-e) *(1)* absent
absolu(-e) *(6)* absolute
absolument *(6)* absolutely
abstrait(-e) *(28)* abstract
absurde *(22)* absurd
à cause de *(16)* because of
accéléré(-e) (12) accelerated
accent *m.* (3) accent
accentuer (21) to accentuate
accepter *(10)* to accept
accident *m.* (2) *(14)* accident
accompagné(-e) *(26)* accompanied
accompagner *(14)* to accompany
accomplir (15) to accomplish
accorder (30) to grant, accord
accueillir *(29)* to receive, welcome
accuser *(21)* to accuse
à ce moment *(14)* at this time, at this moment
à ce moment-là *(29)* at that moment
acheter *(8)* to buy
à cheval *(11)* on horseback
acide *m.* *(11)* acid
à condition de *(28)* provided that
à condition que *(28)* provided that
à côté de *(5)* near, next to, beside
à crédit *(26)* on credit
acrobate *m.* (24) acrobat
acteur *m.* (4) actor
actif/active *(4)* active
action *f.* *(26)* action
activité *f.* (5) activity
actrice *f.* (6) actress
actualité *f.* *(29)* events of the moment

actuel(-le) (5) *(22)* current, having to do with the present
actuellement *(6)* currently, now
adapté(-e) *(20)* adapted
addition *f.* (11) addition
à demain *(1)* until tomorrow, see you tomorrow
admettre *(13)* to admit
administratif/administrative (22) administrative
administrer (18) to administrate
admirer *(13)* to admire
admission *f.* *(30)* admission
adolescence *f.* *(20)* adolescence
adopter *(22)* to adopt
adorable *(15)* adorable
adorer (6) (7) to adore, worship
adresse *f.* (3) address
adresser *(30)* to address, speak to, send
à droite *(5)* on the right
adulte *m.* *(19)* adult
aéroport *m.* *(13)* airport
affaire *f.* (2) affair
affaires *f. pl.* (11) business
affecté(-e) (4) affected
affection *f.* *(24)* affection
affectueusement (27) *(28)* affectionately
affiche *f.* (10) poster
affolé(-e) *(21)* excited
affreux/affreuse *(30)* frightful
afin de *(28)* in order to
afin que *(28)* in order that
africain(-e) *(4)* African
Afrique *f.* *(15)* Africa
à gauche *(5)* on the left
âge *m.* (8) age
âgé(-e) (8) aged, old
agence *f.* (6) agency
agence de voyages *f.* *(25)* travel agency
agent *m.* (12) agent, middleman
agréable *(4)* pleasant
agréablement *(26)* pleasantly
aide *f.* *(13)* aid, help
aider *(9)* to help, aid
aile *f.* *(30)* wing
ailleurs *(21)* elsewhere

aimable *(25)* friendly, amiable
aimer *(7)* to like, love
aîné *m.* *(6)* first-born, eldest, senior (*f.* aînée)
ainsi *(24)* so, thus, in that manner
air *m.* *(11)* air, look, appearance
aisé(-e) (30) well-to-do, easy
ajouter *(29)* to add
à l'abri de *(20)* sheltered from
à la campagne *(18)* in the country
à la fois *(15)* at the same time, all together
à la mode *(21)* fashionable
à la montagne *(18)* in the mountains
à l'avance *(19)* in advance, beforehand
alchimie *f.* *(28)* alchemy
alcool *m.* *(11)* alcohol, spirits
à l'envers *(27)* inside-out
à l'étranger *(26)* abroad
Alger *(20)* Algiers
à l'heure *(7)* on time
alimentaire (17) alimentary
alimentation *f.* (10) feeding, nourishment
Allemagne *f.* *(7)* Germany
allemand *m.* *(20)* German
allemand(-e) *(4)* German
aller *(7)* to go
Allez-y! *(18)* Go ahead!
allô (4) hello (telephone)
allocation *f.* (22) allocation
allongé(-e) *(7)* stretched out
s'allonger *(24)* to lie down at full length, stretch out
allumé(-e) (26) ignited, lighted
allumer *(20)* to light, to ignite
alors *(4)* now, then, so
amateur *m.* (6) amateur, devotee
ambassade *f.* (16) embassy
ambassadeur *m.* (30) ambassador
ambition *f.* *(11)* ambition
amélioration *f.* *(21)* improvement
amener *(18)* to bring, lead
américain(-e) *(3)* American

---

1. Le numéro indique la leçon où le mot paraît pour la première fois. Les numéros en italique indiquent le Vocabulaire Actif de la leçon, et les autres numéros indiquent le Vocabulaire Passif de la leçon.

Amérique f. (15) America
ami m. (1) friend (f. **amie**)
amitié f. (21) friendship
à moins de (28) unless
à moins que (28) unless
amour m. (8) love
amoureusement (9) lovingly
amoureux/amoureuse (26) in love
amphithéâtre m. (7) lecture room; gallery; amphitheater
amusant(-e) (4) amusing, funny
s'amuser (23) to have fun, enjoy oneself
an m. (8) year
analyse f. (18) analysis
analyser (18) to analyze
ancêtre m. (19) ancestor
ancien(-ne) (11) ancient, old; former
anecdote f. (7) anecdote
ange m. (30) angel
anglais m. (1) English
anglais(-e) (4) English
Angleterre f. (7) England
animal m. (6) animal
animation f. (7) animation
animé(-e) (5) animated
année f. (3) year
anniversaire m. (3) anniversary, birthday
annoncer (9) to announce
anonyme (12) anonymous
Antilles f. pl. (15) Antilles
antisocial(-e) (25) antisocial
août m. (3) August
à part (22) except
à partir de (13) starting from
à peine (15) hardly
apercevoir (12) to see, catch a glimpse of, perceive
s'apercevoir (de) (23) to realize
apéritif m. (7) drink (before meal); appetizer
à pied (11) on foot
apostrophe f. (3) apostrophe
apparaître (13) to appear
apparence f. (8) appearance, look
appartement m. (5) apartment
appartenir (à) (24) to belong (to)
appel m. (1) call, roll call, appeal
appeler (8) to call
s'appeler (6) to be named, be called
appétissant(-e) (11) appetizing
applaudir (15) to applaud
appliqué(-e) (28) applied

apporter (18) to bring
apposition f. (22) apposition
appréciation f. (21) appreciation
apprécier (7) (10) to appreciate
appréhension f. (8) (29) apprehension, fear, dread
apprendre (13) to learn
approcher (26) to bring near, draw near
approfondir (21) to deepen
après (1) after, afterwards
après-midi m. ou f. (7) afternoon
à propos (7) by the way
à propos de (17) about, dealing with, having to do with
à proximité de (4) near, in the neighborhood of
aptitude f. (28) aptitude
arabe m. (20) Arab
Arabie séoudite f. (7) Saudi Arabia
arbitraire (23) arbitrary
arbre m. (6) tree
archéologue m. (22) archeologist
architecture f. (10) architecture
argent m. (8) money, silver
argent comptant m. (17) cash
Argentine f. (7) Argentina
argument m. (13) argument
aristocrate m. ou f. (24) aristocrat
arme f. (24) arm, weapon
armée f. (30) army
armistice m. (20) armistice
arranger (27) to arrange
arrêt m. (14) stop, halt
arrêter (14) to stop, arrest
s'arrêter (23) to stop, pause
arrivée f. (12) arrival
arriver (7) to arrive
Arrivez! (4) Come on!
artificiel(-le) (5) artificial
artiste m. ou f. (6) (22) artist
artistique (22) artistic
ascenseur m. (12) elevator
Asie f. (26) Asia
aspect m. (16) aspect
asperge f. (22) asparagus
aspiration f. (27) aspiration
aspirine f. (14) aspirin
assassin m. (22) assassin
assassiner (14) to assassinate
s'asseoir (23) to sit down
assez (de) (11) (23) quite, enough
assiette f. (10) plate
assimilation f. (28) assimilation

assimiler (28) to assimilate
assis(-e) (4) seated
assister (à) (22) to attend, be present (at)
association f. (30) association
s'associer (24) to associate oneself (with), enter into partnership (with)
assurance f. (13) insurance
assurer (21) to insure, assure
astrologie f. (23) astrology
astronaute m. ou f. (14) (30) astronaut
astronomique (22) astronomical
à temps (28) in time
atmosphère f. (10) atmosphere
atmosphérique (21) atmospheric
atome m. (30) atom
atomique (8) atomic
attacher (29) to tie, attach
attaque f. (3) attack
atteindre (26) to attain, reach
attendre (12) to wait for, expect
attentif/attentive (4) attentive
attention f. (7) attention
atterrir (12) to land
attirer (20) to attract, draw
attitude f. (14) attitude
attribuer (22) to attribute
attribut m. (10) (30) attribute
auberge de jeunesse f. (26) youth hostel
au bord de (5) along, alongside; on the banks of
aucun(-e) (16) any; no, not any (with negation)
auditorium m. (14) auditorium
augmenter (19) to increase
aujourd'hui (3) today
au milieu de (5) in the middle of
au revoir (1) goodbye
au secours (15) help!, to the rescue
aussi (1) also
Australie f. (16) Australia
autant (que) (25) as much (as)
auto (mobile) f. (1) car
autobiographie f. (14) autobiography
autobus m. (15) bus
autocar m. (20) (intercity) bus, motor coach
autographe m. (7) autograph
automne m. (8) autumn, fall
automobiliste m. ou f. (29) motorist
autorisation f. (22) authorization
autoritaire (8) authoritarian

autoroute f. (7) freeway, speedway, expressway
autour de (5) around, round
autre (1) other
autre chose (18) something else
avaler (26) to swallow
s'avancer (30) to advance
avant (7) before
avant-hier (16) the day before yesterday
avant que (28) before
avare (29) miserly
avare m. ou f. (30) miser
avarice f. (29) avarice, greed
avec (4) with
avenir m. (16) future
aventure f. (15) adventure
avenue f. (19) avenue
avertissement m. (19) warning
Avignon (18) Avignon
avion m. (8) airplane
avis m. (10) opinion
avocat m. (10) lawyer
avocate f. (21) lawyer
avoir (6) to have
avoir besoin (8) to need
avoir bon appétit (8) to have a good appetite
avoir bon caractère (8) to be good-natured
avoir chaud (8) to be hot
avoir du retard (12) to be slow (of thing)
avoir envie (8) to desire, long for, feel like
avoir faim (8) to be hungry
avoir froid (8) to be cold
avoir hâte (8) to be in a hurry
avoir honte (8) to be ashamed, embarrassed
avoir l'air (8) to look (as if), seem to be
avoir le cafard (16) to have the blues
avoir mal à (8) to have a pain in
avoir mauvais appétit (8) to have a bad appetite
avoir mauvais caractère (8) to be ill-natured
avoir peur (8) to be afraid
avoir raison (8) to be right
avoir soif (8) to be thirsty
avoir sommeil (8) to be sleepy
avoir tendance à (23) to have a tendency to
avoir tort (8) to be wrong
avortement m. (22) abortion
avril m. (3) April

B

baba au rhum m. (21) sponge cake steeped in rum syrup
Babylone (30) Babylon
babylonien m. (30) Babylonian
bagage m. (12) baggage, luggage
baguette magique f. (19) magic wand
se baigner (24) to bathe, wash
bal m. (24) dance
banal(-e) (7) banal, commonplace
banane f. (8) banana
bancaire (22) pertaining to banking
banlieue f. (6) suburbs
banque f. (5) bank
banquier m. (6) banker
bar m. (5) bar
barbare m. (30) barbarian
barbe f. (23) beard
barman m. (10) bartender
basket(-ball) m. (21) basketball
bassin m. (30) basin
bataille f. (22) battle
bateau m. (24) boat
bateau à voiles m. (21) sailboat
bâtiment m. (5) building
bâtir (10) to build
bavard(-e) (18) talkative
beau/bel/belle (6) beautiful, handsome, fine
beaucoup (6) a lot; — de many
beau-frère m. (6) brother-in-law
beau-père m. (6) stepfather; father-in-law
beauté f. (13) beauty
beaux-parents m. pl. (6) in-laws
bébé m. (9) baby
bégayer (26) to stammer, stutter
beige (6) beige
belge (25) Belgian
Belgique f. (15) Belgium
belle-mère f. (6) mother-in-law; stepmother
belle-sœur f. (6) sister-in-law
bénéficier (27) to profit
bénir (30) to bless, call down blessings on
benjamin m. (6) the youngest child (f. benjamine)
besoin m. (8) need
bête (14) stupid, foolish, silly
beurre m. (11) butter
Beyrouth (15) Beirut
Bible f. (9) Bible
bibliothèque f. (4) library
bicyclette f. (8) bicycle

bien (1) well; very
bien m. (30) property, goods
bien-aimé m. (24) beloved
bien-élevé(-e) (24) well-brought-up
bien que (28) although
bien sûr (27) of course, naturally
bientôt (10) soon, shortly
bière f. (10) beer
bifteck m. (13) beefsteak
billet m. (21) ticket
biologie f. (6) biology
bizarre (4) strange, odd, bizarre
blanc/blanche (6) white
blanchir (10) to turn white, make white
bleu(-e) (6) blue
bleuir (10) to make blue, turn blue
blond(-e) (6) blond
se blondir (les cheveux) (23) to bleach one's hair
blouse f. (2) blouse
boire (10) to drink
bois m. (6) wood
boîte f. (11) box, can
boîte de conserves f. (17) canned food
bombe f. (8) (14) bomb
bon(-ne) (6) good
bonbon m. (11) candy
bonheur m. (13) happiness
bonjour m. (1) good morning, good day; hello
bon marché (9) cheap
Bonne chance! (7) Good luck!
bonté f. (22) goodness, kindness
bord m. (10) edge, side; shore, bank
border (19) to edge, border
borne f. (18) road marker
botte f. (14) boot
bouche f. (2) mouth
boucher m. (17) butcher
boucherie f. (17) butcher's shop
bouger (20) to move, budge
bougie f. (26) candle
boui-boui m. (16) hang-out, joint
boulanger m. (17) baker
boulangerie f. (17) bakery
boule f. (12) (21) ball
bouleversé(-e) (6) upset
bouleverser (30) to upset
boulot m. (28) job (familiar)
bouquin m. (15) book (familiar), second-hand book
bourgogne m. (9) burgundy
bourse f. (6) scholarship

bouteille *f. (11)* bottle
boutique *f. (12)* shop, store
boxeur *m. (9)* boxer
bras *m. (8)* arm
brave *(20)* good, honest; ''good old''
bref *(15)* in short
Brésil *m. (7)* Brazil
Bretagne *f. (17)* Brittany
bridge *m.* (11) bridge (card game)
brillant(-e) *(4)* brilliant, bright
brique *f. (18)* brick
bronzé(-e) *(20)* sun tanned
brosse à dents *f.* (17) toothbrush
se brosser *(23)* to brush
bruit *m. (10)* noise
brûlé(-e) *(24)* burned
brûler *(30)* to burn
brun(-e) *(6)* brown; dark-haired, brunette
brunir *(10)* to turn brown; to tan
brusque *(2) (14)* brusque, blunt, abrupt
brusquement *(21)* brusquely, abruptly
Bruxelles *(15)* Brussels
bureau *m. (1)* desk; office
bureau des objets trouvés *m.* (21) lost and found
burnous *m. (20)* Arab cloak
but *m. (15)* destination, goal, aim

C

ça (2) *(4)* that
cabernet-sauvignon *m.* (9) cabernet sauvignon (wine)
cabine *f. (4)* cabin;
 — **téléphonique** *f.* phone booth
cabinet *m. (16)* cabinet; professional office
cache-nez *m.* (12) muffler; comforter
cachet *m. (14)* seal, stamp
cadeau *m. (12)* gift
cadet *m. (6)* younger child; junior (*f.* **cadette**)
cadre *m. (22)* setting; décor; frame
café *m. (7)* coffee; café
café express *m. (7)* expresso coffee
cahier *m. (10)* notebook

le Caire *(15)* Cairo
caisse *f. (11)* check-out counter; case
caissier *m. (17)* check-out clerk, cashier (*f.* **caissière**)
calculer *(8)* to calculate
californien(-ne) (9) Californian
calme *m. (10)* calm, quiet, tranquillity
camarade *m. ou f. (7)* friend, comrade
camarade de chambre *m. ou f.* (6) roommate
camion *m.* (6) truck
camp *m.* (8) camp
campagne *f. (14)* countryside
camping *m. (6)* camping
campus *m. (4)* campus
Canada *m. (7)* Canada
canadien(-ne) *(7)* Canadian
canapé *m. (10)* couch, sofa
ça ne fait rien *(17)* it does not matter
cannibale *m.* (7) cannibal
canoë *m.* (15) canoe
capable *(18)* capable, competent, efficient
capacité *f. (28)* capability, capacity, ability
capitaine *m. (10)* captain
capitale *f. (5)* capital
caprice *m.* (12) *(30)* caprice, whim
captivité *f. (22)* captivity
car *(24)* because
caractère *m. (30)* temper
caractériser (13) to characterize
caractéristique *f.* (8) characteristic
caravane *f.* (6) trailer
carotte *f. (17)* carrot
carte *f.* (6) card; map
carte de crédit *f. (7)* credit card
carte postale *f.* (27) postcard
cas *m. (7)* case
Casablanca *(15)* Casablanca
cassé(-e) *(14)* broken
catastrophe *f. (4)* catastrophe
cause *f.* (6) cause
causer *(22)* to cause; to chat
caustique (22) caustic, satirical, biting
ça va *(4)* familiar form to ask and answer the question ''How are you?''
cave *f. (11)* cellar; cave
caverne *f. (23)* cave
ce *(9)* this
ceinture *f. (29)* belt

ce jour-là (23) *(29)* that particular day
cela *(15)* that
célèbre *(7)* famous, celebrated
célébrer *(4) (25)* to celebrate
céleri *m. (17)* celery
céleste (12) celestial, heavenly
cendrier *m. (10)* ashtray
central(-e) *(19)* central
centrale *f.* (19) power station
centre *m. (3)* center
cependant *(28)* however
cérémonie *f. (29)* ceremony
certain(-e) *(5)* certain, some
certainement *(6)* certainly
certes *(20)* of course, most certainly, indeed
cerveau *m. (19)* brain
ces jours-ci (16) these days
ce soir-là *(29)* that evening; that night
cesser *(14)* to cease, stop
c'est-à-dire *(6)* that is; that is to sav
ce temps-là *(28)* that time
chagrin *m. (20)* sorrow, grief
chaîne *f. (26)* chain
chaise *f. (1)* chair
chambre à coucher *f. (10)* bedroom
champ *m.* (30) field
champagne *m. (3)* champagne
champignon *m. (17)* mushroom
championnat *m.* (21) championship
chance *f. (7)* fortune, luck
changement *m. (13)* change, changing
changer *(14)* to change
chanson *f. (7) (13)* song
chanter *(8)* to sing
chanteur *m. (10)* singer
chanteuse *f. (22)* singer
chapeau *m. (1)* hat
chapelle *f.* (26) chapel
chaperon *m.* (15) hood
chaque *(3)* each, every
charcuterie *f.* (17) pork butcher's shop, delicatessen
chargé(-e) *(23)* loaded, packed
chariot *m.* (17) shopping cart
charitable (30) charitable
charmant(-e) *(16)* charming
charme *m. (30)* charm
chasser *(24)* to hunt; to chase
chat *m. (8)* cat
château *m. (26)* castle
chateaubriand *m.* (14) grilled steak

chaud(-e) *(14)* hot, warm
chauffeur *m. (14)* driver
chausson *m. (27)* slipper
chaussure *f. (7)* shoe
chauvinisme *m. (24)* chauvinism
chef *m. (13)* chief, leader,
   commander; cook
cheminée *f. (14)* fireplace;
   chimney
chemise *f. (2)* shirt
chèque *m. (17)* check
chèque de voyage *m.* (18)
   traveler's check
cher / chère *(6)* expensive; dear
chercher *(9)* to look for, search
   for
chéri(-e) *(12)* darling
cheval *m. (12)* horse
chevalier *m.* (24) knight
chevalin(-e) (17) equine, of
   horse flesh
cheveu *m. (7)* hair
cheville *f. (8)* ankle
chewing-gum *m. (16)* chewing
   gum
chez *(7)* at the home of, the
   place of
chic *(6)* stylish, fashionable
chic alors! *(25)* good! excellent!
   great!
chien *m. (4)* dog
chimie *f. (7)* chemistry
chimique *(19)* chemical
chimpanzé *m.* (21) chimpanzee
Chine *f. (7)* China
chinois *m. (9)* Chinese
chinois(-e) *(4)* Chinese
chirurgie *f.* (12) surgery
choc *m. (14)* shock; blow;
   collision
chocolat *m. (17)* chocolate
choisir *(10)* to choose
choix *m. (13)* choice
chope *f.* (10) beer mug, tankard
choquant(-e) *(21)* shocking
choqué(-e) *(21)* shocked
chose *f. (1)* thing
christianisme *m. (22)*
   Christianity
chute *f. (14)* fall
ciel *m. (8)* sky
cigare *m.* (7) cigar
cigarette *f. (4) (14)* cigarette
cil *m. (8)* eyelash
ciment *m.* (19) cement
cimetière *m.* (15) cemetery
cinéma *m. (5)* movies
cinématographique *(21)* having
   to do with movies

cinq *(1)* five
cinquième (2) fifth
circonstance *f. (24)* circumstance
circulation *f. (12)* traffic;
   circulation
circuler *(19)* to circulate
ciseaux *m. pl.* (2) scissors
citation *f.* (29) quotation
citoyen *m. (13)* citizen
   (*f.* citoyenne)
citrouille *f.* (11) pumpkin, gourd
civilisation *f.* (22) civilization
clair(-e) *(1)* clear; light
clarinette *f.* (11) clarinet
classe *f. (1)* class
classique *(7)* classical
clavier *m.* (22) clavier, keyboard
clé (clef) *f.* (2) key
client *m. (9)* customer, client
climat *m. (12)* climate, weather
coca *f.* (12) coke
cocktail *m. (17)* cocktail; cocktail
   party
cœur *m. (12)* heart
cognac *m. (16)* cognac
se coiffer *(23)* to comb one's
   hair
coiffeur *m. (12)* hairdresser,
   barber
coiffure *f.* (2) hairstyle, hairdo
coin *m. (10)* corner
coïncidence *f.* (2) coincidence
collection *f.* (10) collection
Colombie *f.* (7) Colombia
Colombie Britannique *f. (13)*
   British Columbia
colonie *f.* (15) colony
colorer *(23)* to color
combattre *(22)* to fight, combat
combien (de) *(6) (11)* how
   many?
commande *f.* (22) command,
   direction
commander *(9)* to order,
   command
comme *(4)* as, like, how
commémoration *f.* (11)
   commemoration
commencement *m. (5)*
   beginning
commencer *(7)* to begin
comment *(5)* how, what?
Comment allez-vous? *(1)* How
   are you?
Comment vas-tu? *(4)* How are
   you? (familiar)
Comment vous appelez-vous?
   (1) What is your name?
commerçant *m.* (20) merchant,

   shopkeeper (*f.* commerçante)
commettre (13) to commit
commission *f.* (26) commission,
   errand
commode *(6)* comfortable,
   practical, convenient; easy
commode *f. (13)* chest of
   drawers
communiquer *(10)* to
   communicate
compagnon *m. (30)* companion
comparable *(13)* comparable
comparaison *f. (9)* comparison
complet / complète *(7)* complete,
   full
complètement *(1)* completely,
   entirely
complexe *m. (18)* complex
compliqué(-e) *(4)* complicated
composer *(12)* to compose
composition *f. (2)* composition
comprendre *(13)* to understand
compris(-e) *(11)* included;
   understood
compte *m. (14)* amount, sum,
   bill; count; account
compter *(9)* to count
comptez *(1)* count!
concept *m. (28)* concept
concert *m. (16)* concert
concierge *m. ou f.* (23)
   doorkeeper, caretaker
conclure (29) to conclude
conclusion *f.* (2) conclusion
concret / concrète *(23)* concrete
condamné *m. (14)* convict,
   condemned man
condamner *(24)* to condemn
condition *f. (21)* condition
conduire (15) *(23)* to drive; to
   lead
se conduire (bien) (mal) *(23)* to
   behave (well) (badly)
conduite *f. (23)* conduct
conférence *f. (7)* conference;
   lecture
conférencier *m.* (25) lecturer
confesser (14) to confess
confiance *f. (10)* confidence
conflit *m. (23)* conflict
confondre *(23)* to confuse,
   mix up
conforme (à) *(28)* conforming (to)
confortable *(6)* comfortable
confortablement *(21)*
   comfortably
confusion *f. (28)* confusion
congelé(-e) *(11)* frozen
congrès *m. (22)* convention

conjugal(-e) *(20)* conjugal
connaissance *f. (13) (18)*
    acquaintance; knowledge
connaisseur *m.* (9) connoisseur
connaître *(13)* to know
conquérant *m. (30)* conqueror
conscience *f. (7)* conscience
consciencieusement *(9)*
    conscientiously
conscient(-e) *(13)* conscious
conseil *m. (26)* (piece of) advice
conseiller *(25)* to advise
conserver *(13)* to keep, conserve
considérable *(22)* considerable
considérer *(22)* to consider
consigne *f. (21)* procedure
consister (en) *(21)* to consist (of)
consolation *f. (7)* consolation
consommation *f. (19)*
    consommation; consumption;
    drink (in café)
construction *f. (2)* construction
consulter *(17)* to consult
contemporain(-e) *(7)*
    contemporary
contenir *(22)* to contain
content(-e) *(2)* content, satisfied,
    happy
contenter *(28)* to satisfy, content
contenu *m. (17)* contents
continent *m. (13)* continent
continuel(-le) *(29)* continual
continuer *(9)* to continue, pursue
continuez *(3)* continue!
contraire *m. (24)* opposite,
    contrary
contrat *m. (22)* contract
contre *(22)* against
contrebande *f. (14)* contraband,
    smuggling
contrée *f. (26)* region
contrôlé(-e) *(19)* controlled
convenable *(23)* proper, suitable,
    decent
convenablement *(18)* properly,
    suitably
convenir *(8)* to be acceptable
conversation *f. (4)* conversation
converser *(30)* to converse
conversion *f. (22)* conversion
copain *m. (10)* friend, pal,
    buddy (*f.* copine)
coq au vin *m. (17)* chicken in
    wine sauce
cornemuse *f. (24)* bagpipes
cornichon *m. (29)* pickle
Cornouaille *f. (24)* Cornwall
corps *m. (8)* body

correct(-e) *(4)* correct, proper;
    accurate
correspondance *f. (19)*
    correspondence
correspondre *(22)* to correspond
corridor *m. (16)* corridor
cosmétique *m. (22)* cosmetic
cosmique *(20)* cosmic
cosmos *m. (20)* cosmos
costume *m. (6)* costume
Côte d'Azur *f. (6) (26)* French
    Riviera
côté *m. (22)* side
coton *m. (6)* cotton
cottage *m.* (6) cottage
cou *m. (8)* neck
se coucher *(23)* to go to bed
couleur *f. (6)* color
coup *m.* blow
coupable *(14)* guilty
coup de foudre *m. (24)* love at
    first sight
coup de soleil *m. (21)* sunburn
coupe *f.* (22) cup
couper *(15)* to cut
cour *f.* (10) court
courage *m. (22)* courage
courageux/courageuse *(10)*
    brave, courageous
couramment *(15)* fluently
courant *m. (26)* current
courir *(14)* to run
couronne *f. (28)* crown
couronner *(30)* to crown
courrier *m. (27)* mail; courier
cours *m. (6)* course, class
courtois(-e) *(24)* courtly,
    courteous, polite
courtoisie *f. (29)* courtesy
cousin *m. (6)* cousin
    (*f.* cousine)
couteau *m. (9)* knife
coûter *(27)* to cost
couvert *m. (14)* table setting
couvert(-e) (de) *(11)* covered
    (with)
couvrir *(14)* to cover
cowboy *m.* (11) cowboy
craindre *(24)* to fear
cravate *f. (6)* tie
crayon *m. (6)* pencil
créateur *m. (15)* creator
création *f. (17)* creation
créature *f. (19)* creature
créer *(15)* to create
crème *f. (11)* cream
crémerie *f. (17)* store for dairy
    products

crêpe *f. (18)* thin pancake
crêpe suzette *f. (9)* crêpe with
    orange butter, flamed
cri *m. (26)* cry, shout
crier *(14)* to scream, yell
crieur *m.* (15) caller
crime *m. (13)* crime
criminel *m. (14)* criminal
crise *f. (6)* crisis
cristal *m. (12)* crystal
critère *m. (28)* criterion; test
critique *m. (21)* critic
croire *(13)* to believe
croisade *f. (24)* crusade
cuillère *f. (18)* spoon
cuisine *f. (10)* kitchen
cuisinière *f. (10)* kitchen stove;
    female cook
cuisse *f. (8)* thigh
cultivé(-e) *(15)* cultivated,
    sophisticated
cultiver *(19)* to cultivate; to
    grow (something)
culturel(-le) *(13)* cultural
curieux/curieuse *(4)* curious;
    strange
curiosité *f. (7)* curiosity

D

d'abord *(12)* first of all
d'accord *(16)* agreed, all right,
    OK
daigner *(30)* to deign, to
    condescend
d'ailleurs *(29)* anyway
Dakar *(15)* Dakar
Damas *(15)* Damascus
dame *f. (6)* lady
Danemark *m. (7)* Denmark
danger *m. (18)* danger
dangereux/dangereuse *(4)*
    dangerous
dans *(2)* in (inside)
danser *(7)* to dance
d'après *(16)* according to
date *f. (3)* date
d'autre part *(27)* on the other
    hand
davantage *(27)* more
de *(1)* of, from, by
débarquer *(30)* to disembark,
    land
de bonne heure *(17)* early
debout *(4)* standing
débris *m. pl. (19)* waste,
    rubbish, debris

se débrouiller *(25)* to manage, get by
début *m. (10)* beginning
décembre *m. (3)* December
déchet *m.* (19) loss, waste
déchiffrer (30) to decipher
décider *(10)* to decide
décision *f. (1)* decision
déclaration *f. (21)* declaration
déclarer (5) *(29)* to declare
découper *(9)* to cut up
découverte *f. (23)* discovery
découvrir *(16)* to discover
dédaigneux / dédaigneuse (30) disdainful, scornful
défaite *f.* (22) defeat
défaut *m.* (17) *(21)* fault, shortcoming
défendre *(14)* to defend
définir *(10)* to define
définition *f. (2)* definition
déjà *(10)* already
déjeuner *m. (7)* lunch
déjeuner *(9)* to eat lunch
délai *m. (30)* delay
délicat(-e) *(8) (9)* delicate
délicatesse *f. (30)* refinement
délicieux / délicieuse *(7)* delicious
demain *(3)* tomorrow
demande *f.* (30) request; application
demander (5) *(7)* to ask
se demander *(23)* to wonder
de même que *(22)* just as
déménager *(26)* to move to a new address
demeure *f.* (30) home, lodgings
demi(-e) *(7)* half
démocratie *f. (3)* democracy
dénoncer (18) to denounce
de nouveau *(23)* again, afresh
dense *(19)* dense
dent *f. (8)* tooth
dentifrice *m.* (17) toothpaste
dentiste *m. (8)* dentist
départ *m. (12)*. departure
se dépêcher *(23)* to hurry up
dépendre *(25)* to depend
dépenser *(25)* to spend; to expend
déplaire *(30)* to displease
de plus en plus *(28)* more and more
déprimer *(19)* to depress
depuis *(20)* since; for
depuis que *(20)* since
déranger *(29)* to bother, disturb; to throw into disorder
se déranger *(23)* to inconvenience oneself
dernier / dernière *(3)* last
derrière *(5)* behind
désagréable *(4)* unpleasant
descendant *m.* (23) descendant
descendre *(12)* to descend, go down; to get off
description *f. (4)* description
désespoir *m. (14)* despair
se déshabiller *(23)* to undress
désir *m. (19)* desire
désirable *(26)* desirable
désirer *(9)* to desire, wish
désolé(-e) *(28)* sorry
désordre *m. (10)* disorder
désormais *(24)* henceforth
dessert *m. (8)* dessert
dessiner *(23)* to draw
destin *m. (12)* destiny, fate
destination *f. (12) (15)* destination
destinée *f.* (13) *(22)* fate, destiny
détaché(-e) (2) detached
détergent *m.* (17) detergent
détestable *(16)* detestable
détester *(7)* to detest, hate
de toute façon *(16)* anyway
détruit(-e) *(30)* destroyed
dette *f. (17)* debt
deux *(1)* two
deuxième (2) second
devant *(5)* in front of
développement *m. (13)* development
développer *(13)* to develop
devenir *(8)* to become
devine *(4)* guess!
deviner *(8)* to guess
devoir *(26)* to owe; to have to, must
devoir *m. (10)* exercise, homework, duty
dévorer (24) to devour
dévotion *f.* (24) devotion
dialogue *m. (27)* dialog
dialoguer (28) to converse
diamant *m. (6)* diamond
«d'ici à quelques jours» *(30)* a few days from now (archaic)
dictée *f.* dictation
dictionnaire *m. (11)* dictionary
Dieu *m. (9)* God
différence *f. (1)* difference
différent(-e) *(22)* different
difficile *(1)* difficult, hard
difficilement *(23)* with difficulty
difficulté *f. (10)* difficulty
digne *(13)* worthy
dimanche *m. (3)* Sunday
diminuer *(19)* to diminish, decrease, shorten
dinde *f. (11)* turkey
dîner *m. (7)* dinner
dîner *(9)* to dine, eat dinner
dinosaure *m.* (23) dinosaur
diplomate (9) diplomatic
diplomate *m. (29)* diplomat
diplôme *m. (10)* diploma
dire *(8)* to say
direct(-e) *(29)* direct
directement *(25)* directly
direction *f. (22)* direction
directrice *f. (6)* director
diriger *(22)* to direct
discernement *m. (17)* discernment, judgment
discours *m. (28)* discourse
discret / discrète (9) discreet
discrétion *f. (30)* discretion
discutable (28) debatable
discuter *(7)* to discuss
dis donc (4) say!
disparaître *(13)* to disappear
disposition *f. (12)* disposition
dispute *f. (8)* dispute
disputer *(30)* to dispute
se disputer *(23)* to argue
disque *m. (7)* record
dissonant(-e) (7) dissonant
distinct(-e) *(12)* distinct
distinction *f. (22)* distinction
distinguer *(28)* to distinguish
distrait(-e) *(12)* absent-minded, distracted, heedless
dites donc *(25)* say!
divan *m. (10)* couch
diversion *f. (24)* diversion, amusement
divin(-e) *(30)* divine
divorce *m. (30)* divorce
divorcer *(24)* to divorce
divulguer (12) to divulge, reveal
dix *(1)* ten
dixième (2) tenth
dizaine *f. (26)* (about) ten
docteur *m. (6)* doctor
dogmatique *(1)* dogmatic
doigt *m. (8)* finger
dollar *m. (5)* dollar
domaine *m. (10)* domain
dôme *m. (20)* dome
domestique *m. ou f. (30)* servant
domestique *(12)* domestic

domination *f. (18)* domination
dominer *(10)* to dominate
donc *(6)* then, therefore, so
donner *(7)* to give
dormir *(13)* to sleep
dortoir *m. (26)* dormitory
dos *m. (8)* back
dossier *m. (30)* dossier, file; back (of a chair)
doucement *(18)* gently, softly
douche *f. (26)* shower
doué(-e) *(28)* gifted
douleur *f. (30)* pain, sadness
douter *(28)* to doubt
douteux/douteuse *(28)* doubtful
doux/douce *(9)* sweet
douzaine *f. (11)* dozen
dragon *m. (24)* dragon
drapeau *m. (6)* flag
droguerie *f. (17)* hardware store
droit *m.* law
droit(e) *(20)* straight
drôle *(16)* amusing, funny, strange
dû/due *(2)* due
duchesse *f. (24)* duchess
duo *m. (21)* duet
dur(-e) *(24)* hard
durant *(14)* during
durer *(20)* to last
dynamique *(4)* dynamic

E

eau *f. (8)* water
eau minérale *f. (20)* mineral water
échanger *(17)* to exchange
échappement *m. (19)* (car) exhaust; leakage
éclair *m. (21)* eclair
éclairé(-e) *(30)* lit up
éclairer *(23)* to light up
éclat *m. (30)* burst
éclater de rire *(30)* to burst out laughing
école *f. (13)* school
écologie *f. (19)* ecology
écologique *(21)* ecological
économe *(17)* economical, thrifty (person)
économique *(6)* economical
économiquement *(26)* economically
économiser *(17)* to economize, save
écoute *(4)* listen!
écouter *(7)* to listen, listen to

s'écraser *(23)* to be crushed
s'écrier *(30)* to exclaim
écrire *(8)* to write
écriteau *m. (10)* sign
écriture *f. (23)* handwriting
écrivain *m. (13)* writer
écurie *f. (30)* stable
édifice *m. (10)* building
effectuer *(22)* to do, execute
effort *m. (13)* effort
égal(-e) *(22)* equal
également *(9)* equally
égalisation *f. (22)* equalization
égalité *f. (28)* equality
église *f. (19)* church
Égypte *f. (15)* Egypt
égyptien(-ne) *(15)* Egyptian
élaboration *f. (17)* elaboration
élection *f. (13)* election
électoral(-e) *(20)* electoral
électrique *(9)* electrical, electric
élégamment *(24)* elegantly
élégant(-e) *(4)* elegant
élément *m. (20)* element
éléphant *m. (1)* elephant
élève *m. ou f. (6)* pupil
élever *(17)* to raise, bring up
éliminé(-e) *(3)* eliminated
élire *(30)* to elect
élite *f. (22)* elite
éloge *m. (30)* praise
éloigné(-e) *(24)* distant, remote, removed
éloquence *f. (7)* eloquence
élucider *(14)* to elucidate
émancipation *f. (13)* emancipation
embarrassé(-e) *(1)* embarrassed
embellir *(10)* to beautify, embellish; to improve in looks
embrasser *(12)* to kiss, embrace
émeraude *f. (30)* emerald
émerveillé(-e) *(15)* amazed, wonder-struck
émission *f. (7)* emission, program (television, radio)
emmener *(9)* to lead, take away (person)
émotion *f. (23)* emotion
émotionnel(-le) *(11)* emotional
émouvant(-e) *(21)* moving (of emotions)
empêcher *(22)* to prevent
emploi *m. (9)* use, occupation
emploi du temps *m. (7)* schedule, use of one's time
employer *(13)* to use
empoisonné(-e) *(24)* poisoned

emporter *(18)* to carry away, take away (object)
emprunter *(12)* to borrow
en *(1)* in, by; made of
s'en aller *(23)* to go away, take leave
en auto *(11)* by car
en avance *(7)* early
en avion *(11)* by plane
en bateau *(11)* by boat
en ce qui concerne *(27)* concerning, having to do with
enchaînement *m. (30)* connection, linking
enchanté(-e) *(25)* enchanted
encore *(10)* again, more, still, yet
en dehors de *(14)* outside of
endormi(-e) *(24)* asleep
s'endormir *(23)* to fall asleep
endroit *m. (16)* place
en effet *(25)* actually
énergie *f. (26)* energy
énergique *(7)* energetic
en face de *(5)* in front of, opposite
s'en faire *(24)* to worry
en fait *(4)* in fact
enfance *f. (20)* childhood
enfant *m. ou f. (5)* child
enfermé(-e) *(29)* shut in, imprisoned
enfin *(12)* finally
enflammé(-e) *(30)* flaming, ignited, kindled
en forme *(4)* fit and well
s'enfuir *(30)* to flee, escape
engouffrer *(30)* to engulf
enlever *(18)* to remove, take off
en même temps *(20)* at the same time
ennemi *m. (7)* enemy
ennuyer *(13)* to bore, bother
s'ennuyer *(23)* to be bored
ennuyeux/ennuyeuse *(6)* boring, dull
en plein air *(26)* out of doors, in the open air
en provenance de *(12)* originating in, from (as of train)
enquête *f. (26)* investigation
en retard *(7)* late
enrichir *(10)* to enrich, make rich
en route pour *(12)* on the way to
enseignement *m. (22)* education, teaching

enseigner *(21)* to teach
ensemble *(4)* together
ensuite *(12)* then, afterwards
entendre *(12)* to hear
s'entendre (bien) (mal) *(23)*
    to get along (well) (badly)
    together
entendre dire que *(29)* to hear
    that
entendre parler de *(29)* to hear
    about
enterrer (24) to bury
enthousiasme *m. (14)*
    enthusiasm
enthousiaste *(28)* enthusiastic
entièrement *(22)* entirely
en tout cas *(29)* in any case, at
    any rate
en train *(11)* by train
entraîné(-e) (30) drawn, carried
    away
entraîner (30) to carry away,
    sweep off
entre *(1)* between
entrée *f. (10)* entry, entrance
entrer *(7)* to enter
entretien *m. (17)* interview
envahir *(30)* to invade
en ville *(6)* in the city
environ *(11)* about
environnement *m. (19)*
    environment
en voiture *(11)* by car
envoûter (20) to bewitch, charm
envoyé *m. (30)* messenger
    (f. envoyée)
envoyer *(15)* to send
épatant(-e) *(14)* great, fantastic
épaule *f. (8)* shoulder
épelez *(3)* spell!
épicerie *f. (17)* grocery store
épicier *m. (17)* grocer
épinards *m. pl. (12)* spinach
épingle à cheveux *(27)* hairpin
époque *f. (10)* epoch, era
épouser *(19)* to marry
épouvanté(-e) *(30)* terrified,
    frightened
éprouvette *f. (19)* test tube
équilibre *m. (21)* equilibrium,
    balance
équivalent(-e) *(26)* equivalent,
    equal
ermite *m. (30)* hermit
erreur *f. (6)* error
éruption *f. (30)* eruption
escale *f. (15)* stop (on a trip)
escalier *m. (12)* staircase

escargot *m.* (14) *(18)* snail
espace *m. (15)* space
Espagne *f. (7)* Spain
espagnol(-e) *(4)* Spanish
espagnol *m. (7)* Spanish
espérance *f. (30)* hope,
    expectation
espérer *(8)* to hope
espion *m. (15)* spy
essayer *(10)* to try
essence *f. (5) (18)* gasoline
essentiel(-le) *(22)* essential
est *m. (12)* east
esthétique *(12)* esthetic
esthétique *f.* (21) esthetics
estime *f. (30)* esteem
estival(-e) *(21)* summertime
estomac *m. (8)* stomach
et *(1)* and
établir *(10)* to establish
établissement *m.* (22)
    establishment
étage *m. (10)* floor, story
étagère *f. (10)* shelf
étape *f. (17)* stage in a journey
    or step in a process
état *m. (7)* state
États-Unis *m. pl. (6)* United
    States
été *m. (8)* summer
éteindre *(26)* to extinguish, put
    out
éternel(-le) *(14)* eternal
étincelle *f.* (23) spark
étoile *f. (20)* star
s'étonner *(28)* to be surprised
étrange *(30)* strange
étranger/étrangère *(7)* foreign
étranger *m. (21)* foreigner,
    stranger
être *(4)* to be
être *m. (8)* being
être aux petits soins avec *(14)*
    to pamper
être d'accord *(8)* to agree
être de retour *(14)* to be back
être en forme *(4)* to be fit and well
être en train de *(23)* to be busy
études *f. pl. (10)* studies
étudiant *m. (1)* student
    (f. étudiante)
étudier *(7)* to study
Europe *f. (20)* Europe
européen(-ne) *(5)* European
éveiller (15) to arouse, awaken
événement *m. (14)* event
éventualité *f. (26)* eventuality,
    contingency

évier *m.* (10) sink
évoluer (13) to evolve
évolution *f.* (13) evolution
exact(-e) *(14)* exact
exactement *(7)* exactly
exagérer *(8)* to exaggerate
(tu) exagères *(4)* you're going a
    little too far, you're kidding
examen *m. (3)* exam
examiner *(7)* to examine
excellent(-e) *(1)* excellent
exceptionnel(-le) *(8)* exceptional
exclamation *f.* (3) exclamation
exclusivement *(11)* exclusively
excursion *f. (19)* excursion
excuse *f. (14)* excuse
excuser *(4) (9)* to excuse
exercer *(22)* to exert, exercise
exercice *m. (4)* exercise
exil *m. (19)* exile
exode *m. (19)* exodus
exotique *(4)* exotic
expédier *(27)* to send
expédition *f. (15)* expedition
expérience *f. (20)* experience,
    experiment
expert *m. (24)* expert
explication *f. (5)* explanation
expliquer *(8)* to explain
exploité(-e) *(13)* exploited
exploration *f. (21)* exploration
exploser *(14)* to explode
exposé(-e) *(2)* exposed
exprimer *(24)* to express
extase *f. (20)* ecstasy
extraordinaire *(1)* extraordinary
extravagant(-e) *(25)* extravagant

F

fabrication *f. (2)* fabrication
fabriquer *(13)* to manufacture,
    make
façade *f. (10)* front, facade
fâché(-e) *(28)* angry
se fâcher *(23)* to become angry
facile *(3)* easy
facilement *(18)* easily
faculté *f. (7)* department in a
    university, faculty
faible *(17)* weak
faiblesse *f. (30)* weakness
faire *(9)* to do, make
faire de la natation *(18)* to go
    swimming
faire de l'autostop *(16)* to
    hitchhike

faire des achats *(17)* to go shopping

faire des économies *(11)* to save one's money

faire de son mieux *(28)* to do one's best

faire du football *(11)* to play football

faire du mal à quelqu'un *(27)* to hurt someone

faire du piano *(11)* to play the piano, take piano lessons

faire du soleil *(11)* to be sunny (weather)

faire du sport *(11)* to participate in a sport

faire du vent *(11)* to be windy (weather)

faire face à *(26)* to face, face up to

faire la connaissance de quelqu'un *(14)* to meet someone, make someone's acquaintance

faire la cuisine *(11)* to do the cooking, cook

faire la vaisselle *(11)* to do the dishes, wash the dishes

faire le marché *(11)* to go shopping, do the shopping

faire le ménage *(23)* to do the cleaning, do housework

faire les cents pas (12) to walk to and fro

faire partie de *(22)* to belong to, be a part of

faire plaisir à quelqu'un *(25)* to please someone, make someone happy

faire sa valise *(27)* to pack one's bags

faire une promenade *(11)* to take a walk

faire un voyage *(11)* to take a trip

fait *m. (8)* fact

fameux/fameuse *(7)* famous

familial(-e) *(11)* pertaining to family

familier/familière *(4)* familiar

famille *f. (6)* family

fantaisiste *(8)* whimsical, fanciful

fantasque *(8)* fantastic, bizarre, odd

fantastique *(14)* fantastic, uncanny

fantôme *m.* (8) ghost, phantom

farce *f.* (11) *(26)* farce, comedy; stuffing

fascinant(-e) *(5)* fascinating

fasciner (26) to fascinate

fatal(-e) *(9) (14)* fatal, deadly (**femme fatale:** vamp)

fataliste *(20)* fatalistic

fatigue *f. (23)* fatigue

fatigué(-e) *(4)* tired, fatigued

se fatiguer *(23)* to tire, get tired

faute *f. (6)* mistake, fault, error

fauteuil *m. (10)* armchair

faux/fausse *(6)* false, erroneous artificial

faveur *f. (7)* favor

favori(-te) *(6)* favorite

fée *f. (19)* fairy

féerie *f. (15)* enchantment

féerique *(12)* fairy-like, enchanting, magical

félicitations *f. pl. (4) (29)* congratulations

(se) féliciter *(23)* to congratulate (oneself)

féminin(-e) *(1)* feminine

féministe *(22)* feministic

femme *f. (1)* woman

fenêtre *f. (1)* window

féodal(-e) (26) feudal

fer *m. (6)* iron

fermé(-e) *(4)* closed

fermeture *f. (17)* closing

féroce *(8)* ferocious, fierce

fête *f. (3) (11)* holiday, celebration

feu *m. (23)* fire

feuille *f. (10)* leaf

février *m. (3)* February

se fiancer *(23)* to become engaged

fictif/fictive *(24)* fictitious

fidèle *(28)* faithful

fidèlement (27) faithfully

fier/fière *(13)* proud

figure *f. (24)* face

filet *m. (17)* net shopping bag

fille *f. (6)* daughter

film *m. (4)* movie

fils *m. (6)* son

fils unique *m. (16)* only son

fin *f. (9)* end

fin(-e) *(8)* fine

final(-e) *(6)* final

finalement *(2)* finally

financer *(28)* to finance

fini(-e) *(1)* finished

finir *(10)* to finish

firme *f.* (22) (business) firm

fixe *(19)* fixed

fixement (15) fixedly, steadily, straight

flacon *m.* (24) small bottle, flask

flambeau *m.* (30) torch

flâner *(12)* to idle, waste time

(se) flatter *(23)* to flatter (oneself)

flatteur *m.* (15) flatterer

fleur *f. (4)* flower

fleurir *(24)* to bloom

Floride *f. (29)* Florida

flotter *(21)* to float

flûte à bec *f.* (24) recorder

foi *f. (22)* faith

fois *f. (20)* time

fonction *f. (22)* function

fonder *(22)* to found

fontaine *f. (5)* fountain

force *f. (20)* strength, force

forcer *(22)* to force

forêt *f. (14)* forest

forêt vierge *f. (23)* virgin forest

formidable *(1)* great, fantastic

fort(-e) *(9)* strong, heavy, plump

fort *m. (20)* fort

fort *(29)* strongly

fortifiant(-e) *(17)* fortifying

fortune *f. (21)* fortune, good luck, chance

fossé *m. (19)* ditch, gap

fou/fol/folle *(8)* mad, wild, crazy

fourchette *f. (18)* fork

fournir *(13)* to furnish

fracturer (24) to fracture, break

fragment *m. (29)* fragment

fraîcheur *f. (18)* coolness

frais/fraîche *(17)* fresh, cool

fraise *f. (14)* strawberry

français(-e) *(3)* French

français *m. (1)* French

France *f. (7)* France

francophone *(13)* French-speaking

frappé(-e) *(30)* struck, hit, knocked

frapper *(15)* to hit, knock

fraternité *f. (25)* fraternity

fréquemment *(22)* frequently

fréquenter *(22)* to frequent

frère *m. (6)* brother

froid(-e) *(14)* cold

froid *m. (12)* cold weather

fromage *m. (11)* cheese

front *m. (8)* forehead

fruit *m. (11)* fruit

fumée *f. (19)* smoke
fumer *(7)* to smoke
furieux/furieuse *(4)* furious, mad, angry
fusion *f.* (23) fusion

G

gagner *(11)* to earn, win
gai(-e) *(11)* gay, cheerful, merry
gaiment *(26)* gaily
gangster *m. (4)* gangster
garage *m. (10)* garage
garanti(-e) (22) guaranteed
garçon *m. (1)* boy; waiter
garder *(18)* to keep, guard
gardien *m. (14)* guard
gare *f. (12)* train station
garni(-e) *(30)* garnished, decorated
garnison *f. (20)* garrison
gastronomique *(13)* gastronomical
gâté(-e) *(30)* spoiled
gâteau *m. (10)* cake
gâter *(17)* to spoil
gazelle *f.* (29) gazelle
géant(-e) *(19)* gigantic
gelée de canneberges *f.* (11) cranberry jelly
gênant(-e) *(27)* embarrassing
gendarme *m. (26)* policeman
gêné(-e) *(2)* embarrassed
général(-e) *(6)* general
général *m. (10)* general
généralement *(4)* generally
génération *f. (19)* generation
généreux/généreuse *(13)* generous
Genève *(15)* Geneva
genou *m. (8)* knee
gens *m. pl. (10)* people
gentil(-le) *(10)* nice, kind, gracious
gentillesse *f. (25)* kindness, graciousness
gigot *m. (18)* leg of lamb
girafe *f. (4)* giraffe
glace *f. (8)* ice cream; ice; mirror
glacé(-e) *(13)* iced, frozen
globe *m. (30)* globe
gloire *f.* (22) glory
glouton(-ne) *(11)* gluttonous
glouton *m.* (11) glutton
golf *m. (11)* golf
gorge *f. (8)* throat
gouffre *m. (18)* chasm

gourou *m.* (10) guru
goût *m. (8)* taste
goûter *(17)* to taste
gouvernement *m. (3)* government
grâce *f. (30)* grace
grâce à *(13)* because of, thanks to
graffiti *m. pl.* (23) graffiti
grammaire *f.* (4) (21) grammar
grammatical(-e) *(22)* grammatical
grand(-e) *(2)* big, large, tall
grandes vacances *f. pl. (19)* summer vacation
grandir *(10)* to grow up, increase
grand magasin *m. (12)* department store
grand-mère *f. (6)* grandmother
grand-père *m. (6)* grandfather
grands-parents *m. pl. (6)* grandparents
gratte-ciel *m. (9)* skyscraper
gratuit(-e) *(19)* free of charge
grave *(14)* serious, solemn, grave
Grèce *f. (15)* Greece
grippe *f. (7)* flu
gris(-e) *(6)* gray, gray-haired
gros(-se) *(14)* fat, big, thick
grossir *(17)* to get fat
grotesque *(4)* grotesque
guerre *f. (9)* war
guichet *m. (12)* ticket window, box office
guillotiner *(30)* to guillotine
Guyane *f. (15)* Guiana
gymnase *m. (21)* gymnasium

H

habillé(-e) *(12)* dressed
s'habiller *(23)* to get dressed
habitant *m. (10)* inhabitant, resident
habiter *(6) (7)* to live in, inhabit
habitude *f. (26)* habit, practice
habituel(-le) *(28)* habitual, usual
s'habituer (à) *(24)* to get used (to)
Haïti *m. (15)* Haiti
hall *m.* (12) lobby, entrance hall
halte *f.* (24) halt, stop
hamburger *m. (28)* hamburger
haricots verts *m. pl. (18)* string beans
harmonie *f. (20)* harmony
harmonieux/harmonieuse *(19)* harmonious

harpe *f. (11)* harp
hasard *m. (24)* chance, hazard
haut(-e) *(9)* high
haut *(23)* (adv.) high
haut-parleur *m.* (12) loudspeaker
hélas *(19)* alas!
hélicoptère *m.* (25) helicopter
héritage *m. (13)* heritage
hésiter *(28)* to hesitate
heure *f. (7)* hour, time of day, o'clock
heures d'affluence *f. pl. (19)* rush hour
heureusement *(6)* luckily, fortunately
heureux/heureuse *(4)* happy
hirondelle *f.* (24) swallow
histoire *f. (4)* history; story
historien *m.* (13) historian
historique (9) historical, historic
hiver *m. (8)* winter
homme *m. (1)* man
honnêteté *f. (10)* honesty
honorer *(30)* to honor
hôpital *m. (6)* hospital
hoquet *m.* (21) hiccups
horaire *m. (14)* timetable, schedule
horizon *m.* (21) horizon
horoscope *m. (9)* horoscope
horrible *(16)* horrible
hors-d'oeuvre *m.* (invariable) *(18)* hors d'oeuvre
hospitalier/hospitalière *(29)* hospitable
hospitalité *f. (29)* hospitality
hostile *(25)* hostile
hôte *m. (30)* host; guest
hôtel *m. (19)* hotel
hôtesse de l'air *f.* (14) stewardess
huile *f.* oil
huile d'olive *f.* (17) olive oil
huit *(1)* eight
huitième (2) eighth
humain(-e) *(8)* human, humane, kind
humaniste *m.* (22) humanitarian
humide *(20)* humid
humour *m. (4) (21)* humor
hypothèse *f.* (25) hypothesis
hypothétique (25) hypothetical

I

ici *(4)* here
idéal(-e) *(7)* ideal

idéaliste *(14)* idealistic
idée *f. (4)* idea
identité *f.* (13) identity
idiomatique (23) idiomatic
idiot *m.* (5) idiot
idyllique (18) idyllic
ignorer *(13)* to be unaware of
île *f. (21)* island
il fait beau *(8)* the weather is nice
il fait bon *(14)* the weather is nice
il fait chaud *(8)* the weather is hot
il fait frais *(8)* the weather is cool
il fait froid *(8)* the weather is cold
il fait mauvais *(8)* the weather is bad
il fait nuit *(15)* it is dark
il faut *(11)* it is necessary
illuminé(-e) *(12)* illuminated, lit up
il neige *(8)* it is snowing
il paraît que *(25)* it seems that, they say that
il pleut *(8)* it is raining
il s'agit de *(23)* it is a question of
il y a *(5)* there is, there are
image *f. (12)* picture, image
imaginaire *(27)* imaginary
imaginatif/imaginative *(18)* imaginative
imagination *f. (6)* imagination
imaginer *(7)* to imagine
imbécile *m. ou f. (14)* imbecile
immédiatement *(14)* immediately
immense *(9)* immense
immigrant *m.* (11) immigrant
immobilisé(-e) *(14)* immobilized
immuable *(30)* unchangeable, immutable
impatient(-e) *(4)* impatient
imperméable *m. (13)* raincoat
importance *f. (3)* importance
important(-e) *(19)* important
imposer *(18)* to impose, inflict, tax
impôt *m. (30)* tax
impression *f. (27)* impression
impressionné(-e) *(15)* impressed
inacceptable *(6)* unacceptable
inaugurer (22) to inaugurate
incident *m.* (13) incident
inclination *f.* (30) inclination

inconnu(-e) *(22)* unknown
inconvénient *m. (26)* inconvenience
incorporer *(22)* to incorporate
incroyablement *(6)* unbelievably
indépendance *f. (3)* independence
indépendant(-e) *(20)* independent
indien(-ne) *(11)* Indian
indignité *f.* (30) indignity, unworthiness
indiquer *(10)* to indicate
indiquez *(3)* indicate!
indirect(-e) *(29)* indirect
indiscrétion *f.* (9) indiscretion, tactlessness
indiscutable *(28)* unquestionable
individu *m. (18)* individual
Indochine *f. (15)* Indochina
industrie *f. (19)* industry, industriousness
infatigable *(28)* indefatigable, tireless
infini(-e) *(30)* infinite
infiniment *(26)* infinitely
influence *f. (22)* influence
influencé(-e) *(28)* influenced
influencer *(22)* to influence
information *f. (4)* information, news
infortune *f.* (14) misfortune, calamity
ingénieur *m.* (6) *(13)* engineer
injure *f.* (30) insult, injury
injuste *(4)* unjust, unfair
injustice *f. (28)* injustice
innocent(-e) *(21)* innocent
innombrable *(21)* innumerable
inoxydable *(10)* unoxidizable, rustproof
inquiet/inquiète *(27)* worried
s'inquiéter *(23)* to worry
inscrire *(17)* to register
s'inscrire *(28)* to register (oneself)
insecte *m. (12) (13)* insect
insister *(14)* to insist
insomniaque *m.* (8) insomniac
inspiration *f. (22)* inspiration
inspirer *(22)* to inspire
instable *(8)* unstable
installation *f. (26)* installation
installé(-e) *(17)* installed
s'installer *(23)* to settle, install oneself in
instant *m. (18)* instant
instinct *m. (18)* instinct

instructif/instructive (30) instructive
instruit(-e) (30) educated
insulté(-e) *(23)* insulted
insulter *(16)* to insult
insupportable *(28)* unbearable
intégrant(-e) *(22)* integral
intégration *f.* (13) *(22)* integration
intellect *m. (18)* intellect
intellectuel(-le) *(21)* intellectual
intellectuellement *(28)* intellectually
intelligemment *(22)* intelligently
intelligence *f. (22)* intelligence
intelligent(-e) *(4)* intelligent
intense *(20)* intense
intention *f. (13)* intention
interdit(-e) *(10)* forbidden
intéressant(-e) *(4)* interesting
intéresser *(26)* to interest
s'intéresser (à) *(23)* to be interested (in)
intérêt *m. (15)* interest
intérieur *m. (2)* interior
international(-e) *(22)* international
interplanétaire *(9)* interplanetary
interprète *m. ou f. (15)* interpreter
interpréter *(18)* to interpret; to play (a role in theater)
interrogation *f. (3)* interrogation
interroger (30) to question, interrogate
interrompre *(21)* to interrupt
intime *(12)* intimate
intitulé(-e) (30) entitled
intrépide *(10)* intrepid, bold, fearless
intrinsèque *(28)* intrinsic
introduire *(22) (23)* to bring in, introduce (not people)
inutile *(9)* useless
inventer *(23)* to invent
inventeur *m. (23)* inventor
invincible (30) invincible
invisible *(2)* invisible
invitation *f. (26)* invitation
invité *m. (10)* guest
inviter *(10)* to invite
Iran *m. (7)* Iran
Irlande *f. (19)* Ireland
irrégulier/irrégulière *(7)* irregular
irriter *(30)* to irritate
isolement *m. (13)* isolation
Israël *m. (7)* Israel

Italie *f. (7)* Italy
italien(-ne) *(4)* Italian
itinéraire *m. (19)* itinerary
ivre *(20)* drunk

J

jaloux/jalouse *(24)* jealous
jamais *(16)* never
jambe *f. (8)* leg
jambon *m. (11)* ham
janvier *m. (3)* January
Japon *m. (7)* Japan
japonais(-e) *(4)* Japanese
jardin *m. (10)* garden
jasmin *m. (15)* jasmine
jaune *(6)* yellow
jaunir *(10)* to turn yellow, make yellow
je *(1)* I
jeans *m. (16)* jeans
je m'appelle *(1)* my name is
je meurs de faim *(15)* I'm dying of hunger
je meurs de fatigue *(15)* I'm dying of fatigue
je meurs de soif *(15)* I'm dying of thirst
je ne sais pas *(1)* I don't know
jeter *(8)* to throw
jeu *m. (26)* game
jeudi *m. (3)* Thursday
jeune *(6)* young
jeune fille *f (1)* girl
jeunes gens *m. pl. (7)* young men, young people
je voudrais *(11)* I would like
joie *f. (21)* joy
joindre *(26)* to join, unite
joli(-e) *(4)* pretty
joue *f. (8)* cheek
jouer *(11)* to play
jour *m. (3)* day
jour de l'an *m. (16)* New Year's Day
journal *m. (6)* newspaper
journaliste *m. ou f. (27)* journalist, reporter
journée *(7)* day, the whole day, a day's work
joyeux/joyeuse *(6)* joyous
jugement *m. (8)* judgment
juger *(28)* to judge
juillet *m. (3)* July
juin *m. (3)* June
jupe *f. (5)* skirt
jurer *(3)* to swear
jus *m. (11)* juice

jusqu'à ce que *(28)* until
jusque *(12)* as far as, up to, until
juste *(28)* just, right, correct
justement *(9)* exactly
justice *f. (30)* justice

K

kangourou *m. (23)* kangaroo
kidnapper *(26)* to kidnap
kilo *m. (11)* kilogram
kilogramme *m. (11)* kilogram
Kinshasa *(15)* Kinshasa
kiosque *m. (12)* kiosk

L

là *(23)* there
laboratoire *m. (7)* laboratory
lac *m. (5)* lake
laine *f. (6)* wool
laisser *(11)* to leave
lait *m. (11)* milk
lame de rasoir *f. (17)* razor blade
lampe *f. (1)* lamp, light
langoureux/langoureuse *(8)* languorous
langue *f. (1)* language; tongue
la plupart de *(25)* most of
large *(28)* wide, broad
laryngite *f. (9)* laryngitis
latin(-e) *(1)* Latin
laver *(23)* to wash
se laver *(23)* to wash oneself
leçon *f. (4)* lesson
lecture *f. (29)* reading passage, reading
légal(-e) *(22)* legal
légalisation *f. (22)* legalization
légèrement *(22)* lightly
légume *m. (11)* vegetable
lendemain *m. (20)* the following day
lent(-e) *(9)* slow
lentement *(9)* slowly
lettre *f. (5)* letter
lever *(8)* to raise, lift up
se lever *(23)* to get up, rise
lèvre *f. (8)* lip
liaison *f. (9)* connection, liaison
Liban *m. (7)* Lebanon
libéral(-e) *(13)* liberal
libérer *(19)* to liberate, free
liberté *f. (11)* liberty
librairie *f. (8)* bookstore
libre *(11)* free
librement *(14)* freely

lieu *m. (16)* place
ligne *f. (17)* line
limite *f. (6)* limit
limité(-e) *(19)* limited
limite de vitesse *f. (29)* speed limit
limonade *f. (12)* lemon soda
linguistique *(13)* linguistic
lion *m. (1)* lion
lire *(8)* to read
liste *f. (17)* list
lit *m. (7)* bed
litre *m. (11)* liter
littéraire *(22)* literary
littérature *f. (6)* literature
living-room *m. (10)* living room
livre *m. (1)* book
local(-e) *(12)* local
logement *m. (6)* lodging
loger *(30)* to lodge
logique *(28)* logical
logique *f. (28)* logic
logiquement *(26)* logically
loin (de) *(19)* far (from)
Londres *(24)* London
long(-ue) *(6)* long
longtemps *(12)* long, a long time
loterie *f. (25)* lottery
louer *(15)* to rent
loup *m. (15)* wolf
lourd(-e) *(26)* heavy
lourdement *(20)* heavily
loyer *m. (23)* rent
lumière *f. (11)* light
lundi *m. (3)* Monday
lune *f. (8)* moon
lunettes *f. pl. (7)* glasses
luth *m. (24)* lute
lutte *f. (22)* struggle, contest, strife
luxe *m. (26)* luxury
luxueux/luxueuse *(8)* luxurious
lycée *m. (6)* high school
lyrisme *m. (15)* lyricism

M

machine *f. (17)* machine
machine à écrire *f. (9)* typewriter
mâchoire *f. (23)* jaw
madame *f. (9)* Mrs.
mademoiselle *f. (1)* Miss
magasin *m. (9)* store
magazine *m. (10)* (illustrated) magazine
magnifique *(3)* magnificent
magnum *m. (11)* magnum (two-liter bottle)

mai *m. (3)* May
maigre *(26)* skinny
maillot *m. (21)* bathing suit
main *f. (2)* hand
maintenant *(1)* now
maintenir *(13)* to maintain
maire *m. (29)* mayor
mais *(1)* but
maïs *m. (11)* corn
maison *f. (4)* house
maître *m. (30)* master
maître-nageur *m.* (21) lifeguard
majestueux / majestueuse (8) majestic
majoritaire *(13)* pertaining to a majority
majorité *f. (3)* majority
mal *(10)* badly
mal *m. (30)* pain, ache; evil
malade *(4)* sick
malgré *(18)* despite, in spite of
malheur *m. (15)* unhappiness, misfortune
malheureusement *(6)* unfortunately
malheureux / malheureuse *(4)* unhappy
manger *(7)* to eat
manière *f. (29)* manner
manifestation *f.* (22) *(26)* demonstration, manifestation
manque *m.* (20) lack
manquer *(14)* to miss
manteau *m. (12)* coat
se maquiller *(23)* to put on makeup
marchandise *f. (17)* merchandise, goods
marche *f.* (11) step, stair; walking
marcher *(5) (9)* to walk
mardi *m. (3)* Tuesday
margarine *f.* (17) margarine
mari *m. (6)* husband
mariage *m. (20)* marriage
marié(-e) *(6)* married
se marier *(23)* to get married
marital(-e) *(22)* marital
marmelade *f. (11)* marmelade
Maroc *m. (15)* Morocco
marque *f. (21)* mark
marquer *(17)* to mark
marron (invariable) *(6)* chestnut-brown
mars *m. (3)* March
marteau *m. (2)* hammer
martini *m.* (8) martini
masculin(-e) *(1)* masculine
masque *m. (5)* mask

massage *m.* (8) *(20)* massage
match *m. (4)* match (sport), game, competition
matelas pneumatique *m.* (21) air mattress
matérialiste (8) materialistic
matériel(-le) *(17)* material
maternel(-le) *(23)* maternal
mathématicien *m. (15)* mathematician
mathématiques *f. pl. (4)* mathematics
matière *f. (11)* material
matin *m. (7)* morning
matinée *f. (20)* morning; afternoon show
maussade (16) sulky, dull
mauvais(-e) *(6)* bad
mécanicien *m.* (6) mechanic
méchant(-e) *(4)* mean, wicked, bad
mécontent(-e) *(30)* discontented
médecin *m. (6)* doctor
médecine *f.* (6) the science of medicine
médical(-e) (22) medical
médicament *m. (17)* medication, medicine
médiéval(-e) (26) medieval
méditation *f. (15)* meditation
meilleur(-e) *(9)* better
meilleur marché (invariable) *(9)* cheaper
mélange *m.* (29) mixture
membre *m. (23)* member
même *(8)* same, even; self
mémoire *f. (23)* memory
menacer *(19)* to threaten, menace
mentalement *(4)* mentally
mentir *(13)* to lie
mer *f. (5)* sea
merci *(1)* thank you
mercredi *m. (3)* Wednesday
mère *f. (6)* mother
mérite *m. (17)* merit
mériter *(14)* to deserve, merit
merveille *f. (24)* marvel, wonder
merveilleusement *(14)* marvelously
merveilleux / merveilleuse *(15)* marvelous, wonderful
message *m. (10)* message
mesurer *(23)* to measure
métal *m. (6)* metal
météorologique (12) meteorological
métro *m. (7)* subway
mettre *(13)* to put, place, put on

se mettre (à) *(23)* to begin (to)
se mettre en colère *(23)* to become angry
se mettre en route *(23)* to start out, get on the way
mettre le couvert *(18)* to set the table
meuble *m. (10)* piece of furniture
mexicain(-e) *(4)* Mexican
Mexique *m. (7)* Mexico
microbe *m.* (21) microbe
microscope *m.* (21) microscope
midi *m. (7)* noon
Midi *m. (12)* south of France
mieux *(9)* better
milieu *m. (11)* middle; surroundings
millionnaire *m.* (25) millionaire
mince *(19)* thin
mine *f.* (15) mine
ministre *m. (13)* minister
minoritaire (13) pertaining to a minority
minorité *f. (15)* minority
minuit *m. (7)* midnight
minuscule *(21)* small, minuscule
miraculeux / miraculeuse *(10)* miraculous
miroir *m. (22) (23)* mirror
misère *f. (26)* misery
mission *f. (15)* mission
modèle *m.* (5) model
modération *f. (28)* moderation
modéré(-e) *(7) (28)* moderate
modeste *(6)* modest
mœurs *f. pl. (22)* manners and customs
moi *(1)* me
moi-même *(19)* myself
moindre *(27)* (the) least
moins *(7)* less
moins (de) *(11)* less, minus, fewer
mois *m. (3)* month
moitié *f. (12)* half
moment *m. (6)* moment
monde *m. (9)* world
mondial(-e) *(21)* world-wide, having to do with the world
Mongolie *f.* (28) Mongolia
monnaie *f. (17)* change, small change
monotonie *f. (20)* monotony
monsieur *m. (1)* sir, Mr., gentleman
monstre *m.* (5) monster
monter *(15)* to go up, climb
montre *f. (23)* watch

Montréal *(15)* Montreal
montrer *(10)* to show
montrez-moi *(1)* show me
se moquer (de) *(23)* to laugh (at), make fun (of)
moral(-e) (4) moral, ethical, of good morals
morale *f.* (30) morals, ethics
morceau *m.* (5) *(14)* piece
mort(-e) *(6)* dead
mort *f. (26)* death
mortel *m.* (30) mortal
mosquée *f.* (15) mosque
mot *m. (1)* word
moteur *m.* (5) motor
motif *m. (14)* motive, incentive; motif
motivation *f.* (28) motivation
motivé(-e) *(28)* motivated
motocyclette *f. (10)* motorcycle
mouchoir *m. (4)* handkerchief
mourir *(15)* to die
mourir de faim *(18)* to be dying of hunger
mousse au chocolat *f.* (18) chocolate cream dessert
moustache *f.* (7) *(23)* moustache
mouvement *m.* (2) movement
moyen *m. (19)* means, way
Moyen Âge *m. (22)* Middle Ages
Moyen-Orient *m. (15)* Middle East
multiplier *(13)* to multiply
mur *m. (1)* wall
musicien *m. (13)* musician
musique *f.* (7) music
mutuel(-le) *(21)* mutual
mystère *m.* (5) mystery, secret
mystérieux/mystérieuse *(15)* mysterious
mystique *(20)* mystical

N

nager *(21)* to swim
naïf/naïve *(6)* naive
naître *(15)* to be born
nappe *f. (18)* tablecloth
natal(-e) (13) native
natation *f. (11)* swimming
nation *f. (13)* nation
national(-e) *(3)* national
nature *f. (16)* nature
naturel(-le) *(6)* natural
naturellement *(2)* naturally
né(-e) *(8)* born
nécessaire *(18)* necessary

nécessité *f. (8)* necessity
négociation *f.* (30) negotiation
neige *f. (13)* snow
neiger *(8)* to snow
nerveux/nerveuse *(4)* nervous
net(-te) *(27)* neat, clean, clear
neuf *(1)* nine
neutre (1) neuter, neutral
neuvième (2) ninth
neveu *m. (6)* nephew
nez *m. (2)* nose
ni...ni *(16)* neither...nor
nièce *f. (6)* niece
Nigeria *f.* (7) Nigeria
Nil *m. (15)* Nile
noble *(20)* noble
noblement (30) nobly
noblesse *f.* (30) nobility
Noël *m.* (3) Christmas
noir(-e) *(6)* black
noircir (10) to blacken, turn black
nom *m. (6)* noun, name
nombre *m. (3)* number
nombreux/nombreuse *(6)* numerous
nommer *(15)* to name, appoint
non *(2)* no
non plus *(6)* not either, neither
nord *m. (12)* north
Normandie *f. (17)* Normandy
note *f.* (5) mark, grade, note
notion *f.* (21) notion
nourriture *f. (13)* food
nouveau/nouvel/nouvelle *(6)* new
Nouveau Monde *m.* (11) New World
nouvelle *f. (14)* piece of news
Nouvelle-Écosse *f. (13)* Nova Scotia
nouvellement *(6)* lately, freshly, recently
novembre *m. (3)* November
noyer *(30)* to drown
nuage *m. (21)* cloud
nucléaire *(23)* nuclear
nudiste *m. ou f. (8)* nudist (**camp de nudistes** = nudist colony)
nuit *f. (7)* night
nulle part *(16)* nowhere
numéro *m. (3)* number

O

oasis *f.* (20) oasis
obéir *(10)* to obey
obèse (11) *(25)* obese, fat

objectif/objective *(12)* objective
objectivement (7) objectively
objet *m. (1)* object, thing
obligation *f.* (22) *(26)* obligation
obligé(-e) *(27)* obliged
obscur(-e) *(23)* obscure, dark
observer (2) *(10)* to observe
obstacle *m. (18)* obstacle
obtenir *(14)* to obtain, get
occasion *f. (11)* opportunity
occident *m.* (30) west, occident
occupé(-e) *(4)* busy
occuper *(22)* to occupy
s'occuper de *(23)* to take care of, look after
océan *m. (11)* ocean
octobre *m. (3)* October
odeur *f. (13)* odor, fragrance, scent
odyssée *f.* (15) odyssey
œil *m. (8)* eye
œuf *m. (11)* egg
œuvre *f. (22)* work
officiel(-le) *(13)* official
officier *m.* (26) officer
offre *f. (9)* offer
offrir *(16)* to offer
oignon *m. (7)* onion
oiseau *m. (14)* bird
olive *f. (30)* olive
ombre *f. (18)* shade, shadow
omelette *f. (9)* omelette
omettre *(13)* to omit
oncle *m. (6)* uncle
on dirait *(25)* it seems, it appears, one would say
Ontario *m. (13)* Ontario
opératrice *f.* (20) operator
opinion *f. (4)* opinion
s'opposer (à) *(30)* to oppose
oppresser (20) to oppress
option *f. (13)* option
or *m. (30)* gold
or *(24)* now
oracle *m.* (19) oracle
orage *m. (30)* storm
oral(-e) *(4)* oral
oralement *(3)* orally
orange *f. (7)* orange
orange *(6)* orange
orchestre *m. (14)* orchestra, band
ordinaire *(2)* ordinary
ordinateur *m. (19)* computer
ordonner *(28)* to order
ordre *m. (10)* order
oreille *f. (2)* ear
organisé(-e) *(28)* organized
organisme *m.* (8) organism

oriental(-e) *(21)* oriental
orienter *(13)* to orient
original(-e) *(4)* original
origine *f.* (13) *(19)* origin
orteil *m.* *(8)* toe
ostentation *f.* (30) ostentation
ou *(1)* or
où (4) *(10)* where, when
oublier *(10)* to forget
ouest *m.* *(12)* west
oui *(2)* yes
où que *(28)* wherever
ouvert(-e) *(2)* open
ouvrier *m.* *(6)* worker
   (*f.* ouvrière)
ouvrir *(14)* to open
oxyde de carbone *m.* (19)
   carbon monoxide

P

pacte *m.* (26) pact
page *f.* page
pain *m.* *(11)* bread
paire de ciseaux *f.* (2) pair of
   scissors
palais *m.* *(14)* palace
pâle *(25)* pale
pâlir *(10)* to turn pale, grow pale
panier *(17)* basket
pape *m.* (26) pope
papier *m.* *(2)* paper
paquet *m.* *(17)* package
par *(2)* by, through
paradoxe *m.* *(13)* paradox
paraître *(13)* to appear, seem
parc *m.* *(5)* park
parce que *(1)* because
par cœur *(13)* by heart
parcourir (15) to travel through,
   run through
pardon *(1)* excuse me
pardonner *(24)* to pardon,
   excuse
parent *m.* *(6)* parent, relative
par erreur *(24)* by mistake
paresseux/paresseuse *(26)* lazy
parfait *m.* *(14)* ice-cream
   confection
parfait(-e) *(1)* perfect
parfaitement *(28)* perfectly
parfum *m.* *(17)* perfume
se parfumer (23) to put on
   perfume
parfumerie *f.* *(17)* perfume shop
par hasard *(14)* by chance
par ici *(15)* through here, this
   way, over here

parisien(-ne) *(6)* Parisian
par là *(15)* through there, that
   way, over there
par la suite *(24)* after that,
   later on
parlement *m.* (30) parliament
parlementaire (13) parliamentary
parler *(7)* to talk, speak
parmi *(22)* among
parole *f.* *(13)* word
par rapport à *(5)* in relationship
   to
partager *(27)* to share
partenaire *m.* *(9)* partner
par terre *(5)* on the floor, on the
   ground
parti *m.* *(13)* party (political)
participation *f.* *(22)* participation
participer *(13)* to participate
particulièrement *(7)* particularly
partie *f.* *(2)* part, section
partir *(13)* to leave, depart
partout *(12)* everywhere
pas assez (de) *(11)* not enough
   (of)
pas encore *(16)* not yet
pas mal *(14)* pretty good
passage *m.* *(23)* passage
passager *m.* *(29)* passenger
passeport *m.* (26) passport
passer *(9)* to spend (time); to
   pass, — un examen to take
   an exam
se passer *(23)* to take place
passif/passive *(23)* passive
passion *f.* *(24)* passion
pâté *m.* *(17)* spread of finely
   mashed meat, potted meat
pâté de foie gras *m.* (14) goose-
   liver pâté
patience *f.* *(27)* patience
patient(-e) *(4)* patient
patienter *(12)* to have patience,
   be patient
patio *m.* (10) patio
pâtisserie *f.* *(21)* pastry
patriotisme *m.* (23) patriotism
pauvre *(1)* poor
pauvre *m. ou f.* *(18)* poor person
payer *(8)* to pay, pay for
pays *m.* *(7)* country
paysage *m.* *(27)* landscape
paysan *m.* *(25)* peasant
Pays-Bas *m. pl.* *(7)* the
   Netherlands
pêcher (19) to fish
peigne *m.* (2) comb
se peigner *(23)* to comb (one's
   hair)

peindre *(26)* to paint
peine *f.* (30) difficulty, pain,
   punishment
peintre *m.* *(21)* painter
peinture *f.* *(21)* painting, paint
pendant *(6)* during
pendant que *(20)* while
pénétrer *(20)* to penetrate
péniblement *(20)* laboriously
pensée *f.* *(13)* thought
penser *(9)* to think
perception *f.* (21) perception
perdre *(12)* to lose
perdre la tête *(12)* to lose one's
   head
perdre patience *(12)* to lose
   one's patience
perdu(-e) *(4)* lost
père *m.* *(6)* father
Père Noël *m.* *(25)* Santa Claus
perfide *(24)* false, treacherous
peripétie *f.* *(15)* sudden change
   of fortune
périr *(19)* *(30)* to perish
permettre *(13)* to permit
perplexe *(1)* perplexed
personnage *m.* *(22)* character
personnalité *f.* *(8)* personality,
   individuality; person
personne *f.* *(8)* person
ne...personne *(16)* nobody, no
   one
personnellement *(18)* personally
persuadé(-e) *(28)* persuaded
petit(-e) *(2)* small, little
petit(-e) ami(-e) *m. ou f.* *(14)* boy
   (girl) friend
(Le) Petit Chaperon rouge *m.*
   (29) Little Red Riding Hood
petit déjeuner *m.* *(11)* breakfast
petite-fille *f.* *(6)* granddaughter
petites annonces *f. pl.* *(9)*
   classified section, want ads
petit-fils *m.* *(6)* grandson
petit pois *m.* *(18)* green pea
peuple *m.* *(3)* people, (the)
   masses
peuplé(-e) *(28)* populated
peur *f.* *(10)* fear
peut-être *(2)* maybe, perhaps
pharmacie *f.* *(17)* drugstore,
   pharmacy
phénomène *m.* *(21)* phenomenon
philosophe *m. ou f.* *(4)*
   philosopher
philosophique *(1)* philosophical
phonétique *f.* *(24)* phonetics
photo *f.* *(1)* photo
phrase *f.* *(4)* sentence

physique *f. (11)* physics
physiquement *(4)* physically
piano *m. (11)* piano
pièce *f. (10)* room; (theatrical) play
pied *m. (8)* foot
pierre *f. (18)* stone
piéton *m. (12)* pedestrian
pilote *m. (14)* pilot
pipe *f. (10)* pipe
pique-nique *m. (16)* picnic
piscine *f. (5)* swimming pool
pittoresque *(16)* picturesque, colorful
placard *m. (10)* wall cupboard, closet
place *f. (11)* room (space); seat; public square
plage *f. (14)* beach
plaindre *(26)* to pity, be sorry for
se plaindre *(27)* to complain
plaire (à) *(23)* to please
plaisant(-e) *(26)* amusing
plaisir *m. (18)* pleasure
plancher *m. (10)* floor
planète *f. (14)* planet
plante *f. (8)* plant
planter *(30)* to plant
plastique *m. (6)* plastic
plat *m. (9)* serving dish or its contents
plein(-e) (de) *(4)* full (of)
pleinement *(27)* fully, entirely, thoroughly
pleurer *(26)* to cry
pleuvoir *(9)* to rain
plus *(9)* more, plus
plus de *(11)* more, more than
ne...plus *(16)* no more, no longer
plusieurs *(15)* several
plutôt *(4)* rather
poème *m. (8)* poem
poésie *f. (22)* poetry
poète *m. (4)* poet
poétique *(1)* poetic
poignet *m. (8)* wrist
point *m. (3)* period, point
point de vue *m. (28)* point of view
point du jour *m. (30)* daybreak
poire *f. (17)* pear
poison *m. (26)* poison
poisson *m. (9)* fish
poissonnerie *f. (17)* fish store
poker *m. (11)* poker
polarisé(-e) *(1)* polarized
poli(-e) *(26)* polite
policier *m. (14)* police officer
politicien *m. (27)* politician

politique *(6)* political
politique *f. (11)* politics
polluer *(19)* to pollute
pomme *f. (4)* apple
pompeux/pompeuse *(15)* pompous
pont *m. (18)* bridge
porc *m. (17)* pork, pig
pornographique *(10)* pornographic
porte *f. (1)* door
portefeuille *m. (2)* wallet
porter *(9)* to carry, wear
se porter bien (mal) *(23)* to be in good (bad) health
portier *m. (30)* porter
portion *f. (30)* portion
poser *(9)* to ask (a question)
possibilité *f. (22)* possibility
possible *(1)* possible
poste *m. (22)* job, position
postérité *f. (23)* posterity
pot *m. (11)* pot, jar
poteau *m. (18)* pole, post, stake
poteau indicateur *m. (18)* signpost
pouce *m. (8)* thumb
poudre *f. (23)* powder
poulet *m. (9)* chicken
pour *(1)* for, in order to
pourcentage *m. (22)* percentage
pour que *(28)* in order that, so that
pourquoi *(1)* why
pourri(-e) *(30)* rotten
pourtant *(13)* however
pourvu que *(28)* provided that
pouvoir *(9)* to be able to
pratique *(6)* practical
pratique *f. (28)* practice
pratiquer *(9)* to practice
précipice *m. (18)* precipice
précis(-e) *(14)* precise
préciser *(29)* to specify, state precisely
précoce *(13)* precocious
prédestination *f. (24)* predestination
préférable *(28)* preferable
préféré(-e) *(5)* favorite
préférence *f. (10)* preference
préférer *(8)* to prefer
préhistoire *f. (23)* prehistory
préhistorique *(23)* prehistoric
premier/première *(1)* first
prendre *(11)* to take
se prendre au sérieux *(23)* to take oneself seriously
prendre contact avec quelqu'un

(15) to get in touch with someone
prendre une décision *(28)* to make a decision
préparé(-e) *(4)* prepared
préparer *(10)* to prepare
prépondérant(-e) *(22)* preponderant
près de *(6)* near
présence *f. (26)* presence
présent(-e) *(1)* present
présent *m. (30)* present
président *m. (7)* president
presque *(10)* almost
pressé(-e) *(7)* in a hurry, hurried
se presser *(23)* to hurry, make haste; to crowd
prêt(-e) *(21)* ready, prepared
prétendre *(18)* to claim
prêtre *m. (29)* priest
prévenir *(8)* to warn
prévoir *(12)* to foresee
prévoyance *f. (30)* foresight
prière *f. (15)* prayer
primitif/primitive *(23)* primitive
primordial(-e) *(29)* primordial
prince *m. (12)* prince
princesse *f. (4)* princess
principal(-e) *(5)* principal
principe *m. (14)* principle
printemps *m. (8)* spring
prise *f. (3)* capture, hold
prison *f. (14)* prison
privilège *m. (21)* privilege
privilégié(-e) *(13)* privileged
prix *m. (7)* price; prize
probabilité *f. (26)* probability
probable *(6)* probable
probablement *(2)* probably
problème *m. (4)* problem
prochain(-e) *(9)* next, nearest, near at hand
proclamer *(10)* to proclaim
prodigalité *f. (30)* lavishness
produire *(22)* to produce
produit *m. (17)* product
professeur *m. (1)* teacher, professor
profession *f. (22)* profession
professionnel(-le) *(16)* professional
profiter *(15)* to profit, take advantage
profond(-e) *(13)* profound, deep
profusion *f. (30)* profusion
programme *m. (7)* program
progrès *m. (22)* progress
projet *m. (12)* project, plan
promenade *f. (7)* walk, stroll

se promener *(23)* to go for a walk, walk
promettre *(13)* to promise
prononcer to pronounce
prophétique (12) prophetic
proposer *(13)* propose
propre *(19)* proper, clean
propriétaire *m. (18)* owner, landlord
prospère *(20)* prosperous
se prosterner *(30)* to bow low
protagoniste *m.* (24) protagonist
protection *f. (10)* protection
protéger *(18)* to protect
protestation *f. (10)* protestation
protester *(21)* to protest
proverbe *m. (13)* proverb
providence *f.* (29) providence
province *f. (13)* province
provision *f. (20)* stock
provoquer *(21)* to provoke
proximité *f. (22)* proximity
prudemment *(27)* prudently
prudent(-e) *(17)* prudent
prussien(-ne) *(30)* Prussian
psychiatre *m. (16)* psychiatrist
psychologie *f. (4)* psychology
psychologique *(14) (15)* psychological
public/publique *(17)* public
publicité *f. (6)* publicity
puéril(-e) *(23)* childish, juvenile
puis *(12)* next
puisque *(25)* since
puissance *f. (30)* power, force
pull-over *m. (5)* sweater
punition *f. (14)* punishment
pur(-e) *(19)* pure
puritain(-e) *(27)* puritanical, having to do with the Puritans
pyjama *m. (9)* pajamas

Q

quai *m. (12)* platform (train), pier, quay
qualité *f. (17)* quality
quand *(4)* when
quant à *(17) (22)* as for
quart *m. (7)* quarter
quartier *m. (6)* neighborhood, district, quarter
quatre *(1)* four
quatrième *(2)* fourth
que *(10)* whom, which, that, what
Québec *m. (13)* Quebec
québécois(-e) *(13)* of or

pertaining to Quebec
quel(-le) *(2)* what, which
quel dommage *(4)* what a shame, what a pity
quelque chose *m. (16)* something
quelquefois *(4)* sometimes
quelques *(11)* a few
quelqu'un(-e) *(15)* someone
Qu'est-ce que c'est? *(1)* What's this?
qui *(10)* who, whom, which, that
Qui est-ce? *(2)* Who is it?
quincaillerie *f. (17)* hardware store
qui que *(28)* whoever
quitter *(7)* to leave
quoi que *(28)* whatever
quoique *(28)* although

R

Rabat *(15)* Rabat
rabbin *m.* (29) rabbi
racine *f. (24)* root
raconter *(14)* to tell, recount
radical *m. (19)* root (of word, number)
radio *f. (7)* radio
radium *m.* (21) radium
rage *f. (21)* rage; rabies
raison *f. (8)* reason
raisonnable *(4)* reasonable
raisonnablement *(28)* reasonably
raisonner (30) to reason
rajeunir *(10)* to grow young again, be rejuvenated
ramener *(24)* to bring back, restore
rancunier/rancunière (23) spiteful
rapidement *(6)* rapidly, quickly, fast
rapides *m. pl.* (15) rapids
rapidité *f. (6)* rapidity, speed
se rappeler *(23)* to remember
rapport *m. (13)* relationship
rapporter *(21)* to report, bring back
rare *(6)* rare
se raser *(23)* to shave
rasoir *m. (23)* razor
rassuré(-e) *(20)* reassured
rationnel(-le) *(28)* rational
ravissant(-e) *(18)* lovely, charming
réaction *f. (9)* reaction
réagir *(19)* to react
réaliser *(22)* to achieve, realize
rébarbatif/rébarbative (18)

unattractive, unpleasant
rebelle *m. ou f.* (23) rebellious person
récemment *(24)* recently
récent(-e) *(11)* recent
recevoir *(12)* to receive
réciproque (23) reciprocal
réciproquement *(27)* reciprocally
réciter *(27)* to recite
réclamer *(26)* to claim
récolte *f. (11)* harvest
recommandation *f. (9)* recommendation
recommander *(28)* to recommend
recommencer *(14)* to begin again
récompense *f. (30)* reward, recompense
se réconcilier *(23)* to make up with someone, become reconciled
reconduire (30) to lead back, drive back
reconnaissance *f. (30)* thankfulness, recognition
reconnaître *(13)* to recognize, acknowledge
redonner (29) to give back, give again
redoubler (30) to redouble
redoutable *(26)* formidable, dangerous
réel(-le) *(24)* real
se référer (à) *(22)* to refer (to)
refermer *(16)* to close again
réfléchir *(10)* to reflect
reflet *m. (15)* reflection
reflexion *f. (25)* reflection
réforme *f. (13)* reform
réformé(-e) *(28)* reformed
réfrigérateur *m. (10)* refrigerator
se réfugier *(24)* to take refuge
refuser *(10)* to refuse
regard *m. (20)* look
regarder *(7)* to look at, consider, watch
régime *m.* (27) diet, regime
région *f. (7)* region
règle *f. (5)* rule
réglé(-e) *(19)* controlled, steady
règlement *m. (21)* regulation
regret *m. (26)* regret
regretter *(10)* to regret
régulièrement *(26)* regularly
reine *f. (14)* queen
rejoindre *(26)* to join, catch up with
relatif/relative *(6)* relative
relativement *(6)* relatively

religion *f. (13)* religion
remarquable *(4)* remarkable
remarquer *(9)* to notice, remark
rembourser *(22) (25)* to reimburse
remercier *(28)* to thank
remettre *(13)* to put back
remords *m. (24)* remorse
remplir *(17)* to fill
Renaissance *f. (22)* Renaissance
rencontre *f. (29)* meeting,
  encounter
rencontrer *(24)* to meet
rendez-vous *m.* (10) *(16)*
  appointment
rendre *(12)* to give back, return,
  render
se rendre compte (de) *(23)* to
  realize
rendre visite à *(27)* to visit
  (someone)
renseignement *m. (21)*
  information
renseigner *(18)* to inform
rentrer *(7)* to return, return
  home, reenter
réorganisation *f.* (13)
  reorganization
reparaître *(30)* to reappear
réparation *f. (6)* repair
réparer *(20)* to repair
repartir *(15)* to leave again
repas *m. (11)* meal
répéter *(10)* to repeat
répétez *(1)* repeat!
répliquer *(29)* to reply
répondre *(9) (12)* to answer,
  reply
réponse *f. (4)* answer
repos *m.* (3) *(12)* rest
se reposer *(23)* to rest
reprendre *(24)* to resume, begin
  again
représentant *m.* (10)
  representative
représenter *(30)* to represent,
  portray
reproduction *f. (10)* reproduction
République Malgache *f. (15)*
  Malagasy Republic
réservation *f. (19)* reservation
réserver *(25)* to reserve, set
  aside
résoudre *(23)* to resolve
respect *m. (24)* respect
respectable *(20)* respectable
respecter *(16)* to respect
respirer *(11)* to breathe
resplendissant(-e) *(30)*
  resplendent, glittering

ressembler (à) *(27)* to resemble,
  look like
ressource *f.* (13) resource
restaurant *m. (5)* restaurant
restaurer *(4)* to restore
rester *(11)* to remain, stay
restreinte *f. (20)* restraint
résultat *m. (4)* result
rétablir *(10)* to reestablish,
  restore
retenir *(25)* to reserve, retain,
  detain
retiré(-e) *(30)* retired, withdrawn
retirer *(12)* to withdraw
retomber en enfance *(23)* to go
  into one's second childhood
retour *m. (12)* return
retourner *(10)* to return
retraite *f. (30)* retirement, retreat
rétrospectif / rétrospective *(26)*
  retrospective
retrouver *(12)* to find again
réuni(-e) *(11)* reunited, brought
  together again
réunion *f. (21)* meeting, reunion
réunir *(24)* to reunite, bring
  together again
réussir (à) *(10)* to succeed, to
  pass (a test)
réutiliser *(19)* to reuse
rêve *m. (12)* dream
réveille-matin *m. (23)* alarm
  clock
réveiller *(14)* to wake up
  (someone)
se réveiller *(23)* to wake up
  (oneself)
revenir *(8)* to return, come back
rêver *(26)* to dream
rêverie *f. (23)* revery
rêveur *m. (23)* dreamer
révision *f. (21)* revision
revivre *(13)* to revive, relive
revoir *(12)* to meet again, see
  again
révolution *f. (13)* revolution
revolver *m.* (14) revolver
révoqué(-e) *(21)* revoked
revue *f. (8)* magazine
rez-de-chaussée *m. (10)* ground
  floor
riche *(6)* rich
richesse *f. (29)* wealth
ridicule *(4)* ridiculous
rien *(16)* nothing
rire *(18)* to laugh
risque m. *(16)* risk
risquer *(25)* to risk
rivière *f. (18)* river

robe *f. (6)* dress
rocher *m. (19)* rock
rock *m. (7)* rock (music)
roi *m. (19)* king
rôle *m. (22)* role, part
roman *m. (8)* novel
romancière *f. (22)* novelist
  (m. romancier*)*
romanesque *(24)* fabulous (like
  a novel)
romantique *(7)* romantic
rompre *(30)* to break
rond(-e) *(5)* round
ronfler *(20)* to snore
rosbif *m. (9)* roast beef
rose *(6)* pink
rose *f. (11)* rose
rosier *m.* (24) rosebush
rôti *m. (18)* roast
roue *f. (23)* wheel
rouge *(6)* red
rouge *m.* (23) rouge
rougir *(10)* to turn red, blush
rouler *(10)* to ride, drive, travel
  in a moving vehicle, roll
route *f. (14)* road
royaume *m. (26)* realm, kingdom
rubis *m. (30)* ruby
rude *(30)* rough, crude, tough
rue *f. (5)* street
ruine *f. (22)* ruin
rupture *f. (14)* rupture, break
ruse *f. (15)* trick, ruse
russe *(9)* Russian
Russie *f. (7)* Russia

S

sable *m. (20)* sand
sac *(2)* bag, handbag
sac de couchage *m.* (10)
  sleeping bag
sacré(-e) *(20)* holy, sacred;
  damned
sacrifice *m. (27)* sacrifice
sage *(12) (30)* wise, prudent,
  good
sagesse *f. (30)* wisdom
saharien(-ne) *(20)* of the Sahara
sain(-e) *(28)* healthy
saison *f. (8)* season
salade *f. (11)* salad
salaire *m. (6)* salary
salami *m. (17)* salami
salle *f. (5)* room
salle à manger *f. (10)* dining
  room
salle de bain *f. (10)* bathroom

salle de séjour f. (10) living room
salon m. (22) living room
saluer (26) (30) to greet, salute
samedi m. (3) Saturday
sandwich m. (8) sandwich
sanitaire (26) sanitary
sans (6) without
sans blague (18) no kidding!
sans cesse (20) without cease, unceasingly
sans doute (4) probably
sanskrit m. (22) Sanskrit
sans que (28) without
santé f. (4) (21) health
sarcastique (4) sarcastic
sardine f. (21) sardine
satellite m. (12) satellite
satirique (9) satirical
satisfait(-e) (25) satisfied
sauce f. (11) sauce
sauce béarnaise f. (14) wine-flavored egg yolk and butter sauce
saucisson m. (17) hard sausage
sauf (16) except
sauternes m. (9) white wine of southern France
sauvage (10) wild, uncultivated, savage
se sauver (24) to run away, escape
savant m. (19) scientist, scholar, learned person (f. savante)
savoir (9) to know
savoir m. (13) knowledge
savon m. (17) soap
savon à barbe m. (17) shaving cream
savonnette f. (14) cake of soap
savourer (23) to savor, enjoy
savoureux/savoureuse (9) tasty
saxon m. (30) Saxon
scandale m. (21) scandal
scélérat(-e) (30) wicked, vile, villainous
scène f. (14) scene
science f. (6) science
science-fiction f. (23) science fiction
sciences économiques f. pl. (6) economics
scientifiquement (19) scientifically
scintillant(-e) (21) scintillating, twinkling
scolaire (13) of schools
sec/sèche (9) dry

sécession f. (28) secession
seconde f. (20) second
secret m. (9) secret
secret/secrète (28) secret
secrétaire m. ou f. (22) secretary
sécurité f. (22) (27) safety, security, confidence
séduisant(-e) (14) attractive
seigneur m. (26) lord
séjour m. (25) stay, sojourn
sel m. (11) salt
self-service m. (22) self-service
selon (20) according to
semaine f. (3) week
semblable (11) similar
sembler (20) to seem
sénat m. (15) senate
sénateur m. (7) senator
sénile (20) senile
sens m. (10) sense, direction
sensationnel(-le) (14) sensational
sensible (14) sensitive, impressionable
sensuel(-le) (8) (20) sensual, voluptuous
sentimental(-e) (4) sentimental
sentir (13) to feel; smell
séparation f. (27) separation
séparer (30) to separate
sept (1) seven
septembre m. (3) September
septième (2) seventh
série f. (14) series
sérieusement (9) seriously
sérieux/sérieuse (4) serious
serpent m. (17) snake, serpent
se serrer la main (23) to shake hands
serrure f. (27) lock
serveuse f. (18) waitress
service m. (7) service
serviette f. (1) briefcase; towel, napkin
servir (9) (13) to serve
se servir (de) (23) to use
set m. (22) set (tennis)
seul(-e) (10) alone
seul (16) only
seulement (12) only
sévère (25) severe
sexe m. (22) sex
shampooing m. (17) shampoo
si (4) if; so; yes (in answer to a negative question)
Sibérie f. (26) Siberia
sibérien(-ne) (13) Siberian
siècle m. (22) century
siège m. (16) seat; siege

signaler (22) to signal
signe m. (3) sign
signer (20) to sign
significatif/significative (30) significant
silence m. (1) silence
silencieux/silencieuse (10) silent, still
similaire (7) similar
simple (2) simple, easy
simplement (22) simply
simultané(-e) (14) simultaneous
sincèrement (6) sincerely
singe m. (9) monkey
sinistre (26) sinister, ominous
sinon (24) if not
situation f. (2) situation
situé(-e) (10) situated
se situer (24) to be situated
six (1) six
sixième (2) sixth
Sixtine (26) Sistine
ski m. (11) ski
skier (14) to ski
social(-e) (6) social
société f. (13) society
soeur f. (6) sister
soir m. (7) evening
soirée f. (14) evening; party
soldat m. (20) soldier
soleil m. (10) sun
solennel(-le) (10) solemn
solide (18) solid, strong
solitude f. (8) solitude
solliciter (9) to solicit
solution f. (18) solution
sombre (23) dark, somber, gloomy
sommeil m. (13) sleep
somnolence f. (21) somnolence
son m. (12) sound
sonner (16) to ring (a bell), sound
sorte f. (9) sort, type
sortir (9) to go out
soucieux/soucieuse (29) worried
soudain(-e) (14) sudden
soudain (14) suddenly
soudainement (14) suddenly
soufflé m. (10) dish incorporating beaten egg whites
souffrance f. (24) suffering
souffrir (14) to suffer
souhaiter (28) to wish for, desire
soumettre (13) to submit
soupçon m. (15) suspicion
soupe f. (11) soup
souple (28) supple, flexible

sourcil *m.* *(8)* eyebrow
sourd(-e) *(19)* deaf
sourire *(26)* to smile
sous *(5)* under
sous-marin *m.* (21) submarine
souvenir *m.* *(12)* memory, souvenir
se souvenir (de) *(23)* to remember
souvent *(9)* often
souverain(-e) *(30)* sovereign, supreme
spaghetti *m. pl.* (11) spaghetti
spécial(-e) *(2)* special
spécialisé(-e) *(6)* specialized
spécialité *f.* *(11)* specialty; major field of study
spectacle *m.* *(12)* spectacle, sight, play, show
spectaculaire *(13)* spectacular
spectateur *m.* *(23)* spectator
sphère *f.* (30) sphere
spirituel(-le) *(22)* spiritual
splendidement *(27)* splendidly
sport *m.* *(11)* sport
sportif / sportive *(4)* athletic
station-service *f.* *(18)* service station
statue *f.* *(13)* statue
stupéfait(-e) *(30)* stupefied
stupide *(6)* stupid
stupidité *f.* *(16)* stupidity
style *m.* *(29)* style
stylo *m.* *(1)* pen
subitement *(14)* suddenly
subjugué(-e) *(30)* subjugated, overcome, captivated
subordonné(-e) *(22)* subordinate, dependent
subsister *(11)* to subsist
subvenir (22) to supply, provide
subventionné(-e) *(7)* subsidized
succès *m.* *(14)* success
successif / successive *(14)* successive
sucre *m.* *(11)* sugar
sucré(-e) *(11)* sweet
sud *m.* *(12)* south
suffire *(25)* to suffice, be enough
suffisant(-e) *(6)* sufficient, enough
suggérer *(8)* to suggest
suggestion *f.* *(26)* suggestion
suicide *m.* *(19)* suicide
se suicider *(23)* to commit suicide
suisse *(15)* Swiss
Suisse *f.* *(15)* Switzerland

suivant(-e) *(3)* following
suivre *(30)* to follow
sujet *m.* *(5)* subjet
sulfurique (11) sulfuric
superbe *(14)* superb
supérieur(-e) *(15)* superior, upper, higher
supermarché *m.* *(7)* supermarket
supersonique (19) supersonic
supplémentaire *(21)* supplementary
supporter *(27)* to endure, support
supprimer *(19)* to suppress, abolish
suprême *(30)* supreme
sur *(5)* on, upon
sûr(-e) *(4)* sure, certain
surface *f.* *(21)* surface
surgir *(20)* to rise, loom up, appear
surhumain(-e) *(23)* superhuman
surmonter *(20)* to surmount, overcome
surpasser *(24)* to surpass, exceed, outdo
surpopulation *f.* (19) overpopulation
surprendre *(21)* to surprise
surpris(-e) *(28)* surprised
surprise *f.* *(21)* surprise
surréaliste *(26)* surrealistic
surtout *(26)* especially, above all
survivre (13) to survive
sweater *m.* *(18)* sweater
symbole *m.* *(18)* symbol
sympathique *(4)* nice, friendly, congenial
syndical(-e) *(13)* syndical, pertaining to trade unions
synonyme *m.* *(24)* synonym
Syrie *f.* *(15)* Syria
système *m.* *(6)* system

T

table *f.* table
tableau *m.* *(1)* blackboard; painting, picture
tache *f.* *(21)* spot
Tahiti *(19)* Tahiti
se taire *(23)* to stop talking, keep quiet, shut up
tango *m.* *(7)* tango
tant (de) *(11)* so much, so many
tante *f.* *(6)* aunt
tant pis *(25)* too bad!
tapis *m.* *(10)* rug

tard *(10)* late
tardif / tardive *(26)* late, tardy
tarte *f.* *(11)* pie
technicien *m.* *(13)* technician
technologie *f.* *(19)* technology
technologue *m.* *(19)* technologist
télé *f.* *(7)* TV
télégramme *m.* *(12)* telegram
téléphone *m.* *(3)* telephone
téléphoner *(7)* to telephone
téléphonique *(4)* of telephones
télévision *f.* *(5)* television
tellement *(25)* so, in such a way
témoignage *m.* *(30)* testimony
tempérament *m.* *(18)* temperament
température *f.* *(8)* temperature
tempête *f.* *(20)* storm, tempest
temps *m.* *(7)* time; weather; tense
ténacité *f.* *(13)* tenacity
tendre *(23)* tender
tendresse *f.* *(11)* tenderness
tenir *(14)* to hold
tenir à *(28)* to insist upon
tenir compte de *(28)* to keep in mind
tennis *m.* *(4)* tennis
tentation *f.* *(27)* temptation
tenté(-e) *(30)* tempted, attempted
terminé(-e) *(4)* finished, ended
terminer *(8)* to finish, end
terrasse *f.* *(7)* terrace
terre *f.* *(8)* earth; world; ground
terrestre (21) terrestrial, earthly
terreur *f.* (8) terror
terrible *(19)* terrible
terriblement *(8)* terribly
terrifié(-e) *(26)* terrified, scared
territoire *m.* *(14)* territory, land
test *m.* *(18)* test
tête *f.* *(4)* head
textile (6) textile
thé *m.* *(11)* tea
théâtre *m.* *(3)* theater
théologie *f.* *(3)* theology
théorème *m.* *(22)* theorem
théorie *f.* *(22)* theory
théoriquement (22) theoretically
thermique (19) thermal
Tibet *m.* *(21)* Tibet
tigre *m.* (5) *(18)* tiger
timide *(4)* timid
tirer *(21)* to pull
toit *m.* *(10)* roof
tolérant(-e) *(28)* tolerant

tomate f. (8) tomato
tombeau m. (15) tomb
tomber (15) to fall
tomber à la renverse (30) to fall over backwards
tomber mal (25) to fall wrong
tomber malade (25) to fall sick
tonne f. (18) ton
toréador m. (8) toreador, bullfighter
tôt (23) early, soon
total(-e) (22) total
touchant(-e) (30) touching
toucher (26) to touch
toujours (4) always
Touraine f. (29) Touraine
touriste m. ou f. (19) tourist
tourment m. (26) torment
tourner (15) to turn
tous les deux (17) both
tout/tous/toute/toutes (9) all, every
tout (12) entirely
tout à coup (14) suddenly
tout à fait (29) completely
tout à l'heure (27) in a little while, a little while ago
tout de suite (24) immediately
tout juste (25) just exactly
tout le monde (1) everyone
tout le temps (23) all the time
tradition f. (7) tradition
traditionnel(-le) (11) traditional
tragédie f. (4) tragedy
traîner (26) to drag
train-paquebot m. (12) boat train
trait m. (30) trait, feature; stroke
traité m. (13) treaty
traitement m. (14) treatment
traiter (30) to treat
trajet m. (12) trip
tranquille (13) tranquil, calm, quiet
tranquillement (15) tranquilly, calmly, quietly
tranquillité f. (10) tranquility, calmness
transaction f. (22) transaction
transmettre (13) to transmit
transparent(-e) (18) transparent
transport m. (19) transportation
transporté(-e) (24) transported, carried
traumatique (14) traumatic
travail m. (9) work
travailler (6) (9) to work
traversée f. (14) crossing, passage

traverser (12) to cross
tremblant(-e) (21) trembling
tremblement de terre m. (26) earthquake
très (4) very
très bien (1) very well, very good
trésor m. (30) treasure
trêve de...! (15) that's enough of...! no more...!
triangulaire (21) triangular
tribu f. (23) tribe
tribut m. (30) tribute
trimestre m. (9) trimester, quarter
triste (4) sad
trois (1) three
troisième (2) third
se tromper (23) to be mistaken
trompette f. (11) trumpet
trop (de) (11) too much, too many
tropical(-e) (12) tropical
trou m. (18) hole
troubadour m. (24) troubadour, minstrel of southern France
troupe f. (24) troupe
trouver (17) to find
se trouver (23) to be located, be; to find oneself
trouver à se marier (27) to find someone to marry
trouvère m. (24) troubadour, minstrel of northern France
truite f. (14) trout
tuer (14) to kill
tumultueux/tumultueuse (29) tumultuous
Tunis (15) Tunis
type m. (19) type, guy
typique (17) typical
typiquement (4) typically

U

un(-e) (1) one; a
un bon mois (25) a whole month, a good month
une quantité de (11) a quantity of
unijambiste m. ou f. (14) one-legged
union f. (20) union
unique (6) only, single, unique
univers m. (1) universe
universitaire (5) pertaining to a university

université f. (6) university
un monde fou (21) a big crowd
un peu (de) (4) (11) a little
un point c'est tout (21) period! (to close an argument)
urgent(-e) (22) urgent
usine f. (6) factory
ustensile m. (10) utensil
utile (2) useful
utiliser (9) to use

V

vacances f. pl. (6) vacation
vague f. (21) wave
vaillant(-e) (24) valiant
vaincre (30) to defeat
vaisselle f. (13) dishes
valable (14) valid, good
valet m. (30) valet
valeur f. (14) value
valise f. (12) valise
valoir (26) to be worth
vanille f. (17) vanilla
vanité f. (4) vanity
varier (17) to vary
vedette f. (8) (15) (movie) star
végétarien m. (19) vegetarian
véhicule m. (12) vehicle
veille f. (26) day before, eve
veiller (10) to keep awake, watch over
velouté(-e) (9) smooth, velvety
vendre (12) to sell
vendredi m. (3) Friday
vénérable (23) venerable
vénéré(-e) (22) venerated, revered
venir (8) to come
vent m. (11) wind
verbal(-e) (27) verbal
verdir (10) to turn green
vérifier (21) to verify
véritable (12) real, true
vérité f. (8) truth
verre m. (8) glass
vers m. (22) verse
vers (15) toward
version f. (27) version
vert(-e) (6) green
vertu f. (30) virtue
vertueux/vertueuse (30) virtuous
vêtement m. (2) (6) item of clothing, garment
veuf m. (15) widower
veuve f. (30) widow

viande *f. (11)* meat
vice *m. (30)* vice
victime *f. (19)* victim
victoire *f. (4)* victory
victorieux / victorieuse (4)
   victorious
vide *(17)* empty
vie *f. (5)* life
vieillard *m. (30)* old man
vieillir *(10)* to grow old
vieux / vieil / vieille *(6)* old
vif / vive *(30)* lively, alive
vif *(24)* (freeze) hard
villa *f.* (6) villa
village *m.* (5) village
ville *f. (5)* city
vin *m. (9)* wine
violence *f. (13)* violence
violent(-e) *(23)* violent
violet(-te) *(6)* violet
violon *m. (11)* violin
virgule *f. (3)* comma
visage *m. (8)* face
vis-à-vis de *(17)* relative to
visite *f. (23)* visit
visiter *(10)* to visit (a place)
vitamine *f. (4)* vitamin

vite *(4)* quickly
vitesse *f. (21)* speed
vive... (3) long live...!
vivre *(13)* to live
voici here is, here are
voie *f.* (30) way, road
voilà *(1)* here is, here are
voile *f.* (24) sail
voir *(12)* to see
voisin *m. (13)* neighbor (*f.*
   voisine)
voiture *f.* (5) car
voix *f. (12)* voice
vol *m. (30)* flight
volcanique (30) volcanic
voler *(28)* to fly
volley-ball *m.* (11) volleyball
volonté *f. (27)* will
volubile (17) voluble, glib
volupté *f. (18)* voluptuousness,
   sensual pleasure
voluptueux / voluptueuse (8)
   voluptuous, sensual
votre (3) your
vouloir *(9)* to want
vous *(1)* you
voyage *m. (8)* trip

voyager *(7)* to travel
voyageur *m. (12)* traveler
voyons *(8)* let's see
vrai(-e) *(6)* true, real
vraiment *(6)* really
vue *f. (2)* view

W

wagon *m. (12)* railway car
week-end *m. (3)* weekend

Y

y compris *(22)* included
yeux *m. pl. (8)* eyes
yoga *m.* (22) yoga

Z

Zaïre *m. (15)* Zaire
zèbre *m. (21)* zebra
zodiaque *m. (3)* zodiac
zoo *m.* (10) *(14)* zoo
zut *(17)* shucks!

Index